ARCHIVES HISTORIQUES

DU POITOU

XXV

POITIERS
TYPOGRAPHIE OUDIN ET Cie
4, RUE DE L'ÉPERON 4
1895

SOCIÉTÉ

DES

ARCHIVES HISTORIQUES

DU POITOU

LISTE GÉNÉRALE

DES MEMBRES

DE LA SOCIÉTÉ DES ARCHIVES HISTORIQUES DU POITOU

ANNÉE 1893.

Membres titulaires :

MM.

Arnauldet (Th.), ancien bibliothécaire de la ville de Niort, à Paris.

Barbaud, archiviste de la Vendée, à la Roche-sur-Yon.

Bardet (V.), attaché à l'Inspection du chemin de fer d'Orléans, à Poitiers.

Barthélemy (A. de), membre de l'Institut, à Paris.

Beauchet-Filleau, correspondant du Ministère de l'Instruction publique, à Chef-Boutonne.

Bonnet (E.), professeur à la Faculté de Droit, conseiller général des Deux-Sèvres, à Poitiers.

Bonvallet (A.), agent supérieur du chemin de fer d'Orléans, ancien président de la Société des Antiquaires de l'Ouest, à Poitiers.

Bouralière (A. de la), ancien président de la Société des Antiquaires de l'Ouest, à Poitiers.

Cesbron (E.), ancien notaire, à Poitiers.

MM.

Chasteigner (Cte A. de), membre de plusieurs Sociétés savantes, à Ingrande (Vienne).

Delisle (L.), membre de l'Institut, à Paris.

Desaivre, docteur en médecine, conseiller général des Deux-Sèvres, à Niort.

Frappier (P.), ancien secrétaire de la Société de Statistique des Deux-Sèvres, à Niort.

Ginot (Émile), bibliothécaire adjoint, à Poitiers.

Ledain, membre de l'Institut des provinces, à Poitiers.

Lelong, archiviste aux Archives Nationales, à Paris.

Lièvre, bibliothécaire de la ville, à Poitiers.

Marque (G. de la), à la Baron (Vienne).

Ménardière (de la), professeur à la Faculté de Droit, à Poitiers.

Montaiglon (A. de), professeur à l'Ecole des Chartes, à Paris.

Musset (G.), bibliothécaire de la ville, à La Rochelle.

Palustre (Léon), directeur honoraire de la Société française d'archéologie, à Tours.

Richard (A.), archiviste de la Vienne, à Poitiers.

Richemond (L. de), archiviste de la Charente-Inférieure, à La Rochelle.

Rochebrochard (L. de la), ancien secrétaire de la Société de Statistique des Deux-Sèvres, à Niort.

Tranchant (Charles), ancien conseiller d'État, ancien conseiller général de la Vienne, à Paris.

Membres honoraires :

MM.

Babinet de Rencogne, à Angoulême.

Beauregard (H. de), au Deffend (Deux-Sèvres).

Bourloton (E.), à Paris.

Cars (Duc des), à Sourches (Sarthe).

MM.

CLISSON (l'abbé DE), à Poitiers.
CORBIÈRE (Mis DE LA), à Poitiers.
DESMIER DE CHENON (Mis), à Domezac (Charente).
DUBEUGNON, professeur à la Faculté de Droit, à Poitiers.
DUCROCQ (TH.), doyen honoraire, professeur à la Faculté de Droit de Paris, correspondant de l'Institut, à Paris.
FERAND, inspecteur général honoraire des ponts et chaussées, à Poitiers.
GAIGNARD (R.), à Saint-Gelais (Deux-Sèvres).
GUÉRIN (Paul), archiviste aux Archives Nationales, à Paris.
HORRIC DE LA MOTTE SAINT-GENIS (Mis), à Goursac (Charente).
LABBÉ (A.), banquier, à Châtellerault.
LAIZER (Cte DE), à Poitiers.
LA LANDE LAVAU SAINT-ÉTIENNE (Vte DE), à Neuvillars (Haute-Vienne).
LE CHARPENTIER (G.), ancien conseiller général des Deux-Sèvres, à Saint-Maixent.
LECOINTRE (Arsène), à Poitiers.
MORANVILLÉ (H.), à Paris.
ORFEUILLE (Cte R. D'), membre de la Société des Antiquaires de l'Ouest, à Versailles.
OUDIN (Paul), éditeur, à Poitiers.
PAULZE D'IVOY (J.), à la Motte de Croutelle (Vienne).
ROCHEBROCHARD (H. DE LA), à Boissoudan (Deux-Sèvres).
ROCHEJAQUELEIN (Mis DE LA), député des Deux-Sèvres, à Clisson (Deux-Sèvres).
SORBIER DE POUGNADORESSE (DE), ancien sous-préfet, à Poitiers.
SURGÈRES (Mis DE), à Nantes.
TRÉMOILLE (Duc de la), à Paris.
TRIBERT (L.), sénateur, à Champdeniers.
VERNOU-BONNEUIL (Mis DE), capitaine breveté au 18e dragons, à Meaux (Seine-et-Marne).

Bureau :

MM.

RICHARD, président.
LEDAIN, secrétaire.
BONNET, trésorier.
DE CHASTEIGNER, membre du Comité.
DESAIVRE,   id.
DE LA BOURALIÈRE,   id.
DE LA MÉNARDIÈRE,   id.

EXTRAIT

DES PROCÈS-VERBAUX DES SÉANCES DE LA SOCIÉTÉ DES ARCHIVES

PENDANT L'ANNÉE 1893.

Dans le cours de l'année 1893, la Société s'est réunie les 17 janvier, 20 avril, 20 juillet et 23 novembre.

Elle a perdu un de ses membres honoraires, M. le comte de Vernou-Bonneuil, qui n'était que depuis peu de temps entré dans la Société.

Elle a reçu au même titre de membre honoraire M. le marquis de Vernou-Bonneuil, capitaine breveté au 18ᵉ dragons, fils du regretté défunt.

Communications. — Par M. Bouchard, avocat, d'un registre relié contenant la suite des Maires de Poitiers, avec leurs armoiries peintes, et une note sommaire sur les événements survenus pendant chacune de leurs magistratures depuis l'an 1200 jusqu'en 1609. Cette compilation, datée de 1609, est l'œuvre de J. Le Roy, éc., sgr de la Boissière, qui a emprunté à Bouchet le récit des événements antérieurs à son époque, mais qui, depuis 1557, relate plusieurs faits nouveaux. M. Bouchard offre à la Société la copie de ce document pour la période comprise entre 1557 et 1609. Il a fait mettre en même temps sous les yeux de la Société un registre des délibérations de l'échevinage de Poitiers pour l'année 1587, qui manque à la collection de l'Hôtel-de-Ville. La Société fait des vœux pour que la municipalité de Poitiers s'entende avec M. Bouchard pour l'acquisition de ce précieux volume.

Par M. Labbé, d'un inventaire du château de Richelieu en 1788, qu'il s'occupe à transcrire et dont il demande la publication.

Le même membre fait connaître le résultat infructueux de ses recherches pour retrouver le journal de Jean Carré, pasteur protestant à Châtellerault au XVIIᵉ siècle, signalé par M. Richard, d'après l'abbé Lalanne (*Hist. de Châtellerault*, t. II, p. 192) ; il signale aussi le livre-journal de la famille Creuzé, remontant au XVIIᵉ siècle ; mais après examen il a reconnu qu'il concernait seulement l'état civil de cette famille.

Par M. Desaivre, qui invite à rechercher le journal de Hugueteau de la Repoussonière, avocat à Niort, de 1690 à 1729, cité par Benj. Fillon.

Par M. Richard, qui rappelle la publication récente faite par M. Richault, avocat à Loudun, du journal de la famille Dumoustier (1749-1755), dans lequel on a cru devoir changer certains noms de personnes et de lieux, par d'autres imprimés en italique.

Par M. Lièvre, qui appelle l'attention sur les mémoires de Robert du Dorat et la continuation des Annales d'Aquitaine par le curé Bobinet, conservés à la Bibliothèque de Poitiers, et dans lesquels il y aurait plusieurs extraits à faire.

Par M. Ledain, qui signale l'intérêt qu'il y aurait à joindre à la publication des cartulaires de l'Absie déjà décidée, celle des chartes de la même abbaye qui se trouvent aux Archives des Deux-Sèvres. MM. Lièvre et Richard indiquent des documents de même nature à la Bibliothèque de la ville et à la Bibliothèque nationale dans le fonds Du Chesne.

Décisions. — Etant donnée l'impossibilité où se trouve actuellement M. Berger de fournir le texte de la chronique de Richard le Poitevin, et personne ne se proposant pour faire cette publication, celle des chroniques poitevines, dont la chronique de Richard doit faire partie, est ajournée.

Des démarches seront faites d'abord auprès de M. Barbaud, puis auprès de M. Blanchard, pour la publication du Cartulaire de Retz.

La Société, considérant le grand intérêt que présente la publication des Extraits du Trésor des Chartes, décide que les volumes de cette série se suivront sans interruption, autant que M. Guérin sera en mesure d'en fournir la copie.

Vu la longueur des tables du tome XXIII, qui en retardent l'achèvement, sa publication n'aura lieu qu'après celle du tome XXIV qui est prêt.

Le tome XXV devra, sauf modification, être composé ainsi qu'il suit :

1º Cartulaires de l'Absie, par M. Ledain ;
2º Chartes de l'Absie, par le même.
3º Correspondance de MM. du Lude, gouverneurs du Poitou, complément de la publication faite dans les tomes XII et XIV, par le même.
4º Lettres de M. de Malicorne, gouverneur du Poitou, par M. Desaivre.

Publications. — Au mois de novembre a été distribué le tome XXIV des Archives, qui est le VIe du Trésor des Chartes, et contient la suite des Extraits des registres de la Chancellerie de France, de 1390 à 1403, par M. Guérin.

Travaux en cours d'exécution. — Par M. de la Bouralière, le tome XXIII, contenant la fin des Maintenues de noblesse du Poitou, de 1714 à 1718.

Renouvellement du Bureau. — A la séance du 19 novembre, ont été élus : MM. RICHARD, président ; LEDAIN, secrétaire ; BONNET, trésorier ; DE CHASTEIGNER, DESAIVRE, DE LA BOURALIÈRE, DE LA MÉNARDIÈRE, membres du Conseil.

CARTULAIRES ET CHARTES

DE

L'ABBAYE DE L'ABSIE

PAR

M. Bélisaire LEDAIN

INTRODUCTION

L'abbaye de l'Absie dépendait autrefois de la paroisse de la Chapelle-Seguin. Le chef-lieu de la commune ayant été transporté à l'Absie, vers 1837 environ, et celui de la paroisse y ayant été fixé peu de temps après, l'église abbatiale devint celle de la paroisse. L'Absie fait partie du canton de Moncoutant, arrondissement de Parthenay.

La fondation de l'abbaye remonte à l'année 1120. Elle est l'œuvre du bienheureux Giraud de Salles qui l'érigea sous les auspices et avec l'autorisation de l'évêque de Poitiers, Guillaume Gilbert. Un pieux ermite, Pierre de Bunt, qui vivait depuis quelque temps dans la forêt de l'Absie, où il avait découvert les ruines d'un antique sanctuaire qu'il avait réparé, grâce aux encouragements et à la protection du précédent évêque de Poitiers, Pierre II, en fut institué le premier abbé. C'était, en effet, sur le lieu même où s'élevait ce vieux sanctuaire que s'établissait le nouveau monastère dont les compagnons de Pierre de Bunt devinrent les premiers religieux. Giraud de Salles, fondateur et législateur de plusieurs autres abbayes en Poitou, telles que les Châtelliers et les Alleuds, imposa à celle de l'Absie la règle de Cîteaux, de l'Ordre de Saint-Benoît, et la dédia à Notre-Dame. Les nombreuses donations dont l'abbaye de l'Absie devint le bénéficiaire durant les XIIe et XIIIe siècles, de la part de tous les seigneurs de la contrée, lui donnèrent un rapide développement. Les moines s'adonnaient principalement aux travaux agricoles. Des constructions élevées au XIIe siècle il ne subsiste plus qu'une partie du cloître au sud de l'église. Quant à l'église elle-même, elle a été presque entièrement reconstruite au XVe siècle, sous l'abbé

Bernard d'Appelvoisin. L'abbaye subsista jusqu'en 1735, époque à laquelle elle fut supprimée et réunie au chapitre de la cathédrale de la Rochelle. Elle dépendait, en effet, de ce diocèse qui avait succédé à celui de Maillezais, ancien démembrement du vaste diocèse de Poitiers. Le chapitre de la Rochelle entretint un prêtre dans l'église de l'Absie pour y faire le service paroissial. Le culte supprimé à la Révolution, rétabli un instant sur la demande des habitants et à leurs frais, par arrêté du département du 3 prairial an V (22 mai 1796), n'y fut réintégré définitivement qu'après le transfert de la commune de la Chapelle-Seguin à l'Absie, qui entraîna naturellement le transfert de la paroisse.

L'histoire complète de l'abbaye de l'Absie était contenue dans ses cartulaires et dans les nombreuses chartes de son trésor. On y trouvait aussi de précieux renseignements sur toutes les familles féodales, grandes et petites, de la contrée, donatrices et bienfaitrices de l'abbaye, ainsi que sur une multitude de domaines et de lieux d'importances diverses. Malheureusement ces utiles documents, sauf une cinquantaine de chartes, ont péri dans l'incendie des archives des Deux-Sèvres, le 20 décembre 1805. Mais cette perte si déplorable est atténuée dans une certaine mesure par les cotes analytiques et les extraits plus ou moins longs que les érudits du XVIIe siècle, Gaignères, Besly, Duchesne, Baluze, ont faits autrefois sur les originaux.

Dès la fin du XIIe siècle, les moines de l'Absie avaient transcrit leurs chartes dans deux cartulaires d'une étendue considérable, mais qu'on ne saurait exactement apprécier. Le premier, dit cartulaire des donations, contenait, d'après les indications des extraits certainement incomplets que nous possédons, cinq cent cinquante-quatre actes au moins et avait au minimum cent trente-quatre feuillets. Le second, dit cartulaire des chirographes, avait, d'après les mêmes indications, deux cent vingt-deux feuillets au moins ; mais le nombre d'actes qu'il contenait ne saurait être connu même approximativement. Les chartes transcrites dans ces deux cartulaires s'échelonnent de 1120 à 1190. Gaignères, en 1680, en fit faire des extraits analytiques pour M. de la Vrillière, archevêque de Bourges et abbé de l'Absie. Ce manuscrit se trouve à la Bibliothèque nationale, collection Gaignères, n° 180.

Les extraits du premier cartulaire, numérotés jusqu'à 553, sont fort courts, mais il semble que très peu d'actes aient été omis. Ils contiennent les noms des donateurs, la désignation succincte de la terre ou de l'objet de la donation, parfois le lieu où elle a été faite, les noms des témoins et la date, quand elle se trouve dans l'original. Les extraits du second cartulaire sont beaucoup moins nombreux, mais un peu plus étendus.

Besly, le célèbre érudit Fontenaisien, avait fait de son côté, antérieurement à Gaignères, beaucoup d'extraits, en général plus complets, des mêmes cartulaires. Ils se trouvent également à la Bibliothèque nationale, fonds Dupuy, vol. 805, 822, 828 et 841. Ceux du premier cartulaire sont assez peu nombreux. En revanche, le second cartulaire a été largement mis à contribution par Besly, et ses extraits peuvent suppléer à ce qui manque dans la copie de Gaignères. Besly avait en outre imprimé plusieurs extraits et même quelques chartes dans les preuves de son Histoire des comtes de Poitou et dans son Histoire des évêques de Poitiers. Duchesne en a aussi imprimé dans son Histoire de la maison des Chasteigners. Il y en a également quelques-unes dans le *Gallia christiana*, t. II, et dans la Bibliothèque du P. Labbe, t. II, p. 729.

Les cartulaires de l'Absie, qui se trouvaient encore au trésor de cette abbaye en 1790, furent alors transportés au district de Parthenay et de là aux archives départementales à Niort, où on constata leur présence entre les mains d'un sieur Maublanc, archiviste. Ce qui aurait dû les préserver causa leur perte. En 1805, ils devinrent la proie des flammes dans le lamentable incendie qui dévora toutes les archives, sous l'administration de M. le préfet Dupin. Ces détails nous ont été transmis par un projet de pétition adressée, vers 1838, par les habitants de l'Absie à l'évêque de Poitiers, dans le but d'obtenir le transfert de la paroisse de la Chapelle-Seguin. Cette pétition, qui n'est qu'un brouillon et dont nous ne connaissons pas l'auteur, contient un abrégé historique de l'abbaye assez exact. Elle est évidemment l'œuvre d'un homme compétent et qui connaissait les archives de l'Absie.

La perte des cartulaires est donc certaine et irréparable. On ne possède, pour les suppléer d'une manière d'ailleurs bien imparfaite, que les extraits énumérés plus haut. Il nous a paru néanmoins très utile pour l'histoire provinciale de tenter leur restitution au moyen de ces faibles éléments. Dans ce but, nous avons pris pour base, surtout pour le premier cartulaire, le travail de Gaignères. Les cotes analytiques des chartes données par lui ont été reproduites telles qu'elles se trouvent dans le manuscrit. Mais comme elles sont très sommaires, nous les avons remplacées, toutes les fois qu'il nous a été possible de les découvrir dans Besly, Duchesne et ailleurs, par des extraits plus étendus et plus complets. Pour la composition du second cartulaire des chirographes, très court dans Gaignères, ce sont les extraits de Besly, du fonds Dupuy, qui nous en ont fourni la matière. L'indication des folios de l'original inscrite à la suite de chacun de ces extraits nous a permis de conserver aux chartes l'ordre dans lequel elles avaient été transcrites primitivement.

Malgré le nombre assez considérable de cotes ou extraits parvenus jusqu'à nous, il est clair qu'il en manque beaucoup. Mais en revanche il semble certain que Besly surtout et les autres érudits n'ont omis aucun acte intéressant. On trouvera donc dans ce lambeau de cartulaire des renseignements historiques très précieux sur les familles, l'état des personnes et des biens, et les noms de lieux de la région centrale du Poitou. Citons les vicomtes de Thouars, les Lusignan, les seigneurs de Parthenay, les Chasteigner, les Mauléon, les Beaumont-Bressuire, les Chabot, les Maingot, les Velluire, les Rancon, les seigneurs de Chantemerle et de Pareds, qui figurent fréquemment et à titres divers dans les chartes de l'Absie. On y rencontre plusieurs chartes d'évêques et même une du roi Louis VII. Le nombre de petits seigneurs ou possesseurs de terres plus ou moins connus de l'histoire locale qui y sont mentionnés est tellement considérable, qu'il ne serait pas impossible de dresser un état statistique de la propriété au XII° siècle dans un rayon de plusieurs lieues autour de l'Absie. Si maintenant on considère les renseignements de toutes natures, quoique de moindre importance, que cet abrégé de cartulaire peut fournir aux chercheurs, on accueillera peut-être avec bienveillance sa publication et on excusera son imperfection.

Le trésor de l'Absie ne contenait pas seulement les deux cartulaires du XII° siècle dont on déplore la perte. Il possédait aussi une quantité de chartes et documents variés embrassant les siècles suivants. Une cinquantaine d'originaux échappés, on ne sait comment, à la destruction, ont été acquis par les archives des Deux-Sèvres, après avoir passé par la célèbre collection du baron de Joursanvault [1]. Ils datent en majorité du XIII° siècle et quelques-uns du XIV° et du commencement du XV°. Six autres faisaient partie de la collection de feu M. Benjamin Fillon. Enfin Baluze (t. 51, p. 79, 80) a fait des extraits analytiques très complets de vingt autres chartes émanant des plus grands barons poitevins, dont six sont du XII° et quatorze du XIII° siècle. La reproduction de ces documents s'imposait. Ils formeront le complément et la suite toute naturelle des deux cartulaires.

---

1. Catalogue analytique des archives du baron de Joursanvault, t. II, p. 74.

ABBÉS DE L'ABSIE[1]

Pierre de Bunt.	1120-1123
Guillaume Ier	1135-1146
Rainier	1146-1187
Goscelin	1187-1200
Geoffroi	1211-1232
Guillaume II	1236-1246
Regnault	1283
Pierre II	1300-1301
Guillaume III	1384
Jean Grimaud.	1402-1412
Louis Rouhault qui fut aussi évêque de Maillezais.	1430-1431
Bernard d'Appelvoisin	1442-1462
François d'Appelvoisin	1472-1482
Hardy Maruilleau qui fut aussi abbé de Saint-Liguaire	1493-1499
Jacques des Roches, abbé commendataire.	1506-1522
Louis des Roches, chanoine de Bourges pourvu en commende de l'abbaye de l'Absie par Adrien VI	1523
Philippe Hurault, abbé commendataire de l'Absie et de Noirmoutiers	1535-1536
David Panter, évêque de Rochester, nommé en 1536, sur démission de l'abbé précédent et mort environ en 1559	1536-1559
Jacques de Bethun, archevêque de Glascow, ambassadeur de Marie Stuart en France, mort à Paris le 25 avril 1603	
N. d'Appelvoisin	s. d.
Jacques Habert, conseiller au Parlement de Paris, abbé commendataire	1605-1606
Charles l'Argentier de Chappelaines.	s. d.
Pierre-Balthazar Phelippeaux	1649-1675

---

1. Cette liste a été dressée d'après celles du *Gallia christiana* et du *Clergé de France* par Hugues Du Temps, complétées et corrigées par les chartes de l'Absie.

Michel Phelippeaux de la Vrillière, frère du précédent, archevêque de Bourges 1675-1694
Natalis le Boultz, licencié en théologie, aumônier du roi . . . . 24 déc. 1694-22 avril 1695
Louis Moreau, frère de lait de feu le Dauphin, nommé abbé commendataire. . . . . le 8 sept. 1695
Charles-Emmanuel de la Vieuville, aumônier du roi, nommé abbé . . . . janv. 1721-8 oct. 1730.
François Madot, évêque de Châlons, nommé abbé en novembre . . . . 1730-7 oct. 1753
M. de Menou, évêque de la Rochelle, unit, par décret du 5 janvier 1735, la mense conventuelle, les offices claustraux et l'abbaye de l'Absie au chapitre de la cathédrale de la Rochelle, attendu l'insuffisance de ses revenus pour subvenir aux charges de la bulle d'Urbain VIII. Ce décret, approuvé par le roi le 10 février, accorde la présentation du deuxième canonicat à l'abbé de l'Absie, en réservant la collation à l'évêque. Il attribue aussi à l'abbé la place du troisième dignitaire au chœur. L'abbaye de l'Absie valait alors 6000 livres de revenu et était taxée à 100 florins.
Louis Henri de Bruyères de Chalabre, vicaire général de Carcassonne, puis évêque de Saint-Pons 1753-1769
Alexis de Bruyères de Chalabre, évêque de Saint-Omer, frère du précédent, et, par suite de sa démission, nommé abbé en 1769.

PREMIER CARTULAIRE

DE L'ABBAYE DE L'ABSIE [1]

1. Radulfus Malclavel filius Giraudi de Suster et Maria uxor mea, pro salute animarum nostrarum, damus Deo et monachis Absie annuatim medietatem decime de vinea de Dislai et quinque quarterios frumenti, ad mensuram Niorti, de terra de Blaoer. Factum in ecclesia Sancti Goarii in manu Aimerici monachi Absie et Willelmi sacerdotis ; testibus : Petro Diacono, Arnaudo Bonel, Bernardo Pium, Giraudo Soldan.

2. Jaquelinus de Chandiner et uxor ejus Arsendis dant; testibus : Giraudo priore de Chandiner.

3. Aimericus Bodinus et uxor ejus, de qua movebat dederunt et concesserunt libere, pro salute animarum suarum, monachis Absiæ quicquid habebant in unum quarterium vineæ et eminatam terræ in Lobga-Faugerosa, scilicet terragium et complantum et quatuor denarios census annuatim reddendos, tali conditione ut qui hanc terram excoleret nemini nisi monachis Absiæ aliquod servitium impendat ; testibus : Siebrando et Tebaudo Chastaner, de quibus movebat, qui etiam hoc

---

[1]. La copie analytique de ce cartulaire est inscrite à la Bibliothèque nationale sous le n° 180 de la collection dite de Gaignères. Elle porte au coin gauche de la première page la mention suivante : Fait en juin 1680 pour M. de la Vrillière, archevêque de Bourges.

concesserunt defendere, si quis calumpniam monachis temptaverit [1].

4. Benedictus Chabirandus dedit ad obitum suum; testibus : Hugone de Brolio, Willelmo sacerdote de Rajacia, Giraudo de Absia, Willelmo de Corle, Ato filius Benedicti.

5. Willelmus Archiepiscopus dominus Parteniaci, pro salute animæ suæ parentumque suorum, dedit et concessit Deo et Sanctæ Mariæ et monachis Absiæ vendas de omnibus rebus suis quascumque vendiderint Perteniaco; testibus : Arberto del Tel, Willelmo Samsone, Soldano Pretorio, Petro de la Mota. Hoc donum fecit in presentia Willelmi abbatis et Radulphi prioris et Petri Willelmi.

Iterum isdem Willelmus Archiepiscopus [2] et Rosana uxor ejus, pro peccatis suis et pro æternis bonis acquirendis, dedit, cum una mitra, Willelmo abbati et omnibus fratribus Absiæ decimam de molendinis suis in castro Secundiniaco, concedente filio suo Willelmo; testibus : Johanne de Prætorio dapifero suo et Willelmo Berco dilecto suo [3].

6. Willelmus Savaricus dedit in presentia Petri abbatis [4] et Petri Willelmi furnum quod habebat in castro Parteniaci ; testibus : Petro Britone et Umberto Michael.

7. Gaufridus Fulcardus ad obitum suum dedit decimam furni sui in castro Secundiniaco, teste Raginaudo de Alona. Idem, duo filii ejus, scilicet Paganus Fulcardus et Petrus Gaufridus concesserunt hoc donum in presentia Willelmi abbatis [5],

8. Petrus Ganalutis, pro salute animæ suæ, dedit an-

---

1. *Histoire de la maison des Chasteigners* par Du Chesne, preuves, p. 3, d'après le cartul. de N.-D. de l'Absie, fol. IV. L'acte est de l'année 1140 environ, d'après Du Chesne, p. 7.
2. Guillaume IV L'Archevêque, seigneur de Parthenay de 1140 à 1182.
3. Dupuy, vol. 805, p. 147, d'après le cartul. de l'Absie, fol. IV.
4. Pierre de Bunt, premier abbé de l'Absie, institué en 1120.
5. Guillaume Ier, second abbé de l'Absie, qui gouverna de 1135 à 1146 environ.

nuatim unum quarterium frumenti de terra de Fogere, concedente et defendente Radulfo Malclavel de quo movebat; testibus : Raginaudo sacerdote, Bernardo de Montechanini.

9. Engelinus Bochardi de Colongias et uxor ejus Sorina concesserunt duodecim nummos annuatim. Radulfus Bocardus de Colongias dedit arborem noerium; teste : Radulfo Laurentii.

10. Willelmus filius Willelmi Archiepiscopi domini Parteniaci [1], pro salute animæ suæ parentumque suorum, concessit libenter omnia dona patris sui Willelmo abbati et monachis Absiæ, videlicet xx solidos annuatim reddendos in Parteniaco, x in Natali Domini et alios x in Pascha, et decimam molendinorum de Secundino et vendam et peagium servitorum de sua mestiva et gardam omnium euntium et reduntium ab Absia. Horum omnium donorum Willelmi patris et concessionum Willelmi filii ejus sunt testes : Johannes de Sie, magister Arpinus, Petrus Chaboz, Petrus de Sosters, Willelmus de la Fontana [2].

11. Ego Guillelmus Foreste [3] jam moriens, dono terram totam Paumaerie, etc.

12. Ego Beraudus Adurret et filius meus Beraudus dedimus in presentia abbatis Rainerii [4] quidquid nostri juris erat in domo Maudet, etc. Testes : Puignet, Radulfus Gastinellus, Bernardus de Lotge-Folgerosa.

13. Ego Rannulfus de Vilanneria, concedente uxore mea, dono medietatem juris mei de Vilaneria in manu abbatis Rainerii ; testibus : Radulfo priore, Garino de Boisme, Petro cantore, Aimerico de la Place, converso.

---

1. Ce Guillaume, fils aîné de Guillaume IV L'Archevêque, seigneur de Parthenay, mourut avant son père.
2. Dupuy, vol. 805, p. 147, d'après le cartul. de l'Absie, fol. IV.
3. Guillaume, seigneur de la Forêt-sur-Sèvre.
4. Rainier, 3e abbé de l'Absie, de 1146 à 1187 environ.

14. Guillelmus Tornemina [1] dono ad obitum uxoris mee Alaat decimam in masura terre Rocart que est Guinaerie, etc.; testibus : Gauterio de Roorta, David de Floceleria [2].

15. Ego Radulfus de Fenios, concedo in presentia abbatis Rainerii decimam quam habeo in Taupeleria, etc.; testibus : Petro Willelmo, Radulfo Chotard.

16. Simon Rufus concedo in presentia abbatis Rainerii decimam Taupelerie quam Radulfus de Fenios jampridem illis dederat; testibus: magistro Petro de Fontanils, Goffrido Brient, Petro Merpin. In nomine ego Oliverius frater Simonis Rufi concedo in presentia abbatis Rainerii prefatam decimam Taupelerie; testibus: Goffrido Brient, Goffrido de Faimora, Petro Merpin, Petro de Fontanils.

17. Pagnus de Treia dedit, concedentibus matre sua Josberga et fratre suo Willelmo, medietatem molendini in riberia subtus Corle; testibus : Bruno sacerdote, Stephano Lemozino, Guillelmo Britone, Garino de Boisme, Guillelmo Preveirau.

18. Siebrandus de Foresta et Willelmus nepos ejus dedit medietatem hujus molendini; testibus : Garino de Boimeio, Guillelmus Preveirau, Girberto, Geraudo de Montecontantio, Pagano, Gauterio Peigne.

19. Willelmus Girardus et Simon filius ejus et Willelmus Viviani, nepos ipsius, dant in presentia Rainerii abbatis, pro anima eorum et Viviani apud Absiam tunc sepulti, dominium quod habebant in peleterio sub calceia stagni de Secundiniaci.

---

1. Guillaume Tournemine était seigneur de Châteaumur, ainsi que le rapporte une charte d'un de ses successeurs, Geoffroi de Châteaumur, de l'an 1206 environ, en faveur de l'abbaye de la Grénetière. (Titres de la Grénetière aux archives de la Vendée.) Il figure comme témoin dans une charte de 1099 de David de la Flocellière en faveur de la Trinité de Mauléon. (Cartul. de Mauléon, ap. *Archives Historiques du Poitou*, XX, p. 8.)

2. David de la Flocellière fait des donations à la Trinité de Mauléon le 24 oct. 1099. (*Arch. Hist. du Poit.* XX, 8.)

20. Willelmus Viviani in infirmitate positus dedit hominem apud Secundiniacum; testes: Constantinus capellanus, Goffridus Fulcharz, Petrus Berauz. Concessit Willelmus filius Simonis Girardi.

21. Ugo de Ciconia dedit, presente Rainerio abbate, dominium in quibusdam oschis juxta Cintrai; audientibus : Radulfo priore Absie, Aimerico monacho, Guillelmo Preveirau, Raginaudo Bardin, Benedicto, Willelmo Gastinea.

22. Johannes do Peirum dedit in presentia Rainerii abbatis vi nummos censuales apud Secundiniacum in domo Fulcherii de Guert ; testibus : Radulfo priore Absie, Stephano converso, Benedicto Gormalant, Fulcherio de Guert, Petro Beraut.

23. In presentia Rainerii abbatis donatio ; testes : Willelmus Girarz, Radulfus Grimauz, Aimericus de Castello.

24. Ego Boerius dominus Campilinarii [1], aliquam bonorum mihi portionem exoptans, temporalia monachorum Absiæ bona adaugere curavi. Consilio itaque maritæ meæ et hominum meorum et amicorum, donavi in elemosinam Deo et monachis S. Mariæ Absiæ pressoragium jamdicti castri mei in dominium, ut nec mihi nec ulli alii, præter eos, in eodem castro torcular erigere vel habere liceat unquam. Dedi etiam et concessi plateas ad torcularia et ad domos suas ædificandas, quæ domus liberæ sint ab omni consuetudine mihi pertinente. Facta sunt hæc in atrio capellæ religiosorum de Alona[2], presente abbate Absiæ Rainerio, in manu Willelmi Archiepiscopi, anno ab Incarnatione Domini MCLXXVII, videntibus et audientibus : Willelmo de Verno, Gofrido et Giraudo fratribus ejus, Ulrico templario, Aimerico monacho, Willelmo de Doe, Willelmo

---

1. Boerius, seigneur de Champdeniers. Voir *Histoire de Champdeniers*, par M. Léo Desaivre, p. 34.

2. Le prieuré du Bois-d'Allonne, de l'Ordre de Saint-Etienne de Grandmont, fondé par Guillaume IV L'Archevêque, sʳ de Parthenay.

vicario, Johanne Atendu, Rollando Rufo, Pictavino Jaifart, Gervasio, Aimerico de Bargis et pluribus aliis. Postea in talamo monachorum de Campolinario [1], presente jamdicto abbate et domino meo Willelmo Archiepiscopo, reconcessi hæc omnia, nihil in eis mihi vel heredibus meis retinens, nisi beneficium animæ et anniversarium patris mei in abbatia Absiæ annuatim agendum, quod ab abbate Absiæ ibidem mihi concessum est, audientibus supradictis testibus [2].

25. Johannes Atendut dedit in presentia Rainerii abbatis quamdam aream domus in castro Campilinarii.

26. Johannes Gestins filius Johannis dedit xii nummos censuales in molnario de Vult, retentis aliis xii, reddendis ad festivitatem omnium sanctorum, clienti suo de Vust, apud Vulventum in domo sua, concedentibus fratribus suis, Audebert de Vust, etc.

27. Mainardus Barret et duo filii mei Raginaudus et Andreas dedimus in presentia Rainerii abbatis decimam inter la Gascherie et la Masguanderie; testibus : Willelmo Ostenc et Simone Grosbois et Willelmo Girardi.

28. Willelmus Veir et Elizaba uxor dederunt plateam in castello Campilinarii [3] juxta torcularia et domum edificandam, necnon et vigeriam ipsius domus, excepto 1 b. et xii nummis censualibus circa Nativitatem Domini reddendis. In claustro monachorum predicti castelli, in presentia Rainerii abbatis, audientibus : Arnaudo priore et Andrea de Cort capellano, Petro cantore Absiæ, Goffrido de Chauceroie, Willelmo de Verno, Petro Tornemina, Willelmo de Sancto Dionisio [4].

Johannes et Philippus et Noeria filii Willelmi Veir et

---

1. Il s'agit là du prieuré de Champdeniers.
2. Dupuy, vol. 841, p. 247, d'après le cartul. de l'Absie, fol. vii, p. 2.
3. Voir *Histoire de Champdeniers*, p. 35 et 147.
4. Dupuy, vol. 841, p. 247, d'après le cartul. de l'Absie, fol. viii.
— Gaignères, 180.

Elizabeth concessimus hoc donum in presentia Rainerii abbatis, presentibus dicto Andrea de Cort, Goffrido de Chauceroie.

Ego Petronilla filia ejusdem Willelmi Veir et Elizabeth concessi hoc donum, presentibus ut supra.

29. Ego Boerius Campilinarii dominus concessi quicquid mihi juris erat in illa (platea), præter supradictos XII nummos censuales quos mihi Absienses reddent si propter defectum servitii Willelmi Veir feodum sazirai ; audientibus et videntibus : Willelmo de Verno [1].

30. Ecclesiam Pictaviensem Petro bonæ memoriæ episcopo regente [2], Petrus de Bunt heremita in territorio Gastinæ, in loco qui dicitur Absia, materias dirutas veteris ecclesiæ reperit. Unde gavisus est comperto ab indigenis antiquis quod nulli de finitimis ecclesiis subjaceret ; quam rem utpote bonus homo diligenter inquisivit. Quinimo responderunt sibi veteres coloni, scilicet Arnulfus de Plaseit et Brunus Orbus et Arbertus de Frenneis quod quando parochiani ecclesiæ Absiæ pergebant ad Capellam Seguini et ad Vernol missam audire et pueros baptizare, Audoinus Abhorret cliens Jacquelini qui fuerat dominus ecclesiæ Absiæ, (in tempore illo erant ecclesiæ laicorum) referebat de Capella Seguini et de Vernol offerturam ad dominum suum Jacquelinum, propter parochiatum ecclesiæ Absiæ. Hanc ecclesiam destructam Petrus, bonæ memoriæ episcopus, Petro de Bunt per obedientiam reædificare precepit ; episcopoque defuncto, jussu et licentia archidiaconorum Willelmi [3] et Arvei [4] et alius Willelmi [5], quorum arbitrio Pictaviensis ecclesia carens pontifice regebatur : et ad ul-

---

1. Dupuy, vol. 841 p. 247, d'après le cartul. de l'Absie, fol. VIII.
2. Pierre II, évêque de Poitiers de 1087 à 1115.
3. Guillaume Gilbert, archidiacre de Thouars dès 1098, bientôt évêque de Poitiers en 1117.
4. Hervé, archidiacre.
5. Guillaume Adelelme, archidiacre, plus tard évêque de Poitiers en 1124.

timum, jussu et obedientia Willelmi episcopi¹ ad hanc ecclesiolam supradictam reædificandam, vir supradictus, vigilando, orando, jejunando, laborando, utpote in solitudine degens, accessit ².

Anno ab Incarnatione Domini mcxx, epacta xviii, concurrente iv, indictione xiii, fundatum est cœnobium Sanctæ Mariæ Absiæ in primam abbatiam pagi Pictaviensis, secundum regulam S. Benedicti et institutum patrum probatissimorum Cisterciensium monachorum, a magistro venerabili Giraudo ³, cooperante gratia Spiritus sancti in magna gloria, et auctoritate virorum religiosorum, scilicet episcopi venerabilis Guillelmi Gisleberti et abbatis Cadunii et abbatis Borneti et aliorum multorum, tam religiosorum, quam clericorum, nobilium personarum. Et sub una die scilicet viii idus aprilis feria tertia ante Palmas, primus abbas et clerici insimul sexdecim, in monastico habitu consecrati sunt : qui videlicet magister Giraud, posquam discipulum suum præfatum religiosum valde virum et per omnia bonis moribus instructum, fratribus sibi commissis abbatem ordinasset, ut ei mos erat libere abbatias instruere, locum hunc liberum illis tradens, domibus et necessariis rebus optime ad serviendum Deo, magna jam ex parte exstructum, ut verum regem Christum super se semper caput haberent, monuit ; ut in virtute S. Spiritus secundum propositum supradictum viverent, præcipiendo rogavit ⁴.

---

1. Guillaume Gilbert, évêque de Poitiers de 1117 à 1123. Il était originaire d'une famille de Parthenay. (*La Gâtine historique et monumentale*, par B. Ledain, p. 69.)
2. *Gallia Christiana*, II, p. 1380, d'après le cartul. de l'Absie, fol. ix.
3. Le bienheureux Giraud de Salles, originaire du Périgord, fondateur de nombreuses abbayes, notamment de celle des Chatelliers en Poitou, où il mourut et fut enseveli en revenant de l'Absie, le 20 avril 1120.
4. Cette notice, non indiquée dans Gaignères, est tirée du *Gallia Christiana*, II, 1380-1381, d'après le cartulaire de l'Absie, et semble devoir être placée à la suite de la notice n° 30.

31. Sacrarum Scripturarum ammonitionibus instruimus ac sanctorum patrum exemplis ammonemur ut peccata quæ humana impediente miseria ex patris primi culpa cotidie perpetramus, cotidianis elemosinis redimamus, et enim quidam patrum dicit elemosina non solum à morte liberat sed etiam larga vitæ præmia donat. Quapropter ego Airaudus Jaquelinus, pro salute anime mee et pro salute generis mei, dono et concedo Deo et Sancte Marie et Petro de Bunt et successoribus ejus, de proprio jure meo unam borderiam terre quæ vocatur Mairanderia ad ecclesiam Absiæ restaurandam, quæ fuit propria generis mei, concedentibus filiis meis Goffrido, Airaudo et Normando; testibus : Symone de Vernos, Savarico de Vernol, Goffrido vicario[1].

32. Airaudus Jacquelinus dedit; testibus: Goscelino sacerdote et Bernardo filio suo qui hoc concessit. Et David de Frenneis concessit etiam.

33. Symon de Vernol dedi Petro de Bunt et successoribus, concedente filio meo Willelmo; testibus : Pagano de Vernol et Savarico fratre suo. Dictus Petrus volens redificare ecclesiam Absie.

34. Idem dat adhuc; testibus : Savari de Vernol, Petro Guillelmi, Constantino Auri, Bernardo Aubannea, Raginaut Agivre, Andrea Preveral, Guillelmo Preveral, Bernardo Carcereia, qui cum filiis suis Constantino et Arnulfo omnia concessit.

35. Iterum dictus Simon dedit; testibus : Tescelino, Giraudo de Absia, Goffrido Airaudi, Raginaudo de Bretanola.

36. Idem Symon dedit; testibus: Willelmo Savarici, Willelmo de la Fontana. Et reconcessit in manu domini Willelmi Parteniaci et sue conjugis Rosane; testibus : Arberto

---

1. D'après une copie du XVII° siècle dans le fonds latin 12658, p. 2. Cette charte concédée en faveur de l'abbé Pierre de Bunt date donc des premières années d'existence de l'abbaye de l'Absie.

do Tel, Oliverio, Petro Maingo, Tirolio, Gisleberto Grosgren, Willelmo Savarico.

37. Giraudus de Gorge et uxor ejus Aelina dedit in presentia Willelmi abbatis mediatatem borderie terre vocate Berauderia; testibus : Petro et Goffrido fratribus dicti Giraudi, Savarico de Vernol, Willelmo vicario.

38. Tirols de la Capella[1] et uxor ejus Loria Willelmo abbate dedit omne quod Symon de Vernol illis dederat ; testibus : Willelmo de la Capella, Petro Willelmi.

39. Gislebertus Grosgren dedit Willelmo abbati; testibus : Anstero de Glennai, Benedicto cliente, Petro et Gauterio.

40. Idem dat ; testibus : Giraudo de Gorge, Giraudo de Absia, Goffrido Airaudo, Benedicto cliente.

41. Girardus Beraudus qui colebat hanc terram scilicet Berauderiam, dat ; testibus : Petro Beraudo, Petro Carofii.

42. Hugo Pulverels dat Willelmo abbati mediatatem borderie supradicte Berauderie; testibus : Giraudo de Absia, Ato Cabirando.

43. Giraudus Lemozinus ad obitum suum dat terras, etc. concedente Aimerico Airaudo nepote suo et fratre ejus Willelmo. Hoc donum concessit Giraudus de Gorge de cujus feodo, Willelmo abbati ; testibus : Goffrido Airaudo, etc.

44. Giraudus de Gorge et uxor ejus Aelina et filii eorum Willelmus et Goffridus dant Rainerio abbati totam terram de Venacerie; testibus : Tescelino et Bochardo filio ejus.

45. Arveius Grosgren dat Rainerio abatti eamdem terram Venacerie ; teste : Petro Charner.

46. Goffridus Poiarz et uxor ejus Constantia, Paganus Caputajus et uxor ejus Ascelina et Maria filia Giraudi Lemozin dant dictam terram quam Giraudus Lemozenus eis

---

1. Les Tireuil étaient seigneurs de la Chapelle-Thireuil et remontaient avant le milieu du xie siècle. (*Chartes de l'abbaye de Saint-Maixent* par M. Alfred Richard, t. I.)

dederat ; testibus : Bordino Belpam, Johanne Bonio, Goffrido Nigro.

47. Petrus et Symon et Fulco fratres Arvei Grosgren dant Rainerio abbati hec dona et alia omnia data in terra et in feodo de Vernol; testibus : Giraudo de Gorge, Tescelino, Giraudo de Absia, Petro Caner.

48. Loria filia Symonis de Vernol et filii ejus Tirol concesserunt Rainerio abbati dona superdicta et alia eis jam data in terris et feodis de Vernol; testibus : Radulpho chanonico, Petro Gatet, Raginaudo Raimundo; testibus : Ugone Barret, Rainado Raimundo.

49. Giraudus de Gorge et Aelina uxor dederunt Rainerio abbati decimam Guiraerie, etc., quod dederant Giraudus Bornazels et Johannes frater ejus ; testibus : Giraudo Sancti Pauli, Papino Aire.

50. Merpinus concessit dictam terram ; testibus : Stephano Margarit, Gauterio Pellipario, Bernardo de Rocha, Rainerio abbate.

51. Concesserunt hanc terram Petrus et Raginaudus filii ejusdem Merpini et mater eorum ; testibus : Raginaudo clerico, ipso Merpino, Johanne Estore et Giraudo Estore.

52. Giraudus de Absia terram quam habebam et boscum inter terram Raimunderie et terram monachorum Absie quam michi pater meus dedit Symon de Vernol, concedente Willelmo filio suo, dedi in presentia Willelmi abbatis ; testibus : Merpino, Giraudo Sancti Marcialis. Hoc donum concessit Giraudus de Gorge et uxor ejus Aelina. Iterum hoc concessit Giraudus prædictus, de cujus feodo erat, Willelmo abbati ; testibus : Tescelino de Vernol, Johanne Ermennum, Giraudo de Absia.

53. Toselet Gaanner ad obitum suum dedit, presentibus fratribus Daniele et Stephano, quidquid habebat in terra et in bosco juxta terram Giraudi Lemozin ; testibus : Giraudo de Frennes et Andrea de la Capella. Giraudus de

Frenneis concessit se cariturum; testibus : Petro Caner et Petro Molner et Stephano Bloi, Mateo milite.

Gauterius Brunet et Giraudus frater ejus concesserunt Rainerio abbati quidquid querebant in eadem terra et bosco ; testibus : Bernardo de Rocha et Othgerio de Bucel.

Andreas de la Capella et Petrus filius ejus et Giraudinus frater ejus dederunt Rainerio abbati quidquid habebant in dicta terra.

54. Giraudus de Gorge et uxor ejus Aelina et quinque filii eorum Willelmus et Goffridus et Giraudus et Tornamina et Simon dederunt; testibus: Aimerico de Cantamerle[1], Savarico de Mauleon[2] et Goffrido Teo, Arberto Sanun.

55. Aimericus Droet et uxor Maria concesserunt quidquid querebant in terra Venaerrie, Rainerio abbati; testibus : Bernardo de Condais, Petro Desiseras, Patrocio. Hoc donum concesserunt Raginaudus, Geraudus et Petrus filii eorum et due filie eorum Petronilla et Menos; testibus : Goffrido de la Cumba, Bernardo Droet, Raginaudo Ferco.

56. Barret filius Goffridi Benedicti concessit Rainerio abbati terram de Bornazels, etc.; testibus: Stephano Serde, Willelmo Paluel, Jocelino, Johanne Boniot.

Idem Barret dedit pratum Rainerio abbati; testibus: Gauterio de Molendino, Petro Guinart, Petro Bobino.

57. Giraudus Bornazels et Johannes frater ejus dederunt Rainerio abbati; testibus : Bernardo de Rocha, Gauterio Pellicerio, Stephano Margarit.

Petrus et Giraudus Bornazel filii Giraudi concesserunt hoc donum Rainerio abbati. Johannes filius Johannis Bornazel concessit hoc donum Rainerio abbati.

58. Petrus Grosgrent concessit Rainerio abbati omnia

---

1. Aimeri de Chantemerle est nommé comme témoin dans la donation du droit de fromentage faite en 1137 environ par Geoffroi, vicomte de Thouars, à l'abbaye de Saint-Jouin. (Grandmaison, *Cartulaire de Saint-Jouin de Marnes*, p. 38.)
2. Savary de Mauléon, s**r** de Fontenay et de Mauléon, fils de Raoul, fut enseveli dans l'abbaye de l'Absie avant 1155.

dona fratrum suorum et omnia que tunc habebant in feodis de Vernol; testibus: Goffrido sacerdote de Vernol, Willelmo Pulverel. Hec dona concessit Johannes frater Petri Grosgrent; testibus : Giraudo de Gorge, Girardo Isdrel. Similiter concessit hec dona Symon frater ejus.

59. Giraudus de Gorge et Aelina uxor reconcessit Rainerio abbati omnia dona Simonis de Vernol; testibus: Petro de Bille, Petro Bertrant, Giraudo de la Mota, Willelmo clerico. Hec omnia concessit Willelmus filius eorum jam miles.

60. Giraudus Tulupins et Umbertus frater ejus dederunt quidquid habebant in terra quam Giraudus Lemozins eis dederat; testibus : Goffrido Airaut, Bernardo de Roca, Giraudo Bonis, Johanne Richefol.

61. Giraudus de Gorge et Aelina uxor et Guillelmus frater eorum jam miles dederunt Rainerio abbati suam partem comandize quam habebant in masura terre de feodo Johannis Sancti Pauli; testibus : Gauterio Danio et Merpino.

62. Petrus Saminus dat Rainerio abbati quidquid habebat in boscis quos et ipsi monachi habent de feodo de Condaes quos Petrus de Peires et Petrus filius ejus et Aimericus de Chantamerle eisdem monachis dederant; testibus : Girardo sacerdote, Gauterio Raimunt, Johanne Papin, Udelino d'Argentum.

63. Petrus Airaudus dat; testibus : Garino filio Aimeri et Tizone milite. Hoc donum concessit Willelmus filius ejus Rainerio abbati ; testibus : Aimerico Pagano, Raginaudo Baboin, Johanne de Flaizes, Mainardo et Petro sacerdotibus. Hoc concessit Raginaudus de Crazai [1].

---

1. Renaud de Craciaco ou de Crachai, chevalier, figure comme témoin dans deux chartes des vicomtes de Thouars, de 1139 et 1151, en faveur de l'abbaye de Saint-Jouin. (Cartul. de Saint-Jouin, 35, 37.) Il était frère utérin d'un Guillaume de Beaumont-Bressuire et administra la baronnie de Bressuire au nom d'un de ses neveux, vers 1150. (*Histoire de Bressuire* par B. Ledain, 1880, 2e édit., p. 68, d'après le cartul. de Bourgueil.)

64. Arbertus de Frenneis dat terram, etc.; testibus: Savarico de Vernol, Goffrido vicario; concedentibus filiis meis Giraudo et Gauterio. In hac eadem terra totum hoc quod Willelmus Cruisvinus habebat ex parte conjugis concessit ipse et ipsa; testibus: Arberto sacerdote de Condaes, Giraudo de Frenneis, Gauterio de Frennes. Iterum dedit idem Arbertus ad obitum suum, concedente Gauterio filio suo et filia sua Johanna; testibus: Petro de Bunc. Hoc concessit Raginaldus Bessevest de quo movebat et Petrus filius dicti Raginaldi concessit hoc donum post mortem patris sui, Willelmo abbate; teste: Giraudo de Absia.

65. Goffridus Airaudus et frater ejus Normandus dant; testibus: Giraudo de Tucinio, Raginaldo Samino. Iterum dedit; teste: Willelmo de Vernol. Iterum dedit Rainerio abbate terram de feodo Petri Bavier et Aimerici Jaifart. Hec dona concesserunt Milesendis uxor et filii ejusdem, Airaudus, Goffridus et filia Ozemardis; testibus: Willelmo Jaifart, etc.

66. Andreas de Capella et Giraudus frater ejus dederunt terram quam habebant juxta caminum a ponte Absie usque ad terram Giraudi Bornazel; testibus: Giraudo de Gorge, Goffrido Airaudo, Merpino, Viviano, Aerio. Andreas de la Chapella et fratres ejus Giraudus, Teobaudus, Constantinus dant quidquid habebant in terris et vineis circa monasterium Absie; testibus: Giraudo Gastinel et David gener Andree de Capella.

Giraudus de Frennes dat Willelmo abbati quidquid habebat in eadem terra; testibus: Radulfo de Condaes, Johannes Secundiniaci, Johanne Berzozii. Hoc donum concessit Willelmus filius ejus Willelmo abbati; teste: Aimerico de Scorzai.

67. Petrus Canavinus dedit Petro de Bunt et fratribus Absie borderiam terreque appellatur Robelineria; testibus: Galabru de Volvent et Petro de Bunt. Iterum dedit terram, concedente Ugone filio suo. Hoc donum concessit Petrus

del Peires; teste : Raginaudo Samini. Iterum idem Petrus Canavinus post mortem Petri abbatis reconcessit in presentia Willelmi abbatis, concedentibus Benedicto Radulfi et Babino filio suo; testibus: Goffrido Mazone, Petro Carofii; et in quadam parte hujus terre Jodonus et Teobaudus Richardi et uxores eorum que sunt sorores querebant rupturam quam concesserunt pro salute animarun suarum ; testibus : Grossino Mazone, Petro Aleardi, Ugonne de Frennes, Giraudo Amai. Hoc concesserunt filii eorum scilicet Johannes, Bernardus, Babinus, Johanninus, Arnaudus. Paganus Raimundi de quo movebat concessit donum supradictum; testibus : Aimerico Jaifardi, Petro Samini, Tebaudo Samini.

68. Petrus Airaudus omnes consuetudines quas querebat in terris circa monasterium Absie concessit Willelmo abbati.

Gauterius de Tarva similiter concessit; testibus : Johanne de Bellomonte, Symone de Glennai [1], Goifrido Airaudi.

69. Petrus del Peires [2] ad obitum suum reconcessit Willelmo abbati superdicta dona Petri Canavini. Hoc libenter concessit Petrus filius ejus osculando patre suo; testibus : Aimerico Jaifardi, Giraldo Baldoin.

70. Et post mortem Petri dal Peires, Petrus Meschinus filius ejus dedit Willelmo abbati; testibus: Aimerico Jaifart, Willelmo Jaifart, Arberto Samin, Moricio fratre ejus. Hunc boscum concesserunt in presentia Rainerii abbatis Isdernus et filius ejus Moricius; testibus : Tebaudo de Marolio, Petro Briderio, Aimerico Jaifart.

71. Et post mortem Petri Meschini, Aimericus filius ejus,

---

1 Jean de Beaumont et Simon de Glenay figurent dans une charte de restitution faite à Clazay en faveur de l'abbaye de Saint-Cyprien de Poitiers, vers 1140. (Rédet, *Cartulaire de Saint-Cyprien*, p. 117.)

2. Il s'agit ici de Pierre d'Aupareds ou Pareds, *Alperium, Paredum*, région du Bas-Poitou qui formait très anciennement un archiprêtré, puis archidiaconé. Il figure dans une charte de 1139 accordée par Guillaume, vicomte de Thouars, à l'abbaye de Saint-Jouin. (Cartul. de Saint-Jouin, 35.) Cette famille portait aussi le nom de Chantemerle, parce qu'elle possédait en même temps ce domaine.

laudantibus matre sua Galiena et fratribus Petro et Willelmo, dedit Rainerio abbati nemus, etc.; testibus : Aimerico Jaifart, Petro Samino, Arnaudo Foret, Arberto Samino, Petro Foret.

72. Petrus Meschinus dedit; testibus : Petro Lunel, Raginaudo Maldot, Arberto Samin. Hoc donum concessit Aimericus filius ejusdem; testibus : Giraudo de Gorge, Savarico Meschino de Malleum, Goffrido Turco, Arberto Samin.

73. Iterum reconcessit Rainerio abbati; testibus : Arberto Samin, Aimerico Jaifart et Alone fratre suo. Hoc donum concessit Guido frater ejus, supradictis testibus.

Hoc donum similiter concessit Petrus frater eorum Rainerio abbati; testibus : Petro Lunel, Mileto armigero; videntibus : Willelmo Jaifart, Arberto Samini.

74. Aimericus de Chantamerle [1] et fratres ejus Petrus et Guido concesserunt monachis Absiæ, in presentia Rainerii abbatis, quidquid habebant in molendino Chabirant, nullo sibi jure retento, excepto spirituali beneficio; testibus : Aimerico Jaifart, Tebaudo Chastaner, Siebrando de la Mota. Henricus filius Petri Meschini concessit Rainerio abbate boscum quod frater ejus Aimericus de Cantamerula eis dederat; testibus : Aimerico Jaifart, Airaudo Juerno [2].

75. Petrus Bavierius dedit quartam partem terre Traollerie. Maria soror ipsius Petri et filii ejus Giraudus et Gauterius Esgarez dederunt aliam quartam partem Rainerio abbati; testibus : Jodoino et Bernardo de Roca.

Item Petrus Bavierius concessit Rainerio abbati hoc donum; testes : Goffridus Butet. Filius ejusdem Petri; testibus : Giraudo et Gauterio Esgare et Jodoino.

76. Willelmus de Sancto Albino dedit Rainerio abbati

---

[1]. Aimeri de Chantemerle, frère de Pierre d'Aupareds, 3e du nom, figure dans une charte du prieuré de Sigournay de l'an 1150 environ et dans une autre de la Chaise-le-Vicomte, de l'an 1180 environ. (*Cartulaires du Bas-Poitou* par Marchegay, p. 32 et 208.)

[2]. *Hist. de la maison des Chasteigners* par Du Chesne, pr., p. 3, d'après le cartul. de l'Absie, fol. XVIII, 2. — Gaignères, 180.

terram superdictam Traollerie, testibus : Andrea Roillum, Giraudo Ricart, Giraudo de Sancto Paulo. Johanna uxor ejusdem Willelmi et filii ejus Petrus et Andreas concesserunt in presentia Bruni prioris ; testibus : Willelmo de Sancto Albino, Petro de Colet.

Tebaudus Saminus et uxor ejus Maria, de quo movebat, et filii eorum Arbertus et Petrus concesserunt dictam terram ; testibus : Willelmo et Odeberto de Condaies. Johanna filia Benedicti Radulfi dedit in presentia Rainerii abbatis quidquid habebat in dicta terra de Traollerie ; testibus : Aimerico Jaifart, Arberto Samin. Hoc concesserunt Goffridus et Willelmus filii ejus et Girendis soror eorum et Geraudus Mannir ; teste : Raginaudo Asner.

77. Petrus frater Guillelmi Sancti Albini concessit supradictam terram ; testibus : Briendo et Arberto et Airaudo militibus.

78. Aiaaz soror Petri Bodin et Briendus filius ejus dederunt Rainerio abbati quidquid habebant in arbanno terre Traollerie ; testibus : Elia et Alone Jaifart et filio ejus Pictavino et Petro.

79. Stephanus Pegrini de Mollerone clericus dedit in presentia Willelmi abbatis Beate Marie Absie in Gastina tres solidos annui redditus.

80. Gauterius filius Benedicti Radulfi dedit terram juxta capud bosci de Condaes ; testibus : Tebaudo, Ricardo. Aimericus Jaifardus, de quo movebat, concessit Willelmo abbati ; testibus : Giraudo Pellicerio, Geraudo Jerosolimitano, Oliverio milite. Goffridus Airaudus concessit hanc terram Rainerio abbati ; testibus : Willelmo Jaifart, Petro Bavier. Petrus Meschinus concessit hanc terram Rainerio abbati ; testibus : Simon de Rajacia, Aimerico de Sancto Maximo.

81. Hugo Aleardus dedit monachis Absie et Petro de Bun et successoribus medietatem terre et bosci quam habet cum Goffrido vicario et Willelmo fratre suo, et aliam medietatem dedit dictus Willelmus.

82. Goffridus vicarius dedit masuram terre. Hoc concessit Willelmus frater ejus. Hoc donum concessit Barbotinus de Monteconstanti ; testibus : Goscelino sacerdote, Petro de Bunt.

83. Willelmus vicarius concessit boscum hujus terre, presente Willelmo abbate et Petro Wilelon ; testibus : Giraudo de Gorge.

84. Gauterius Danjo concessit omnia dona que dederunt pater suus Goffridus vicarius et patruus suus Willelmus vicarius ; teste : Geraudo de Absia. Hec dona Willelmus frater ejus concessit ; teste : Willelmo vicario, Gastinello armigero.

85. Geraudus Bornazels et duo filii ejus Geraudus et Johannes et due filie sue atque uxor dederunt, presente Willelmo abbate, omne rectum quod querebant in terram supradictam del Sueerals ; testibus : Merpino, Savarico de Vernol, Jodien, Uguet de Frennes.

86. Goffridus Benedicti dedit terram de ponte Absie inter fossatos ; testibus : Petro et Petro Willelmi. Geraudus de Frenneis dedit similiter suam partem terre quam juxta hanc habebat.

87. Laida quoque, pro salute anime sue et pro anima filii sui Geraudi recenter defuncti, dedit terram que appellatur Velloneria, concedentibus Goffrido Benedicti et Merpino fratre suo ; testibus : Savarico de Vernols, Petro de Bun et avo Petro.

88. Ad obitum suum Goffridus Benedictus, advocato Petro abbate et Radulfo priore Absie, dat terram ad boscum Constantii de Brolio à la Grassateria, concedentibus Merpino fratre suo et Symone de Vernol ; testibus : Savarico de Vernol, Rainaudo de Bretanola.

89. Merpinus concessit decimam terre Arberti de Frennes ad vadium Garnerii de Vernol ; testibus : Goffrido Airaudi et Normando fratre suo et Teobaudo Alliberti. Hoc iterum reconcessit in manu Archiepiscopi domini Parte-

niaci et Arberti del Tel. Iterum concessit pratum ; testibus : Symone de Vernol, Gisleberto Grosgren.

90. Iterum idem Merpinus et uxor dant Willelmo abbati terram de la Velloneria juxta caminum subtus Frennes; testibus : Geraudo de Absia, Geraudo Preveleral. Iterum idem Merpinus in fundatione ecclesie concessit in capitulo Absie dona fratris sui Goffridi Benedicti ; testibus : Symone de Vernol, Willelmo Savarico, Willelmo de la Fontana. Barretus dedit et concessit, presente Rainerio abbate, omnia dicta dona que donaverunt Goffridus Benedictus pater suus, et Laida aiola sua et Merpinus patruus suus.

91. Tentorius de la Calleria dat borderiam terre vocatam Albergaviam ; testibus : Jaquino de Niolio, Teobaudo Chabot.

92. Giraudus Bornazels dedit Deo et Sanctæ Mariæ et Petro de Bunt et fratribus ejus unam borderiam terre vocatam Audebranderia, sicuti ipse et pater ejus Audoinus habuerunt fealment de Ogerio Eschot in dominio cui reddebat in Natali Domini vii escuelas et i jabdale. Ogerius Escoth et Achardus de Faimorel, qui habebat filiam ejus uxorem, hoc donum concesserunt ; testibus : Helia Mainardo, Audeberto de Morolia, Gauterio de Losdun. In hac terra habebat rupturam Bernardinus de Condaes quam ipse et filius ejus Giraudus dederunt ; testibus : Bardino de Condaes, Radulfo Oberto, Stephano Otberto. In hac terra habebat Petrus Airaudus de Berzorio commendizam et alias consuetudines quas dedit Willelmo abbati ; testibus : Garino filio Aimerici, Gerardo de Cantalupo. In hac terra habebat Symon de Vernol boscum in dominio quod dedit et quidquid dabitur huic ecclesie quod erit de suo feodo ; testibus : Savarico de Vernol, Goffrido vicario. Hoc donum concesserunt Ebo dominus Parteniaci[1] filiusque ejus Sy-

---

1. Ebbon, seigneur de Parthenay, mourut vers l'an 1110.

mon. Hoc etiam donum Petrus bone memorie episcopus Pictavorum [1] concessit et suo signo confirmavit. Hoc quoque donum Tentorius de la Calleria dedit et concessit et quidquid monachi adquirere possent in terris de Vernol que de eo movebant. Similiter Oliverius de Partenay donum supradictum Willelmo abbati concessit ; testibus : Arnaudo de Moisaci, Petro Carrofii [2].

93. Barbotinus Bozardus dat Petro de Bun et fratribus suis terram et boscum de la Nulleria ; testibus : Mainardo Rufo de Foresta, Giraudo Calvino et filio ejus Geraudo. Iterum concesserunt idem Barbotinus et filius ejus Giraudus Willelmo abbati. Hanc terram et boscum comparavit Arbertus pater ejusdem Barbotini de Audoino de Frennes patre Giraudi Bornazel ; teste : Giraudo Bornazel qui hoc concessit.

94. Andreas Prevelerals et Manuels frater ejus, concedentibus filiis suis, dederunt S. Mariæ et Petro abbati et monachis Absiæ unam borderiam in terra sua in bosco; postea in tempore Willelmi abbatis Giraudus de Gorge donum supradictum calumpniavit quod libere in tempore Symonis de Vernol jam vii annis possederant. Quapropter Willelmus abbas et monachi clamorem facientes ad Archiepiscopum dominum Parteniaci in cujus defensione erat locus Absie, ad Vernol, hac de causa, cum militibus suis venit ; qui audientes causam locuti sunt cum Giraudo ut calumniam quam injuste faciebat monachis dimitteret ; qui statim dimisit et concessit ; testibus : Willelmo Berco, Goffrido Airaudo, Benedicto de Vernol. Hoc iterum Andreas Prevelerals reconcessit ; teste : Aimerico Bruneto. Item hoc donum concessit Barbotinus filius Manuelis post mortem patris sui. Peagerius filius Andree Preveleral Willelmo abbati et Petro, Willelmo et aliis fratribus, sicuti patres eorum monstra-

---

1. Pierre II, évêque de Poitiers, mourut en 1115.
2. Dupuy, vol. 805, p. 147 v°, d'après le cartul. de l'Absie, fol. XXII. — Gaignères, 180.

verant et ipsi metas scilicet cruces figere fecerunt ; testibus : Giraudo de Gorge, Merpino, Willelmo vicario [1].

95. Postea Andreas Prevelerals et filius ejus Willelmus et Barbotinus filius Manuelis et Raolinus dederunt Rainerio abbati totum boscum quod habebant à Vado Salicis etc. ; testibus : Giraudo Gastinel, Radulfo de Condaes. Hec dona concessit Peagerius filius Andree Prevelerals in presentia Rainerii abbatis ; testibus : Goffrido de Fontanei, Germot et Giraudo de Absia.

96. Raginaudus Saminus et Goffridus de Bosco et Chotardus frater ejus dant quicquid habebant in terra de la Guiraeria ; testibus : Petro Jaifardo et alio Petro. Hoc concesserunt Willelmus Aguirezs et frater ejus Raginaudus ; testibus : Raginaudo Samino, Petro Carrofii.

97. Bochardus dat medietatem decime de terra Guiraerie, filia ejus Blancheflors concedente ; testibus : Raginaudo et Johanne sacerdotibus et Beraudo à Dozreth et Johanne Gestino qui etiam concesserunt hoc donum. Postquam isdem Bochardus hoc dedit, concedente Tescelino de Vernol et uxore ejus Vigerissa et filio suo Willelmo. Tescelinus dedit eis alia de terra et de domibus de la Guiraeria ; testibus : Petro de Sancto Maxentio, Petro Buncor, Goffrido Boerio. Hoc concesserunt filii eorum Willelmus Bochardus, Johannes, Goffridus, audientibus supradictis testibus.

98. Raginaudus Aguireth et filius ejus Martinus dant quidquid habebant in dicta terra ; testibus : Bernardo de Rocha, Aimerico de Capella. Meschinus nepos Raginaudi Aguiret concessit, in presentia Rainerii abbatis, terram Guiraerie quam mater ejus olim dederat ; testibus : Raginaudo Aguirre, Arnulfo Chauciarera.

99. Gauterius Danjo dedit ad obitum Willelmi Vigerii avunculi sui boscum Rainerio abbati ; testibus : Giraudo

---

1. Dupuy, vol. 805, p. 147, d'après le cartul. de l'Absie, fol. XXIII. — Gaignères, 180.

presbitero, Papino Aire. Hoc concessit Willelmus Andegavi; testibus : Radulfo presbitero de Segundine et Clavello Fabro.

100. Gauterius Danjo concessit vicariam, presente Rainerio abbate, que sunt in feodo de Vernol.

101. Tescelinus et uxor ejus Vigerissa et filii eorum Willelmus et Bocardus dederunt in presentia Rainerii abbatis vicariam de feodo de Vernol ; testibus : Mauricio, Goffrido Salamata.

102. Arembertus et Willelmus frater ejus dant monachis quidquid querebant in decima de Guiraera ; testibus : Willelmo Jaruzum, Aimaro Garenger. Item reconcessit hoc donum in presentia Rainerii abbatis ; testibus : Petro Torchun et Bernardo de Roca.

103. Aimericus Eslet dat in presentia Rainerii abbatis rupturam terre que vocatur Eleceria. Hoc donum concesserunt Oda uxor ejus et filii eorum Petrus et Simon et filie eorum Petronilla, Aremburgis, Audeberga.

104. Gauterius dedi, laudante domino meo Berlaio, Petro de Bun decem sextariatas terre, concedente Berlaio, ad vadum de Salmora ; testibus : Raginaudo Bensevest, Uguone de Bugno. Et hoc libenter concessit Gastinellus filius suus, concedente Giraudo Berlaio, presente abbate Petro ; testibus : Umberto Michel et Fontone.

105. Symon Girardus dedi terram de la Reaute, concedente filio meo Willelmo ; testibus : Goffrido Benedicto et Paguano Rege, teste : Goscelino Gateht, testibus : Symone Girardo et Petro de Bun. Iterum idem Goscelinus concessit, in presentia P. abbatis, quarteriolum prati ibidem ; testibus : Petro de Bun et Arnaudo de Cintrai.

106. Willelmus de la Fontana dedi et concessi, rogatu Willelmi episcopi Pictavorum, totam terram de la Reaute quam Symon Girardus frater meus eis dederat ; testibus : Willelmo episcopo, Arberto de Tel. Iterum Willelmus Girardus, rogatu fratris sui Viviani, reconcessit Rainerio abbati.

107. Hanc terram concessit Constancia soror Pagani Regis in presentia Willelmi abbatis ; testibus : Willelmo de Poipele, Babino, Stephano, Tebaudo, Vacherio.

108. Goscelinus Posdrellus do Petro de Bun et monachis Absie duas sextarias terre ; testibus : Hugone dau Bugno et Johanne Preveleral, concedente uxore mea Filona Isenberga ; teste : Petro de Bun et Johanne de Segundiniaco.

109. In istis duabus sextariatis quas Posdrellus dederat, rectum et calumniam que Giraudus Chotarth et Teobaudus frater ejus faciebant libere absolvere Petro abbati et monachis Absie. Stephanus de la Banaere et Beraudus frater ejus hoc absolverunt ; testibus : Posdrello, Hugone de Bugno, Petro de Chechavila.

110. Que jam dederat Goscelinus Posdrelli dedit iterum coram Willelmo Archiepiscopo domino Parteniaci [1] qui etiam percalcavit terram cum Petro abbate et Stephano de la Banaera et Johanne de Segundiniaco et aliis, etc. Hec omnia concessit Goscelinus Posdrellus et uxor ejus Isenberga ; teste : Hugone de Bugno.

111. Hugo de Bugno dedit medietatem prati et Petrus de Chechavilla dedit aliam, concedente uxore sua Milesende et alia concessit ; testibus : Rispaudo et Johanne.

112. Similiter Rispaudus dedit quidquid habebat in eodem prato, uxore sua et filio concedentibus ; testibus : Petro Archeno et Radulfo. Similiter, Teobaudus Febrers dedit uxore sua et filiis concedentibus. Fulcherius Febrers et frater ejus Audebertus, concedentibus uxoribus et filiis et filiabus, dederunt similiter. Girbertus Teabastii dedit similiter, concedentibus uxore sua et filiis et filiabus ejus et genero. Testes de his omnibus : Helias de Bugno et Gannardus Salmorels et Johannes de Salmora ; testibus : Rollando Oliverio, Pagaus Medico, Petro Chaalun.

---

1. Guillaume III L'Archevêque, sr de Parthenay de 1121 à 1140.

113. Andreas de Benaeria dedi meam partem prati, concedentibus conjuge mea et filiis meis, Giraudo et aliis ; testibus : Petro abbate, Petro de Boin.

114. Iterum Guilot concessit in presentia Rainerii abbatis quidquid querebat in terris et pratis de Salmoru; teste : Rodoino, Gauterio Peletano, Petro Patrocio.

115. Audebertus Archerius dedi terram, concedentibus conjuge mea et filiis meis.

116. Giraudus Rannulfus et filii ejus Bernardus et Raginaudus Chapella concesserunt hec omnia et dederunt sex nummos census; teste : Petro de Boin qui concessit.

117. Raimundus Claroil dedit in presentia Rainerii abbatis quidquid habebat in terra et in pratis que dederat Giraudus Rannulfus ad vadum Salmore.

118. Ego Tirol consentiente uxore mea Loira, dedi quartam partem decime annonarum que sunt mei juris ; teste : Petro abbate et Petro de Bunt.

119. Bochardus dedi quartam partem decime annonarum que sunt mei juris, concedente eodem Bochardo duas sextarias tuorlenses terre quas mater sua Guarota dederat.

120. Aimericus de la Chapella dedi decimam bestiarum que erat mei juris; testibus : Symone Girardo et Petro abbate et Petro de Bunt.

121. Rainaudus Daniels dedit medietatem decime annonarum; testibus : Petro abbate, Petro Willelmo, Bernardo Fillol.

122. Helias de Bugno fraterque meus damus Willelmo abbati quatuor sextarias terre que junguntur terre Hugoni de Bulgno, concedente Giraudo filio meo, teste Aimerico de Composteria et concedente Johanne fratre meo ; testibus : Petro Galeth, Aimerico Bonafilia.

Item dat alias quatuor sextarias terre que junguntur terre monachorum de Bugno; testibus : Willelmo Belino et Gauterio fratre ejus, Willelmo Barreto, Giraudo Gabrino, Petro Molnerio, Petro Gatet.

123. Tebaudus Febrers et filii ejus Audebertus et Fulcherius dederunt ; testibus : Aimerico de Salmora, Johanne Secundiniaci.

124. Aimericus Salmorels et uxor ejus Constancia de qua movebat et filius ejus Arnaudus concesserunt, etc.; testibus : Tebaudo Febrer et filio suo Audeberto.

125. Terram de la Reaute, etc., quam Symon Girardus et filius ejus Willelmus dederant, concedente Pagano Rege cujus erat ruptura ipsius terre, concessit Constantia soror Pagani Regis apud Absiam Willelmo abbati ; testibus : Willelmo de Poipele, Babino Stephano servo Dei, Tebaudo Vacherii.

126. Tirolius de la Chapella dedit Willelmo abbati terram supradictam de la Reaute et alia de feodo suo devers Chapellam circa vadum Salmore; testibus : Willelmo de la Chapella et alio Willelmo et Petro Carrofii.

127. Petrus Mirmet et Aimericus frater ejus et soror eorum Audeardis et neptis Gosbergun dederunt tres prevenderiatas terre et pratum de Lortol. Hoc concesserunt filii eorum Willelmus, Willelmus Beraudus, Petroninus et omnes alii, tam filii quam filie ; testibus : Goffrido Burgaudi, Helia de Bugno.

128. Willelmus de la Chapella et filii ejus Petrus, Aimericus, Rollandus et Oliverius dederunt quidquid habebant in duo quarteria vinearum Salmore; teste : Giraudo Ranulfo.

129. Giraudus Ranulfus et uxor ejus Barbota et filii eorum Bernardus et Raginaudus dederunt annuatim duas somas vindemie à Salmora ; teste : Chotardo Fulcone.

130. Rainol de Poichanin et Oliverius Richers dederunt partem terre juxta pratum Oldri ; testibus : Goffrido Burgaudo, Willelmo Brisebarra.

Item dederunt tres eminatas terre subtus pratum Folet ; testibus : Willelmo Richardo, Morando de Alona, Goffrido Burgaudo.

131. Willelmus Morinus et Stephanus Peleters dederunt.

132. Helias de Bugno dedit, uxore sua, filio et filia concedentibus ; testibus : Johanne sacerdote et Johanne Secundiniaci.

133. Oliverius Desyre et frater ejus Hugo Beraut dederunt Willelmo abbati quidquid habebant in terra de la Reaute; testibus : Willelmo de la Capella, Bernardo Rufo.

134. Willelmus Berengerius dedit Rainerio abbati ; testibus : Petro de Sancto Lauro, Radulfo de Fenils, Favio de Colunges. Hoc donum concesserunt Giraudus, Goffridus, Petrus, Gosberga, Petronilla, Johanna, filii et filie ejus.

135. Johannes Gestinus dedit Willelmo abbati; testibus : Willelmo de Belmunt, Airaudo de Niolio, Sall de Brolio, Beraudo Adorreth.

136. Notum sit omnibus hominibus quod Goffridus de Ranco et filius ejus Aimericus et uxor ejus Fossifia, pro remedio animarum suarum, dederunt et concesserunt cum quodam baculo Deo et Sanctæ Mariæ et monachis Absiæ, in presentia Willelmi abbatis, totam talleam quam habebant in terra de Salmora quæ erat de feodo Mauricii de Volvent. Insuper promiserunt se custodiendos omnes res ipsorum, sicut familiares res suas proprias, et omnes euntes ad Absiam et redeuntes ab Absia ; testibus : Airaudo de Niolio, Petro Airaudo, Johanne Gestini, Gelome de Sancto Johanne.

Item Goffridus de Ranco et Aimericus filius ejus, pro salute animarum suarum parentumque suorum, dederunt et concesserunt Willelmo abbati et fratribus Absiæ Johannem de Segornai ad hospitandum et obediendum mandatis eorum et omnes consuetudines quas in eodem Johanne habebant et in perpetuum relaxarunt ; testibus : Arveio de Marolio et Sall de Brolio [1].

---

1. Dupuy, vol. 805, p. 98, d'après le cartul. de l'Absie, f° XXIX. — Le témoin Sall de Brolio est probablement le même personnage que le connétable de la reine Aliénor, nommé Saldebrol et figurant comme témoin dans deux chartes de cette princesse, du 27 mai 1152, en faveur de l'abbaye de Saint-Maixent (*Cart. de Saint-Maixent*, I,

137. Symon Girardus et Aimericus de la Capella dant esclusam ad faciendum molendinum de Salmora, etc. Hec dona concesserunt Willelmus de la Capella et fratres ejus, Aimericus, Raginaudus, Oliverius et Penthecosta uxor Willelmi et duo filii Willelmi, Petrus et Petrus ; testibus : Arnaut Guenent, Goffrido de Fontenello.

138. Claricia et maritus ejus Aemericus Bastuns dant terras de feodo suo quas donaverat eis Helias de Bugno ; testibus : Goffrido Formaut et Helia de Bugno.

139. Rispaudus et uxor ejus de qua movebat et filius eorum Cordepetra dant Willelmo abbati medietatem molendini subtus domum Salmore ; testibus : Giraudo Jabrin, Johanne de Salmora.

140. Jugerissa uxor Tescelini et filius ejus Willelmus dant ; testibus : Bernardo de Rocha, Petro de Castelmur.

141. Guarnerius Bornes dat terram que erat de feodo suo quam olim Helias de Bugno eis dederat; testibus : Gauterio Danjo, Willelmo de Sancto Albino, Aimerico Aeno. Petrus frater ejus similiter concessit hec dona ; testibus : Jordano priore de Bucol, Goffrido Blanchet, Morello, Petro Gatet.

142. Giraudus Berlais, pro redemptione anime mee, parentum meorum, conjugis et filiorum, concessi Rainerio abbati quidquid ipsi monachi habebant de feodis meis quando abbatia Brinoeensis fundata est [1], etc., quas donaverunt Gauterius Gastinellus, Puldrellus et filios Isembergæ, Oliverius Rainus de Poichanin, Hugo d'Au-

---

353), et de 1157 environ, en faveur de l'abbaye de Luçon (D. Font. xiv, 251). C'est peut-être aussi le même que Saildebroil qui figure comme témoin d'une charte de Thibaud Chabot en 1184, pour l'abbaye d'Orbestier. (Cart. d'Orbestler par M. de la Boutetière, ap. Arch. Hist. du Poit., vi, 13.)

1. L'abbaye de Brignon, située dans la commune de Saint-Macaire-du-Bois (Maine-et-Loire), fut fondée dans la forêt de ce nom, vers 1135-1140, par Giraud Berlay, seigneur de Montreuil-Bellay, par une donation faite à l'abbaye de l'Absie en Gâtine, d'où elle prit le nom de l'Absie-en-Brignon. (Dict. Hist. de Maine-et-Loire, par Port, I, 501.)

buno, Heleas d'Aubuno, Aimarus Bastos et uxor ejus Claricia, Goffridus Burgaudus. — De hoc facta est alia carta in presentia Rainerii abbatis ; videntibus : Goffrido Girbaudo et Garnaudo et Girardo de Chaorces.

143. Tirollius de Capella et fratres ejus Petrus et Simon et alius parvulus concesserunt vineas Giraudi Archerii ; testibus : Raginaudo Raimunt, Radulfo canonico, etc.

144. Rollandus de Capella concessit omnia dona patris sui et fratrum suorum in manu Airaudi archipresbiteri [1] ; testibus : Radulfo et Willelmo canonicis, Raginaudo Babin, Raginaudo Raimun.

145. Goffridus Berengerius et Petrus frater ejus dant pratum Rainerio abbati, et dederunt tres fiducias Hylarium Beneiuns et Bernardum Mirepe et Goscelinum de Carperia ut defendant ; testibus : Petro Gatet, Martino de Brolio, Raginaudo Mendiet, Johanne de la Carperia, Bernardo de La Roca, Johanne de la Placia, et concesserunt eisdem Johanna et Petronilla et alia Petronilla et Constancia et Gosberga et Hylarius et Ugo Cadols et Raginaudus Mendiet et Radulfo Mendiet.

146. Audebertus Febrers dedit pratum ad vadum Salmore, concedentibus uxore sua Umberga et filiis et filiabus Andrea et Radulfo, Johanna et Gireut ; testibus : Bernardo Fulgerio et Constancio. Ylarius similiter dedit idem pratum, concedentibus uxore sua Umberga et filiis et filiabus Johanne et Petro, Constancia et Petronilla ; testibus : Radulfo et Willelmo canonicis, Petro Gatet, Tebaudo Beloire et Stephano.

147. Tescilinus et uxor ejus dant Rainerio abbati quidquid querebant in pratis subtus domum Salmore ; testibus : Raginaudo canonico, Raginaudo do Buceu.

148. Goffridus de Poi dat borderiam terre ; testibus : Rollando Bocarel, Aimerico de Roca. Hoc donum con-

---

1. Airaud, archiprêtre de Parthenay vers 1150.

cessit Willelmus filius ejus; testibus : Raginaudo Bracet, Raginaudo Raimun ; et reconcessit, presente Rainerio abbate ; testibus : Bernardo de Rocha, Petro Guinnart.

149. Oliverius.Desire do Rainerio abbati partem riveriæ meæ quæ vocatur Martreium inter duas Vendeas. Actum apud Vulventum, anno millesimo centesimo quinquagesimo quinto [1].

150. Joannes Gestinus, pro remedio animæ suæ, parentumque suorum, concessit monachis Absiæ in præsentia Rainerii abbatis, unam borderiam terræ juxta Barram Marian et dedit talleam et quidquid in ea habebat, nullo sibi jure retento, excepto spiritali beneficio. Testibus : Lanfredo monacho Majoris-Monasterii, Fulcone sacerdote, Petro Chastagner et Mauricio [2].

151. Burgunna uxor Ugoni de Lezinan [3] rogante et laudante eodem Ugone marito suo et Gaufrido de Rancone patre suo, pro salute animæ suæ, dedit fratribus Absiæ, in præsentia Rainerii abbatis, talleam de una borderia terræ quæ est juxta Barra Marian et aliam talleam de duabus sextariatis quas jampridem dederant Garota et Bochardus de Volvent. Dedit etiam xii nummos de tallea de feodo Giraudi Ramnulfi ; testibus : Gaufrido de Rancone, Ugone de Lezinan, Raimundo Clarol, Johanne de Segornai [4].

152. Gastinellus de Mosterol concessit Rainerio abbati tres provendiatas terre ad Salmoram ; testibus : Bernardo clerico, Audeberto Goffrido, Bernardo de Rocha.

153. Aimarus Bastuns et Livia uxor ejus concedunt Rainerio abbati terram Helie de Bugnum, que erat de feodo suo, quam ipse Helias eis dederat ; testibus : ipso Helia, Goffrido Fromant, Radulfo Chotar.

---

1. Dupuy, vol. 822, p. 346, d'après le cartul. de l'Absie.
2. *Hist. des Chasteigners*, par Duchesne, p. 4, d'après le premier cartul. de l'Absie, fol. xxxi. Cet acte serait, d'après Duchesne, antérieur à 1168.
3. Hugues VIII le Brun de Lusignan, mort en Palestine après 1165.
4. Dupuy, vol. 805, p. 98, d'après le cartul. de l'Absie, fol. xxxi.

154. Ego Guillelmus Guinanz jam moriens do Rainerio abbati, et Mieta hoc concessit eidem abbati; testibus : Pautonerio decano [1], Arberto Tornemina.

Ego Theophania, laudante Gauterio Danjo filio meo, concessi Rainerio abbati rupturam dimidie borderie terre Bernolerie cum pratis de Bosco, quam Guillelmus Guinant illis ad obitum suum dedit.

Mieta et ego Bodins concedunt, in manu domini nostri Laurentii Pictavensis episcopi [2], monachis Absie quod Guillelmus Guinant illis dedit ad suum obitum. Testes : Pautonerius decanus, Petrus Mainardi archipresbiter [3], Rainerius abbas, Garinus de Bosme, Daniel de Pugne, Petrus Bodin, Goffridus de Faimoral, Arpinus decanus Toarcii.

155. Ego Alaad et ego Theophania concedimus Rainerio abbati omnia que mater nostra Theophania et frater noster Gauterius Danjo eis unquam dederat. Testes : isdem Gauterius, Michael Radulfus et Adam sacerdotes.

156. Ego Melianda et Johannes filius ejus et Sibilla filia concedimus terram quam Normandinus eis dederat quam ipse de nobis habebat, nullo jure retento, preter quinque solidos nobis et Goffrido Normant, in presentia Rainerii abbatis; videntibus : Ugone Lobet, Ursone de Beauveer, Mingro Gavraudo, Petro de Cintrai. Goffridus Normans et Petrus filius ejus concesserunt terram quam Normandinus dederat.

157. Johannes et frater meus Giraudus concedimus medietatem quarterii prati ad vadum Salmore quam pater noster Petrus de Chichevilla et mater nostra Milesendis illis dederat. Testes : Garinus, Girardus, Goffridus monachi, Girardus Ferros, Petrus clericus.

158. Rispaudus et uxor ejus de qua movebat et filius eorum Cordepetra dederunt Willelmo abbati medietatem

---

1. Pautonnier, doyen de Fontenay en 1154 (*Pouillé de l'évêché de Luçon*, par Aillery, p. 172).
2. Laurent, évêque de Poitiers de 1159 à 1161.
3. Pierre Mainard, archiprêtre de Parthenay, 1159-1166.

molendini subtus domum Salmore ; testibus : Giraudo Jabrin, Johanne Secundiniaci.

159. Tefania mater Gauterii Danjo dedit ; testibus : Garino et Girardo sacerdotibus, Girardo Charrer, Gauterio Danjo qui hoc donum concessit. Similiter Alaaz soror Gauterii Danjo concessit dictum donum, concedente viro suo.

160. Petrus de Brauzun et filii mei Bracers et Haimericus et Willemus dedimus Rainerio abbati quidquid habebamus in proprio et in feodo, in molnario Salmore, vocato molnario de Luceriis. Testes : Willelmus de Brauzum et Gauterius de Pampelia, Arnaudus Libers.

161. Tescelinus et Jugerissa uxor mea et filii nostri Willelmus et Bochardus et Gaufridus dedimus Rainerio abbati quidquid habebamus in dicto molnario de Luceriis ; testibus : Bernardo de la Rocha et Merpino.

162. Claretus de Barges dat quartam partem decime quam, jure hereditario, habebat in domo et grangeria de Mascignec. Testes : Petrus Pictavinus, Petrus Willelmi, Siebrandus Chaboz dominus suus qui hanc elemosinam concessit ; testibus : Normando Briendo, Bernardino cliente, anno millesimo centesimo trigesimo nono, in manu Willelmi abbatis Absie.

163. Petrus Clareti de Barges do, in manu Willelmi abbatis et Siebrandi Chaboz domini mei, quartam partem decime de grangeria de Mascigne et quidquid pater meus Claretus dedit ; testibus : Johanne priore Absie, Petro Willelmi, Radulpho de Taunai, Briendo.

164. Notum sit omnibus et presentibus et futuris quod Willelmus de Barges, infirmitate decumbens qua defunctus est, dedit in helemosinam, pro salute anime sue, Deo et ecclesie Sancte Marie Absie unum sextarium frumenti et aliud siliginis de sex sextariis terragii de Mascigne, quod terragium Raginaudus de Barges fratribus Absie adcensaverat. De illis sex sextariis dedit Willelmus de Barges ad obitum suum, sicut jam dictum est, duo sextaria et de his

investivit abbatem Rainerium cum calice quo communionem acceperat. Dedit etiam ipse Willelmus vi denarios quos habebat annuatim de quadam vinea de Mascigne, ad luminarium capellæ sancti Thomæ que est apud Absiam. Hanc et omnes alias helemosinas parentum suorum ubicumque sint concessit Aimericus de Barges ad obitum fratris sui suprascripti Willelmi et quod eas à cunctis hominibus pro posse suo defenderet concessit. Testes : Goffridus monachus, magister Guichardus qui jam dicto Willelmo sepulturam apud Absiam concessit ; adhuc testes sunt : magister Petrus, Gauterius Seguins, Stephanus Pichers [1].

165. Ugo de Pontis et Audeardis uxor ejus, Willelmus de Ture et Goffridus Ygonis fratres ejus dant quartam partem decime domus de Mascigne. Hoc donum factum est in manu Bernardi de Mascigne ; testibus : priore de Veirines, Petro Christiano clerico, Johanne de Chevotona.

166. Teobaudus de Vis [2] et Joia uxor ejus et Tebaudus filius eorum dant quidquid juris habebant in quarto decime terrarum de Mascigne, Amelina soror Tebaudi filii ; testibus : Giraudo Malicreis, Raginaudo Frotmont.

167. Petrus de Traent dat jus suum in decima terrarum de Mascigne. Testes : Bernardus de Mascigne, Benedictus Giffarz, Ugo Rufus, Willelmus Rasors.

168. Petrus Mirguet do partem meam decime de Mascigne. Testes : Bernardus de Mascigne, Benedictus Giffarz, Willelmus Rasors.

169. Willelmus Garnerii et Audeardis uxor mea filia Petri Mirguet Rainerio abbati dedimus jus in quarta parte

---

1. Fonds latin, 12658, p. 4, copie du XVIIe siècle. —Gaignères, 180.
2. Il s'agit ici de Thibaud de Vix en Bas-Poitou, qui, en 1185, donna à l'abbaye de Maillezais tout ce qu'il possédait dans le fief qu'Aimeri de Montfaucon tenait de lui à l'Hermenault. Sa femme Joia, son fils Aimeri et sa fille Ameline figurent avec lui dans cet acte où il est dit en outre qu'il avait une maison à Benet. (*Hist. de l'abbaye de Nieuil-sur-l'Autize* par Charles Arnauld, p. 270.)

decime de Mascinie; testibus : Raginaudo Frotmunt, Stephano capellano Ponpejani, Raginaudo Guischart.

170. Goffridus de Traent et Andreas frater ejus dant Rainerio abbati jus suum in decimis terrarum de Mascigne; testibus : Willelmo et Aimerico.

171. Johannes de Trahent et Petrus frater ejus dant Rainerio abbati jus suum in quarto decimarum de Mascigne ; testibus : Willelmo Sansone capellano, Petro Vilefange, Arnaudo Viau.

172. Simon Garatins et Adelina uxor dant quidquid habebant in domo de Mascigne. Testes : Ugo Rufus, Bernardus de Bobum.

173. Guillelmus Garatins et Petrus frater meus dedimus jus nostrum in domo de Mascigne, sicut genitores nostri ante donaverant. Testes : Mauricius, Bernardus Burguns, Archenbaudus clericus, Raginaudus Fromunz.

174. Stephanus Garatins concessit Rainerio abbati jus suum de domo de Mascigne ; testibus : Amelino cappellano de Vilers, Stephano... Ponpejano, Radulpho de Partiniaco, Raginaudo Frotmunt.

175. Rainaudus de Bretanola et Ugo Morans et frater meus Morandus dedimus Petro abbati terram et boscum juxta molnarium de Magnarota, et Bernardus Gobot qui habebat rupturam in quadam particula ipsius terre libenter dedit ; testibus : Petro Carrofii, Johanne Secundiniaci, alioque Petro. Hæc terra movebat de Willelmo Joscelino qui, post obitum Petri abbatis, libere eam concessit Willelmo abbati ; testibus : Willelmo Sansone, Aimerico de Luinis.

176. Goffridus Benedictus ad obitum suum dat Petro abbati terram et boscum Constancii de Brolio à la Grasateria, concedentibus Merpino fratre suo et Simone de Vernol ; testibus : Savarico de Vernol, Raginaudo de Bretannola.

177. Bernardus de Barra dat Rainerio abbati rupturam

suam et rectum in terra de Rocha; testibus : Merpino, Viviano, Radulpho, Stephano Charruelo, Petro Patrocio.

178. Giraudus de Gorge et filii ejus Willelmus, Goffridus et Petrus dant Rainerio abbati partem terre Grassaterie ; testibus : Stephano Blois, Petro Bobino, Bernardo de Rocha, Pagano... Petrus Grosgren et Johannes frater ejus dant Rainerio abbati terram supradictam ; testibus : Gauterio Danjo, Petro Chaner.

179. Tescelinus et uxor mea Jugerissa filiique nostri Willelmus et Bochardus et Gofridus dedimus Rainerio abbati quidquid habebamus in molnario Dolfurs ; testibus : Merpino et Bernardo de la Rocha. Ego Willelmus Trotet dedi Rainerio abbati quidquid habebam in molnario d'Ofurs. Testes : Willelmus, Morenus, Raginaldus, Guillelmus de Becelo, Vaslins.

180. Tebaudus Chabot[1] pro remedio anime mee omniumque parentum meorum dedi, in presentia Petri abbatis, campum terre froste à Macinne quem hereditario jure habebam ; testibus : Willelmo Rasor, Gauterio Umbaudo, Radulfo canonico, Clareto de Barges, Ademaro Baudet, Willelmo Clarebaudo.

181. Claretus de Barges, cujus est alia medietas terrage de terris de Mascinne, concessit ; testibus : Stephano Martino, Briendo de Logefaugerose. Postea alias plures ochas emerunt fratres Absie ab Hugone Savarico et à Johanne Chauderun et à fratribus suis et à Stephano Martino et filio suo Willelmo et à fratre suo Pagano et ab Aimerico Mardeio ; et à Goffrido Martino emerunt duas sextariatas terre juxta puteum, et concessit unam eminatam quam pater suus dederat, concedente fratre suo Petro ; audientibus : Bernardo Filol et Raginaudo clerico.

---

1. Thibaud Chabot, fils cadet de Thibaud Chabot, s[r] du petit château de Vouvent, était s[r] de Sainte-Hermine dès 1122 du chef de sa première femme, Béline de Mareuil. L'acte de donation dont il est ici l'auteur doit être fixé vers l'année 1130. (*Dict. hist. et généal. des fam. du Poitou*, par Beauchet-Filleau, t. II, 2e édit.)

182. Quemadmodum Tebaudus Chabot superius monachis Absie dederat, ita Siebrandus frater ejus [1] dedit Petro abbati; testibus : Symone de Vernol et Briendo senescallo suo ; teste : Goffrido de Logefaugerose.

183. Idem Siebrandus dedit.

184. Willelmus Rasorius et Laidet et Mauritius et mater eorum dederunt terram juxta Benais, amore fratris sui Petri ; teste : Giraudo Marescot.

185. Umbertus Guido dedit ; teste : Arnaudo Leone.

186. Johannes Blanchardus dedit, concedentibus Garnerio Hugone, Gauterio Umbaudo et Charbonello ; testibus : Willelmo Rosario, Willelmo Durnas.

187. Bonetus de Sancto Pompeiano dat, annuente Willelmo Gauleno; testibus : Petro Willelmo et Johanne de Parteniaco.

188. Goffridus Martinus dat collem terre ante rocham Chaboz.

189. Guitburs induocta à viro meo Goffrido Martino do. Willelmus de quo movebat et Gislebertus et Caponus confirmaverunt. Hoc concesserunt Papinus de Ulmis et frater ejus Joblois ; audientibus : Willelmo Rasoz et Petro Willelmo et Bernardo de Bobo.

190. Potardus dat unam ocham ante domum de Macinne ; testibus : Cocquo et Bernardo. Hoc concessit soror sua, teste Gauterio Umbaudo ; et item hoc concessit Benedictus cognatus suus quando venit de Jherusalem ; teste : Bernardo de Bobo.

191. Raginaudus Olricus dedit aliam oscham; testibus : Bernardino, Gauterio Umbaudo.

192. Airaudus de Niol dat ; testibus : Bernardo Filol et Petro Willelmo.

193. Ego Goffridus de Rancon, pro anima mea et pro

---

1. Sébrand Chabot, frère ainé de Thibaud et fils de Thibaud I, fut, comme son père, seigneur du petit château de Vouvent. (*Idem.*)

anima generis mei, Petro abbati de monasterio Absiæ dono et concedo consuetudinem quam habeo in terra juxta domum de Macignec, scilicet in unaquaque sextariata 1 denarium de tota terra quam jam habet et cobratam et quam cobraturi sunt, etiamsi de consuetudine mea centum solidi. Hoc donum fuit factum à Bennais post domum meam, rogante conjuge mea Fossifia, consentiente fratre meo Rotberto ; testibus : Petro abbate, Petro Willelmo et Symone quodam novo milite [1].

194. Arbertus Borgaricus et duo fratres mei dedimus, pro animabus nostris et parentum, terras prope Ma cinec, in claustro monachorum de Bennais, coram archipresbitero Mainardo et coram priore de Bennais ; testibus : Gauterio Humbaudo, Giraudo de Becelo, Willelmo Rasor, Arnaudo Leoma.

195. Willelmus Panerius et Gauterius Umbaudus dant Willelmo abbati et Petro Willelmo et Bernardo de Bobo quinque minatas terre ; testibus : Giraudo Benedicto, Willelmo Benedicto, Gauterio Umbaudo et concedentibus Radulfo Benedicto et Michaele concedente ; teste : Petro.

196. Willelmus Benedictus dat Willelmo abbati et Petro Willelmo, aliisque fratribus, duas sextariatas terre, concedentibus fratribus suis, Giraudo et Benedicto et filio suo Willelmo et Radulfo nepote suo ; testibus : Bernardino cliente, Giraudo Noel.

197. Item Willelmus Benedictus, Willelmusque ejus filius dant Willelmo abbati fratribusque Absie, scilicet Petro Willelmo, Arnaudo cantori, Bernardo de Bobo, et etiam, presente Giraudo Benedicto fratre suo, septem quarterios terre ; testibus : Giraudo Noel, Petro de Neirone, Audeberto de Marolio.

198. Giraudus Benedictus dedit Willelmo abbati, con-

---

[1]. Dupuy, vol. 805, p. 99, d'après le cartul. de l'Absie, fol. XLI.

cedente fratre suo Willelmo Benedicto; testibus : Gileberto Mazone et Constantino.

199. Petrus de Benai dat fratribus Absie, scilicet Bernardo de Bobo et Petro Martino, quinque provendiatas terre, concedentibus duobus filiis suis ; testibus : Giraudo Benedicto, Benedicto Giffardo.

200. Stephanus de Liant dat ad rocham Chabot, concedente matre sua; testibus : Grossino, Benedicto Giffardo, Pagano Guischos.

201. Hugo Rufus, concedente filio suo et uxore sua de qua movebat, concessit duas sextariatas terre circa rocham Chabot ; teste : Bernardo cliente ejusdem terre.

202. Benedictus Nivardus et Willelmus David dant Willelmo abbati ; teste : Giraudo Noel.

203. Gauterius Umbaudus et Charbonellus dedit, in presentia Bernardi de Bobo et Petri Martini ; testibus : Bertrando sacerdote, Petro Fulcherio ; et iterum concessit Charbonellus Willelmo abbati; teste : Willelmo Cavalerio.

204. Claretus de Barges dat, concedente Siebrando domino suo.

205. Rispaudus Grisabils et Petroninus frater ejus et mater eorum dant, concedentibus Radulfo Preveleral domino ejusdem terre et Guerpido filio ejus ; testibus : Petro Popardo et Garrizo et Radulfo Prevelerale.

206. Grossinus, cum tribus fratribus suis et mater eorum, dat Bernardo de Bobo, ad opus monachorum Absie, terras ante domum de Mascinec ; testibus : Gauterio de Senanz, Gauterius de Forchaut, Willelmo Samuele. David Reverset et uxor ejus vendiderunt Bernardo fratri Absie ocham ad caput prati de Macinec ; teste : Petro Fulcherio.

207. Chabot dedi censum et talleam et alias consuetudines quas parentes mei in pratis de Bonol habebant, que prata Aimarus Baudetus ad obitum suum dedit ; et adhuc dono eis censum et talleam que habebam in pratis que de Siebrando habebant. Hoc donum feci Bernardo fratri ad

opus monachorum ; testibus : Chaboht milite, Joscelino de Benai, Bernardo Vilano, Goffrido Salserio.

208. Giraudus Benedictus dedit Willelmo abbati quatuor sextariatas terre, prope domum de Macinec, concedente fratre suo Willelmo Benedicto; testibus : Gileberto Mazone et Constantino. Hoc concessit Bedoinus et uxor ejus Melisendis filia Giraudi Benedicti ; testibus ; Willelmo Martino et Michaele nepotibus suis.

209. Hugo Rufus de Benai et uxor ejus Dois et filius eorum Umbertus et filia eorum Audeardis dant Radulfo subpriori et Bernardo fratri de Bobo Johannique de Salmora totam terram quam habebant ad rocham Chabot; testibus : Tebaudo Bastardo filio ejus, Gauterio Umbaudo, Giraudo Benedicto, Willelmo Benedicto, Willelmo Martino.

210. Grossinus et uxor sua concesserunt Bernardo de Bobo, concedentibus duobus filiis suis, duas sextariatas terre ad locum qui dicitur Isai, concedente Willelmo Martino de quo movebat ; testibus : Willelmo Benedicto et Willelmo filio ejus et Benedicto filio ejus.

211. Johannes Potardus dat eminatam terre super pratum de Macinec, concedente uxore sua Audearde; testibus : Willelmo Benedicto, Benedicto Giffardo, Petro Gauterio.

212. De Siebrando Cabot. Ego Siebrandus [1] dedi, in presentia Willelmi abbatis, anno quo perrexi Jherusalem, meam partem terragii de terris de Macinec ; testibus : Airaudo de Niolio, Brientio de la Mota, Ato Chabiranz, Aimerico Bodino.

213. Radulfus Bonetus dat quatuor sextariatas terre, juxta Vilers, de quibus tres concesserat primitus abbatisse Fontis Ebraldi pro filia sua ; postea, jussu abbatisse, reconcessit Willelmo abbati Absie, concedente Giraudo filio suo.

214. Umbertus Gui et frater ejus et mater eorum Asce-

---

1. Sébrand Chabot, s^{gr} du petit château de Vouvent, dont nous avons parlé plus haut, partit pour la Palestine en 1148 avec le roi Louis VII.

lina dant Bernardo fratri Absie unam sextariatam terre ante domum de Macinec, concedente Charbonnello et filio suo Aimerico de quibus movebat; testibus : Petro Gauterio, Petro Lemozino. Stephanus Odelinus et uxor ejus Constantia dant terram ad crucem de Senane; testibus : Benedicto Giffardo et Cornilio de Niort, Petro Gauterio.

215. Charbonellus et filius ejus Aimericus et Gauterius Umbaudus et filii ejus, scilicet Umbertus, Willelmus et Michael, dant, in presentia Johannis prioris, rectum quod habebant circa domum de Macinec ; testibus : David Reverse, Petro Lemozino ; testibus : Bernardo de Molnerio, Johanne de Manec, Stephano Venderio.

216. Iterum dedit.

217. Gauterius de Senanz et uxor ejus Mainendis et filii eorum Laurentius et Bernardus dant. Hoc concesserunt Carbonellus et filii ejus Aimericus, Gauterius, Umbaudus et Burgundus ; testibus : Willelmo Benedicto, Petro Lemozino.

218. Willelmus Benedictus optuli filium meum Deo et Sancte Marie et Willelmo abbati et aliis fratribus Absie, coram testibus, scilicet Arnaudo cantore, Petro Willelmo, Bernardo de Bobo ; quam terram concesserunt Willelmus filius meus et due filie mee, scilicet Gerendis et Stephanus vir ejus, Ascelina et Petrus vir ejus ; testibus : Petro Bardo, Willelmo Benedicto, Petro de Mol.

219. Ego Forestera que ita sum vocata et vir meus Willelmus Durnes, concedente filio nostro, dedimus sextariatam ter:e in monte de Paxello; testibus : Bertrando sacerdote, Symone Foresterio, Willelmo Rasor.

220. Umbertus Guido et frater ejus Constantinus et mater eorum Ascelina dant Bernardo de Bobo et aliis fratribus unam sextariatam terre liberam, juxta caminum Niortensem, concedentibus Carbonello et Aimerico filio suo et Gauterio Umbaudo de quibus movebat ; teste : Petro Lemozino.

221. Petrus Germenios et Giraudus de Lislel dant Bernardo de Macinec et ceteris fratribus Absiæ ; testibus : Furnerio cappellano Sancti Stephani Niortensis, Willelmo Samuele.

222. Item dederunt.

223. Petrus Claretus de Barges concessit Willelmo abbati et Johanni priori, in manu Siebrandi domini sui, quartam partem decime et quidquid pater illius Claretus antea illis dederat; testibus: Radulfo de Taunai, Siebrando, Tebaudo.

224. Tebaudus Chabot dat Willelmo abbati quidquid pater suus Siebrandus [1] antea illis dederat ; testibus : Sal. de Brolio, Radulfo et Willelmo de Condaes.

225. Ermengardis mater Willelmi Rasorii, quando se obtulit Deo et Sancte Marie et Willelmo abbati, dedit pro se et pro filio suo Petro septem sextariatas terre. Hoc concessit Willelmus Rosarius filius ejus de quo movebat et quod jam dederat cum fratre suo Petro à Bennai ; testibus : Petro Durnes, Arnaudo Leopardo, Carbonello, Gauterio Umbaudo, Giraudo Benedicto et Willelmo fratre suo.

226. Umbertus, Guido et Constantinus frater ejus et mater eorum Ascelina dant ; testibus : Carbonello et Aimerico filio suo de quibus movebat et Gauterio Umbaudo, Geraudo Benedicto, Petro Gauterio, Radulfo Peletario nepote Giraudi Benedicti.

227. Raginaudus Olricus dat ad obitum suum ; testibus : Willelmo Anne, Gauterio Picamola.

228. Bona, uxor Goffridi Martini et filii ejus Gislebertus, Caponus et Stephanus Martinus et Mascaudus clericus dant Bernardo de Bobo et aliis fratribus Absie ; testibus : Radulfo Peletario nepote Giraudi Benedicti et Benedicto fratre ejus et Benedicto Giraudo.

---

1. Thibault II Chabot, s[gr] du petit château de Vouvent, fils aîné de Sébrand Chabot.

229. Goffridus Martinus ad obitum suum dedit; testibus : Bernardo Filol, Raginaudo Olrico.

230. Bernardus Filols dat ; testibus : Petro Gelos nepote suo et Corleio. Hoc concessit Airaudus de Niolio de quo movebat ; testibus : Sobrancerio milite, Andrea Rainardo, Petro Machacre.

231. Robertus del Peire dedit filio suo Roberto unam sextariatam terre apud Sanctum Hilarium. Hanc terram concesserunt fratres ejus Ademarus et Johannes; testibus : Johanne de Villanova domino ejusdem terre et Stephano Raengardi.

232. Petrus Martinus dedi me et terram meam, concedentibus nepotibus meis Petro Mascaudo, Stephano Martino, Gilberto Chapono ; testibus : Benedicto Giffardo, Radulfo Pellicerio et Benedicto fratre suo.

233. Petrus Mascaudus et fratres mei Stephanus, Martinus, Gillebertus et Chaponus dedimus terras quas donaverat pater noster Goffridus Martinus et Bona mater nostra ; testibus : Benedicto Giffardo et Radulfo Pellicerio et Benedicto fratre suo.

234. Johannes Potardus et Maria soror mea concessimus concedente filio meo Willelmo ; teste : Benedicto Giffardo.

235. Aimericus Johannes et Willelmus clericus frater ejus dant ; testibus : Gauterio Umbaut et Umberto filio ejus, Carbonello et Aimerico filio ejus.

236. Ugo de Pontis et uxor ejus Audeardis, Willelmus de Turre et Hugo et Goffridus fratres ejus dant quartam decime de Gaanneria et de domo de Macinec ; testibus : Petro priore de Verines, Christiano clerico, Johanne de Chevatona.

Item reconcesserunt hoc donum, in presentia Rainerii abbatis ; testibus : Tebaudo monacho, Umberto Botherio.

237. Ascelina dat Rainerio abbati se ipsam cum terram de Ulmo Umbaut quam habuerat in mariage, concedente

Umberto filio suo ; testibus : Willelmo Rasor et Umberto fratre de Turpenai. Hoc concesserunt Petronilla et Alaat filie Asceline et Maria adhuc ejus filia et Briendus maritus ejus ; testibus : Toma lo Broter de Colunges, Umberto Gauter.

238. Gauterius Umbaudus et Carbonellus de quibus movebat illa terra concesserunt.

239. Giraudus Inardus et uxor ejus Remberga et filius eorum Petroninus dant sextariatam terre ante domum de Macinec.

240. Benedictus Mercator et uxor ejus Moralla filiusque eorum Michael dedit eminatam terre ; teste : Willelmo de Broiso.

241. Willelmus Paners et uxor Isemberga dant ; testibus : Giraudo Benedicto, Benedicto Giffardo, Willelmo Benedicto.

242. Papot Ermenart et uxor et filius eorum Papotellus dant tres eminatas terre, concedente domino illius terre Raimunt Grossart ; testibus : Willelmo de Vendeia, Pagano de Vendeia, Petro Audeer.

243. Ugo Rufus dat duas sextariatas terre juxta rocham Chabot, concedente filio suo et uxore sua de qua movebat.

244. Siebrandus Chabot, volens ire Jherusalem, in ecclesia Beati Nicholai, reconcessit Rainerio abbati Absie terram Hugonis Rufi et terras de Macinec ; reconcessit etiam se deffensurum domum et alatam deprecans ut se in trabonibus suis domino Deo commendarent ; testibus : Sal. de Broill, Goffrido de Lobgefougerose, Jodoino de la Jodoineria. Dona dicti Sebrandi Chabot, Tebaudus filius ejus concessit dicto Rainerio abbati.

245. Willelmus Engelbertus et Umbertus et Johannes fratres ejus dant ante domum de Macinec ; testibus et concedentibus : Carbonello et Aimerico filio ejus et Gauterio Umbaudo et Umberto et Willelmo filiis ejus et Bertrando sacerdote, Petro Lemozino.

246. Stephanus de Liant et filius ejus Petrus et fratres ejus Guischardus et Petrus et Radulfus concedunt terras quas pater eorum dederat ; testibus : Bernardo Boot, Radulfo Peleter, Petro Lemozino.

247. Radulfus filius Nivardi dat sextariatam terre quam pater suus dederat ; testibus : Willelmo de Faimorel, Radulfo Peleter, Giraudo Lemozin.

248. Raginaudus Claret de Barges dedit et concessit dona patris sui ; testibus : Johanne de Cogos, Gauterio Fabre.

249. Umbertus dat, concedente Giraudo filio suo ; testibus : Benedicto Giffardo, Radulfo Pelletario.

250. Michael Benedictus dat, concedentibus Radulfo Benedicto fratre suo et Geraudo Benedicto avunculo ipsorum ; testibus : Radulfo Peletario et Petro Lemozino. Hoc concessit Aremburgis uxor ejus et filia Germana.

251. Willelmus de Turre dat quartum decime de Gaanneria ; teste : Arnaudo Muscant.

252. Chaboz frater Airaudi de Niolio concessit terram quam dictus Airaudus dederat ; testibus : Willelmo Chastaner, Willelmo Jaifart.

253. Aimericus de Rancon, pro salute animæ suæ et patris sui, dedit Deo et Sanctæ Mariæ de monasterio Absiæ, in presentia Petri abbatis, consuetudinem quam habebat in domibus et in terris de Macignec, scilicet in unaquaque sextariata unum denarium de terris quæ sunt habita et quæ perpetuo habituri sunt, etiamsi de consuedine illa c. solidos ; testibus : Petro sacerdote et Willelmo Rasor et alio Petro. Similiter Goffridus de Ranco, pro remedio animæ suæ et patris sui, libenter concessit hoc donum, rogante uxore sua Fossifia : teste et concedente Roberto Burgun fratre suo et Petro Carrofii et Symone quodam novo milite [1].

---

1. Dupuy, 805, fol. 99, d'après le cartul. de l'Absie, fol. XLIX.

254. Rufus de Bennai et uxor ejus Aois et filius eorum Unbertus et filie eorum Audeardis et Guiburgis dant totam terram quam habebant ad rocham Chabot, nullo jure retento, excepto quod, si quis ex filiis eorum monacus fieri velit, recipiatur; testibus : Tebaudo Bastar filio ejus, Bernardino cliente ejusdem terre, Gauterio Unbaut, Girardo Benedicto, Willelmo Benedicto, Willelmo Martino. Petrus Boters filius Aois et Ugonis Rufi concedunt hoc donum; testibus : Unberto fratre et Tebaudo et Willelmo Templarii. Quod reconcessit in presentia Rainerii abbatis; testibus : Audeberto Naau et Raginaudo Rege et Daniel.

255. Ego Aois, laudante et concedente marito meo Carbonello atque genero Aimerico, do Rainerio abbati; testibus : Guillelmus Rasors, Ursitus de Bennait, Raginaldus Frotmunt, Gauterius Umbaut.

256. Tochebos et Petronilla uxor et Ugo filius eorum Rainerio abbati dedit et concessit terras quas Ascelina et Umbertus Guy et Constantinus frater ejus eisdem dederat. Papinus filius Tochebo et Petronille concessit hoc Rainerio abbati; audientibus : Stephano et Raginaudo canonicis, Petro de Leithum, Raginaldo Fromunt. Ego Ugo filius Tochebo hoc concessi Rainerio abbati; hoc feci post mortem patris mei; testibus : Guillelmo priore de Mascigne, Petro Gisleberti, Grolello cujus consilio factum est teste Petro Peirardi monaco.

257. Girardus Raboandus et uxor ejus Rainerio abbati dant; audientibus : Stephano de Liant, Radulfo fratre ejus, Petro, Guillelmo Raboant, Raginaudo Fromunt.

258. Radulfus Benedictus dat; testibus : Petro Lemozin, Radulpho Peleter et Giraudo Benedicto ipsorum patruo.

259. Ego Aimericus Johannes et Willelmus clericus frater meus, pro salute animarum nostrarum et matris nostre Castanee, dedimus; testibus : Gauterio Umbaut et Auberto filio ejus, Carbonello et Aimerico filio ejus.

260. Goffridus Bochereas dat; testibus : Stephano de Liant et Radulfo fratre ejus, Raginaudo Frotmunt, Goffrido Tufer.

261. Ego Bertet do ; testibus : Gauterio Umbaut et Guillelmo Chau filio ejus, Carbonello et Aimerico filio ejus. Ipse Gauterius et alii testes de quorum feodo erat concesserunt. Testes : ipse Bertet et Raginaudus Frotmunt.

262. Goffridus Tufer Rainerio abbati dedit. Testes : Guillelmus Raginaudus, Stephanus de Liant et Petrus filius ejus et Radulphus de Liant.

263. Tebaudus De Vis dat in terra de Mascigne. Testes : Guillelmus Rasors, Bernardus de Mascigne.

264. Petrus de Trahent dat in terra de Mascigne. Testes : Benedictus Giffart, Ugo Rufus, Bernardus de Mascigne, Guillelmus Rasors.

265. Petrus Mirguet dat. Testes : Bernardus de Mascigne, Benedictus Giffart, Guillelmus Rasors.

266. Guillelmus Carnerius et Audeardis uxor ejus, filia Petri Mirguet, Rainerio abbati dant et concedunt donationem dicti Mirguet ; audientibus : Raginaudo Frotmunt, Rotberto, Raginaudo Guischart.

267. Tebaudus De Vis volens ire Jherusalem [1] et Joia uxor ejus et Tebaudus filius eorum dant quidquid sui juris erat in quarto decimarum de Mascigne, ut in vita et in morte Amelinæ sororis ipsius Tebaudi que de ista decima dotata fuerat et eam dederat ; audientibus : Stephano canonico Sancti Pompeiani, Giraudo Malicreis, Guillelmo, Raginaudo Frotmunt.

268. Petrus Audeers do Rainerio abbati, cujus terragium illis pro fratre meo Guillelmo dederam. Testes : Petrus Popart, Raginaudus Frotmunt, Robertus Guischart, Garinus de Boisme.

---

1. Voir plus haut, n° 166, une autre charte de Thibaut de Vix qui vivait vers 1185. Il est probable qu'il accompagna Richard Cœur de Lion à la croisade, en 1190.

269. Ego Thebaudus Castagners [1], pro salute animæ meæ et conjugis meæ nuper defunctæ, dedi in eleemosinam Deo et Sanctæ Mariæ et monachis Absiæ, in presentia Rainerii abbatis, talleam quam de mortua manu et persone et mariagio habebam et quicquid mei juris erat in masura terræ de qua Papotus Emenardi dederat eis rupturam et quam Goffridus Vossart habebat de me ; et concessi garire et defendere, secundum posse meum, ad opus eorumdem monachorum. Hæc donatio facta est Castanerie, in domo mea, quando dedi talleam quam in Trolleria similiter habebam. Donationis harum tallearum testes sunt : Willelmus capellanus Sancti Christophori, Joannes capellanus de Ottarderia, Guillelmus Borsart, Bernardus, Rotbertus.

Thebaudus, Guillelmus, Joannes atque Gillebertus filii Thebaudi Castagner in eleemosinam concesserunt, sine retinaculo, fratribus Absiæ, in presentia Rainerii abbatis, has talleas, sicut donabat pater eorum, audientibus supradictis testibus.

Similiter Petrus Castagners dedit et concessit in eleemosinam fratribus Absiæ, in presentia Rainerii abbatis, has talleas, apud Bercorium ante monasterium Sancti Joannis Evangelistæ, pro salute animæ suæ et matris nuper defunctæ ; testibus : Bruno abbate de Insula Calvet [2], Joanne de Boismeio, Adam, Willelmo Bursart [3].

270. Ego Papot Emenard tradidi me ipsum, cum filio meo Petro, Deo et fratribus Absiæ eorumque abbati Rainerio ad obediendum et convivendum cum eis usque ad

---

1. Thibaut Chasteigner, seigneur de la Châtaigneraye, qui vivait vers 1140-1160.

2. L'abbaye de l'Ile-Chauvet, commune du Bois-de-Céné, appartenait à l'ancien diocèse de Luçon, doyenné d'Aizenay. Elle fut fondée vers l'an 1130 par les seigneurs de la Garnache et les moines de l'Absie. L'abbé Brunon, qui figure dans cette charte, vivait en 1166-1187 (Pouillé du diocèse de Luçon, par Aillery, xxx, xxxi. — Affiches du Poitou, 1774, p. 219. — Cartul. de Coudrie, ap. Arch. Hist. du Poit. II, 156, 162).

3. Hist. des Chasteigners, par Duchesne, preuves, p. 4 et 5, d'après le cartul. de l'Absie, fol. LII.

mortem, et dedi eis in eleemosynam rupturam unius masuræ terræ quæ erat de feodo Goffridi Vossart, concedentibus filiabus meis Peregrina et Angarde, taliter ut ipsa Peregrina et heredes sui, quamdiu vixerint, possideant quatuor sextariatas quas illis in maritagio dederam, pro quibus annuatim reddant fratribus de Massigne IV nummos de comendiza et XII de tallea, quotiens facta fuerit in ipsa masura à dominis feodi ; testibus : Stephano capellano de Sancto Pompeiano, Raginaudo Frotmun, Guillelmo de Menoch, Petro [1].

271. Goffridus Vossart concessit hanc masuram terræ in eleemosinam fratribus Absiæ, in presentia Rainerii abbatis eorum, liberam à placito et ab omni cosduma, præter terragium et talleam de mortua manu et de mariagio et de preisum, atque concessit eamdem garire et defendere ab omnibus hominibus ad opus Absiensium fratrum; testibus : Guillelmo de Vendea, Stephano de Sazaico, Guillelmo de Menoch, Aimaro de Sancto Generoso, Gestino de Sancto Supplicio, Guillelmo Fradun [2].

Petrus nepos Goffridi Vossart concessit hanc terram ; testibus : Bernardo de Lotgefaugerosa, etc.

272. Ego Faidis concessi universa que Potardus avunculus meus et Maria mater mea dederant. Testes : Guillelmus Rasors, Bernardus de Bobon. Ego Faidis et mater mea reconcessimus in presentia abbatis Rainerii. Testes : Guillelmus Rasors, Petrus de Villafagnosa ; testibus : Petro Audeer, Petro Popart.

273. Ursetus de Bennait dat Rainerio abbati ; testibus : Petro Maschaut, Petro Gillebert, Willelmo Rasor.

274. Controversia inter Rainerium abbatem et Petrum Maschaudum et fratres ejus, scilicet Stephanum Martini, Caponum ac Gislebertum. Conveniunt judicio Arberti

---

1. *Hist. des Chasteigners*, par Duchesne, pr., p. 4, d'après le cartul. de l'Absie, fol. LII.
2. *Idem.*

decani et Airaudi archipresbiteri et Bertrandi de Bennait et aliorum.

275. Aimericus Borgeris et uxor mea Stephania, concedentibus Guillelmo atque Constantino cognatis nostris, dedimus apud Mascigne, pro salute filii nostri Giraudi et nostra, Rainerio abbati; videntibus : Goffrido de Sancto Marciale, Raginaudo Frotmunt. Testes : Bernardus de Rocha, Gauffridus de Sancto Marciale, Guillelmus Goaut, Petrus d'Orberia.

276. Petrus de Chassaluns et Chavaucha Sols donaverunt ad faciendum molendinum certis conditionibus ; testibus : Johanne de Sancto Maxentio, Merpino et Petro, militibus. Et confirmaverunt in manu Guillelmi abbatis ; teste : Graalendo Britone. Iterum Chavaucha Sos et uxor ejus Claricia dederunt. Willemus Panet et uxor ejus Arsendis et filia eorum concesserunt supradicta ; testibus : Willelmo de la Cosdra, Aamer Panet.

277. Gauterius li Mengeicers et uxor ejus de qua movebat et filia dederunt tertiam partem molendini ; testibus : Christiano Capella, Johanne de Segornai ; teste : Willelmo Panet.

278. Willelmus de Goos et uxor Petronilla partierunt inter se per medium quidquid habebant in eodem molendino ; testibus : Chabot de Fontanei, Bernardo Villano. Hoc concesserunt Willelmus Panet, uxor ejus Arsendis ; testibus : Raginaudo Guischart, Chabot.

Item dicti Willelmus et uxor et filia eorum dederunt.

279. Guerris de Sancto Pompeiano et uxor ejus Martha dant ; testibus : Raginaudo Guischart, Arnaut Colum.

280. Willelmus de Goo et uxor Petronilla dant ; testibus : Petro de Vilers, Orset de Bennai ; testibus : Arnaut Colum, Raginaudo Galicher.

281. Willelmus de Charre et Pinellus nepos ejus dederunt monachis Absie et Bernardo de Macinne ; testibus : Petro Gelos, Constantino Mosnerio.

282. Willot et uxor ejus dant, concedentibus filio suo et filia; testibus : Petro Raufe, Arnaudo Marcha.

283. Petrus Vellat et uxor Gosberga et filius eorum Willelmus dant; teste : Petro Popart, Raginaudo Guiscart. Et dant etiam Julianus Vellat et filii ejus Bertins et Raginaudus; testibus : Roo Guerri, Raginaudo Guischart.

284. Guerris et uxor ejus Martha dant; testibus : Laurentio et Petro de Vilers.

285. Airaudus Bechetus et Goffridus Frotgers et filii eorum dant; testibus : Willelmo Mosnerio et Constantino. Hoc concesserunt Willelmus de Goo et uxor ejus Petronilla; testibus : Laurentio et Petro de Vilers.

286. Maria filia Gauveni, pro salute patris sui mortui, dat, concedentibus Aimerico Bordoil et sorore ejus Floria et filio suo Guilomet; testibus : Bernart de la Bruera, Raginaudo Guischart. Hoc concesserunt Willelmus de Goo et uxor ejus.

287. Willelmus de Charre dat; testibus : Constantino Mosnerio, Petro Geloso, concedente uxore Radulfi de Fenios.

288. Willelmus Brunmantel et fratres ejus Johannes et Aimericus concedunt Rainerio abbati prata que donaverant Raginaudus Guischart et Guerris; testibus : Bernardo sacerdote, Tebaudo Templer, Willelmo Rasor.

289. Willelmus de Pictavi dat; teste : Pagano Coaut. Hylarius frater ejus dedit etiam.

290. Paganus de Vendeia, pro salute anime mee et conjugis mee, do. Et Juliana, concedente Laidet marito meo, do quod pater meus Paganus dedit; teste : Raginaudus Frotmunt.

291. Petrus Popardus et uxor mea Amelia dedimus; testibus : Raginaudo Guischart preposito ejusdem terre, Giraudo Broter, Eriptido Roos.

292. Petrus Guischardi do Rainerio abbati quecumque Raginaudus Guischart et Martha vel quislibet de meo

genere dedit ; testibus : Stephano de Sancto Pompeiano, Guillelmo de Mascigne, Goffrido Clerebaut, Guillelmo de Bosco, Aimerico de Barges, Guillelmo Garatin, Petro Audeer.

293. Willelmus Chaus et Petrus frater ejus dant. Facta sunt hec apud Benaicum in claustro monachorum, in manu Goscelini abbatis Absie [1] ; testibus : Willelmo Tescelino, Giraudo Brient capellano, Petro de Vilefange, Aimerico nepote ejus, Aimerico Gisleberti, Willelmo Radulphi. Postea Johannes Chaus clericus, frater superdictorum Petri et Willelmi, dat. Factum apud Benaicum ; testibus : Simone Garatin, Giraudo Brient, Petro Auduz, Petro Maschaut, Goffrido de Traent, Petro Melleis, Johanne Velden.

294. Giraudus Samaudrine dat se ipsum in fratrem et totam terram quam habebat in oschis Disai, in manu Goscelini abbatis ; testibus : Willelmo d'Escocai, Giraudo de Valleviridi, Quintino et Samaudrina matre ipsius Giraudi audiente et concedente.

295. Ugo de Bille positus in extremis dedit, et concessit filius ejus Auboinus ; testibus : Raginaudo sacerdote de Coluns, Aimerico Denissum canonico Niolii, Giraudo Biet capellano de Bennais, Unberto Boter [2].

296. Petrus del Peires [3] dat Petro abbati, concedentibus filiis ejusdem Petri, scilicet Petro et Mauricio ; testibus : Raginaudo Samino, Aimerico Jaifardi, Petro Bodini, Aimerico Bodini. Hoc donum concessit Hisdernus frater ejus in domo Goberti de Volvent ; audientibus : Chotardo de Mauritania [4], Petro Pictavini, Petro Willelmi. Item hoc concessit Arbertus del Tel.

297. Iterum Hisdernus, post obitum fratris mei, videns

---

1. Goscelin, 4e abbé de l'Absie, 1187-1192.
2. Hymbert Boter, chevalier de l'ordre du Temple vers 1166 et grand-maître de cet ordre en Poitou en 1180 (*Cartul. de Coudrie*, par M. de la Boutetière, ap. *Arch. hist. du Poit.* II, 162, 164).
3. Pierre d'Aupareds. Voir plus haut nos 69 et 70.
4. Chotard de Mortagne a fait aussi une donation, à Mallièvre, en faveur du prieuré de Treize-Vents dépendant de Marmoutier, en l'an 1115 environ (*Cartulaires du Bas-Poitou*, par Marchegay, p. 219).

crescere et in melius proficere religionem monachorum Absie, dedi eis, concedente Goffrido fratre meo, Willelmo abbate ; testibus : Aimerico Jaifardi, Goffrido Airaudi, Tebaudo Marolii preposito de Condaes. Hoc donum Arbertus del Tel concessit, in presentia Willelmi abbatis. Testis: Ato Chabiran.

298. Petrus del Peires ad obitum suum reconcessit Willelmo abbati. Hoc libenter concessit Petrus filius ejus; testibus : Aimerico Jaifardo, Girardo Baldoini.

299. Brietius de la Mota et duo fratres mei dedimus Willelmo abbati pratum super Ripam Chambrunt; testibus: Goffrido Mainardi, Willelmo Berceorii.

300. Hugo Canavinus dat Willelmo abbati, concedente Aimerico Jaifardi de quo movebat ; testibus : Oliverio milite, Giraudo Pellicerii, Giraudo Jherosolimitano. Hoc concessit Petrus del Peires Willelmo abbati.

301. Symon de la Rajacia et frater ejus dant ; testibus : Brieno sacerdote de Treia, Rainaldo Constantio.

302. Oddo de Doe dat Willelmo abbati, in parrochia de Pugne; teste : Petro Carrofii. Iterum reconcessit Willelmo abbati boscum et terram quem antea Petro abbati dederat; testibus : Willelmo Chantamissa, Petro de la Mota. Hoc donum, in manu episcopi Grimoalli [1] coram clero ad quamdam benedictionem Parteniaci, confirmavit. Iterum similiter in manu domini sui Johannis Bellimontis, in presentia Johannis prioris Absie, concedente Siebrando de Foresta, Radulfo de Condaes. Preterea dedit, in manu domini Goffridi Burdegalensis archiepiscopi, Grimoardi Pictavensis episcopi, etc.

303. Symon Rufus[2] do, in presentia Willelmi abbatis et

---

1. Grimoard, évêque de Poitiers, 1140-1142.
2. La famille Roux (Rufus) était originaire de Parthenay ou des environs. Plusieurs de ses membres furent bienfaiteurs de l'abbaye de Talmond au commencement du XIIe siècle. (*Cartul. de Talmond* publié par M. de la Boutetière dans le t. XXXVI des *Mémoires de la Soc. des Antiq. de l'Ouest.*)

Petri Pictavini et Petri Willelmi, totam terre Vialerie, concedente Symone filio meo. Hoc concesserunt Giraudus de Gorge et uxor ejus Aelina de quibus movebat.

304. Aemerius de Tellio concessit in presentia Willelmi abbatis ; testibus : Willelmo de Rajacia, Willelmo de Cille. Item Willelmus de la Rajacia concessit quidquid Simon frater ejus antea dederat.

305. Petrus del Peires dat Willelmo abbati ; testibus : Stephano priore de Foresta, Raginaudo de Foresta. Hoc donum Mauritius frater ejus concessit ; teste : Willelmo de Vult.

306. Petronilla filia Andree Lamberti et maritus suus Hilarius Grundinus concedunt ; testibus : Giraudo sacerdote de Monte Constantio, Tebaudo Apaste, Pagano Bruno.

307. Arbertus do Tel dat Rainerio abbati ; testibus : Goffrido Planel, Willemo Clarebaut.

308. Aemarus do Tel dat Rainerio abbati omnia que donavit et donaturus erat idem Arbertus do Tel ; testibus : Gofrido de Fontenai, Goffrido Peleter, Giraut de Burno. Hoc donum concessit Geraldus de Tellio Willelmo abbati quidquid Arbertus videlicet pater suus antea dederat ; testibus : Sierbando, Johanne Berzorii, Aimerico Josleno, Chotardo.

309. Symon Rufus filius Symonis superdicti concessit Willelmo abbati quidquid pater suus dederat ; testibus : Umberto Michel et Michel nepote suo.

310. Aimericus filius Petri de Peires concessit Willelmo abbati quidquid pater suus illis dederat ; testibus : Meschino abbate de Morolia[1], Petro filio Siebrandi, Enrico armigero.

311. Garinus filius Aimerici dat ; testibus : Goffrido Girart, Gaufrido Garino, Aimerico Garino ; testibus : Arnaldo de Cantalupo et Radulfo.

---

1. Michel Méchin était abbé de Moreilles ou Moureilles (en Sainte-Radegonde des Marais) dès l'an 1109. (*Pouillé du dioc. de Luçon* par Aillery, p. 141.)

312. Arbertus do Tel reconcessit, in presentia Rainerii abbatis et Willelmi domini Parteniaci et filii ejus Willelmi, omnia que olim donaverat in temporibus aliorum abbatum; testibus : Johanne de Peirum, Willelmo de Fontana, Atun Chabirant, Petro de la Boisera.

313. Petrus Meschinus, pro anima fratris sui Moricii, dat Rainerio abbati boscum, etc.; testibus : Aimerico Jaifart, Willelmo Jaifart. Hoc concessit Hisdernus et filius ejus Moricius, in presentia Rainerii abbatis; testibus : Tebaudo de Marolio, Petro Briderio, Aimerico Jaifart.

314.

315. Iterum Petrus Meschinus ad obitum suum dedit, concedente Aimerico filio suo. Hoc donum concesserunt Aimericus, Petrus, Willelmus, filii dicti Petri Meschin et mater eorum Gaelina ; testibus : Aimerico Jaifart, Alain Jaifart, Willelmo Jaifart, Petro Samino, Arberto Samino, Arnaudo Foret, Petro Foret.

316.

317.

318.

319.

320. Girardus Siebrandus, rogatu fratris sui Giraudi noviter redeunti de Jherusalem, concessit Rainerio abbati boscum, etc., et omnia dona patris sui Herberti et fratris sui Giraudi ; testibus: Papino fratre suo, Willelmo de Rajacia, Petro Chabirant, Giraudo Otbert.

321. Chabirandus filius Atonis Chabiranti et soror ejus Milesendis, laudante patre eorum, dederunt Rainerio abbati; testibus : Garino, Willelmo Bernier, Giraudo Rossïn.

322. Giraudus do Tell concessit omnia dona patris sui Arberti Rainerio abbati ; testibus : Aimerico de Rochavinosa, Giraudo Chauvenc. Uvelina uxor ipsius Giraudi concessit.

323. Johannes Yvernus et Assalliz frater ejus et Johanna soror eorum Rainerio abbati concedunt omnia dona patris

sui Benedicti Radulfi. Insuper dederunt, matre Tecelina concedente, talleam et quidquid habebant.

324. Passasevre mater Rainaudi de Belloloco dat Rainerio abbati.

325. Alaait soror Petri Bodin et Briendus filius ejus concedunt Rainerio abbati.

326.

327.

328. Symon de Vernol dat ; testibus : Willelmo domino Parteniaci, Willelmo Savarico, Willelmo de la Fontana ; teste : Raginaudo de Bretanola.

329. Gauterius Danjo dat Rainerio abbati.

330. Pepinus de Faia do Petro abbati, concedente uxore mea de qua movebat ;

331. Et Symon filius David de la Rajacia et frater ejus dant, concedente Arberto do Tel ; testibus : Savarico de Vernol, Petro Borsar.

332.

333. Goffridus Sancti Albini et Airaudus frater ejus dant ; teste : Willelmo consanguineo suo.

334. Tebaudus Jordani et Garinus de Sevre et Tebaudus filius ejus et Garinus Rochet gener suus et Umbertus de Allodiis et Gauterius filius ejus et Brunetus nepos suus et duo fratres Bruneti dant.

335. Giraudus Viaut et frater ejus et Garnerius et Arbertus concedunt.

336.

337.

338.

339. Aimericus Jordanus et Engebertus Tamisers dant ; teste : Andrea de la Capella.

340.

341. Petrus Bos dat ; testibus : Ato Chabiran, Aimerico do Tel, Raginaudo Cotin.

342. Benedictus Chabirandus dat ad obitum suum ;

testibus : Hugone de Brolio, Willelmo de Corle. Hoc concessit Ato filius ejus.

344. Symon de Rajacia et Willelmus frater ejus dant Rainerio abbati; testibus : Aimerico Raembaut, Petro Bobino.

345. Arsendis uxor Aimerici Audeer et Willelmus filius ejus dant Rainerio abbati terram vocatam Chambors; testibus : Garnerio de Brolio, Petro Guinnart, Bernardo de Roca, Petro Patrocio.

346. Petrus de Pugna dat Rainerio abbati ; testibus : Symone de Rajacia, Willelmo Boisell, Benedicto Chabiran.

348. Paganus Gauterii et Goffridus frater ejus dant ; testibus : Bernardo de la Rocha, Gaufrido Papino. Hoc concesserunt filii eorum Thebaudus et Radulfus et Raginaudus.

349. Simon Rufus concessit Rainerio abbati. Hec concesserunt fratres ejus Oliverius et Radulfus et uxor ejus Margarita et filius eorum Rollandus.

350. Simon Rufus dedit Rainerio abbati.

351. Hubelinus Guorbellerius et Laidetus frater meus dedimus Willelmo abbati. Hoc concessit Giraudus de Gorge et uxor ejus Aelina Willelmo abbati.

352. Hoc est testamentum Botherii sacerdotis. Boterius de Bennaiz sacerdos delegavit abbatiæ de Absia tertiam partem terre de Maupertuis, etc. G. abbas.

353. Tebaudus Arveius dedit Willelmo abbati; testibus : Stephano de Bosco, Seminato, Guingando de Curset, Willelmo de Cille. Item dedit ; teste : Bobino de Castaner.

354. Willelmus dos Pinels dedit Petro abbati ; et concessit, post mortem dicti Petri abbatis, Willelmo abbati in domo sua Aureævallis, concedentibus filio suo Petro et uxore sua Palea.

355. Petrus Ademarus, concedentibus conjuge sua et Rufino patre conjugis, dedit Petro abbati, concedente Arveio de Meguaudo de quo movebat ; testibus : Petro de Carrofio, Radulfo de Losdun.

356. Arveius de Megaudo dedit Willelmo abbati, concedentibus uxore sua et filiis.

357.

358. Raginaudus Boins dat; testibus : Andrea de Bonne, Arberto del Tel. Hoc concessit Symon filius ejus et Paganus de Loberzai Willelmo abbati; teste: Alaardo de la Landa.

359. Willelmus de Corle dat Willelmo abbati; teste: Audeberto de Morolia. Hoc donum concessit Briendus Chaboth [1] et Petrus frater ejus, de quibus movebat, Willelmo abbati; testibus : Willelmo domino Parteniaci, Airaudo de Niolio.

361. Berengerius de Bosco dat Willelmo abbati, concedente Pagano fratre suo; testibus : Ajaardo de la Landa, Goffrido de Treia.

362. Willelmus Bos dat Willelmo abbati; testibus : Giraudo Sancti Marcialis, Goffrido Mazone, Aimerico de Rocha Temer. Arnaudus Bos filius ejus concessit hoc donum Willelmo abbati; teste: Radulfo de Volvent.

363. Bona et filia ejus Maria et vir ejus Petrus de Gorge dant.

365. Symon de Lespal dat.

367. Marsa uxor Berenger Late dat, concedentibus filiis suis Roberto et Willelmo ; testibus : Aimerico Late, Petro de Faia.

369. Ugo Geudoinus et uxor Pinella et filius eorum concedunt Rainerio abbati.

371. Marsa uxor Berenger Trio, concedentibus filiis meis Willelmo et Goffrido, do pro salute anime mee et Rosberti filii mei deffuncti.

372. Goffridus Trio concessit Rainerio abbati decimam quam Guillelmus frater ejus eis concesserat et pater eorum; teste : Raginaudo de Gorgeio.

---

1. Brient Chabot appartenait à une famille de Parthenay qui possédait des biens dans le pays environnant, notamment à Lamairé. Brient Chabot, fils de Guillaume, figure comme un des bienfaiteurs de l'abbaye de Talmond dans une charte de l'an 1130 environ, et vivait encore vers 1150. (*Cartulaire de Talmond*, p. 281 282, 294.)

373. Girberga uxor Aimerici Prensirvet et filii sui Stephanus, Willelmus, Petrus, Paons et Johannes concedunt in manu abbatis Goscelini ; audientibus : Giraudo de Volvento ; anno millesimo centesimo nonagesimo nono.

374. Radulfus Malclavels dedit Petro abbati totam terram d'Escozai ; testibus : Aimerico de Becelo, Petro Lemovicino, Petro Carrofii.

375. Odo Gandaumers do Petro abbati terram d'Escosai que fuit data matre mee in dote, concedentibus fratribus meis et sorore mea ; audientibus : Arnaudo de Cintrai.

377. Symon Chamberlenc dat quartam partem decime d'Escossai.

378. Gaufridus Fronzdebo dat ibidem.

379. Symon de Grizai et uxor Rixendis et filii ejus Johannes dant Willelmo abbati ibidem ; teste : Fulcone de Azai.

381. Iterum Bonus Meschinus concedit Rainerio abbati quidquid querebat apud Escossai ; testibus : Roberto domino Maucontorii [1], Petro de Villacopere, Willelmo de Rocha.

383. Iterum Artusus dedit ibidem ; testibus : Willelmo de Mirebel, Gervasio de Montecontorio, Ganone de Mirembeu.

384. Willelmus de Luchec dedit terram de Escossai ; testibus : Willelmo de Mirebeu et Petro de Maupertuns, Willelmo abbate.

386. Aimericus de Achai et Fulco frater meus dedimus ; teste : Petro abbate.

390. Fulquetus filius Hugonis Petit et frater meus Petrus et due sorores nostre Thomassa et Petronilla et mater nostra Alaait et Goffridus Tiory avunculus noster dedimus partem nostram de terra Vellomontis.

---

1. Robert II, seigneur de Moncontour, vivait en 1160. (*Moncontour et ses seigneurs*, par M. de Fouchier, p. 444 du t. IV, 2° série, *Mém. des Antiq. de l'Ouest.*)

391. Hoc donum Robertus de Montecontorio de quo movebat Johanni priori concessit, Johanne Sancti Cassiani nepote suo concedente; testibus : Willelmo de Bellomonte, Raginaudo de Tracai [1] fratre suo, Nicolao Sancti Cassiani.

392. Iterum Petrus de Lespal, Aimericus Brianz et frater ejus Johannes concesserunt hoc donum, concedentibus Symone fratre suo et matre eorum Palea.

393. Iterum Petrus de Villacopera et Gervasius filius ejus dederunt quidquid in eadem terra habebant; testibus : Petro Ascelino, Aimerico Brianz, Estele de Jarzeis.

395. Iterum Willelmus vicecomes Toarcii [2] concessit eis quidquid habebat.

396. Bernardus Pulzinus concessit Rainerio abbati quidquid habebat.

397. Arbertus de Tellio idem.

398. Iterum Stephanus Grimaudus filius Angevini reconcessit hanc terram Rainerio abbati; teste: Angevino Grimaut.

399. Willelmus Gondoinus dat Willelmo abbati, concedentibus filiis suis Radulfo et Gauffrido. Hoc concesserunt Jorgetus et Aemericus frater ejus nepotes illius ; testibus : Willelmo d'Azai, Gaifero, Willelmo d'Argentun [3].

400. Willelmus d'Açai et Gaiferius dederunt Willelmo abbati quidquid habebant in terris d'Escosay.

401. Iterum Willelmus Gundoinus ; teste : Willelmo de Argentone. Willelmus vicecomes Toarcii concessit. Willelmus Martinellus et Orgolosa concesserunt dona Willelmi Gundoini ; testibus : Willelmo Bonet, Umberto Michel, Goffrido de Fontanei. Similiter Johanna filia Orgollosæ concessit.

402. Ego Aimericus vicecomes Toarcii [4] hoc donum quod uxor mea Maria fecit libenter dedi.

---

1. Voir plus haut n° 63 et note.
2. Guillaume Ier, vicomte de Thouars, 1139-1151.
3. De la famille des seigneurs d'Argenton-Château.
4. Aimery VI, vicomte de Thouars, 1127-1139.

403. Ego Willelmus vicecomes Toarcii [1] pro salute anime mee et parentum meorum dedi et concessi Deo et Sanctæ Mariæ et Willelmo abbati et monachis Absiæ, in omnibus quibuscumque adquirerent in terra mea, ea que habebant et custodiam omnium rerumque habebant ubicumque et custodiam euntium ad abbatiam et redeuntium. Hoc donum feci in capitulo ipsorum Absiæ ; testibus : Petro del Peires, Airaudo Lunel, Aimerico del Poal.

Iterum ego Willelmus dedi et concessi ipsis monachis Absiæ annuatim sex sextarios frumenti de frumentagio meo quod habebam apud Aureevallem, concedente fratre meo Widone. Dedi etiam et concessi, ipso Guidone fratre meo concedente in omnibus illius, quecumque acquirerent in terra mea que habebam, tantum ne dominium meum perderem amitterem. Hæc dona feci apud Castellimurum in presentia Johannis prioris Absiæ et Aimerici monachi. Et ut hæc dona firmius habeant, ego et frater meus Wido manibus nostris signum crucis impressimus ; testibus : Thoma abbate Granateriæ [2], Engelbaldo Groaldi, Mauricio del Peires, Charruello de Tefaugias, Pagano medico.

Goffridus frater Willelmi vicecomitis Toarcii concessit monachis Absiæ, in presentia Willelmi abbatis, omnia dona fratrum suorum Willelmi et Widonis ; testibus : Goffrido de Boime, Pagano de Gastina, Andrea Gillaut [3].

405. Garinus Palluns et frater ejus Aimericus et mater eorum dederunt terras d'Escossai.

406. Cain et frater ejus Aimericus et Bernos soror dederunt ; teste : Thoma de Riveria.

410. Paganus de Born concessit Rainerio abbati terram quam Cain et frater ejus dederant ; teste : Thoma de Riveria.

---

1. Guillaume Ier, vicomte de Thouars, 1139-1151.
2. L'abbaye de la Grénetiere, commune d'Ardelay (Vendée), avait été fondée en 1130 par Gilbert de la Chaise. (*Pouillé du dioc. de Luçon*, p. XXXI.)
3. Dupuy, vol. 822, p. 196, d'après le cartul. de l'Absie, fol. LXXVIII.

Hoc concesserunt filii ejus Raginaudus, Thomas et Johannes. Hoc concesserunt Willelmus Gundoinus et Goffridus filius ejus de quorum feodo ; testibus : Thoma de Riveria, Raginaudo de Velmunt, Angevino Grimaut, Rainerio abbate, Tebaudo de la Tascha.

Idem Paganus de Born concessit; teste: Constantino de Velmunt. Idem Paganus et uxor Pagani Mainos et filii eorum Raginaudus et Thomas et Johannes et filie Audeardis et Bona concesserunt terras quas Cain et Aimericus frater ejus et Gundoinus dederant.

411. Robertus de Montecontorio concessit Rainerio abbati dicta dona ; teste : Petro de Sancto Jovino.

412. Guibertus de la Chauceia et filii ejus Isoredus et Raginaudus dederunt ; teste : Thomas de la Chauceia.

415. Willelmus Bernart dedit Rainerio abbati in terris de feodo Willenove. Hoc concesserunt Petrus et Raginaudus fratres ejus et sorores eorum Johanna, Sosia et Maria.

416. Hoc donum concessit Bernardus Villanova frater eorum.

417. Iterum Bernardus Villanova concedo Rainerio abbati dona fratris mei Guillelmi Bernardi et dona que pater meus Petrus Bernardus illis dederat.

418. Petrus Bertrandus dedit Rainerio abbati ; testes : Stephanus de Sancto Maximino. Oliverius frater Petri concessit.

421. In Evangelica narratione eos qui pro Dei amore propria esurientibus non dederunt eterno igne damnandos audiens, ego Radulfus Mauclaveles [1] et ex hoc eos qui quolibet modo aliena injuste tulerunt gravius plectendos intelligens, pro anime mee omniumque parentum meorum salute et mihi indulgeatur injuria et damnum quod fecerunt religiosi... Durandi monachis et fratribus Absie quando,

---

1. Ce Raoul Mauclavel, déjà nommé dans les chartes n°⁸ 1 et 374, figure dans un autre acte de 1436 relaté par Besly, *Evesques de Poitiers*.

consilio et consensu meo, terram de Escozai illis abstulerunt, dedi Deo et Sancte Marie et prefatis monachis Absie, in presentia Rainerii abbatis, nullo mihi jure retento, feodum et casamentum et quicquid habebam in proprio, medietatem scilicet unius quarti in duabus partibus terræ Villænovæ, à terris de Escozai et à terris de Valetis, sicut ducit calceia et fundus vallis quæ venit à Valetis usque terras Toarcensium versus Taschiam et versus Azai, et à parte Follosii à chirone lapidum usque ad essartum Petri Bernardi, et inde sicut terra Botechevrerii dividit usque ad vallem de Precigne, et item à præfato chirone sicut caminus Follosii ducit ad prædictam vallem de Precigne. Hoc dono investivi Rainerium abbatem cum flocillo capillorum meorum, vidente et audiente Bernardo de Poichenin, Willelmo de Capella, Willelmo Sancti Pauli, Stephano de Escozai. Et iterum eadem die reconfirmavi hoc idem donum prænominato abbati, juxta Follosium [1].

422. Bernardus de Ferreria nepos ejusdem Radulfi concessit Rainerio abbati supradicta dona Radulfi Malclavel et domum Folliosi. Testes : Radulfus Malclavel, Rainos de Poichanin.

423. Goffridus Isderns dat Rainerio abbati, concedentibus uxore sua Sibilla filiisque et filiabus ipsorum, Hugone, Petro, Guidone, Calva, Petronilla ; testibus : Petro Gamin, Petro de la Brueria.

424. Raginaudus Claret dat Rainerio abbati in terra Villenove; testibus : Bernardo de Bobum, Goffrido Beljau.

425. Deta et filii ejus Stephanus et Brietius et Johannes dant Rainerio abbati. Concesserunt Vivianus maritus Dete cum filiis suis ; testibus : Arnaudo Tustart, Willelmo et Viviano militibus, Willelmo Mallocha, Arnaudo Archembaudo. Audeburga Aaliz filia ipsius Dete dedit Rainerio abbati omnia supradicta dona matris et fratrum.

---

1. Fonds lat. 12658, p. 5.

426. Willelmus Raginaudus, Oliverius, Petrus, Maossa, Maria, reconcesserunt Rainerio abbati omnia dona Petri Bernardi patris sui et cuncta que Deta et filii ejus dederant Villenove.

427. Willelmus Radulfus et Petrus maritus sororis sue dant Rainerio abbati in Villanova.

428. Simon Rufus dat Rainerio abbati dona Radulfi Malclavel; testibus: Willelmo Audeer. Hec omnia concessit uxor ipsius Simonis Margarita, neptis Radulfi Malclavel et filius ejus Rollandus; testibus : Willelmo Archiepiscopo juniore [1], Johanne de Peirun.

429. Bernardus de Villanova dat Rainerio abbati omnia dona fratrum suorum et patris sui Bernardi. Hoc idem mater Arsendis et filia ejus Petronilla dant.

432. Willelmus do Pleit dat Rainerio abbati quicquid habebat in quarto terre Villenove versus Azai ; testibus : Petro Gamin, Petro Chaboz, Airaudo de Niolio, Bernardo de Rocha. Hoc concesserunt uxor ejus Ancosa et filius eorum Willelmus et filia Alienors ; testibus : Johanne de la Peirata, Petro de Falgere.

433. Boninus clericus filius Guidberti de Calceia concessit Rainerio abbati.

434. Fulco Petiz et Radulfus Contorius reconcesserunt in presentia Rainerii abbatis et Roberti domini Moncotorii [2] omnem terram Vellimontis quam patres eorum eis dederant, temporibus Willelmi secundi abbatis Absie, quod iterum confirmatum est in presentia domini Calonis Pictavensis episcopi [3].

435. Osanna concessit Rainerio abbati pactum et placitum quod cum Radulfo Cantor conjuge meo et Fulcone cognato ejus de terra Vellomontis fecit.

436. Goffridus de Chervis et Aenores uxor mea, in

---

1. Voir n° 10.
2. Voir n° 381.
3. Châlon, évêque de Poitiers de 1155 à 1157.

monasterio Chervis, dedi Rainerio abbati feodum unius quarti terræ Villenovæ quod Willelmus do Plez à nobis habebat. Cum his quoque concessit si quid juris nostri habebant in terris de Escozai, in presentia Dominici Corporis ante sanctum altare, Rainerium abbatem investivimus, anno millesimo centesimo quinquagesimo sexto quo rex Angliæ Mirebellum abstulit fratri suo [1] ; testibus : Petrus de Chervis et Philippus filius ejus [2].

In nomine Domini, Willelmus et fratres mei Goffridus... duo gemelli majorque soror nostra Aenors et alia que vocatur.... concessimus Rainerio abbati, intra monasterium de Chervis, omnia dona patris mei Goffridi de Chervis et matris nostræ Aenor ; testibus : ipso Goffrido de Chervis, Petro de Chervis, Philippo filio ejus, Willelmo de Laigne [3].

437. Oda Grotella et Christianus filius ejus dant Rainerio abbati ; teste : Raginaudo de la Barbotera.

Johannes Grolels et Giraudus filius ejus et Mainardus li Tessers dant Rainerio abbati.

438. Ostolana, concedente Guillelmo de Fenios marito, concessi donationes quas fecit mater mea Deta de terris Villenove ; testibus : Garino de Boisme, Geraudo Papet.

439. Bernardus Borgnuns et Brunisendis uxor ejus et filii eorum Aimericus, Tebaudus et Rotbertus et filie eorum Audeardis et Petronilla dant Rainerio abbati ; testibus : Willelmo abbate Turpiniaci, Guillelmo Bernart, Johanne Helia.

440. Brunisendis d'Açai habebat de monachis Absie

---

1. Henri II Plantagenet, roi d'Angleterre, duc d'Aquitaine par son mariage avec la reine Aliénor, épouse divorcée de Louis VII, roi de France, faisait la guerre à son frère Geoffroy qui lui réclamait le comté d'Anjou, d'après une convention antérieure. En 1156, il lui enleva Mirebeau et Loudun qui faisaient partie de l'Anjou. (*Chron. de Saint-Aubin.* — Robert du Mont. — Raoul de Dicet, ap. Bouquet, XII, XIII.)

2. Dupuy, vol. 828, p. 107, d'après le cartul. de l'Absie, fol. LXXXVI. — Gaignères, 180.

3. Dupuy, 828, d'après le cartul. de l'Absie, fol. LXXXVII. — Gaignères, 180.

terram in loco de Jadrais, dat eis, filiis suis Aimerico, Tebaudo, Arberto, Johanne, concedentibus.

441. Goffridus Gislebertus[1] dedi Petro abbati quicquid mei juris in terra de Follos Rossos, sicuti vallis de Gerzai et vallis Arsendis ducit ad terram Ugonis Chabot, et ex altera parte usque ad terram Radulfi Mauclavel, scilicet usque ad quartum Villenovæ, boscum et planum et etiam exarta rusticorum de la Tascha; testibus : Petro Carrofii, Petro Lemovicino, Johanne Rainerio et Gisleberto nepote suo. Hoc concessit Briendus nepos suus[2], et hoc iterum concessit Chabot alius nepos suus ; teste : Radulfo de Taunai. Concesserunt hoc Petro abbati Bertrandus de Montecontorio[3] et frater ejus Robertus et donaverunt ei quid habebant in terra de Follos ; testibus : Goffrido de Mareis et Fossifia matre eorum[4].

442. Radulfus Mauclavels dedit Rainerio abbati quicquid habebat in terra de Follosio, in feodo Briendi Chaboz ; teste : Bernardo de Montechanini.

443. Arbertus del Tell dedit Willelmo abbati quidquid habebat apud Follos ; teste : Bernardo de Lobgefaugerose.

444. Goffridus Alelmi dedit Radulfo priori Absiæ decimam et quicquid habebat in domum et terris de Follosio ; testibus : Bernardo de la Tascha, Johanne de Nuntrun. Hoc concessit filius ejus Willelmus de la Chaussea, in manu domini Willelmi Archiepiscopi Parteniaci[5] ; testibus : Aimerico abbate de Castellariis[6], Giraudo de Gorge, Ragi-

---

1. Geoffroi Gilbert était frère de Guillaume Gilbert, évêque de Poitiers de 1117 à 1123. (*La Gâtine hist. et monum.* par B. Ledain, p: 69, d'après le cartul. de Talmund.)
2. Brient Chabot était fils de Guillaume Chabot et de Pétronille sœur de Geoffroi Gilbert. Il avait deux frères, Guillaume et Gilbert Chabot. Cette famille possédait la seigneurie de Lamairé près de Parthenay. Voir n° 359.
3. Bertrand était seigneur de Moncontour dès l'an 1100.
4. Dupuy, vol. 828, p. 107-112, d'après le cartul. de l'Absie, fol. LXXXIX. — Gaignères, 180.
5. Guillaume III l'Archevêque, seigneur de Parthenay, 1121-1140.
6. Aimeri, abbé des Châtelliers, sucesseur en 1120 du bienheureux Giraud de Salles, fondateur de cette abbaye et de celle de l'Absie.

naldo de Gorge. Hoc concessit Gauterius frater ejus [1].

445. Aimericus Morinus dedit Rainerio abbati quicquid querebat in decima animalium domorum de Follos ; testibus : Gaufrido Frontdebos, Aimerico Berzorii.

446. Hugo Lobeth [2] dedi Petro abbati, concedente Alone fratre meo ; teste : Arberto del Tell.

447. Fulco d'Açai decimam de terra de Fossamort quam requirebat dedit, in presentia Radulfi prioris Absiæ et Johannis de Follos, concedente nepote meo Guaiferio et donante cum solo in via Aureævallis eidem Radulfo ; testibus : Johanne de Nuntrun, Fulcone Isore [3].

448. Jorgetus que requirebam in terra de Fossamort dedi Willelmo abbati ; testibus : Gaiferio d'Açai et Willelmo cognato suo.

449. Aimericus de Grizay dat quartam partem decime de Fossamort ; testibus : Fulcone d'Açai, Johanne de Nuntrun.

450. Goffridus Rainos et mater ejus Blancha dant in presentia Johannis prioris Absie. Hoc concessit Briendus Chaboth de quo movebat ; teste : Airaudo de Niolio.

454. Villanus Nozilla et Johannes Helias et uxor ejus Assalia dederunt, concedentibus nepotibus suis Goffrido Nozilla et fratribus suis Gauterio, Savarico, Rainaudo canonico, Gauterio de Rosello.

455. Willelmus Bonetus et filius ejus Guibertus dant in territorio de Follos. Iterum Radulfus Malclavels et Symon fratres ejus dant.

458. Briendus Chabot [4] et Chabot frater ejus et Petrus Chabot concesserunt Rainerio abbati, in manu Willelmi Archiepiscopi domini Parteniaci [5], boscos liberos et terras

---

1. Dupuy, 828, p. 107-112, d'après le cartul. de l'Absie, fol. xc — Gaignères, 180.
2. Hugues et Alon Loubet paraissent plusieurs fois dans les chartes de l'abbaye de Saint-Maixent. (Voy. A. Richard, *Arch. hist. du Poitou*, t. XVI et XVIII.)
3. Dupuy, 828, p. 107-112, d'après le cartul. de l'Absie, fol. xc.
4. Voir n° 441.
5. Voir n° 444.

de Follosio quas dederat Goffridus Gislebertus avunculus eorum [1].

459. Petrus Bernardus decem sextariatas terræ, juxta Jazeras, dedit. Concesserunt Soffisa uxor ejus et filii eorum Willelmus, Raginaudus, Matheus et filia Maossa ; testibus : Aimerico de Jaunai, Willelmo Cornu. Johannes Helias et Assalia concesserunt quidquid habebant in ea terra [2].

460. Arnaudus de Follos reddidit duos solidos Aimerico Coer et fratri ejus quos Petrus Bernardus mutuaverat et patre eorum quam concesserat Absie, rogante Petro Bernart ; testibus : Aimerico de Villanova, Willelmo Cornu. In hac terra habebat soror dicti Petri Bernart et filius ejus duos denarios census quos dederunt ; testibus : Petro Bernar, Goffrido de Precinne.

461. Aimericus Audeers et Petrus de Fontinils dederunt, in presentia Johannis prioris Absiæ, coram Archiepiscopo domino Parteniaci, tres sextariatas terræ juxta Botam Chevreriam, concedentibus Airaudo de Niolio et Willelmo Joscelini de quibus movebat ; teste : Giraudo de Barges. Alelmus Vassellus, uxor ejus filia Willelmi Joscelini [3].

462. Dictus Aimericus ad obitum suum dat et Arsendis uxor ejus, et Willelmus filius eorum major hoc concessit ; testibus : Giraudo de Vernol et Audeberto Planea. Hoc iterum concesserunt Petrus et Petronilla filii eorum, et iterum Symon et Stephanus duo filii eorum ; testibus : Raginaudo Capella et Henrico filio ejus.

Hoc iterum concedunt Johanna filia eorum et Giraudus Rannulfus maritus ejus, Rainerio abbate presente ; testibus : Willelmo de la Fontana, Savarico Godello.

463. Alelmus Vassellus concessit Rainerio abbati, et filia

---

1. Voir n° 441.
2. Dupuy, 828, p. 107-112, d'après le cartul. de l'Absie, fol. CI. Cette charte omise dans Gaignères semble devoir occuper le n° 459.
3. Dupuy, 828, p. 107-112, d'après le cartul. de l'Absie, fol. CI.

Willelmi Joscelini uxor Alelmi hoc concessit ; testibus : Arnaudo Vassallo, Audeberto Planea.

464. Airaudus de Niolio, rogante uxore sua Audeart et filiis suis concedentibus Airaudo, Savarico, Mauricio, dedit quicquid in terra Bote Chevreria Rainerio abbati ; testibus :. Goffrido de Nissum, Petro Allet, Bochardo de Voventio [1].

470. Goffridus Frontdebo et Thomas frater ejus concesserunt Rainerio abbati terras quas Ranulfus avunculus ipsorum ad obitum suum dederat. Hoc concessit Petronilla filia Goffridi Frontdebo.

472. Tebaudus Chaboz et uxor Margarita de qua movebat dedit Rainerio abbati terram juxta terram illorum de Follosio ; testibus : Giraudo de la Mota et Bernardo fratre suo.

474. Raginaudus dominus Forestæ, infirmitate detentus qua et obiit, dedit terram Paumæriæ liberam ab omni cosduma et servitio et quicquid juris in ea habebat, hoc est totum dominium suum, nihil sibi retinens, nisi spiritale beneficium et sepulturam. Delegavit et concessit ut habitatores istius terræ à venda et paagio sint liberi per totam terram suam, Rainerio abbati ; testibus : Roberto dau Plesseiz, Savarico, Gauterio Peigna, Willelmo Eschalart, militibus et multis aliis.

Willelmus de Foresta supradicti filius eodem modo concessit, audiente et concedente Siebrando fratre suo.

Post obitum Willelmi, Siebrandus dominus Forestæ concessit et auxit in medietate molendini de l'Aubespin. De his investivit Siebrandus abbatem Absiæ Goscelinum, apud Forestam, videntibus : Petro de la Pruille, Willelmo Arnaudi, Savarico, Radulpho Eschalart, militibus. De his omnibus investivit Siebrandus abbatem Absiæ Goscelinum [2].

---

1. Dupuy, 828, d'après le cartul. de l'Absie, fol. CII.
2. Dupuy, 805, fol. 315, et 828, fol. 117, d'après le cartul. de l'Absie, fol. CIII.

475. Guillelmus Bernart concessit Rainerio abbati. Hoc concessit Bernardus Villanova frater Guillelmi Bernart. Et hoc concesserunt Petrus et Raginaudus fratres ejus et sorores eorum Johanna, Sofia et Maria.

476. Goffridus Frontdebo quamdam portionem terræ, tres scilicet mineatas et... parvas sextariatas in colle sub nemore Follosii, et Maria uxor sua dederunt Rainerio abbati, apud Auream vallem [1].

477. Johannes clericus et Willelmus frater meus omnem terram in feodo et ruptura in territorio do Follos dedimus, apud Absiam in domo hospitali et flexis genibus ante abbatem Rainerium, cum libro quodam, dono supradictæ terræ cœnobium Absiæ investivimus, concedentes garire [2].

480. Gauterius de Calceia dat Rainerio abbati quicquid in decima Follosii habebat.

482. Johannes Savaris dat Rainerio abbati rupturam terré quam habebat in feodo de Villanova.

483. Segnorsus de Villanova dedit Rainerio abbati quicquid terragii de bladis illigatis in terris monachorum de Scozaico et de Follosio in feodo Villenovæ apud Follosium [3].

484. Poibele medietatem juris sui et totum dominium ejusdem medietatis in terra quæ est juxta boscum de Valendeis in qua participatur Raginaudus de Maisuns Iters. Petronilla filia concessit, audiente et concedente filia sua Milesendi et Bartholomeo marito ejus, et investivit abbatem Absiæ Goscelinum ipsa Melisendis cum capello Willelmi Tescelini ; testes : Willelmus Doe Molinæ, Willelmus Tescelins, Johannes Guibers, Andreas Desmers, Johannes Valdener, Johannes de Veluche [4].

---

1. Dupuy, 828, p. 107-112, d'après le cartul. de l'Absie, fol. civ. Cette charte omise dans Gaignères semble devoir occuper le n° 476.
2. Dupuy, 828, p. 107-112, d'après le cart. de l'Absie, fol. civ. Cette charte omise dans Gaignères semble devoir occuper le n° 477.
3. Dupuy, 828, p. 107-112, d'après le cartul. de l'Absie, fol. civ.
4. Dupuy, 828, p. 107-112, d'après le cartul. de l'Absie, fol. cv.

485. Goffridus de la Chaussee, Willelmus et Aimericus fratres ejus, pro matre sua quam fratres Absiæ acceperunt in sororem, dederunt pratum quod partitur cum Rorgue de la Roche et querelas in domibus do Follos, scilicet in decimis bestiarum quas Goffridus Aleameus avus suus antiquitus donaverat et quidquid querebant in domibus d'Escocai et in pertinentiis suis et omnes elemosinas Pagani de Chauceroie. Hæc concesserunt filii ejusdem Goffridi, Aimericus, Goffridus et Willelmus et filiæ Johanna et Boneta ; testibus : Petro Malaire, Willelmus d'Escocai, conversis. Hoc factum est in manu abbatis Goscelini, anno MCLXXXXII [1].

486. Petrus de Fontanils dedit Willelmo abbati, in manu Willelmi domini Parteniaci, tertiam partem molendini Doemolini et totam terram infra lo beth molendini Arbant, insuper quicquid habebat in dominio et feodo in eodem molendino Arbant ; testibus : Aimerico de Luviis, Girardo, Johanne de Viron, Aimerico Garenger et filio ejus Goffrido. Petrus de Fontanils et uxor ejus, Arsendis, reconcesserunt Rainerio abbati ; teste : Petro du Cos [2].

488. Goffridus Arbandus dedit Willelmo abbati quicquid in eodem molendino ; teste : Rabaste milite. Hoc concessit Tebaudus filius ejus et Benedicta soror ejusdem Goffridi et Petrus filius Benedicti. Aimericus et Raginaudus filii Goffridi Arbant et Benedicta soror eorum concesserunt supradicta dona [3].

489. Goffridus Panet dedit Willelmo abbati quicquid habet in feodum in terris quas monachi acquirere potuerint a riveria usque ad caminum à Veluche ducentem ad Auream vallem ; testibus : Aimerico de Luviis, Johanne de Peirun, Willelmo abbate, anno MCXXXIV. Gauterius filius Goffridi ; testibus : Favio de Colunge, Raginaudo de Faia. Hoc concessit Aenor filia Goffridi Panet. Idem Gauterius filius

---

1. Dupuy, vol. 828, d'après le cartul. de l'Absie, fol. CV.
2. Dupuy, 828, p. 107-112, d'après le cartul. de l'Absie, fol. CVI.
3. Dupuy, 828, d'après le cartul. de l'Absie, fol. CVII.

Goffridi anno quo duxit uxorem reconcessit in presentia Rainerii abbatis [1].

490. Andreas Satanaz dedit, concedente domino suo Johanne de Beamont [2], duodecim nummos de commendiza de unoquoque jugo boum quos habebat in terris de Berchepota ; teste : ipso Johanne de Beaumont. Concessit uxor Andreæ, nomine Placentia [3].

495. Petrus Orris dat. Hoc concessit Giraudus filius ejus ; Rainerio abbate; testibus : Arberto Tornamina, Symone de Grizai.

496. Johannes Columbels et uxor ejus et filius et filia dant; testibus : Fulqueto de Voluche, Pagano Raembaut. Hanc terram concessit Pepinus frater ejus et uxor ejus ; teste : Goffrido de Voluche.

501. Gaudinus de Loon et uxor ejus N. et filius N. et soror uxoris ejus dant ; teste : Aimerico de Loon.

506. Johannes Columbels et frater ejus Pepinus dant ; testibus : Fulcone de Voluche, Goffrido Panet.

507. Fulquetus de Voluche et Johannes frater ejus et Milesendis uxor illius dant.

511. Drogo de Rocha concessit dona fratris sui Rabaste.

512. Guischardus Aureævallis dat Rainerio abbati ; teste : Willelmo de Capella.

514. Pepinus Columbels et uxor ejus dant ; testibus : Pagano Raembaut, Fulqueto de Voluche et Joanne fratre suo. Hoc concessit Johannes Columbels et uxor ejus et filii eorum et filia.

515. Paganus de Voluche et filius ejus Willelmus dant ; testibus : Willelmo de Pictavi, Goffrido Mado, Gaudino de Loon.

516. Airaudus de Voluche et uxor ejus Gastina et filii

---

1. Dupuy, 828, p. 107-112, d'après le cartul. de l'Absie, fol. CVII.
2. Seigneur de Bressuire.
3. Dupuy, 828, d'après le cartul. de l'Absie, fol. CVII.

eorum Tardis et Petrus dant ; teste : Goffrido Lambert.

517. Petrus de Fontenils et uxor Arsendis et filius eorum Simon dederunt ; testibus : Villano Nozilla, Willelmo de Capella.

519. Faidis d'Acai et frater ejus Marcheant et mater eorum Calla dant ; testibus : Willelmo Nozilla, Willelmo Molnario, Gauterio de Rocha.

520. Pepinus Colombels et uxor ejus Aanors dant ; testibus : Stephano de Loon et Benedicto de Poilarun.

521. Johannes filius Normandi de Luche et duo fratres ejus dant ; testibus : Pagano de Luche et Willelmo de Luche.

522. Paganus de Chauceriva dat Willelmo abbati.

524. Willelmus de Rocha dat. Hoc concessit Drogo frater ejus et etiam dona fratris sui Rabaste, in presentia Rainerii abbatis.

525. Willelmus de Loun dat Rainerio abbati et concessit cum uxore sua Maria, in presentia dicti Rainerii.

526. Savaricus Guischardi et Petrus frater meus damus Rainerio abbati ; testibus : Gauffrido de Voluche, Laurentio de Bilazai, Johanne de Laaie.

527. Urgollosa, concedente Arnaudo Paleone marito meo, concedo maresium quod habebimus in riveria de Nois, juxta molendinum de Palina, quod Raginaldus de Herge antea dederat. Testes : Guillelmus Preverals, etc. Willelmus filius concessit quod et fratres Willelmus, Guido, Agatho et Brollet et eorum sorores Clementia et Petronilla [1].

528. David Cachuns reddit Rainerio abbati quod ei retinuerat ; audientibus : Guillelmo de Brueria, Benedicto fratre ejus, Giraudo Fulcher.

529. Goffridus Pannez in infirmitate dedit furnum apud villam de Looin. Actum apud Sanctum Maximinum ; testi-

---

1. Dupuy, 828, p. 107-112, d'après le cartul. de l'Absie, fol. cxi.

bus : Petro Gangart, Andrea Colifet, Lobeto de Bosco Rollant, Gaufrido Bormaut, Aimerico de Fenios. Concesserunt
filii Goffridi, Gauterius et Oliverius et mater eorum Pere-
fite, abbate Goscelino ; testibus : Johanne Millet, Willelmo
Tornemine [1].

530. Ranfredus et Audeart uxor ejus et filius eorum Willelmus dederunt quidquid habebant in molendino de Pomereia ; teste : Willelmo de Villanoa. Petrus Bernichet dedit
etiam. Hoc concessit Arbertus filius et Benedicta et Johanna filie ejus Petri et Airaudus maritus Benedictæ et
Aimericus nepos eorum; testibus : Arnaudo Chauvalel, Willelmo de Jaunay.

Item Petrus Ermengart dedit. Airois et Sofisa filiæ ejus
concesserunt quidquid habebant in molendino de Pomereia;
testibus : Goffrido de Prescinnec, Meschino de Chillo [2].

531. Raginaudus de Britanola et Martinus capellanus
Sancti Pauli dederunt Petro abbati borderiam terræ quæ
dicitur Bugno et casamentum frigidæ Fontanæ quod est
inter terram monachorum Renelli et Sanctum Paulum ;
testibus : Petro de Bretanola, Johanne de Segundine et
Benedicto Christiano et fratre suo Giraudo Christiano [3].

532. Giraudus de Bretanola et Bernardus frater ejus
concedunt Rainerio abbati ; testibus : Bernardo de Rocha,
Willelmo de Frennes, etc.

533. Aimericus de la Capella et fratres ejus Raginaudus,
Rollandus et Oliverius dant Rainerio abbati ; superdictis
testibus.

534. Willelmus filius Bernardi de Bretanola concedit
terram superdictam Rainerio abbati ; testibus : Petro de
Bauberia, Giraudo de Christianeria. Hoc concessit etiam
Johannes frater ejus Rainerio abbati ; testibus : Bernardo
de Roca, Petro de Siseras, Audeberto Naal. Amelia uxor

---

1. Dupuy, 828, d'après le cartul. de l'Absie, fol. cxii.
2. Dupuy, 828, d'après le cartul. de l'Absie, fol. cxiv.
3. Dupuy, 828, d'après le cartul. de l'Absie, fol. cxv.

dicti Bernardi et Umberga filia ejus concedunt hoc donum.

535. Goffridus Meschinus de Logefalgerose dat.

536. Hoc concesserunt fratres dicti Goffridi scilicet Bernardus, Giraudus et Petrus. Testis Raginaudus filius Bernardi de Bretanola concessit ; teste : Bernardo de Roca.

537. Petrus Tristant filius Willelmi de Capella dat ; testibus : Petro Lemozin, Benedicto de Marolio.

538. Giraudus de Gorge et Willelmus filius ejus dant Rainerio abbati ; testibus : Merpino Audeberto Naau, Giraudo Aldoino.

Hoc concessit Aelina uxor ejusdem Giraudi et filius eorum Goffridus ; testibus : Merpino, Gauterio Danjo.

540. Aimericus, Litor et Briendus fratres Goffridi Meschini et Goffridus filius ejusdem Briendi dant Rainerio abbati. Mauricius et Petrus et Oliverius nepotes Goffridi Meschini concedunt. Testes : Claricia uxor Merpini et filii ejus Petrus et Raginaudus.

542. Willelmus Chavalers dat Rainerio abbati terram quam Bernardus et Giraudus fratres ejus dederant ; teste : Geraudo Chauvenes.

543. Ugo de Maigrasoris dedit abbati Rainerio; teste : Bernardo de Rocha. Hoc concessit Petrus filius ejus Rainerio abbati ; testibus : Aimerico Mazone et Goffrido de Condais.

Ugo de Maigresoriz et Andreas filius ejus concesserunt Rainerio abbati dona eis facta.

545. Mauritius d'Aunai concessit Rainerio abbati quidquid in terris Britaniolæ ; teste : Bernardo de Rocha [1].

546. Petrus Tristans et mater ejus Pentecosta dederunt quidquid in supradictis tribus borderiatis quæ erant de feodo Giraudi de Lotgefalgerosæ; testibus: Pantonario sacerdote, Giraudo Tornaminæ, Raginaudo Raimun, Garnerio de Marollet [2].

---

1. Dupuy, 828, d'après le cartul. de l'Absie, fol. CXVIII.
2. Dupuy, 828, d'après le cartul. de l'Absie, fol. CXVIII.

547. Garnerius de Marrollet hoc concessit, et Gofridus frater Garnerii dedit Rainerio abbati. Testes: Goffridus de Sancto Marciale, Goslenus de Chinun, Airaudus de Marrollet.

548. Pactum inter Rainerium abbatem et fratres Absiæ et Giraudum priorem Sancti Pauli, anno mclii [1].

550. Giraudus de Logefalgerosa et fratres mei Bernardus et Petrus dedimus Rainerio abbati. Hoc concessit Briendus frater eorum et Goffridus filius ejus Rainerio abbati.

551. Petrus Barret et uxor Petronilla de qua movebat dant ; testis: Odo Barret. Hoc concessit Ascelina et Sendilla filie eorum.

553. Giraudus de Gorge et uxor Aelina et filius eorum Willelmus jam miles dederunt Rainerio abbati partem commendizæ quam habebant in masura terræ quæ erat de feodo Johannis Sancti Pauli, scilicet in borderia Gauterii Audebert et in borderia Bertini et Aimerici de la Place ; testibus : Gauterio d'Anjo et Merpino [2].

Petrus Maengoz filius Simonis Maengos [3], in presentia Rainerii abbatis, omnes elemosinas quas Absienses habent in villa et territorio Aureævallis liberas ab omni costuma et servitio. Acta in capella Porraeriæ [4] in qua investivi dominum Rainerium abbatem cum missali ecclesiæ. mclxxxiii; testibus : Willelmo Girardi, Jodoino de Chauceroie [5].

---

1. Dupuy, 828, d'après le cartul. de l'Absie, fol. cxix.
2. Dupuy, 828, p. 107-112, d'après le cartul. de l'Absie.
3. Les Maingot étaient seigneurs de Chausseraye, commune de Chiché.
4. Le prieuré de la Porraire, comm. de Chiché, dépendait de l'abbaye de Fontevrault et avait été fondé en 1122 par Jean de Beaumont, sr de Bressuire.
5. Dupuy, 828, p. 128, d'après le cartul. de l'Absie, fol. cxxxiv. Cette charte est omise dans Gaignères, mais, comme il en est ainsi de toutes les autres depuis le fol. 119 jusqu'au fol. 134 du cartul. de l'Absie, on ne saurait la classer sous aucun numéro.

SECOND CARTULAIRE

DE L'ABBAYE DE L'ABSIE

Chirographum istud, de voluntate Fulconis et filiorum ejus supranominatorum, partitum fuit inter ipsum Fulconem ejusque filios et abbatem Absiæ apud Sanctum Sergium ; testibus : Clemente decano de Montagu, Regnaudo capellano, anno ab Incarnatione Domini M° C° LXXXVIII [1].

Contentio erat inter Escot et abbatem Absiæ super molendinum de Barbe d'Ajace, unde abbas Absiæ adiit curiam Aimerici vicecomitis Toarcii [2] in qua, Legerio senescallo [3] præsidente, dedit Escot et concessit quicquid juris habebat in isto molendino et in aqua et in exclusa et quicquid ad opus molendini et aquæ vel exclusæ necesse fuerit, nihil sibi et suis heredibus in his omnibus retinens, præter censum III solidis, ad Natale Domini reddendum, nulla occasione duplicandum, cujus census XII nummi finientur in elemosinam fratribus Absiæ ad obitum Escot et II solidi heredibus suis reddetur nunquam duplicandi. Hæc omnia garire et defendere concessit ante ecclesiam S. Launi apud Toarcium; testibus : Legerio senescallo, abbate Turpiniaci Willemo, Gosleno abbate Brignii [4], Andrea Borea, Willemo de Me-

---

1. Dupuy, 828, p. 107-112, d'après le cartul. des chirogr. de l'Absie, fol. II.
2. Aimeri VII, vicomte de Thouars, 1173-1226.
3. Léger était sénéchal de Thouars en 1190. (*Hist. de Thouars* par Imbert, p. 392.)
4. Goslenus était abbé de Brignon en 1173, 1174 (*Dict. histor. de Maine-et-Loire* par Port, I, 501).

nomblet, Luca, monachis, Aimerico Enossii, Willelmo et Goffrido Tecelins, Garino de Poisegne, Aimerico Savari, Willelmo de Bernezay, Goffrido Garin, Bognorea, Johanne Chorner, Berenger Cornu, Pagano de Rancun, Gauterio Pozin. Hæc omnia concessit Radegundis uxor Escot modo quo pater suus in presentia abbatis Goscelini [1]. C..... Pax Domini sit semper nobiscum [2].

Raginaudus dominus Forestæ dedit terram Paumariæ liberam ab omni cosduma et servitio et quicquid juris in ea habebat et totum dominium suum, nihil sibi retinens nisi spirituale beneficium et sepulturam. Delegavit et concessit ut habitatores istius terræ a venda et peagio sint liber per totam terram suam, Rainerio abbati; testibus: Roberto dau Pleisseiz, Savarico, Gauterio Peigne, Willelmo Eschalart et multis aliis. Willelmus de Foresta [3] supradicti filius eodem modo concessit, audiente et concedente Siebrando fratre suo. Post decessum Willelmi, Siebrandus dominus Forestæ [4] concessit et auxit in medietate molendini de Laubespin. De his investivit Siebrandus abbatem Absiæ, Goscelinum, apud Forestam; videntibus: Petro de la Pruille, Willelmo Arnaudi, Savarico, militibus, Radulpho Eschalart [5].

Ugo Barret concedit decimam de Ulmellis in monasterio Absiæ, ante altare Sanctæ Mariæ, cum regula S. Benedicti, investiens altare, et abbate Goscelino videntibus. Hæc charta divisa est apud Vulventum, in claustro monachorum, anno ab Incarnatione Domini M° C° LXXXVIII [6].

Ugo d'Ozai dedit arbergamentum de Nuceriis; Bric-

---

1. Goscelin, abbé de l'Absie, 1187-1192.
2. Dupuy, 822, p. 196, d'après le cartul. des chirogr. de l'Absie, fol. III.
3. Guillaume de la Forêt-sur-Sèvre. Voir n° 11 du premier cartulaire de l'Absie.
4. Voir le n° 18 du premier cartulaire.
5. Dupuy, 828, p. 117, d'après le cartul. des chirogr. de l'Absie, fol. VI.
6. Dupuy, 828, p. 107-112, d'après le cartul. des chirogr. de l'Absie

tia uxor, filia Aizlina et filii Goffridus, Bocardus in presentia abbatis Goscelini ante ecclesiam d'Ozai, M° C° LXXXVII. Johannes d'Ozai filius Ugonis d'Ozai apud Absiam confirmat [1].

Notum fiat quod Willelmus abbas de Talemundo [2] capituli nostri consilio et consensu, ad pacis et charitatis inter nos et Absienses custodiam, cum abbate eorum Rainerio, ejus capitulo consentiente, hujus modi fecimus pactum quod domus dau Foillos, pro decima quam nobis reddebat de terris et vineis quas habebat in feodo Chabot, sicut monstratum est, preposito Ranulpho nostro et priori Constantino de la Maire, à Nativitate Beatæ Mariæ quovis die usque ad festum Beati Michaelis, annuatim VI denarios et II sextaria, ad mensuram venalem de la Maire, nobis reddat I siliginis alterum frumenti. Prior de la Maire hoc querat et deferat. Si ac domus illa amplius in decimatione nostra aliquid acquisierit, inde nobis decimam reddat. Anno ab Incarnatione M° C° LXVI. Facta est pactio in capitulo nostro, his audientibus et laudantibus : Girardo abbate de Niolio, Johanne abbate de Orbiterio, Girardo abbate de Broilgollandio et omnibus fere fratribus nostris [3].

Pax inter Rainerium abbatem et Airaudum Sancti Pauli priorem, M° C° LIII [4].

Petrus Olivers omnia dona quæ Arocus de Megaudum et filius ejus Tebaudus de proprio eis dederunt et de casamentis suis concesserunt. Hoc fecit in manu abbatis Goscelini et in manu Petri Maengot. Qui Petrus omnia supradicta similiter concessit ante domum suam de Chauceroia. Cirographum illud, de voluntate Petri Oliver, par-

1. Dupuy, 828, p. 107-112, d'après le cartul de l'Absie, fol. cv.
2. Guillaume Richard, abbé de Talmond dès 1161. (Cart. de l'abb. de Talmond par M. de la Boutetière, Mém. de la Soc. des Ant. de l'Ouest; 1re série, t. XXXVI, p. 63.)
3. Dupuy, 828, d'après le cart. des chir. de l'Absie, fol. IX.
4. Dupuy, d'après le cart. des chir. de l'Absie, fol. x. Le même acte se trouve au n° 548 du premier cartulaire. Le prieur de Saint-Paul en Gâtine y est nommé Giraud au lieu d'Airaud. On ne saurait dire lequel des deux noms est le vrai.

titum est inter ipsum et fratres de Absia, in abbatia, in domo hospitum, anno M° C° LXXXVIII [1].

Pactio inter Rainerium abbatem et Aremburgem abbatissam [2] Sancti Andreæ de Toarcio [3].

Ex judicio Petri Pictavensis matris ecclesiæ, concesserunt infra haiam metive jura. Has iidem Willelmus de Vernol et Gaufridus, consensu et consilio tam suorum quam Absiensium, taliter determinaverunt ut omnes haiæ et defensabiles habeant universis terris monachorum, circa omnes aquas et rivos, unam hasteam hinc inde. Haiæ vero fossatorum habeant large quantum hiatus et aggeres ipsorum, et in terris Vernolii sint ubique convenientes ad mensuram haiarum Guastinæ. Acta MCLXII, indictione X, regnante Ludovico rege Francorum et Henrico rege Anglorum ac duce Aquitanorum et Normannorum. Data Pictavi kalendas septembris, per manum Johannis magistri scholarum [4].

Gislebertus, Dei gratia, Pictavorum episcopus II [5]. Controversia super domibus et terra de bosco de Mairevent. Guillelmus medicus paratus fuit jurare rem ita esse, prout à Gaufrido de Rancone et aliis honoratis baronibus dicatum fuerat, Arberto decano Fontaneti, Rainerio abbate [6].

Petrus Maengoz concessit castellarium de Papelop quod pater suus Simon donaverat apud Auream vallem in manu Goscelini abbatis. Hæc charta, ex precepto Petri Maengot, per medium est divisa in hoc chirographo:

---

1. Dupuy, 828, p. 107-112, d'après le cart. des chir. de l'Absie, fol. XII.
2. Aremburge, 2ᵉ du nom, abbesse de Saint-André de Thouars, plus connu sous le nom de Saint-Jean de Bonneval de Thouars, vivait en 1144-1146.
3. Dupuy, 828, d'après le cart. des chir. de l'Absie.
4. Dupuy, 828, p. 107-112, d'après le cart. des chir. de l'Absie, fol. XVI, XVII, XVIII.
5. Gilbert de la Porrée, évêque de Poitiers, 1142-1154.
6. Dupuy, 828, p. 107-112, d'après le cart. des chir. de l'Absie, fol. XVIII, XIX.

Pax Domini nobiscum. Anno ab Incarnatione Domini MCLXXXX [1].

Willelmus de Poi concedit borderiam terræ à patre Goffrido datam quæ est juxta Barram Mariam de versus Calveriam et de versus Buccellum sine retinante quicquid sibi juris erat. Item duas partes quas in proprio habebat totius alterius borderiæ juxta prædictam Barram de versus Capellam, nullo sibi jure retento, exceptis v solidis Andegavensium annuatim, die patronis sancti Marci ut in sequenti die, apud Vulventum reddendis, et excepta sepultura apud Absiam. Gastina uxor et filii Goffridus et Willelmus et filiæ Letitia et Alva concesserunt, anno MCLXXIII. Donum primum factum fuerat MCLI [2].

Goscelinus abbas et totus conventus donavimus et concedimus Bernardo Garnes et heredibus ejus, in hereditatem perpetuam, arbergamentum Berauderiæ et terram unam scilicet borderiatam. De his reddent decimam et terragium de xx solidis per annum et decimam omnium bestiarum et adjutorium boum et quadrigariarum suarum quod biannum vocatur, sicuti alii homines nostri nobis facient. Hoc factum est in capitulo Absiæ, anno MCLXXXX [3].

Ugonis d'Auzai donatio. Unum arbergamentum in mea terra quod vocatur Plucaria, per meum magnum maresium pasturalia ad opus omnium suorum animalium. Testis Pautonerius, decanus Fontaneti, anno MCLVIII, indictione vi, duce Aquitanorum rege Anglorum Henrico, sedente Papa urbis Romæ Adriano [4].

Fratres Absiæ contendebant se habere jus accipiendi de bosco Allodiorum ad omnes usus suos. Willelmus

---

1. Dupuy, 828, p. 107-112, d'après le cart. des chir. de l'Absie, fol. xx.
2. Dupuy, 828, p. 117 et s.. d'après le cart. des chir. de l'Absie.
3. Dupuy, 828, p. 107-112 et 117 et s., d'après le cart. des chir. de l'Absie, fol. xxi.
4. Dupuy, 828, p. 107-112, d'après le cart. des chirogr. de l'Absie, fol. xxii.

dominus Cantamerulæ [1] negabat. Is Hierosolymitanum iter aggredi deliberans, consilio et assensu Theophaniæ matris suæ et fratris sui Petri d'Aupereis et hominum suorum, Pictavi, Raginaudi, Sancii, Butoti, pro jure quod in toto nemore querebat, partem supradicti nemoris Allodiorum concessit Goscelino abbati et fratribus. Item concessit animalibus et porcis pasturalia per totum boscum, sine consuetudine aliqua et sine pasnagio ubicumque hominum suorum animalia pascentur. Et Petrus d'Aupereis frater ejus similiter concessit et mater Theophania et Gaufridus d'Aupereis frater Willelmi et Petri, apud Cantamerulam in domo ipsius Willelmi in qua Willelmus de Cantamerula et fratres fecerunt dividi presentem cartulam per medium cum hoc chirographo : Dominus noster refugium ; in manu Goscelini abbatis, anno MCLXXXX [2].

Notum sit omnibus presentibus atque futuris quod ego Theobaldus filius Theobaudi Chabot [3], pro salute animæ meæ parentumque meorum, concessi in eleemosinam Deo et monachis Sanctæ Mariæ Absiæ, in presentia abbatis Rainerii, omnes elemosinas quas in terris Massigniaci et in tota illa planitie habent de patre meo et de avo meo Siebrando. Hoc eis concessi apud Ulmes, in domo Grolelli, anno ab Incarnatione Domini MCLXXXV, Ricardo rege Angliæ Enrici filio, totius Aquitaniæ ducatum viriliter tenente, domino Willelmo episcopo [4] ecclesiam Pictavorum regente et pro jure ejusdem ecclesiæ persecutionem laudabiliter patiente, Rainerio abbate, Goscelino priore [5].

Sibi thesaurizat misericordiam apud Deum qui

---

1. Voir sur cette famille les n⁰ˢ 69-74 du premier cartulaire.
2. Dupuy, 828, p. 117 et s., d'après le cart. des chir. de l'Absie, fol. XXIV.
3. Thibaud III, fils de Thibaud II Chabot, seigneur du petit château de Vouvent. (*Dict. des fam. du Poit.*, II, 2⁰ éd.)
4. Guillaume Tempier, évêque de Poitiers, 1184-1197.
5. Dupuy, 828, p. 107-112, d'après le cart. des chir. de l'Absie, fol. XXV. — *Nova bibliotheca manuscr.* par Labbe, t. II, p. 729. — Gaignères, 180.

bona pauperum ipsis pauperibus conservare et de suo studet misericorditer adaugere. Ob hoc ego secundus Willelmus Archiepiscopus [1] ad S. Jacobum ire disponens, pro salute animæ meæ, concedo in elemosinam Deo et Rainerio abbati et monachis S. Mariæ Absiæ omnia dona et concessiones quas Willelmus pater meus illis unquam dedit et concessit, scilicet vendas et paagia de omnibus propriis rebus suis et fratrum suorum quascumque vendiderint vel emerint Partiniaco et in omni terra mea, et decimam molendinorum de Secundiniaco. Dono eisdem et concedo in elemosinam omnes terras et talleas earum et quicquid juris mei est in eis quas habitatores Absiæ acquisierant vel acquisituri sunt in cunctis feodis meis, excepto quod si, propter acquisitionem terrarum amodo acquirendarum alicujus feodati mei servitia amiserem, abbas Absiæ inde miserationem meam expostulet. Adhuc dono illis unum burgensem apud Secondiniacum, Petrum videlicet Malardea et successores ejus cum domo sua, liberos ab omni cosduma et servitio mihi pertinente, et concedo in perpetuum. Pro xx vero solidis quos pater meus in fundatione Absiensis ecclesie jamdudum donavit et quamdiu advixit reddidit, dono mutuando jamdictis abbati et monachis Absiæ quamdam domum Parteniaco juxta furnum eorum, ut cosdumas et vendas et omnia servicia domus illius idem abbas et successores ejus in perpetuum dominium habeant et possideant et pistorem qui in illa domo habitaverit similiter liberum ab omni cosduma et servitio mihi pertinente, ut ille pistor, abbati et monachis Absiæ consuetam vendam de pane suo, duas scilicet nummatas de unaquaque coctione, in perpetuum reddat. Dono iterum illis et concedo cosdumas de mestivis servientium et de mestivis mestivorum abbatiæ et grangiarum ejus quæ sunt in terra mea, ut ipsi mestivi

---

1. Guillaume IV L'Archevêque, seigneur de Parthenay, 1140-1182.

et servientes possint libere mestivas suas transferre ubicumque voluerint, et gardam omnium euntium ad Absiam et redeuntium. Dono insuper et concedo per totam terram meam conductum omnium eorum quos abbas Absiæ conducere voluerit, exceptis profugis et traditoribus meis. Facta est hæc donatio et concessio anno ab Incarnatione Domini MCLXIX, Alexandro papa, Ludovico rege Francorum, Enrico rege Anglorum duce Aquitanorum, Johanne Bellas manus, natione Anglo, episcopo Pictavorum [1] ; videntibus et audientibus : Raginaudo de Faia capellano meo, Johanne Rataudi, Gofrido de Sancto Martiale, Airaudo de Niolio, Bernardo de Ferraria, Rataudo, Guilelmo Girardi, Alone de Sancta Ugena, Gauterio Forti, Fulcone Girardi, Fulcherio de Ginera et pluribus aliis.

Ego Ugo et ego Joscelinus filii Willelmi Archiepiscopi secundi concedimus in elemosinam Deo et monachis Sanctæ Mariæ Absiæ, in presentia abbatis eorum Rainerii, omnia dona et concessiones quas pater noster Guillelmus et ejusdem nominis avus noster illis unquam dederunt et concesserunt, ut iidem monachi in perpetuum habeant et possideant ; testibus : Raginaudo de Faia, Willelmo de Jarzelio, Uslebordo [2].

Theobaudus Chabot, jam morti contiguus, dedit monachis Absiæ quartam partem de omnibus boscis quos domini de Cantamerula donaverant predictis monachis, teste Candaisio, ad serviendam capellam Sancti Thomæ edificandam tunc apud Absiam, decumbans in talamo suo Volventi, presente Rainerio abbate. Concesserunt ibidem Theobaudus filius ejus et Margarita uxor sua [3].

Ugo Barret dedit quicquid juris in decimis de Umel-

---

1. Jean III de Bellesmes, évêque de Poitiers, 1162-1182.
2. Dupuy, 805, p. 148, d'après le cart. des chir. de l'Absie, fol. XXVI.
3. Dupuy, 828, p. 107-112, d'après le cart. des chir. de l'Absie, fol. XXVII.

lis et portionem Willelmi Faifart quam dicebatur de meo feodo. Apud Absiam, anno MCLXXXI [1].

Notitia Laurentii Pictavorum episcopi de controversia inter Rainerium abbatem super domo de Rameia et Willelmum Rameia canonicum et domo de Umellis. Is Willelmus, nullo gravamine sibi facto, omnino à justicia defecit atque à jure.... nostram recessit. Testes : abbates Sancti Cypriani, Sancti Savini, de Pinu, de Insula Chauvet, Pautonerius decanus Fontaneti, anno' MCLIX, Henrico rege Anglorum in Pictavia regnante [2].

Guillelmus II, Dei gratia, Pictavorum episcopus, G. monacho ejusque successoribus in perpetuum. Justis votis petitionibusque tuis, de tuis paupertatis fonte provenientibus, quæ tue poscit religionis devotio, nec negare possumus, nec differre debemus. Expostulas siquidem, frater venerabilis G., ut te in tuitione nostra, et fratres qui tecum sunt, recipiamus, in loco qui dicitur Pulchra Vallis, cum omnibus ibidem jam acquisitis, vel in posterum jure acquirendis, et ut sigilli nostri auctoritate confirmemus. Nos vero, solita benignitate, eo tenore concedimus et in defensione nostra suscipimus, ut, si in posterum, quod absit, locus iste de hoc statu in quo nunc est, gradu religionis defecerit, in nostra remaneat potestate, vel successorum nostrorum ordinandi in melius. Locus equidem iste qui dicitur Pulchra Vallis, in quo ecclesia Beatæ Mariæ jam ædificata est, qualiter ad hoc pervenerit, locus in proximo servatur. Dedit etenim, pro anima sua, Raterius de Sancto Maxentio et uxor ejus Maximilla, Deo et G. monacho et omnibus ibidem Deo servientibus locum istum habendum in posterum. Dederunt insuper decimam terræ suæ quæ est juxta prædictum locum, prout via publica ostendit quæ ducit ad Sergnec, et ex altera parte, prout assignatum est,

---

1. Dupuy, 828, p. 107-112, d'après le cart. des chir. de l'Absie, fol. XXVII.
2. Dupuy, 628, p. 107-112 et 117 et s., d'après le cart. des chir. de l'Absie, fol. XXVIII.

et de quarto vinearum suarum de Peiron, dederunt decimam et decimam molendinorum de Folet, et de medietate molendini de Caerin. Testes : Willelmus Arberti sacerdos, Mauricius et Aimericus frater ejus, Maingodus de Mota et Galterus frater ejus, Aimericus Abelini, et Petrus de Areis nepote ejus, Margenius et Frechet, et Ugo præpositus de Peiron. Et hoc donum, prout Raterius dedit, confirmavit Savaricus Malleonis [1] de cujus feudo erat ; et, pro anima sua et patris sui Radulfi, dedit et concessit omnibus ibi Deo servientibus, quicquid in feudum suum vel dono, vel emptione possent acquirere. Hujus confirmationis et doni testes sunt : Raginaudus presbyter Sanctæ Severæ, magister Herbertus, Martinus elemosynarius, Adelelmus Botun et Petrus frater ejus, Theobaudus Frogerii, Aimericus Nerbos. Præterea, Sebrandus Chabot et uxor sua Agnes et filius suus Theobaudus Chabot dederunt et concesserunt huic loco unam domum ad Coctambraiam, et terram quæ est de statu supradicto et hujus terræ decimam, et omnes alios redditus, quos in domo et in ista terra habebant et plura alia dona. Datum Lauduni, anno ab Incarnatione Domini MCXXXV, Innocentio Papa II. Chirographum [2].

Concordia inter Rainerium abbatem et fratres Absiæ et Geraldum Jaifardum priorem sancti Pauli monachosque Cluniacenses super decima grangiæ jamdictæ abbatiæ de Umellis. Reddent, pro decimacione annuatim, duo sextaria et dimidium siliginis et tres minas avenæ ad mensuram qua venditur et emitur in territorio Sancti Pauli. Publice apud Absiam, anno MCLXXXII, Thibaudo abbate Cluniæ, pontificatus domni Lucii papæ III anno I, Philippo filio Ludovici feliciter regnante in Francia, Richardo filio Enrici regis Anglorum egregie principante in Aquitania [3].

---

1. Voir n° 54 du premier cartulaire.
2. Besly, *Evesques de Poitiers*, p. 94, d'après le cartul. des chirogr. de l'Absie, f° XXX.
3. Dupuy, 828, p. 117 et s., et p. 107-112, d'après le cartul. des chirogr. de l'Absie, fol. XXXI.

Rollandus Olivierius fratres et mater Arsendis dederunt quicquid juris in terra Pagani de Fosseleria et totum dominium suum et rupturam cujusdam terræ juxta ripam stanni Duemolinæ liberam, præter terragium et decimam et gerbagium, quosmetipsi me successorum eorum fratres Absiæ ad plantandas in eadem vineas cogere possint. Factum anno MCLXXXVII, epacta VIIII, indictione V, Urbano III sedente, Willelmo Pictavorum episcopo existente, Ricardo filio regis Anglorum ducatum Aquitaniæ tenente, in presentia Goscelini abbatis, in domo fratrum Absiæ, apud Partiniacum [1].

Simon de Fontanioso rupturam cujusdam terræ juxta ripam stagni Duemolinæ liberam dedit, præter terragium et decimam et gerbagium, anno MCLXXXVII, epacta VIIII, indictione V, Urbano III papa sedente, Willelmo Pictavorum episcopo existente, Ricardo filio regis Anglorum ducatum Aquitaniæ tenente, in curia Goscelini abbatis, apud Partiniacum [2].

Seignoretus frater hospitalis Jherusalem, tunc temporis magister de Sancto Remigio, pacem feci cum Rainerio abbati Absiæ, de terris Brunateriæ, anno MCLXX, pridie nonas martii ; mediantibus et laudantibus : Josnero abbate Castellariorum, Thoma abbate Granateriæ. Hæc omnia recitata sunt eodem anno, XI kal. aprilis, apud Niolium, in thalamo Girardi abbatis Niolii, coram præsule Pictaviensi Johanne, cujus consilio facta sunt. Et ego Giraudus de Bello monte, Aquitaniæ dudum constitutus magister hospitalis, libentissime concedo abbati Rainerio, apud Sanctum Remigium, anno MCLXXVII, kalendis januarii, luna X [3].

In nomine Sanctæ et Individuæ Trinitatis. Ego Guil-

---

1. Dupuy, 828, p. 107-112, d'après le cart. des chir. de l'Absie, fol. XXXI.
2. Dupuy, 828, p. 117 et s., d'après le cart. des chir. de l'Absie, fol. XXXI.
3. Dupuy, 828, p. 117 et s., et 107-112, d'après le cart. des chir. de l'Absie, fol. XXXII.

lelmus II, Dei gratia, Pictavorum episcopus, Wuillelmo ipsa gratia Absiæ abbate, et Petronillæ religionis Fontis Ebraudi venerabili abbatissa et utriusque sequacibus in perpetuum. Exemplo sanctorum patrum, licet indigni, insatiabili hostis antiqui voracitati qui comedit fœnum sicut bos, cui escæ electæ, sitique inextinguibili, quia sorbem fluvium, nec miratus sperans quid influat Jordanis in os ejus, resistere studentes, ne muro discordiæ obstare ab auditu divinitatis repellerentur orationes sanctæ gentis prænominatæ, querelam quæ inter prædictas ecclesias erat, hoc modo terminavimus, ut terræ quæ causa erat altercationis quam dicebant monachi Absiæ sui juris esse, propter domos d'Escosay : nec minus asserebant esse suam fratres et sorores Fontis Ebraudi, sicut demonstrationem fecerunt Radulfus Musclaveus et homines ipsius terram proculcando. Proculcationem unius jucti de communi propriam habebit ecclesia Fontis Ebraudi, residuo æqua divisione per medium diviso : alteram medietatem illam, scilicet, quæ est versus domos et terram d'Escozay habeat ecclesia Absiæ, et alteram medietatem quæ est a domibus et terra de Valetes ecclesia Fontis Ebraudi ; et ut hoc firmum et inconcussum permaneat, præsentis scripto paginæ notari et sigilli nostri auctoritate firmando corroborari præcepimus. Si qua vero ecclesiastica, sæcularisve persona hoc scriptum nostrum infringere tentaverit, secundo tertiove commonita, nisi resipuerit, dignitatis suæ periculo subjaceat et ab ecclesia eliminetur, donec digna satisfactione emendetur. Hujus pacis mediatores, magister Arnaudus archidiaconus Briosensis, Aimericus de Luviis presbyter canonicus Parteniacensis, Petrus Letardi, et Goslenus Uberti, milites Lodunenses. Auditores : Robertus abbas de Turpenay et Stephanus magister ejus, Radulphus supperior et Petrus Guillelmi frater qui erat cum abbate Absiæ. Et hoc concesserunt à parte abbatissæ, Agnes priorissa de Ceresariis, Aois Helena, Raginaudus prior, Otrandus presbyter, Gosfredus de Chobrous, Aimericus de Tuzo. Hoc concedente utriusque partes terræ largitor Radulphus Mausclaveus, Petrus Ascelini, Maengotus Girardi, Aimericus Ascelini, Aimericus Gormed, Simon Inget, Arinis, qui hanc concordiam laudaverunt et multi alii. De hac ista querela venerunt monachi Absiæ Radulphus subprior et Bernardus in capitulo Sanctæ Mariæ Fontis Ebraudi, quod capitulum libenter concessit hanc querelam jussu Petronillæ suæ abbatisse et in isto pacto concessit terram de Vilers Vuillelmo abbati Absiæ et monachis, quam Radulphus Bonet dederat pro amore Dei et filie sue. Acta anno ab Incarnatione Domini MCXXXVI, epacta xv, indictione xiv [1].

Ludovicus, Dei gratia, Francorum rex et dux Aquitanorum. Regiam convenit excellentiam, pauperibus talia conferre quod ipsis utilia sint atque in conservanda quiete eorum valeant et donanti meritum habere faciant apud Deum. Notum sit igitur, tam futuris quam presentibus, quod, assensu et rogatu regine Ainordis uxoris nostre, servis Christi de Absia, tam presentibus quam futuris, donavimus in perpetuum quidquid habebamus in tribus mansuris terre, in duabus scilicet que sunt in feodo Gaufridi de Logefulgerosa, et in tertia de feodo Johannis de Sancto Paulo. Actum est hoc in presentia Willelmi monachi de Absia, ad caput pontis Sancti Hilarii super Altiziam. Testes affuerunt : Eblo de Mauleone [2], Willelmus de Parteniaco, Raimundus Clairens, Johannes de Forgis prepositus Mareventi. Donum regine audierunt : Brientius Kabot [3] et Sandebroil [4]. Actum anno ab Incar-

---

1. Besly, *Evesques de Poitiers*, p. 95, 97, d'après le cartul. des chirogr. de l'Absie, fol. XXVIII.
2. Ebles de Mauléon, 3e fils de Raoul Ier, fut sr de Talmond dès 1145 et sr de Fontenay et de Mauléon vers 1155. Il posséda aussi la Rochelle (*Savary de Mauléon et le Poitou à son époque*, par B. Ledain, p. 3, 4).
3. Voir nos 359, 441 et 458 du premier cartulaire de l'Absie.
4. Voir no 136 du premier cartulaire de l'Absie.

natione Domini MCLI. Data per manum Ugonis cancellarii [1].

Raginaudus de Alona, pro anima Petri Clerebaus quem interfecerat et pro pace amicorum ejus habenda, dedit dimidiam borderiæ terræ quam Caponeria vocatur cum homine ruptuario, quicquid habebat in duabus mansuris terræ quæ vocantur Vallis, et sunt in Vernoliensi juxta Salmoram, et concessit illam garire de plaisto et de equo servitii et de omnibus illis quæ ad feodum pertinent. Dedit eis seipsum fidejussorem gariendi et defendendi ad opus necnon et de hoc alios sex fidejussores dedit Parteniaco, in manu Willelmi Archiepiscopi concedentis hæc omnia et promittentis ut Raginaudum et fidejussores suos cogeret ad gariendum, si ipsi deficerent, Rainerio abbati. Dedit etiam duos solidos ecclesiæ de Sancto Pompeano infra octavas medii augusti de censibus Gasconeriæ nunquam deficientibus annuatim reddendis [2].

Aimericus de Bille, in manu Goscelini abbatis, unam borderiatam terræ nomine Cosseria et nemorum ejusdem terræ et quicquid juris in nemore et terra habebat, hoc est dominium totum et casamentum [3].

Giraudus Berlais [4], in presentia Rainerii abbatis, dono quicquid habebam de feodis meis quando abbatia Brinonensis fundata est, et dono talleam et quicquid in eis habebam, scilicet in tribus borderiatis Botacheveriæ quæ sunt de feodo Manseda et in terris dau Bugno et de Salmora; testibus : Johanne abbate de Brignon [5], Goffrido Girbaudo et Garnaudo et Girardo de Chaorces [6].

---

1. Dupuy, 805, p. 146, d'après le cart. des chirogr. de l'Absie, fol. XXXV. — *Etudes sur les actes de Louis VII*, par Achille Luchaire, p. 386. Il y a dans la copie de cette charte donnée par cet ouvrage quelques erreurs de noms : Johannes de Vergis pour Johannes de Forgis ; Marengotus pour Mareventi (Mairevent).
2. Dupuy, 828, p. 107-112 et 117 et s., d'après le cart. des chir. de l'Absie, fol. XXXV, XXXVI, XXXVII.
3. Dupuy, 828, p. 117 et s., d'après le cart. des chir. de l'Absie, fol. XXXIX.
4. Giraud II Berlay, s^r de Montreuil-Bellay.
5. Jean, abbé de Brignon, vers 1150.
6. Dupuy, 828, p. 107-112 et 117 et s., d'après le cart. des chir. de l'Absie, fol. XXXIX, XL.

Radulphus de Alona dedit terram juxta grangiam de Mascigne, liberam et absolutam, in presentia Willelmi abbatis ecclesiæ Thalemundensis [1] et domni B. abbatis Orbisterii [2]; audientibus : G. capellano de Olona, Joscelino milite et aliis [3].

Ego Willelmus Castri Airaudi vicecomes [4], pro salute animæ meæ parentumque meorum, dedi et concessi fratribus Absiæ, euntibus per memoratum castrum et redeuntibus, consuetudines de cunctis rebus suis. Ante fores aulæ meæ Castri Airaudi, anno MCLXXVI, Rainerio abbate [5].

Ego Clemens Bensevest, pro salute animæ meæ parentumque meorum, dedi in elemosinam Deo et monachis Sanctæ Mariæ Absiæ, presente eorum abbate Rainerio, quicquid habebam in feodo de Frenesio quod Willelmus de Fregnes et Andreas de Capella de me habebant, nihilque in eo mihi vel heredibus meis retinens, nisi quinque solidos ad Vincula Sancti Petri reddendos et anniversarium meum in abbatia post obitum meum. Hanc donationem ego Clemens Bensevest feci Parteniaco, in domo Raginaudi Sancti Johannis, in qua investivi dominum Rainerium abbatem cum quodam baculo, presente et audiente Ugone Archiepiscopo domino Parteniaci [6]; audientibus et videntibus : Petro cantore de Absia, Willelmo Garini, Segnoreto, Johanne dos Molins, Petro Rollant, Petro Paagers sacerdoti-

---

1. Guillaume Boursaud de Longueville, abbé de Talmond, vers 1180-1190 (*Cart. de Talmond*, ap. *Mém. Ant. Ouest*, XXXVI, 63).
2. Brient, abbé de Saint-Jean d'Orbetier, près des Sables-d'Olonne, 1181, 1182 (*Cart. d'Orbetier*, ap. *Arch. Hist. Poit.*, VI, p. xx).
3. Dupuy, 828, p. 107-112 et 117 et s., d'après le cart. des chirogr. de l'Absie, fol. XL.
4. Guillaume, vicomte de Châtellerault, 1176-1188 (*Chronologie des vicomtes de Châtellerault* par dom Chamard, ap. *Mém. Ant. Ouest*, XXXV, 110).
5. Dupuy, 828, p. 107-112, d'après le cart. des chirogr. de l'Absie, fol. XL. — Gaignères, 180.
6. Hugues I L'Archevêque, seigneur de Parthenay, 1182-1218.

bus, Johanne Rataut, Johanne do Plaisseiz, Airaudo de Niolio, Willelmo de Substel [1].

In nomine Domini, notificetur cunctis fidelibus quod ego Maria uxor Clementis Bensevest et filii et filiæ nostræ Petrus, Renaudus, Goffridus, Willelmus, Clementia, Petronilla concessimus Deo et Virgini Mariæ et fratribus Absiæ in elemosinam, in presentia domini Rainerii abbatis, hæc dona supra scripta et omnes elemosinas quas Clemens Bensevest et Ugo Alaaz Absiensibus dederant et concesserant, quibus tunc temporis investiti erant, ut in perpetuum libere et quiete habeant et possideant, exceptis supradictis quinque solidis de feodo Frenesii ; audientibus et videntibus : Petro cantore Absiæ, Willelmo Garini et Aimerico sacerdotibus, Johanne do Plaisseiz, Vincentio fratre ejus, Raginaudo clerico de Sancto Johanne. Hoc factum est anno ab Incarnatione Domini MCLXXXIII [2].

Ego Goffridus de Chervis filius Goffridi de Cherviz dedi Goscelino abbati feodum unius quarti terræ Villenovæ quod Hugo Oteluni et Johannes Heliæ possidebant de fratre meo et totum dominium ipsius feodi, anno MCLXXXVIII, Philippo rege Francorum, Henrico rege Anglorum, Ricardo Pictavensium regnantibus [3].

Chalo, Dei gratia, Pictavorum episcopus, Rainerio abbati Absiæ ejusque successoribus in perpetuum. Ne in dubium veniant qui geruntur rationabili de causa provisum esse dignoscitur ut omnis actio digna memoriæ scripto commendari et ex hoc firma magis in posterum debeat haberi. Proinde notum fieri volumus quod Giraudus de Tellio venit ante nos Pictavi et cum eo prefatus abbas ibique, pro redemptione animæ patris sui Arberti de Tellio et suæ, ele-

---

1. Dupuy, 805, p. 148 v° ; 828, p. 107-112 et 117 et s., d'après le cart. des chir. de l'Absie, fol. XLI.
2. Dupuy, 805, p. 148 v°, d'après le cartul. des chir. de l'Absie, fol. XLI.
3. Dupuy, 828, p. 107-112 et 117 et s., d'après le cart. des chir. de l'Absie, fol. XLI, XLII.

mosinas quas pater suus et ipse ecclesiæ Sanctæ Mariæ et monachis Absiæ dederant, eas in presentia nostra et in manu nostra, sine coactione aliqua, eisdem monachis sine retinaculo aliquo libere et quiete possidendas concessit, scilicet quicquid juris habebant et pater suus dicebat se habere in terris et pratis et aquis Allodiorum et insuper boscum in quo domus de Alodiis ædificatur usque ad prata et ad aquam que dicitur Chambro et Rollanderiam ; et similiter quicquid in proprio et in feodo habebat in decima pecudum ac lanarum d'Escozai et de Folosio atque pasturalia ad opus omnium animalium suorum per omnes boscos de Alodiis et per omnes gastos. Et iterum partem magni bosci de Alodiis sicuti cum fossis et crucibus signata est à superiori via Vialeriæ usque ad Prunedariam et terram Vellimontis ; quæ omnia sunt de dono patris sui Arberti de Tellio. De reliquis boscis de Alodiis quicquid prædicti monachi et homines sui capere vellent ad omne opus abbatiæ et omnium grangiarum suarum et examina apum quæ ipsi et homines sui in ipsis boscis invenire possent : et tres borderiatas terræ, unam quæ vocatur Chambors, alteram quæ dicitur terra de Valle et aliam quæ dicitur Magnis Otgers et gastos quos Simon Rufus in feodo suo eis dederat aut daturus vel concessurus erat. Ut hæc omnia successione heredum vel per mutatione temporum oblivioni non traderentur, sed in bono statu suo firma et inconcussa permanerent, precibus prenominati Giraudi de Tellio , chartam istam fieri precepimus et sigilli nostri auctoritate muniri fecimus. Hujus rei testes magister Arnaudus Pictavensis ecclesiæ Briocensis archidiaconus, Petrus Helias, ejusdem ecclesiæ capicerius, Raginaudus prior Sanctæ Radegundis, Petrus abbas de Insula Chauvet, Saldebrol [1]. Hoc factum est anno MCLVI, indictione III, concurrente VII, epacta XXVI, Lodovico

---

1. Voir le n° 136 du premier cartulaire et la note qui l'accompagne.

rege Francorum et Henrico rege Anglorum et duce Aquitanorum et Normannorum et comite Andegavorum regnantibus [1].

Concordia inter Willelmum abbatem Absiæ et Aremburgem abbatissam Thoarcii super decima animalium quam habebant. Fratres Absiæ reddant tres solidos pro decima animalium in terra de Berchepota annuatim quando erint in domo de Berchepota, alias non. Acta anno MCXLVI, epacta VI, indictione IX [2].

Notum sit tam presentibus quam futuris quod ego Willelmus Maingot et Willelmus Maingot filius meus [3] dedimus in elemosinam Deo et Sanctæ Mariæ et fratribus Absiæ, in presentia domni Rainerii abbatis, amore Dei et in remissionem peccatorum nostrorum et domnæ Bertæ uxoris meæ defunctæ, portionem nostram scilicet medietatem de XVII solidis tallearum quas habebamus in feodis Vulventi, scilicet in parrochia Capellæ Tiroil in terris juxta Salmoram et in masura de terra Marian. Testibus : Petro cantore, G. Jalael, Brictio. Bot. Ugone Saldebroil, Elia monacho. Facta est hæc donatio et hæc charta anno MCLXXVII [4].

Oda dedi quicquid mei juris erat in territorio de Vauvert, scilicet terragium meum et decimam et V prebenderia avenæ et V nummos et terram meam et servientiam meam. Ego et filius meus abbatem Absiæ Rainerium investivimus per Domini Circoncisionem. Reddent mihi pro hoc tria sextaria avenæ, tres minas frumenti vendibilis et tres minas siliginis vendibilis, ad mensuram de Bennaico, et portabunt jumentis suis usque ad areas de Condans : item unum prevendarium frumenti, et investivit eos biennio,

---

1. Dupuy, 841, p. 230, d'après le cart. des chir. de l'Absie, fol. XLII.
2. Dupuy, 828, p. 107-112 et 117 et s., d'après le cartul. des chir. de l'Absie, fol. XLIII.
3. Les Maingot étaient seigneurs de Surgères en Aunis.
4. Dupuy, 828, p. 107-112 ; 841, p. 246, d'après le cart. des chir. de l'Absie, fol. XLV.

et opus biennium supradictus Goffridus haberet si vellet¹.

Gaudinus abbas Malleacensis et Petrus Clarol prior Niortelli dederunt quartam partem decimæ quam domus Niortelli habebat in domo et in terris de Mascigne. Apud Niortum ; testes : ambo abbates G. et Rainerius, anno MCLII, epacta XII, indictione XV ².

Goscelinus Aminus et filii concesserunt totam terram de Berchepota de qua domus Absiæ tunc erat investita, scilicet unam masuram et unam borderiam medietatis terræ d'Aujauri, liberas ab omni cosduma et servitio. Hoc factum in ecclesia de Ericio in presentia abbatis Goscelini, anno MCLXXXVIII, Willelmo Temperii episcopo Pictavorum ³.

Alardus Desire concessit unam masuram terræ quam Papos Ermenaus et filii eisdem donaverant, salvo jure suo scilicet placito et talleis consuetudinariis, tali pacto quod per defectum placiti ipsius feodi vel aliorum feodorum in supradicta terra nihil invadat, nisi quantum ad placitum sapradictæ mansuræ pertinet. Apud Volventum infra portam ecclesiæ in presentia Goscelini abbatis ; videntibus et audientibus : Buteo de Cantamerula, Johanne Gestin, anno MCLXXXVII, epacta IX, indictione V ⁴.

Petrus Maengos dedi quicquid mihi juris erat et totum dominium meum in omnibus possessionibus meis, semitas et vias per terram meam ad molendinum de Barbe d'Ajace ⁵.

Petrus Girardus et uxor ejus Drua et filii eorum Petrus et Willelmus dederunt, cum missali ecclesiæ Sancti Martini de Chiche, quicquid habebant in terra de la Bota Chevrera ; testibus : Garino filio Aimerici et Andrea Augrino, militibus.

---

1. Dupuy, 828, p. 117 et s., d'après le cart. des chir. de l'Absie, fol. XLIV.
2. Dupuy, 828, p. 107-112 et 117 et s., d'après le cart. des chir. de l'Absie, fol. XLVI.
3. Dupuy, 828, p. 107-112 et 117 et s., d'après le cart. des chir. de l'Absie, fol. XLVI.
4. Dupuy, 828, d'après le cart. des chir. de l'Absie, fol. XLVII.
5. Dupuy, 828, d'après le cartul. des chir. de l'Absie, fol. XLVII.

Hoc donum reconcessum est in manu Johannis [1] domini Berchorii [2].

Willelmus Gundoinus, in presentia Willelmi abbatis, dedit vi sextariatas terræ, concedentibus filiis ejus Radulpho et Goffredo. Testes : Willelmus d'Azai, Gaifer, Willelmus d'Argentum. Item dedit vi sextariatas liberas juxta terram illorum d'Escozai, in manu domini sui Petri de l'Espal de quo movebant, cum quodam baculo, eodem Petro concedente. Willelmus vicecomes Toarcii [3] concessit. Idem Willelmus Gundoinus et Willelmus Goffridus filius suus, in presentia Rainerii abbatis, omnia dona quæ idem Guillelmus dederat concessit [4].

Willelmus Chabot concessit decimam annonarum, bestiarum, lanarum, cherveorium, linorum, quam Ugo Canavinus in Candasio ab Aimerico Jaifardo possidens, liberam dederat. Dedit quicquid habebat in terra Goiteria. Hæc omnia in manu Pautonerii decani Fontaineti [5] concessi manu mea et his omnibus abbatem Rainerium, cum quodam cultello, investivi. Agnes uxor concessit. Alo et Willelmus fratres Aimerici Jaifart concesserunt [6].

Tebaudus, Guillelmus, Johannes atque Gislebertus filii Tebaudi Castagniæ [7] concesserunt sine retinaculo has talleas, sicut donabat pater eorum, audientibus supradictis testibus : Rainerio abbate. Similiter Petrus Castagners dedit et concessit eas talleas apud Bercorium ante monasterium Sancti Johannis Evangeliste, pro salute animæ suæ et matris nuper defunctæ ; testibus : Bruno abbate de Insula Cal-

---

1. Jean de Beaumont, sr de Bressuire, vers 1150.
2. Dupuy, 828, p. 147 et s., d'après le cart. des chirogr. de l'Absie, fol. XLVIII.
3. Guillaume, vicomte de Thouars de 1139 à 1151.
4. Dupuy, 828, p. 107-112, d'après le cartul. des chirogr. de l'Absie, fol. XLIX.
5. Pautonnier, doyen de Fontenay en 1154.
6. Dupuy, 828, p. 107-112, d'après le cart. des chirogr. de l'Absie, fol. LI.
7. Voir *Histoire des Chasteigners, srs de la Châtaigneraye*, par André Duchesne, p. 4.

vet [1], Johanne de Boismerio, Adam, Willelmo Bursart, Rainerio abbate [2].

Papot Emenart tradidi me cum filio meo Petro. Dederunt rupturam unam masuram terræ [3].

Petrus de Chassalunes et Chevaucha dederunt aream de Lupæ de Bosræ ad faciendum molendinum; testibus: Johanne de Sancto Maxentio, Merpino et Petro, militibus, in manu Willelmi abbatis, cum dono baculi [4].

Willelmus de Hoos et Petronilla uxor dederunt quicquid habebant in eodem molendino ; teste : Chabot de Fontanei [5].

Willelmus Brunmantel dedit prata quæ Raginaudus Guischart et Hueris uxor Rainerio abbati [6].

Rainardus cum duobus filiis meis dedi quicquid habebam in borderia terræ Garnerii Audebert quæ est de feodo Giraudi. Item obtulit supradictus filios suos Joannem et Goffridum super altare Sanctæ Mariæ Absiæ, secundum instituta et usus monachorum, presente abbate Rainerio, et concessit omnia supradicta an jamdicti filii perseverarent an resipiscerent an viverent an morerentur [7].

Petrus de Peires dedi terram, et prata et allodum, quam à rupturariis meis pretio comparavi et partem quamdam bosci ipsius terræ in qua domus edificarentur, Petro abbati [8].

Odo de Doe dedit Willelmo abbati duos sextarios frumenti et duos siliginis in parrochia de Pugne quos reddent quicumque habuerint terram illam ; reconcessit cum quo-

---

1. Brunon, abbé de l'Ile-Chauvet en 1187.
2. Dupuy, 828, p. 117 et s., d'après le cart. des chir. de l'Absie, fol. LII.
3. Dupuy, 828, p. 117 et s., d'après le cart. des chir. de l'Absie, fol. LII.
4. Dupuy, 828, fol. LIII.
5. Dupuy, 828, fol. LV.
6. Dupuy, 828, fol. LVI.
7. Dupuy, 828, fol. LVIII.
8. Dupuy, 828, p. 117 et s., d'après le cart. des chirogr. de l'Absie, fol. LIX.

dam baculo querci et terram quam Petro abbati dederunt. Hoc donum iterum in manu episcopi Grimoaldi [1] coram clero ad quamdam benedictionem Partiniaci confirmavit. Iterum similiter in manu domini sui Johannis Bellimontis, in presentia Johannis prioris Absiæ, reconcessit; teste: eodem Johanne de Bello monte et concedente Siebrando de Foresta, Radulpho de Condaes. Brunus, Odo disarta sua quæ in eadem terra habebant, in manu domini Gaufridi Burdigalensis archiepiscopi et Grimoaldi Pictaviensis episcopi [2].

Ego Petrus de Bille me ipsum in fratrem ad conversandum inibi et obediendum Deo et Raincrio abbati usque ad mortem et mea quicquid habeo in terra de Calveria dedi, scilicet medietatem in arbergamentis et in tosca et in pratis, nam alteram medietatem dedi Petro Girardi cum filia mea. Dedi quicquid habeo in terris Duemolinæ quas Pipinus Columbras et Johannes Columbras dederant, scilicet leporem et gardam xv dierum in tribus annis. Facta Parteniaco [3]. Aimericus, Guillelmus et Petrus filii concesserunt se eam garire et defendere de placito et de omnibus servitiis [4].

Concordia inter Rainerium abbatem et Giraudum priorem Sancti Pauli, MCLIII [5].

Guillelmus Archiepiscopus dominus Partiniaci [6] in fundacione ecclesiæ dedit xx denarios censuales x in taleia et quicquid feodati sui et terris suis darent. Alia vice dedit vendas de omnibus rebus suis quascumque vendiderint Partiniaco. Testes : Arbertus do Tel, Willelmus abbas. Alia vice, concedente Rosana uxore sua et filio suo Willelmo

---

1. Grimoard, évêque de Poitiers, 1140-1142.
2. Dupuy, 828, p. 117 et s., d'après le cart. des chir. de l'Absie, fol. LIX. — Voir le n° 302 du premier cartulaire.
3. Dupuy, 828, p. 107-112, d'après le cart. des chirogr. de l'Absie, fol. LVIII.
4. Dupuy, 828, fol. LIX.
5. Dupuy, 828, fol. LIX.
6. Guillaume IV L'Archevéque, sr de Parthenay, 1140-1182.

dedit cum una mitra decimam molendinorum Segundigne. Testes : Joannes do Peirun, Guillelmus Berton et alius Willelmus. Willelmus filius concessit [1].

Aimericus filius Petri de Peire dedit Willelmo abbati quicquid..... Testibus : Mescheno abbate de Moroliæ [2], Petro filio Siebrandi, Enrico armigero. Petrus et Henricus, filii Petri coram Aelina matre sua, Toarcio concesserunt ; testibus : Radulfo Oillun, Aimerico de Sancto Herminio [3].

Arbertus do Tel, in presentia Rainerii abbatis et Willelmi domini Parteniaci et filii ejus Willelmi, concessit quæ donaverat olim in temporibus aliorum abbatum et ipsius Rainerii ; testibus : Johanne do Peirun, Willelmo de Fontana, Atun Chabirant, Petro de la Boisera [4].

Arsendis uxor Aimerici Audeer et Willelmus filius ejus concesserunt terram quæ vocatur Chambors, Rainerio abbati, quam Petrus Bos ante dederat. Concessit Petrus de Pugna [5].

Giraudus de Logefogerosa dedi Rainerio abbati quinque solidos quos in terra Garnerii Audebert, pro equo de servitio, annuatim mihi retinueram ; testibus : Petro de la Fontana, Rollando Chabirant [6].

Petrus Guesguent et Fulco frater commendizam quam in terra Garnerii Audebert et in Platea et in Bajoneria querebamus dedimus ; testibus : Aimerico Jaifart, Alone Jaifart, Petro Samin, Rainerio abbate [7].

Goffridus Normant et liberi mei Goffridus et Petrus et ego Melianda et nati mei Johannes et..... dedimus quic-

---

1. Dupuy, 828, p. 107-112, d'après le cartul. des chir. de l'Absie, fol. LXI..
2. Michel Méchin, abbé de Moreilles (paroisse de Sainte-Radegonde des Marais) dès 1109.
3. Dupuy, 828, p. 117 et s., d'après le cart. des chir. de l'Absie, fol. LXI.
4. Dupuy, idem.
5. Dupuy, idem.
6. Dupuy, idem, fol. LXII.
7. Dupuy, idem.

quid nostri juris erat in omnibus terris et pratis quæ fuerunt Rainardi et in omnibus rebus quas Absienses habebant in parrochia Sancti Pauli de feodo Joannis Sancti Pauli, die quo peractum est septenarium Siebrandi Chabot. Testis : Normandellus ; Rainerio abbate [1].

Simon de Vernol in fundatione ecclesiæ dedit unam borderiam terræ nomine Barra ; testibus : Willelmo domino Parteniaci, Willelmo Savarico, Willelmo de la Fontana [2].

Pipinus de Faia dedit Petro abbati terram de Rollanderia [3].

Merpinus et uxor sua omnem terram quam habebant la Villanariam à via de Bosco Giraudi et arbanum de IIII sextariatis terræ quas Simon de la Rajecia donaverat et dimidium molinarium quod mater ipsius Merpini emit et sibi dedit in riveria Sevriæ [4].

Petrus de la Reata dedit quicquid in borderia terræ quæ Villanera dicitur, sicuti est à rivo qui descendit de fonte Bornezea usque ad terram Berauderii et à terra Goffridi Airaut usque ad terram talleam quæ dividit Gastinam et Buccolesium. Apud Parteniacum in platea, in presentia et in manu Guillelmi Archiepiscopi et Aimerici de Cantamerula [5].

Aimericus Bernardi dedit quicquid Rainardus dederat. Facta concessio apud Absiam, juxta sepulturam domini Petri d'Aupares. Testis : Arbertus Stani ; Rainerio abbate [6].

Petronius de Vust concessit boscum et terram quæ sunt de feodo Joannis Gestini, quæ Preveralenses dederant ; Rainerio abbate [7].

---

1. Dupuy, 828, p. 107-112 et 117 et s., d'après le cart. des chirogr. de l'Absie, fol. LXIV.
2. Dupuy, 828, p. 117 et s., d'après le cart. des chirogr. de l'Absie, fol. LXV.
3. Dupuy, 828, p. 117 et s., d'après le cart. des chirogr. de l'Absie, fol. LXV.
4. Dupuy, idem, 828, p. 117 et s., fol. LXVI
5. Dupuy, idem, fol. LXVII.
6. Dupuy, idem, fol. LXVIII.
7. Dupuy, idem, fol. LXVIII.

Hubelinus Guorbellerius et Laidetus, frater ejus dederunt Willelmo abbati terram quæ dicitur Bonafontana, sive Bernoteria quæ juxta Chaloseriam ; testibus : Goffrido Guolferii, Goffrido de la Vearia. Concessit Arveus Thibaudus; teste : Blandino de Mallo. Giraudus de Gorge Willelmo abbati concessit [1].

Thebaudus Arveus dedit unam masuram terræ quæ vocatur Calleria, cum bosco et prato, Willelmo abbati ; testibus : Stephano de Bosco seminato, Guingando de Tursot, Willelmo de Cille [2].

Idem Toscam Roundam et borderiam dedit, teste Willelmo de Sarles, Rainerio abbati, et cum quodam baculo ipsum investivit. Hanc crucem feci Tebaudus Arveus ; testibus : Soldaer et Johanne [3].

Clementius Bensevest concessi in elemosinam, pro salute animæ meæ, Deo et monasterio Sanctæ Mariæ Absiæ, in presentia Rainerii abbatis, quicquid à parentibus meis et fratre meo Petro et à quolibet homine consanguinitatis meæ data sunt et concessa ubicumque sunt. Hanc concessionem feci in thalamo meo Sancti Laurentii de Partiniaco ; testibus : Goffrido abbate Lucionis [4] fratre meo cujus rogatu feci, Garino de Boisme, Marcheaudo et pluribus aliis ; Rainerio abbate [5].

Willelmus Jaifart cum duobus filiis meis prioribus natu dedi Rainerio abbati quicquid mihi juris in decimis terrarum de Ulmellis quam Absienses tunc temporis possidebant et propriis bobus excolebant et elemosinas quas

---

1. Dupuy, 828, p. 117 et s., d'après le cart. des chirogr. de l'Absie, fol. LXIX.
2. Dupuy, idem, fol. LXX.
3. Dupuy, 828, p. 117 et s., d'après le cartul. des chir. de l'Absie, fol. LXX.
4. Cet abbé de Luçon n'est pas signalé dans la liste connue des abbés de ce monastère, donnée par de la Fontenelle de Vaudoré (*Hist. du monast. et des évéques de Luçon*).
5. Dupuy, 828, p. 107-112 et 117 et s., d'après le cart. des chir. de l'Absie, fol. LXXI.

fratres mei Aimericus Jaifart, Alo, Pictavinus et Ugo Canavinus illis in decimis et terris dederant, nullo jure mihi retento, et abbas et conventus concesserunt mihi sepulturam et anniversarium sicuti monacho, salvo jure matricis ecclesiæ. Apud Absiam, juxta interiorem portam, anno MCLXXXI. Margarita uxor Willelmi Jaifart cum duobus filiis meis minoribus concessi, Rainerio abbate, in hospitu canonicorum Niolii [1].

Petrus de la Mota et Willelmus frater meus concedimus terram quam Normandellus de Volurio eis dederat et Melrenda et filius ejus et Goffridus Normant concesserant, et dedimus talleam et quicquid mei juris erat in eadem terra, concedentes omnes terras quas Absienses habebant in parrochia Sancti Pauli de feodis nostris et dimidiam borderiam quæ est juxta Frossos, anno MCLX ; testibus : Johannes Salemunt, Goffrido Estrepaut, sacerdotibus, Guillelmo Marquer, Arbertus Saurin, Pictavino, Brictio, Bateto [2].

Fulco Grosgrent in presentia Rainerii abbatis et Willelmi Archiepiscopi domini Parteniaci, dedi omnia quæcumque donaverant frater meus, Simon de Verno et homines de Berauderia et terram quam Merpinus et Barret dederunt. Factum Secundiniaci in domo capellani, anno MCLXXIII ; teste : Giraudo Jaifart [3].

Guillelmus de la Mota filius Aimerici de la Mota, concedente matre sua Sauvagia, concessit salinas quæ sunt in parrochia Sancti Martini de Bran quas Willelmus avus suus cum toto dominio donaverat nihil retinens nisi spiritale beneficium. In ipsis salinis prior Sancti Martini de Bran duas partes accepit et religiosi de Absia tres partes. Hanc concessionem fecit Guillelmus in abbatia Orbisterii ; videntibus :

---

1. Dupuy, 828, p. 107-112, d'après le cart. des chir. de l'Absie, fol. LXXII.
2. Dupuy, idem, fol. LXXII.
3. Dupuy, idem, fol. LXXIII.

Fulcone abbate Insulæ Calvet, Guillelmo priore Absiæ, Radulfo Meslejoe, Aricano, in presentia Goscelini abbatis [1].

Goffridus Airaudi medietatem decimæ Breigneriæ, tam in annonis quam in animalibus, vitulis, agnis, porcis, in lana, lino et canabis et decimam terræ Rungerii dedit [2].

Radulfus Malclavel dedit Petro abbati terram d'Escozai; teste : Aimerico de Becelo [3].

Raginaudus de Crachai dedit vi denarios commandizæ quos in terra Berauderiæ habebat et concessit se servaturum ejusdem terræ cultores, Rainerio abbate [4].

Robertus de Montecontorio de quo terra Bellimontis movebat, manu propria signo crucis confirmavit; testibus : Willelmo de Bellomonte et Raginaudo de Cracai fratre suo et Nicolao Sancti Cassiani [5].

Willelmus vicecomes Toarcii concessit [6].

Notum sit omnibus fidelibus quod Johannes Gestins et Bochardus frater ejus, rogatu et ammonitione domni Goffridi de Rancon, donaverunt et concesserunt in elemosina Deo et monachis Sanctæ Mariæ Absiæ talleam et totum dominium suum et quicquid juris habebant in quadam borderiata terræ quæ est ad Barram Mariam : et concesserunt boscum qui de feodo suo ipse dicebatur, qui conjunctus est bosco Absiæ, quem boscum Beveraulsi eisdem religiosis donaverant, scilicet Andreas Preveral, Mennas frater ejus, Paagerius filius Andreæ, Barbotinus filius Mannea, Raolinus et alii Prevalenses in isto bosco. Dederunt et concesserunt Johannes Gestinus et Bochardus frater ejus monachis Absiæ quicquid juris habebant, hoc est totum dominium suum, in presentia abbatis Rainerii, in claustro

---

1. Dupuy, 828, p. 107-112 et 117 et s., d'après le cartul. des chir. de l'Absie, fol. LXXIV.
2. Dupuy, idem, fol. LXXIV.
3. Dupuy, idem, fol. LXXIV.
4. Dupuy, idem, fol. LXXIV.
5. Dupuy, idem, p. 117 et s., fol. LXXVI.
6. Dupuy, idem, fol. LXXVII.

monachorum Volventi ; testibus : domno Gaufrido de Rancon, Raginaudo capellano, Raimundo Clarol, Bochardo de Volvent, Bernardo Adorre, Roduno, Johanne de Charac, Petronio de Vost cliente, Johanne Gestins [1].

Aimericus vicecomes Toarcii [2] donum, quod uxor mea Maria de frumentagio Aureæ Vallis fecit, concessi [3].

Willelmus vicecomes Toarcii [4], Willelmo abbati dedi sex sextarios frumenti de frumentagio apud Auream Vallem, concedente fratre meo Guidoni [5].

Drogo de Curçai et Ato Rataut, in presentia Rainerii abbatis et Willelmi Archiepiscopi Partiniaci, concesserunt elemosinas quas Willelmus Jaucelinus eisdem dederat. Testis : Guillelmus [6] abbas Aureæ Vallis [7].

Guillelmus Maengotus, pro anima uxoris suæ Berthæ nuper defunctæ, donavit in elemosinam Deo et Sanctæ Mariæ et monachis Absiæ, in presentia domini Rainerii abbatis, partem suam stagni et molinarii de Roscherio et talleiam et quicquid sui juris erat ex parte predictæ uxoris et filiorum ejus, in terris et vineis quas Absienses die illo in feodis Volventi habebant et possidebant, hac scilicet mercede ut anniversarius depositionis ejusdem uxoris dies in monasterio Absiæ et memoria teneatur ; his audientibus : Aimaro abbate Allodiensium, Giraudo abbate Fontis dulcis, Ugone Polesio, Saldebrolio, Gauterio Foulquet, Bernardo de Logefogerosa, Petro de la Trebat [8].

---

1. Dupuy, 805, p. 99, d'après le cart. des chir. de l'Absie, fol. LXXVII.
2. Aimeri VI, vicomte de Thouars, 1127-1139.
3. Dupuy, 828, p. 117 et s., d'après le cart. des chirogr. de l'Absie, fol. LXXVIII.
4. Guillaume Ier, vicomte de Thouars, 1139-1151.
5. Dupuy, 828, p. 117 et s., d'après le cart. des chir. de l'Absie, fol. LXXVIII.
6. Guillaume, abbé d'Airvault, de 1168 à 1173 environ.
7. Dupuy, 828, p. 107-112 et 117 et s., d'après le cart. des chir. de l'Absie, fol. LXXIX.
8. Dupuy, 841, p. 246 ; 828, p. 107-112, d'après le cart. des chirogr. de l'Absie, fol. LXXX.

Willelmus Bernard dedit sex nummos censuales Rainerio abbati; teste : Willelmo abbate Turpiniaci [1].

Willelmus Villanova concessit dona fratris sui Willelmi Bernardi et quæ pater suus Petrus Bernardi; testibus : Johanne Helie; Rainerio abbate [2].

Petrus Bertrandus decimas de terris d'Escozai dedit Rainerio abbati, anno MCLIII [3].

Radulfus Mauclavel, feodum et casamentum et quicquid habebam in proprio medietate scilicet unius quarti in duabus partibus terræ Villæ Novæ, dedi. Hoc dono investivi Rainerium abbatem cum flocillo capillorum meorum, vidente et audiente Bernardo de Poichenin, Willelmo de Capella, Willelmo Sancti Pauli [4]. Bernardus de Ferreria nepos ejus concedit [5].

Johannes Helias et filius ejus Helias concesserunt quicquid in Botechevreria [6].

Fulco Petit et Radulfus Coterius..... Rainerio abbate et Roberto de Montecontorio [7] omnem terram Vellimontis quam ante dederunt tempore Willelmi secundi abbatis. Firmatum in manu Calonis [8] episcopi Pictavensis [9].

Aimericus de Capella dedit medietatem molendini de Raenfreria, anno MCLXXX, Rainerio abbate [10].

Ego Michael filius Gauterii Umbaut trado me Rainerio abbati Absiæ ejusque fratribus ad obediendum eis et convivendum usque ad mortem et dono eis in elemosinam tres

---

1. Dupuy, 828, p. 117 et s., d'après le cart. des chirogr. de l'Absie, fol. LXXX.
2. Dupuy, idem.
3. Dupuy, idem, fol. LXXXI.
4. Dupuy, idem, fol LXXXIII.
5. Dupuy, idem, fol. LXXXIV.
6. Dupuy, idem, fol. LXXXV.
7. Robert II, seigneur de Moncontour, en 1160.
8. Chalon, évêque de Poitiers, 1155-1157.
9. Dupuy, 828, p. 117 et s., d'après le cart. des chir. de l'Absie, fol. LXXXV.
10. Dupuy, idem, p. 107-112, d'après le cart. des chir. de l'Absie, fol. LXXXI.

sextariatas terræ quæ est juxta Sanctam Sabinam. Horum testes sunt Johannes abbas de Brignum [1], Petrus [2] abbas Insulæ Calvet [3].

Gauterius Umbaut pater addit tres sextariatas terræ quas Michael filius suus dederat cum se ipso. Dedit libere tres mineatas terræ liberas ab omni cosduma juxta terras de Mascigne et viam quæ ducit de Sanans ad Benais, de his cum guanto quodam Rainerium abbatem investiens [4].

Ego Amelina et maritus meus Gaufridus Mainardus, nullo nobis in qua retento, dedimus Deo et Sanctæ Mariæ et monachis Absiæ, præsente illorum abbate Rainerio, cum impressione cruoris in charta, quicquid juris habebamus in terris decimacionis quas domus de Mascigne possidebat et in aliis decimacionibus, anno MCLXI ; testibus : Pautonerio decano, Goffrido de Sancto Martiale, Urso de Belloverio, Bernardo de Logefogerosa [5].

Notificetur cunctis fidelibus quod Chalo de Rochefort et Chalo Lisnesolins filius ejus dederunt et concesserunt in elemosinam Deo et monasterio Sanctæ Mariæ Absiæ, apud Villers, quoddam arbergamentum ad domum faciendam liberam ab omni servitio, concedentes quicquid juris in eo habebant, hoc totum dominium suum, nihil sibi, præter spiritale beneficium, retinentes, et garire et defendere concesserunt. Hoc factum est in domo Simonis Garotins sacerdotis de Vilers, in presentia abbatis Goscelini, teste Ugone Bigot [6].

Villelmus de Barges decumbens in infirmitate de qua defunctus est, dedit unum sextarium frumenti et duos

---

1. Jean, abbé de Brignon vers 1150.
2. Pierre, abbé de l'Ile-Chauvet en 1156.
3. Dupuy, 828, p. 117 et s., d'après le cart. des chir. de l'Absie, fol. LXXXVII.
4. Dupuy, idem, fol. LXXXVIII.
5. Dupuy, idem, p. 107-112, fol. XCXII.
6. Dupuy, idem, p. 117 et s., fol. XCXIV.

siliginis de vi sextariis terragii de Mascigne quod Raginaudus de Barges..... et de his investivit abbatem Rainerium, cum calice quo communionem acceperat. Habuit sepulturam apud Absiam [1].

Petrus Umbaut et fratres mei Umbertus et Joannes largiti sumus, duas sextariatas terræ ad Mascignec liberas à terragio et decima, medietatem terragii et decimæ de iii sextariatarum terræ quæ sunt in Valle viridi juxta talleam d'Availle et duodecim nummos quos habebamus in ipsa terra de placito de mortua manu, Rainerio abbati. Has elemosinas promisimus gariendum fideliter in perpetuum de placitis et servitiis dominorum, in manu Goffridi canonici Sanctæ Sabinæ; audientibus et videntibus : Guillelmo monacho, Giraudo priore de Mascigne et Petro Cossin et Aimerico de Villefaignen qui est jussor gariendi. Item in manu Petri Bernardi archipresbiteri Arduni; audientibus et videntibus : Girardo abbate Niolii et Constantino abbate Insulæ Calvet, Rainerio abbate [2].

Petrus Baudet et Willelmus de Paire donaverunt quicquid habebant in omni terra Papot'Ermanaut, duos sextarios, scilicet unum siliginis aliumque frumenti, conviviumque quod querebant in domo de Mascigne cum hospitalitate et omnes talleatas feodales, terragium de iiii sextariatis terræ quæ fuit Peregrinæ filiæ Papot, terragiumque de terra Willelmi Radulphi quæ est inter caminum Niortensem et viam quæ ducit de Masciniaco ad Sanctum Hilarium, juxta terras Absiensium. Facta sunt hæc, in ecclesia Absiæ ubi supramemorati donatores de cunctis supradictis investiverunt, cum missali, abbatem Rainerium et concesserunt in veritate Evangelii quod prescripta dona garirent et defenderent ad usum et utilitatem Absiensium. His

---

1. Dupuy, 828, p. 107-112, d'après le cart. des chir. de l'Absie, fol. xcxv.
2. Dupuy, idem, fol. xcxv.

interfuit Aimericus de Barges et Petrus de Vendeia; videntibus et audientibus : Goscelino priore et Guillelmo subpriore cum omni conventu. Postmodum concessiones Petri Baudet, uxor sua domina Aenor concessit in presentia domni Goscelini prioris Absiæ coram pluribus, Nicolaio priore de Mascigne, Johanne Cressun, Faucone de Colongiis, Johanne filio Carbonelli, Petro de Vendeia, Aimerico de Barges. Postmodum domina Brunissent uxor dicti Guillelmi de Paire et filii amborum Thibaudus et Johannes concesserunt [1].

Theobaudus Vossart et Aimericus frater ejus concesserunt duos sextarios, unum frumenti, alterum siliginis, quos patri suo et Willelmo de Paire fratres de Mascigniaco annuatim reddebant de terra Papoti Ermenaut et heredum ejus, et donaverunt omnes talleas et dominium quod habebant in illa terra, convivium procurationis et hospitalitatis, quam propter eamdem terram in domo Masciniaci querebant. Hæc gesta sunt anno ab Incarnatione Domini MCLXXXVI, in capitulo Absiæ ubi pariter prefati donatores, monasterio loci illius suprascriptas elemosinas se de placito garituros et à cunctis hominibus pro posse suo defensuros, concesserunt, presente Goscelino priore et audiente conventu et Petro de Hipania milite, unde surgentes transgressi sunt et ad majus altare accedentes, in presentia Dominici corporis, cum regula sancti Benedicti, de his omnibus abbatiam investiverunt ac deinde beneficium spiritale postulantes, acceperunt [2].

Petrus de Villafagnant dedit unam prevenderiatam terræ et dimidiam in vinealibus ante Mascigniacum, concedente nepoto suo Aimerico. Quod factum est in turre majoris

---

1. Dupuy, 828, p. 107-112 et 117 et s., d'après le cart. des chir. de l'Absie, fol. XCVI.
2. Dupuy, idem, fol. XCVIII.

castri Volventi, in presentia Rainerii abbatis ; testibus : Johanne Fulqueto et aliis [1].

Notificetur cunctis fidelibus quod in excambio illius terræ quam frater meus Radulfus Clerebaut ad obitum suum dederat Deo et Sanctæ Mariæ et fratribus Absiæ in elemosinam, quæ est inter nemus seminatum et Sanctum Pompeianum, ego Willelmus Clerebaut et uxor mea et filii mei Ugo et Willelmus reddidimus Deo et Sanctæ Mariæ et fratribus Absiæ in elemosinam, in presentia Rainerii abbatis, pro salute animarum mearum et fratris mei Radulfi Clerebaut, rupturam unius sextariatæ terræ et decimam quæ est in feodo Gastinea de Fontiniaco qui in ipsa habet terragium. Hoc factum fuit in platea ante ecclesiam Sancti Pompeiani [2].

Arsendis uxor Petri Gisleberti, gravi infirmitate detecta de qua mortua est, dedit rupturam IIII sextariatarum subtus montem Doe, ab omni cosduma liberam, decimam et terragium ut plenariam fraternitatem haberet. Hoc donum factum est Bennacio, in domo Arsendis, anno MCLXXXIII ; audientibus et videntibus : Andrea de Traent, Tebaudo de Citrai, Guillelmo Rollant, Rainerio abbate [3].

Guillelmus de Rajacia dedit medietatem decimæ in borderia Chamborii Rainerio abbati, anno MCLXXVIII. Franca uxor, Goffridus filius firmaverunt [4].

Goffridus filius, post mortem Willelmi patris... exclusam David ad faciendum molendinum et aquam et prata et mosduram hominum suorum. Apud Maireventem, laudante et concedente Goffredo Umberti socero suo, anno MCLXXXVI, abbate Rainerio et Goscelino priore ; testibus : Aimerico de Chassangnes, Willelmo Grimaut,

---

1. Dupuy, 828, p. 117 et s., d'après le cart. des chir. de l'Absie, fol. XCIX.
2. Dupuy, idem, fol. XCIX.
3. Dupuy, idem, fol. XCIX-CIII.
4. Dupuy, idem, fol. CIII.

Goffrido de Praales, Radulfo Umberti, Tebaudo Aen [1].

Tebaudus Aans fænum rastrorum et fænum scissionis mullonum et omnem servientiam quam habebat in pratis elemosinarum Simonis de Rajacia et Willelmi fratris ejus dedit Rainerio abbati, anno MCLXXXVI [2].

Airaudus, Goffridus Airaudus, Willelmus Airaudus et Petrus de Sancto Albino, fratres, Rainerio abbate [3].

Airart, in presentia Willelmi Archiepiscopi filiique sui Willelmi, dedit quicquid habet in Rolanderia, scilicet medietatem; Willelmus do Plet concedit, iisdem presentibus, abbati Rainerio, anno MCLIX qui est octavas sancti Martini. Testes: Fulco Girardus, Gilbertus Ugo, Petrus de Bille, Simon de Bugnun, Johannes de Buxeria, Raginaudus de Faia, Aimericus de Platea. Enviosa uxor Willelmi do Plet, filii Willelmus et Philippus [4].

Guillelmus do Plet concessit medietatem totius Rollanderiæ quam Airart illis dedit et alteram medietatem; presentibus: Willelmo Archiepiscopi et Willelmo filio ejus, anno MCLIX [5].

Willelmus Draconnes filius Willelmi Ugonis dedit quicquid juris habebat in molendino Calvini, Radulfo priore Absiæ, anno MCLXVIII, indictione I [6].

Oliverius et Radulfus fratres Simonis Rufi, presente Garino priore Absiæ, concessimus dona fratris nostri Simonis; testibus: Willelmo Archiepiscopo juniore, Petro Borlio vassallo, Johanne do Peirun [7].

Concedunt Bellijova uxor Petri de Pugna et filii Willelmus et Simon et Aaladis et Maria soror Petri [8].

---

1. Dupuy, 828, p. 117 et s., d'après le cart. des chir. de l'Absie, fol. CIII.
2. Dupuy, idem, fol. CV.
3. Dupuy, idem, fol. CV.
4. Dupuy, idem, fol. CVI.
5. Dupuy, idem, fol. CVI.
6. Dupuy, idem, p. 117 et s., fol. CVIII.
7. Dupuy, idem, fol. CIX.
8. Dupuy, idem, fol. CX.

Berengerius Lemozins et Stephanus dederunt terram Lamberteriæ cum boscis et arbergamentis Rainerio abbati, anno MCLV [1].

Siebrandus Chabot volens ire Jherusalem, coram Deo et reliquiis sanctorum, accepto baculo et pera in ecclesia Beati Nicolai, reconcessit Rainerio abbati et monachis Absiæ terragia de Massigne, sicut vice prima dederat et concesserat [2].

Tebaudus Chabot castri Sancti Hermetis dominus, concedente uxore sua Mirabilia, amore Dei, vectigalia et alia quæ exiguntur à ceteris secularibus ubique in terra sua monachis Absiæ condonavit. Hoc donum fecerunt apud castrum Sancti Hermetis supradictus Tebaudus et uxor, in presentia abbatis Rainerii, teste Saldebrol cujus rogatu hoc fecerunt; audientibus : Goffredo de Nissun, Petro Ascelin [3].

Aimericus de Cantamerula [4], in extremis positus, dedit VIII solidos de tallea quos habebat in terris monachorum Absiæ quæ sunt ultra Separam deversus Peloellam. Fecit in civitate Gasconiæ quæ vocatur Acs ubi et defunctus est ; videntibus et audientibus : Guillelmo et Aimerico et Petro de Aspero monte [5] genere suo, Petro Callea [6], Johanne Alduini [7].

---

1. Dupuy, 828, p.117 et s. d'après le cartul. des chir. de l'Absie, fol. CX.
2. Gaignères, 180, d'après le cart. des chir. de l'Absie.
3. Gaignères, 180. — Dupuy, 828, p. 117 et s., d'après le cart. des chir. de l'Absie, fol. CXI. — Baluze, t. 51, p. 79, 80, d'après les chartes de l'Absie.
4. Voir sur la famille de Chantemerle le premier cartulaire de l'Absie.
5. Guillaume, Aimeri et Pierre d'Aspremont en Bas-Poitou, fils de Raoul (*Dict. des fam. du Poitou*, par Beauchet-Filleau, I, 130, 2ᵉ éd.). Cet ouvrage prétend que tous les personnages nommés dans cette charte furent à la croisade contre les Albigeois ; on ne saurait admettre cette opinion, car la charte est bien antérieure à cette guerre. Si son auteur Aimeri de Chantemerle et les témoins l'ont signée à Dax, c'est qu'ils allaient probablement en pèlerinage à Saint-Jacques de Compostelle.
6. Pierre Cailleau figure comme témoin avec Pierre d'Aspremont dans une charte de Guillaume de Chantemerle, de la dernière moitié du XIIᵉ siècle, en faveur de Bois-Grolland. (*Cartulaires du Bas-Poitou*, par Marchegay, p. 243.)
7. Dupuy, 828, p. 117 et s.— *Hist. des Chasteigners*, par Duchesne, pr. p. 3 et 4, d'après le cart. des chirogr. de l'Absie, fol. CXII. — *Arch. Hist. du Poit.*, IX, 315.

Guillelmus de Cantamerula et fratres sui et mater eorum Theophania, pro anima patris sui noviter defuncti, dederunt quarteria vii blavii quæ habebant de arbanno in terris de Peloella et in terra Chamaillardi et gallinas et quælibet ad illud arbannum pertinentia. Hoc arbannum dederunt in perpetuum, in mota de Cantamerula, presente abbate, Rainerio ; audientibus: Goffrido, Guillelmo Archiepiscopo, Guillelmo Marquer, Arberto Samin, Brientio et pluribus aliis [1].

Simon Maengos dedi me Deo et Sanctæ Mariæ et arbannum et quicquid in terra quæ vocatur Toscha Rotunda [2].

Brientius filius Chabot concessit terras quas pater suus dedit. Apud Partiniacum in platea ante curiam, in presentia domni abbatis Absiæ Rainerii ; testibus : Daniele abbate, Petro, Ursone, Johanne clerico Castanerio [3].

Petrus filius Simonis Maengoti concessit elemosinas patris. Factum est Chicheaci, in domo Petri de Bolie, Rainerio abbate, anno mclxxviii [4].

Ego Bernardus de Villanova, nullo mihi jure retento, concedo in elemosinam Deo et Sanctæ Mariæ et monachis Absiæ, in presentia abbatis Rainerii, campum Berenger et terras ab utraque parte vallis Jadris ipsi datas et terram quam dedit illis Bernardus Burguns et vi nummos censuales de ea, et terram circa chironos de Jadris, et quicquid habeo in omnibus terris quas ipsi habent de feodo Villenovæ, et cætera omnia quæ pater meus Petrus ac frater Guillelmus et alii unquam eisdem alicubi dederunt et concesserunt, sicuti hodierna die qui est iiii kal. marcii, anno ab Incarnatione Domini mclix, ipsi ea possident et habeant

---

1. Dupuy, 828, p. 117 et s. — *Hist. des Chast.*, par Duchesne, pr. p. 3 et 4, d'après le cart. des chir. de l'Absie, fol. cxii. — *Arch. Hist. du Poit.* IX, 315. — Cette charte serait de 1169, d'après Duchesne.
2. Dupuy, 828, p. 117 et s. d'après le cart. des chir. de l'Absie, fol. cxiii.
3. Dupuy, idem, fol. cxv.
4. Dupuy, idem, fol. cxv.

libere. Concedo etiam in manu predicti abbatis et fideliter spondeo me universa hæc ad opus eorumdem Absiensium garire semper ab omnibus et defendere. Horum sunt testes : Gauterius d'Anjo, Brientius, Guillelmus Biraut, Goslenus de Chinun, Girardus et Aimarus ac Goffridus et Guillelmus Gaudin monachi et sacerdotes [1].

Ego Bernardus de Villanova, nullo mihi jure retento, reconcedo omnia suprascripta, coram Guillelmo Archiepiscopo domino Parteniaci filioque Guillelmo, et investiens de his eosdem Guillelmos cum aumuca Odri ad opus Absiensium. Finio omnes querelas quas adversus ipsos Absienses habebam ; testibus : Raginaudo de Faia sacerdote, Johanne Girardo, Guillelmo Goaut et Girardo monacho, Odri, Johanne do Perun, Nabinaut, Petro de Sancto Paulo [2].

Guillelmus Chauvins et uxor ejus Chalceia et filius eorum Aimericus, Petrus Chauvins et uxor Faidiva dederunt terram de Umello quam tenebant Johanne Lenznebos. Factum Follosii ante puteum, coram abbate Rainerio. Concessit Johannes filius Guillelmi Chauvins et filia Petronilla et Nigra et quæ non poterat loqui sed...... ei datus est, pro concessione, cum esset in ulnis nutricis [3].

Gauterius Panet concessit molendinum, stannum et riveriam Duemolinæ de quibus investiverat quando hæc concessio facta, Rainerio abbate, anno MCLVII [4].

Gaufridus de Chauceroia et Maria uxor [5] dederunt vi nummos censuales in quodam orto, juxta villam Aureæ Vallis, Rainerio abbati [6].

---

1. Dupuy, 805, p. 147, d'après le cart. des chirogr. de l'Absie, fol. CXXIII.
2. Dupuy, idem, fol. 123.
3. Dupuy, 882, p. 117 et s., idem., fol. CXXVI.
4. Dupuy, idem, fol. CXXVII.
5. Marie, fille de Geoffroi IV, vicomte de Thouars (1151-1173), avait épousé Geoffroi de Chausseraye. (*Notice sur les vicomtes de Thouars*, par Imbert.)
6. Dupuy, 828, p. 117 et s., d'après le cart. des chir. de l'Absie, fol. CXXVII.

Bernardus de Ferraria, imminente morte sua, apud Ferreriam, concessit commendizias de Berchepota quas donaverat Radulphus Mauclaverus [1].

Simon de Lespaus concessit Goffridi Rufi donum de Berchepot Guillelmo abbati. Goscelinus Aenos concessit gardam et quicquid in terris de Berchepote querebat Willelmo abbati [2].

Petrus Maengos filius Simonis Maengot concessit elemosinas Gaufridi Rufi, scilicet terram de Berchepote Rainerio abbati, anno MCLXXXIII [3].

Guillelmus maximus filiorum Petri de Sublel et Ugo frater meus concessimus quicquid Arveus de Megaudun et Tebaudus filius ejus de proprio dederant et de casamentis concesserant, casamentum unæ borderiæ terræ ad Duemolinam, investiens abbatem Rainerium cum missali, in manu Willelmi archipresbiteri Parteniaci [4].

Arbertus Marot rupturam terræ de Papolo, uxor filii investiverant Aimericum monachum cum cultello Reginaudi elemosinarii reginæ, in cujus presentia factum est, anno MCLXXVI post octavas Pentecostes. In crastino, apud Jalceriam, Petrus filius Johannis Marot et Johannes Petri frater, qui non loquebatur, sed in ulnis matris suæ, nummum pro concessione accepit. Testes : Reginaudus elemosinarius reginæ et alii [5].

Simon de Grizai et uxor mea Rixenda quæ vocatur Constantia et filius meus Johannes dedimus, in presentia Willelmi abbatis, osculando manum ejus, octavam partem decimæ d'Escozai quam calumniando clamabamus et tamen nunquam habuimus [6].

---

1. Dupuy, 828, p. 117 et s., d'après le cart. des chir. de l'Absie, fol. CXXXI.
2. Dupuy, idem, fol. CXXXI.
3. Dupuy, idem, fol. CXXXII.
4. Dupuy, idem, fol. CXXXV.
5. Dupuy, idem, fol. CXXXVII.
6. Dupuy, idem, fol. CXXXVII.

Robertus de Monscantoris terras quas Bonus Meschinus et uxor dederant volo eas immunes ab omni servitio et cosduma ad me pertinente, excepto biano à cliente ipsius terræ reddendo [1].

Stephanus Pelisun concessit quicquid juris in terra Guillelmi d'Açai, in presentia abbatis Goscelini ; testibus : Fulcone abbate Insulæ Chauvet, Guillelmo de Macheco et aliis [2].

Johannes Suart et Guillelmus frater dederunt quicquid in furno Gaschet, presente Rainerio abbate ; testibus : Pagano de Monte Sorelli, Simone de Grizai, anno MCLXXI, in Purificatione [3].

Ego Maria vicecomitissa Toarcii [4], pro salute animæ meæ parentumque meorum, dono in elemosinam Deo et monasterio Sanctæ Mariæ Absiæ, in capitulo, modium frumenti ad Auream Vallem de frumentagio meo, ad festivitatem Sancti Michaelis annuatim reddendum ; testibus : Saldebroil et Aimerico fratre suo, Petro de Viers, Goffrido de Berria [5].

In nomine Domini, ego Wido, dono Guillelmi fratris mei vicecomitis Toarcii [6], possidens Auream Vallem, in extremis positus, dono libere in elemosinam, nullo mihi et successoribus meis jure retento, Deo et Sanctæ Mariæ et habitatoribus Absiæ, pro salute animæ meæ omniumque parentum meorum, frumentagium quod habeo et quæro in terra Guillelmi Gundonii et in terra Villenovæ et in omnibus aliis terris quas ipsi excolent cum bobus domuum

---

1. Dupuy, 828, p. 117 et s., d'après le cart. des chir. de l'Absie, fol. CXXXVIII.
2. Dupuy, idem, fol. CXXXIX.
3. Dupuy, idem.
4. Marie, seconde femme d'Aimeri VII, vicomte de Thouars (1173-1226).
5. Dupuy, 828, p. 117 et s., d'après le cart. des chir. de l'Absie, fol. CXLI. — Idem, 822, p. 197.
6. Guillaume Ier, vicomte de Thouars (1139-1151), frère de Guy, s^r d'Airvault.

suarum de Escozai et de Follosio ; testibus: Willelmo Sancti Pauli, Petro Foret, Pagano de Gastina, Goffrido de Curzai. Guillelmus et Gaufridus fratres Guidonis superius scripti qui erat dominus Aureæ Vallis, pro salute animarum suarum et pro amore fratris sui, concesserunt libenter istud præscriptum donum quod ipse fecerat frumentagii Deo et habitatoribus Sanctæ Mariæ Absiæ, audientibus supradictis testibus [1].

Omnium tam presentium quam futurorum memoriæ commendetur quod ego Gislebertus de Losduno, abbatiæ quæ vocatur Absia famam audiens et bonorum quæ in ea fiunt cunctis diebus particeps ipse desiderans, laudante et rogante domino meo Willelmo Pictavorum episcopo, dono et concedo in elemosinam Deo et monachis ejusdem abbatiæ omnes cosdumas meas et servitia quæ juris mei sunt et heredum meorum in omnibus terris d'Escosai et de Follosio quas jam acquisierunt et deinceps adquisituri sunt et omnes terras in quocumque territorio sint quas in dominio habent et sunt habituri et quas propriis aratris excoluerint vel alii in quolibet feodo ab ipsis in rupturam tenuerint, ab omnibus consuetudinibus et servitiis mihi et heredibus meis pertinentibus libertico. Hoc autem donum meum apud Losdunum feci in ecclesia Sanctæ Crucis in manu supradicti Willelmi episcopi cujus sigillo confirmari præcepi et muniri, et Petro abbati Absiæ absque ullo retinaculo concessi, spiritale tantum mihi et heredibus meis retinens quod jam dictus abbas, sicuti uni e fratribus, libentissime concessit, et anniversarium meum in abbatia. Hæc omnia viderunt et audierunt Gosbertus decanus ecclesiæ Pictaviensis, Arveus archidiaconus, Goffridus cantor, Hilarius cantor capicerius, Laurentius archipresbyter Losdunensis, Radulphus prior Absiæ, Guil-

---

1. Dupuy, 828, p. 147 et s., d'après le cart. des chir. de l'Absie, fol. CXLI. — Idem, 822, p. 197. — Gaignères, 180.

lelmus de Luche miles, anno ab Incarnatione Domini millesimo centesimo xx° iii° ¹.

Goffridus de Chervis et Aenor uxor, in presentia Rainerii abbatis et in ipso monasterio de Chervis, concessit feodum unius quarti terræ Villenovæ quod Willelmus do Plet de nobis habebat, anno MCLVI quo rex Angliæ Mirebellum abstulit fratri suo. Hujus rei testes sunt duo clerici, Petrus de Cherves et Philippus filius ejus. Willelmus et fratres mei Goffridus videlicet duo gemelli majorque soror nostra Aenor et alia soror concessimus donum patris nostri Gaufridi ².

Ego Guillelmus do Plet concessi feodum quem Johannes Helias à me habebat in quarto terræ Villenovæ, vi idus decembris MCLXI, indictione ix ³.

Elias de Prescigne, concedente patre suo Johanne Helia, dedit quicquid sui juris in terris de Villanova, Rainerio abbati ⁴.

Raginaudus Blouin et Aleardis uxor dederunt terram in ruptura ad Jarzas, concedentibus filiabus suis, quia una erat infantula... pro concessione illius, nummum accepit ⁵.

Montecontorium in potestate Henrici regis Anglorum, anno MCLXXVIII ⁶.

Johannes Rozis dedit in mineatam terræ quam habebat in feodo Ranulfi Rufi et fratris sui Guillelmi ⁷.

Ranulfus et Guillelmus dederunt quicquid juris in suprascripta mineata, scilicet duos nummos de recepto, ter-

---

1. *Gallia christiana*, II, instr. p. 337. — Dupuy, 828, p. 117 et s., d'après le cart. des chirogr. de l'Absie, fol. CXLII. — F. lat. 12658, p. 3.
2. Dupuy, 828, p. 117 et s., d'après le cart. des chirogr. de l'Absie, fol. CXLIII, CXLIV.
3. Dupuy, idem, fol. CXLIV.
4. Dupuy, idem, fol. CXLIV.
5. Dupuy, idem, fol. CL.
6. Épisode inconnu des nombreuses guerres qui eurent lieu entre le roi Henri II et ses fils Henri le jeune et Richard, comte de Poitou. — Dupuy, 828, p. 117 et s., d'après le cart. des chir. de l'Absie, fol. CLI.
7. Dupuy, idem.

ragium et decimam liberam ab omni servitio et cosduma, testis Daniel prior Absiæ [1].

Aimericus Brulun dedit quicquid juris in una sextariata terræ, inter domum de Vauvert et caminum. Concessio facta Sanctæ Gemmæ in domo Templariorum [2].

Ego Petronilla uxor Ranulfi Rufi obtuli filium meum Johannem Deo et Sanctæ Mariæ et Rainerio abbati et fratribus Absiæ, involvens manum pueri palla altaris, ad obediendum abbati et fratribus usque ad mortem, ipso volente et concedente, donans Absiensibus cum eo unam prebendariam avenæ et unum denarium quam Absienses mihi et filiis meis et Guillelmo Ranulfo de cosduma annuatim reddebant de terra quæ est intra domum Vallis Viridis et caminum qui itur ad Barram d'Azire [3].

Ugo Brart et Odelina uxor dederunt terram de Campo Umelli ex toto liberam, illam scilicet quam pater ipsius Ugonis emerat à filiis Petri de Trahent medici, et petitur à terra canonicorum de Sancta Christina [4], Rainerio abbate, Petro priore [5].

Meis quoque peccatis ego Ugo d'Auzai elemosinis ignoscendi fidem concipiens, pro animæ meæ fratrisque mei Goffridi nuper defuncti parentumque meorum salute, dedi in elemosinam Deo et Sanctæ Mariæ et habitatoribus Absiæ, in presentia domini Rainerii abbatis ejusdem loci, unum arbergamentum in mea terra quæ vocatur Nucaria, sicut et illud monstravi cum circa adjacente terra, libera ab omni cosduma præter terragium et decimam. Et dedi eis omnem servientiam quam in his decimis habeo si eas

---

1. Dupuy, 828, p. 117 et s., d'après le cart. des chir. de l'Absie, fol. CLII.
2. Dupuy, 828, p. 117 et s., fol. CLVII.
3. Dupuy, idem, fol. CLVIII.
4. Le prieuré-cure de Sainte-Christine, annexe de Saint-Sigismond (Vendée), dépendait de l'abbaye de Notre-Dame de Celles. (*Pouillé de Luçon*, par Aillery, p. 152.)
5. Dupuy, 828, p. 117 et s., d'après le cart. des chir. de l'Absie, fol. CLXVI.

adquirere potuerint. Dedi etiam et concessi illis per omnem meum maresium magnum pasturalia ad opus omnium suorum animalium, ut semper et ubique pascant in eo libere et sine omni cosduma boves suos et vaccas et equas cunctaque animalia et pecora quæ habuerint. Concessi illis, adhuc nullo mihi jure retento, quæcumque in predicto maresio magno ædificare, secare, plantare in auberiis, pratis, exclusis vel quolibet alio modo facere poterunt. Et ut non solum in præfato maresio sed et in omni riberia Vendeæ quocumque mea animalia pascent, ipsorum animalia semper libere pascant. Si vero inter me et abbatem Absiæ meosque successores et suos aliquando de quacumque re contentio insurrexerit, per legitimos testes, si potest fieri, finiatur; sin autem finiatur sine duello et judiciaria manu, sicuti abbas per fidem unius hominis affirmare fecerit. Et ut jamdicti Absienses hæc quæ enumeravi deinceps possideant et habeant in pace perpetua maneant que modo et usque in sempiternum tam à me quam à meis successoribus inconcussa et rata, concessi universa sub ea veritate qua Deus est, in manu domni Laurentii Pictavensis decani, atque in ipsa manu confirmavi me ista omnia sicut et mea ad opus eorumdem fideliter ratiocinando, ac meam substantiam, si necesse fuerit, expendendo diligenter à cunctis hominibus defendere ac tueri semper et ubique. Horum sunt testes: Pautonerius decanus Fontaneti, Garinus de Boisme, Goffridus de Nissum, Willelmus Joannis, Gaufridus d'Aubigne, Aimericus Audouars, Petrus de Mairevent, Gosbertus Bellafacie, Johannes de Pictavi, Hugo de Regne, Petrus de Corrau, Urso de Beaveir. Gesta sunt hæc anno ab Incarnatione Domini MCLVIII, indictione XI, duce Aquitaniæ rege Anglorum Henrico, sedente papa urbis Romæ Hadriano [1].

---

[1]. Dupuy, 841, p. 237, et 828, p. 117 et s., d'après le cart. des chir. de l'Absie, fol. CLXX.

Blancaflors uxor Ugonis d'Auzai concessit, sicut maritus dedit [1].

Iterum ego Ugo d'Ozai reconcedo et reconfirmo cuncta hæc predicta, in manu Eblonis Mauleonis, ut si aliquando hanc donationem atque concessionem negavero vel in aliquo contradixero seu perturbavero, idem ipse justitiæ censura ac potestatis suæ vi me recognoscere et emendare cogat et faciat. Testibus : Ramnulfo Bertrant, Johanne de la Vau, Goffrido de Clissun, Ugone de Regne, Urso de Belverio [2].

Ego Eblo Mauleonis, pro salute animæ meæ parentumque meorum, dono in elemosina Deo et Sanctæ Mariæ et habitatoribus Absiæ, in presentia Rainerii abbatis illorum, si quid juris habeo in predictis donis ac concessionibus eisdem Absiensibus ab Ugone de Ozai factis et rogatu ipsius, concedo me ea omnia ad opus illorum semper à cunctis hominibus tueri pro posse ac defendere, eumdemque Ugonem, si unquam, quod absit, ei in ullo infestus extiterit, quousque pœniteat et emendet eisque pacificetur non verbo tantum sed meæ potestatis vi corrigere. Testibus : Johanne de la Vau, Ugone de Regne, Ramnulfo Bertrant, Goffrido de Clissun, Urso de Belverio. Gesta sunt hæc anno ab Incarnatione Domini millesimo centesimo LVIII, indictione IIII, duce Aquitanorum Anglorum rege Enrico, sedente papa urbis Romæ Adriano [3].

Aldeardis de Ozai, concedente Goffrido Ascelino marito suo, concedit universa quæ filius suus Ugo de Ozai dedit, Petro abbate Moreliæ [4].

---

1. Dupuy, 841, p. 237, d'après le cart. des chir. de l'Absie, fol. CLXXI.
2. Dupuy, 841, p. 237, fol. CLXXII.
3. Dupuy, idem, 841, p. 237, fol. CLXXII.
4. Dupuy, idem, 841, p. 237, et 828, p. 417 et s., fol. CLXXII.

Enricus Ancelinus confirmat quæcumque Audeardis soror sua et Hugo de Ozai nepos dederunt [1].

In nomine Domini ego Ugo de Ozai, pro amore Dei et abbatis Absiæ Rainerii, concedo ut habitatores Nucariorum fratres Absiæ terragium meum de omnibus terris quas in ruptura de me habent ad gerbas si voluerint terragient, et gerbas terragii mei bene conservent et, trituratis gerbis, servientem meum vocent qui bladum terragii videat mensurare. Quod si voluero unus ex messoribus vel ex famulis ipsorum fratrum me securum faciat quod terragium mihi juste sit servatum atque redditum. Hoc factum est in monasterio Sancti Medardi de Pratis, in presentia jamdicti abbatis. Cujus rei atque concessionis testes : Petrus de Boisse decanus Fontaneti [2], in cujus manu fide mea firmavi hæc omnia tenenda atque servanda fratribus Absiæ.

Ego Ugo d'Ozai, omni querela finita et pace firmata, dono unam sextariatam terræ liberam ab omni servitio et cosduma, solo terragio mihi reddito, et dono talleam ad me pertinentem de quindecim sextariatis terræ et una minata quarum rupturam in feodo meo Absienses, me concedente, adquisierunt. Et dono unum quarterium prati in riparia Vendeæ et quicquid mei juris in via à domo usque ad maresium, et vineas quas mater mea eisdem fratribus ad complantagium donavit concedo. Hanc elemosinæ donacionem in manu Hugonis archidiaconi vicem tenentis Fontaneti, in ecclesia Sanctæ Dei Genitricis in gradibus portæ interioribus affirmavi ut, nullo jure mihi vel successoribus meis retento, excepto quod de terris terragium et de vineis complantagium reddatur, Absienses predicta omnia in perpetuum libere et quiete possideant ; his audientibus : Petro decano Fontiniaci, Girardo abbate

---

1. Dupuy, 841 et 828, d'après le cart. des chir. de l'Absie, fol. CLXXIII.
2. Pierre de Boisse était doyen de Fontenay en 1175. (*Pouillé du diocèse de Luçon*, par Aillery, p. 172.)

Niolii [1], Goffrido de Faimorea, Radulfo Bernardo de Lotgefolgerose, Ursone, Goffrido Bessum, Ramnulfo Bertrand, Petro de Fontanis. Hanc siquidem elemosinam iterum confirmo in manu Joannis episcopi Pictaviensis [2], in ecclesia d'Ozai ante altare ; his audientibus : Petro decano, Petro monacho, Ursone de Belverio.

Johannes Baquelot rupturarius Ugonis d'Ozai dereliquit ei terram suam quæ est juxta ortum domus de Nucariis : ipse dedit monachis Absiæ. Concesserunt Philippa uxor Ugonis et filii eorum Johannes, Petrus et filiæ Aldeardis, Aiglina et alius qui erat infantulus, pro cujus concessione nutrix sua nummum accepit, eo presente. Hæc autem donatio facta est in villa d'Ozai, in domo ipsius Ugonis ; testibus : Ugone monacho, Raginaudo Garrea, Vincentio, Johanne [3].

Arbertus des Clodis dedit pratum in riberia Vendeæ inter Ozai et Volurium. Hoc factum est apud Volventum in claustro monachorum ; testibus : Petro decano Fonteniaci, Ugone d'Ozai. Concessit Aldeardis mater Ugonis et habuit inde vi solidos de vendis et honoribus. Factum ante monarium d'Escozai, Rainerio abbate [4].

Laidetus Desmereus dedi servientiam quam habebamus in decima pecudum et lanarum domus Nucariorum. Fecimus in monasterio Mosolii ; testibus : Petro decano Fontaneti, Petro priore Nucariorum [5].

Normandellus de Volurio donavit in elemosinam Deo et Sanctæ Mariæ de monasterio Absiæ rupturam et terragium unius borderiatæ terræ et quicquid in ea juris erat quam tenebat de Melianda et filii ejus et de Goffrido Nor-

---

1. Ce Girard, abbé de Nieuil-sur-l'Autize, appelé aussi Giraud, vivait en 1162-1171. (*Pouillé du dioc. de Luçon*, p. 142.)
2. Jean III de Bellesmes, évêque de Poitiers, 1162-1182.
3. Dupuy, 841, p. 238, d'après le cart. des chir. de l'Absie, fol. CLXXIV, CLXXV.
4. Dupuy, 828, p. 117 et s., d'après le cart. des chir. de l'Absie, fol. CLXXVII.
5. Dupuy, idem, fol. CLXXVIII.

mant, liberam ab omni cosduma et servitio, præter xv denarios de mariagio filiæ Meliandæ et alios xv filiæ Goffridi Normant quando maritabit filiam suam, et xv de presone quando aliquis ipsorum ,...... fuerit et redemptus, et v solidos tantummodo heredibus Meliandæ quando ipsum feodum relevabunt Johannes Meliandæ et Goffridus Normant ; audientibus : Goffrido Normant et Petro filio ejus, Rainerio abbate [1].

Goffridus Normant de Voluire extorsit talleam v solidorum in terra quam Normandellus dederat. In curia Ricardi Fontiniacensis decani [2] convictus reddidit medietatem quæ sui juris non erat [3].

Ego Gislebertus de Volurio dono in elemosinam Deo et monachis Absiæ universam decimam cunctorum animalium omnium domorum arbergamenti Nucariæ quod Ugo de Ozay eis dedit [4].

Ego Gislebertus de Volurio, nullo mihi jure retento, dedi in elemosina Deo et Sanctæ Mariæ et monachis Absiæ in presentia abbatis domini Rainerii, amore Siebrandi Chabot et prece filii ejus Tetbaudi Chabot, quicquid juris habebam in omni via illorum quæ est in mea decimatione à domo Nucariæ usque ad maresium ; testibus : Petro Chabot, Siebrando clerico, Rotberto de Moncontorio [5], Raginaudo de Crazai, Petro Lunel, Aimerico de Niort [6].

Goffridus de Nissun et Petrus filius meus domum de Nucariis dedimus liberam cum oschis et terras et prata quæ ab Hugone d'Ozai et Jaifardo sunt eis data, adhuc et ipsis terris et pratis, præter oschas ; rectæ et consuetæ talleæ

---

1. Dupuy, idem, fol. CLXXIX.
2. Richard, doyen de Fontenay, était le prédécesseur de Pierre de Boisse.
3. Dupuy, 828, p. 117 et s., d'après le cart. des chir. de l'Absie, fol. CLXXXI.
4. Gaignères, 180.
5. Robert II, seigneur de Moncontour, vivait en 1160.
6. Dupuy, 841, p. 237 et s., et 828, p. 117 et s., d'après le cart. des chir. de l'Absie, fol. CLXXXII. — Gaignères, 180.

nobis reddantur et census et terragia quando feoda nostra occupaverimus ; et concessimus omnia maresia quæ per elemosinam vel per aliam acquisitionem ad domum de Nucariis pertinent in feodo nostro, et terram et vineas Absiensibus à Johanne clerico datas et terram de Alba Spina quam dedit eis Guillelmus Johannis et quicquid habent de feodo Meliandæ et Goffridi Normant. Dederunt insuper et concesserunt maresium de Valle Viridi et III minatas terræ quas eis Templarii excambiaverant. Quod si feodatus noster feodum in quo sunt istæ tres minatæ nobis servire noluerit, Absienses propter eas quinque solidos nobis reddant et in perpetuum liberas habeant. De his omnibus investitus est abbas Absiæ Rainerius cum missali de Ulmis, in ipsa ecclesia, anno ab Incarnatione MCLXXII [1].

Oliverius Desire dedi partem riveriæ meæ quæ vocatur Martreium inter duas Vendeas. Apud Volventum, anno MCLV, Rainerio abbate, Pautonerio decano [2].

In nomine Sanctæ et individuæ Trinitatis, ego Eblo de Mauleon, pro salute animæ meæ parentumque meorum et fratrum defunctorum Savarici scilicet atque Radulfi, concedo in elemosina Deo et Sanctæ Mariæ et monachis Absiæ, in presentia domini Rainerii abbatis, omnia quæ ipsis Oliverius Desire dedit aut daturus est in Martreio, atque domos eorum cum possessionibus suis, in meam custodiam suscipiens eorumque bona valde augeri cupiens, concedo quæcumque in terris et in feodis meis acquirere potuerint. Dono etiam quicquid mei juris est in acquisitis suis, nullo jure mihi retento, excepto spiritali beneficio. Hæc concessio atque donatio facta est apud Fontanetum, anno ab Incarnatione Domini MCLV, Enrico rege Anglorum Aquitaniam regente. Cujus rei testes sunt: Simon filius Affredi, Germundus de Forgeis, Ramnulfus

---

1. Dupuy, 828, p. 117 et s., d'après le cart. des chir. de l'Absie, fol. CLXXXVIII.
2. Dupuy, idem, fol. CXCIII.

Bertrandi, Guillelmo de Sancto Michaele, Ugo de Peirun et Giraudus Aguilluns [1].

In nomine Domini, ego Savaricus de Mauleone, pro salute animæ meæ atque patris mei Savarici apud Absiam sepulti, omniumque parentum meorum, concedo Deo et Sanctæ Mariæ et omnibus inibi Deum servientibus, in presentia domini Rainerii abbatis, quæcumque ipsis Oliverius Desire dedit aut daturus est in Martreio. Concedo quicquid in terris et in feodis mihi pertinentibus adquirere potuerint ; et si quod evenerit ut paternam terram possideam eos ut amicos augere fideliter promitto. Testibus : Eblone de Mauleone, Ramnulfo Bertrandi, Ugone de Peirun [2].

In nomine Domini, ego Mirabilis viduata à conjuge meo Radulfo [3], pro salute animæ meæ atque ipsius, omniumque parentum meorum, concedo in elemosina Deo et Sanctæ Mariæ et fratribus Absiæ, in presentia domini Rainerii abbatis et in manu domini Eblonis [4], quæcumque Oliverius de Sire eis in elemosina dedit aut daturus est in Martreio et in terris adjacentibus. Et concedo etiam ea in quibus ipse Oliverius censum retinuit, tali conditione ut si de feodo mihi quod justum est non fecerit censum illi debitum cum alii mihi allati fuerint, supradicti fratres mihi reddant. Concedo quoque quicquid in terris et in feodis meis acquirere potuerint. Hujus rei testes sunt : Savaricus de Mauleone [5], Simon filius Affredi et Chabos, Germundus de Forgeis et Ugo do Peirun [6].

---

1. Dupuy, 822, p. 342, et 828, p. 117 et s., d'après le cart. des chir. de l'Absie, fol. cxciv. — Gaignères, 180.
2. Dupuy, idem, fol. cxciv.
3. Mirabilis, épouse de Raoul II de Mauléon, seigneur de Fontenay et de Mauléon, décédé avant 1155, épousa en secondes noces Thibaut Chabot, seigneur de Vouvent.
4. Ebles de Mauléon, frère de Raoul II.
5. Savari de Mauléon, neveu d'Ebles et de Raoul.
6. Dupuy, 822, p. 342, et 828, p. 117 et s., d'après le cart. des chirogr. de l'Absie, fol. cxciv. — Gaignères, 180.

In nomine Domini, ego Tebaudus Chabot ducens Mirabilem uxorem apud Fontanetum, pro redemptione animæ meæ, concedo Deo et Sanctæ Mariæ et fratribus Absiæ, rogante domno Eblone et presente Garino priore, sicuti ipsa Mirabilis dedit et concessit, quæcumque Oliverius de Sire ipsis dederat aut daturus erat. Et concedo etiam quicquid in feodis de Rocha eidem Mirabili pertinentibus acquirere potuerint. Testibus : Chabot, Ramnulfo Bertrandi, Brunello de Chassenon et Ugone do Peirun [1].

Chabot et uxor Arsendis eorumque filii Chabot et Guillelmus dederunt quamdam terram immunem ab omni consuetudine, præter terragium et quinque nummos annuales et xx de talleata de mortua manu et de preisone et de mariagio, et v et xx nummos, si termino et tempore constituto reddita non fuerint, nunquam duppilcari neque pro his gagium dari. Atque, si pro his inter Absienses et eumdem Chabot vel suum heredem contentio fuerit orta, testimonio legitimorum virorum sine duello et judicata manu finiri. Testes : [Guillelmus Raginaudi et Raginaudus frater ejus de Malleacio, Ugo de Regne, Giraudus Audeuns et filius ejus, Bernardus Casaut, Guillelmus... Rainerio abbate [2].

Beraudus de Nualle dedit duos quarteria prati et dimidium, unum ex eis liberum, excepto uno censuali nummo et aliud et dimidium secundum consuetudinem quæ est in Martreio ; Rainerio abbate. Omnia que Oliverius de Sire concedit, Oliva filia Oliverii de Sire, uxor Beraudi. Testes : Ramnulfus Bertrant, Johanne de Lavau, Chabot, Ugo de Boisse, Goffridus Chames [3].

Idem Beraudus partem illam mei maresii quæ intra meum fossatum versus Vendeiam veterem eorum maresio

---

1. Dupuy, 841, p. 237, et 828, p. 117 et s., d'après le cart. des chir. de l'Absie, fol. cxciv, cxcv. — Gaignères, 180.
2. Dupuy, 828, p. 117 et s., fol. cxcix.
3. Dupuy, idem, fol. ccii.

mergitur, loco illius partis maresii sui quæ extra fossatum istud meo maresio sociatur, dedi Rainerio abbati. Testis : Ugo de Boisse [1].

Gastinellus de Fontiniaco concessit terram quæ est juxta puteum de Boisse quam Johannes Ollarius et uxor ejus Ermengardis et parentela participes eorum dederant et de meo feodo habuerant, tali pacto ut Absienses fratres quatuor guallos, ad Assumptionem Sanctæ Mariæ, mihi annuatim reddant et placitum conveniens de mortua manu et talleam de presone et mariagio ; teste : Goffrido Bessun ; Rainerio abbate [2].

Johannes de Monsterol et Aumuz uxor mea et nati mei Petrus et Guido et Rannulfus et Maria concessimus terram quam Tebaudus de Turpenai ipsis Turpiniacensibus dederat immunem ab omni consuetudine, præter talleam de mortua manu, de prisone et de mariagio, et terragium et decimam ; teste : Aimerico Robert [3].

Notum sit omnibus quod abbas Absiæ Rainerius et ejusdem loci fratres duos quarteria prati quæ Tebaudus frater de Turpenai ipsis Turpiniacensibus dederat, in communi curia judicio adquisierunt eorumque investituram in eadem curia, multis videntibus, ab Hugone de Austeria et Johanne Delavau acceperunt ; qui Hugo scilicet et Johannes, pro salute animarum suarum, ea dederunt et concesserunt Deo et fratribus Absiæ. Horum sunt testes : Pautonerius decanus, Chabot, Rannulfus Bertrant, Ugo de Reigne, Amiez Qui ne rit [4].

Ugo de Mosterol concessi terram quam Johannes pater meus eis dederat pro patruo meo Petro, ut eum acciperent in fratrem et habitum religionis darent ; Rainerio abbate [5].

---

1. Dupuy, idem, fol. ccii.
2. Dupuy, idem, fol. cciii, cciv.
3. Dupuy, 828, p. 117 et s., d'après le cart. des chir. de l'Absie, fol. ccv.
4. Dupuy, idem, fol. ccv.
5. Dupuy, idem, fol. ccvi.

Mahencia uxor Goffridi de Monsterol fratris Johannis dedi duo sextariata terræ quæ sunt prope forestam de Monsterol quarum rupturam emeram et dominium et terragium ex hereditario jure possidebam ; teste : Petro filio Goffredi de Monsterol [1].

Germundus de Forgeis, pro salute animæ meæ et Radulfi Mauleonis, dedi unam sextariatam terræ juxta Gorfallam ; testibus : Fulcone monacho, Aimerico de Mauleone, Rainerio abbate [2].

In nomine Domini, ego Petrus de Mairevent, nullo mihi jure retento, concedo, pro salute animæ meæ et Radulfi Mauleonis omniumque parentum meorum, in elemosina Deo et Sanctæ Mariæ et habitatoribus Absiæ, in presentia abbatis eorum Rainerii, terram quam Germundus de Forgis illis dedit ; testibus : Aumus sacerdote, Guillelmo Raginaldo et fratre ejus, Raginaldo Caifart et Petro Caifart [3].

Petrus de Mairevent, pro salute animæ Radulfi de Mauleone et meæ omniumque parentum meorum, in presentia Ebbonis fratris ejus, dedi unam oscham juxta Pissot ; testibus : Hugone de Regne, Rannulfo Bertrant, Chabot, Fulcone monacho [4].

Johannes Gestins et fratres sui Johannes et Buchardus concedunt predictis omnia quæ dedit idem Petrus de Mairevent et concessit garire ad opus Absiensium ab omnibus hominibus semper et ubique ; testibus : Pautonerio decano Fontaneti, Petro archipresbitero Arduni, Petro de Vust [5].

Petrus Cholet et Petronilla uxor dederunt pratum quod habebant in Enternau, excepto uno nummo censuali.

---

1. Dupuy, idem, fol. CCVII.
2. Dupuy, idem, fol. CCVII.
3. Dupuy, 841, p. 237, d'après le cart. des chir. de l'Absie, fol. CCVIII.
4. Dupuy, 841, p. 237, et 828, p. 117 et s., idem, fol. CCVIII.
5. Dupuy, 841, et 828, idem, fol. 208.

Hoc donum fecerunt apud Sergne, ante domum suam ; videntibus : Rannulfo priore Pulchræ Vallis [1], Raimundo de Sergne. Concessit Petrus Letard de cujus feodo erat, et, jussu et concessione jamdicti Petri, investivit de ea prefatum priorem, apud Fontiniacum ; videntibus et audientibus : Peloquino de Pissot, Gauvaign, Raimundo de Sergne [2].

Robertus clericus trado me abbati Rainerio, decimam de molendinis de Pissot et de Crochet et decimam vindemiæ de xv quarteriis et dimidio vinearum, et si vineæ illæ defecerint, decimam frugum quas terra protulerit, decimam annone et frugum de terra daus Vignaus quam colunt elemosinarii Fontaneti, et de duabus sextariatis terræ monachorum Maireventi. Harum decimarum coloni deferent Pissot ; testibus : Jaifart, Goffridus Bessun, Hugo de Reigne, Peloquinus frater meus, Gaufridus Agut, Johannes abbas de Brignon [3].

Apud Fontiniacum, presente Radulfo priore Pulchræ Vallis, donavit Gauvaignus pratum quod habebat à Enfernau, et, jubente eo, de his investivit suprascriptum priorem Petrus Letard de quo movebant, duobus nummis eidem Petro retentis ; videntibus et audientibus : Peloquino de Pissot, Raimundo de Sergne [4].

In nomine Domini, ego Radulfus de Malleone largior Deo et Sanctæ Mariæ Absiæ in elemosinam, pro salute animæ meæ parentumque meorum, in presentia abbatis Rai-

---

1. L'abbaye de Bellevaux, appelée aussi de Sauze, tombée plus tard à l'état de simple prieuré dit de Saint-Louis de Saulze, en la paroisse de Pissotte, près de Fontenay, dépendait de l'abbaye de l'Absie. Elle fut fondée par Guillaume II Adelelme, évêque de Poitiers en 1131. Savari Ier de Mauléon en confirma la fondation en 1135 (*Arch. hist. du Poit.*, IX, Lettres de Besly, 107, 356. *Pouillé du dioc. de Luçon*, par Aillery, p. 182, 183.)
2. Dupuy, 828, p. 117 et s., d'après le cart. des chir. de l'Absie, fol. ccx.
3. Dupuy, fol. ccxi. — Jean était abbé de Brignon vers 1150.
4. Dupuy, 828, p. 117 et s., d'après le cart. des chirogr. de l'Absie, fol. ccxiii.

nerii, decimam duorum molendinorum quæ subtus Pissot, de qua decima Rotbertus clericus de Pissot, cujus juris erat, donum eisdem fratribus fecerat quando habitum religionis ab eis accepit. Hæc concessio et donatio facta est in claustro Sancti Hilarii Fontiniaci ; audientibus : Goffrido Brient, Goffrido Mainart, Johanne de Chassenun [1].

Apud Fontiniacum, in domo capellani Sanctæ Mariæ, ego Erveus filius Johannis Gufrerea concessi omnia dona et concessiones quas pater meus dederat, in presentia Radulfi prioris Pulchræ Vallis et Goscelini prioris Gambueriæ [2] anno MCLXXVII ; teste : Petro Goffridi milite [3].

Ego Radegundis et filii mei Aimericus et Bocardus concessimus omnes terras et prata quæ Absienses de proprio nostro et feodis et casamentis nostris habebant in parrochia Sancti Pauli, et mater mea Autiza et Normandus maritus meus et Guillelmus frater meus dedimus medietatem molendini et stanni et piscaturæ quæ est in riberia inter domum Pulchra Vallis et domum dau Poi Angelelme [4] quorum aliam medietatem dederant Guillelmus Rifeius pater meus et mater mea Autiza. Dederunt terras et motagium et peragium ad necessitatem molendini. Laudatores : Girardus abbas Niolii, Goscelinus prior Absiæ, Radulphus prior Pulchræ Vallis et alii. Hoc donum factum est in domo Josberterie, in natali apostolorum Simonis et Judæ, MCLXXXI [5].

---

1. Dupuy, 822, p. 342, d'après le cart. des chir. de l'Absie, fol. CCXIV.
2. Le prieuré de la Cambuère ou de la Gambuère, en la paroisse de Sérigné (Vendée), dépendait de l'abbaye de l'Absie. Il était dédié à sainte Catherine. (*Pouillé du dioc. de Luçon*, par Aillery, p. 184, 185.)
3. Dupuy, 828, p. 117 et s., fol. CCXVI.
4. Le prieuré de Puigelame, en la paroisse de Sérigné, dépendait de l'abbaye de Nieuil-sur-l'Autize.
5. Dupuy, 828, p. 117 et s., d'après le cart. des chir. de l'Absie, fol. CCXVIII.

Guillelmus Boins finivi querelam in molendino et in stanno dau Sauze et dedi eis quicquid mihi juris erat in illis. Feci in prato subtus domum dau Poi Engelelme, in manu archidiaconi Gervasii; audientibus : magistro Ricardo decano Fontiniaci, magistro Auberto decano Talemundi, Radulpho priore dau Sauze. Reconfirmavi in presentia Rainerii abbatis, ante portam monasterii dau Sauze ; audientibus et videntibus : Radulfo, priore dau Sauze et Goscelino priore Absiæ, Goffrido [1].

Ego Tebaudus Chabot et uxor mea Margarda... la fondation de la Gambuere [2].

Chotardus Mauritaniæ dedi pratum, visitans dominum meum et amicum Savaricum Mauleonis apud idem castrum egritudine decumbentem, presente Guillelmo abbate. Anterius de Mauritania concedi illud pratum et quod in feodo meo de Vulvent; testes : Thomas abbas de Granateria [3], Bruno abbas Bellifontis [4], Rainerio abbate. Eblo de Mauleone dedit talleam de mortua manu et presone et mariagio in omnibus... quas Tebaudus Chabot et uxor et Anterius de Mauritania et feodati sui (dederunt) ; teste : Petro capellano Fontanarum [5].

Ego Tebaudus Chabot et dilecta uxor mea Margarita donamus monachis Absiæ in territorio feodi nostri de Malrepast duas sextariatas terræ et unam toscham, etc., cum terragiis et decimis, et molarias quæ sunt in dicto territorio et nostram partem unius molnarii et unius stanni, et quantum poterimus faciemus Hugonem Lesiniaci et uxo-

---

1. Dupuy, idem, fol. ccxviii.
2. Dupuy, idem, fol. ccxix.
3. Thomas, abbé de la Grénetière, paroisse d'Ardelay (Vendée), 1160, 1177.
4. Brunon, abbé de Bellefontaine, paroisse de Bégrolles, près Cholet (Maine-et-Loire), vivait en 1167 (*Dict. hist. de Maine-et-Loire*, par Port, I, 295).
5. Dupuy, 828, p. 117 et s., d'après le cart. des chir. de l'Absie, fol. ccxxi.

rem suam Burgundiam [1], ut aliam partem dicti molnarii et stanni illis dent [2].

Ego Hugo de Lesignan filius Burgundiæ [3], laudante et concedente patre meo Ugone Lezigniaci, dedi in elemosina Deo et Sanctæ Mariæ et monachis Absiæ, in presentia abbatis eorum Rainerii, omnem partem meam stanni et molinarii de Roschereo, nullo mihi jure retento, excepto spiritali beneficio. Hanc etiam elemosinam concessi me semper ad opus monachorum ipsius Absiæ tueri et ubique defendere. Horum sunt testes : Guillelmus de Clarevallis, Vivianus Engers, Simon Foresters [4].

---

1. Hugues VIII de Lusignan, époux de Bourgogne de Rancon, alla à la croisade en Palestine, où il fut fait prisonnier à la bataille de Harenc en 1165.
2. Gaignères, 180, d'après le cart. des chir. de l'Absie, fol. CCXXII.
3. Hugues IX de Lusignan, fils ainé de Hugues VIII et de Bourgogne de Rancon.
4. Dupuy, 805, p. 98, d'après le cart. des chir. de l'Absie, fol. CCXXII.

CHARTES DE L'ABBAYE

DE L'ABSIE

XIIe — XVe SIÈCLES

I

Donation de Thibaud Chabot à l'abbaye de l'Absie. Vers 1153. (Baluze, t. 51.)

Thebaudus Chabot castri Sanctæ Hermetis dominus, concedente uxore sua Mirabla [1], pro Dei amore, vectigalia et alia que exiguntur à ceteris secularibus ubique in terra sua fratribus Absiæ donavit... Hoc donum fecerunt apud castrum Sanctæ Hermetis supradictus Thebaudus et uxor ejus in presentia abbatis Rainerii, teste Saledebrol [2] cujus rogatu hoc fecerunt; audientibus : Goffrido de Vissum, Petro Ascelin et multis aliis.

II

Donation de Giraud du Teil à l'abbaye de l'Absie. 1156. (Baluze, t. 51, p. 86 et s.)

Litteræ Chalonis Pictavensis episcopi quibus notificat Rainerio abbati Absiæ quod Giraudus de Tellio venit ante

---

1. Thibaud Chabot, seigneur de Sainte-Hermine, fils de Thibaud I, avait épousé en secondes noces, vers 1153, Mirabilis de la Roche, veuve de Raoul de Mauléon. (*Dict. des fam. de l'anc. Poit.*, par Beauchet-Filleau, II, 2e éd.)
2. Saledebrol est le même personnage qui figure dans l'acte n° 136 du 1er cart. de l'Absie et dans plusieurs autres de 1152 à 1184. Il fut le connétable de la reine Aliénor. Voir p. 26, note 1.

ipsum Pictavi ibique, pro redemptione animæ patris sui Arberti de Tellio [1] et suæ, donationes quas idem Arbertus ecclesiæ de Absia fecerat confirmavit... anno MCLVI, indictione IV.

III

Donation de rentes et droits divers à Vouvent et autres lieux, faite à l'abbaye de l'Absie par Geoffroi de Lusignan. 1169. (Baluze, t. 51, p. 86.)

Cum humana vita sit labilis et transitoria, omnia enim orta transeunt et aucta senescunt, ne donum oblivioni tradatur morteque sepeliatur, quod ego Gaufridus de Lizigniaco, pro salute animæ meæ fratrisque mei Hugonis atque parentum meorum, dedi, tam presentibus quam futuris hoc scripto manifesto. Dono enim Rainerio abbati et fratribus Asiæ xx solidos Pictavenses in Purificatione Sanctæ Mariæ de venda Volventi annuatim reddendos ut ipso die procurationem piscium fratres possint habere, tali condicione quod anniversarium Hugonis mei fratris apud Assiam annuatim celebretur, et II solidos et v denarios quos de terra Pabot matris meæ reddebant, ipsa dante, eisdem dedi et in perpetuum concessi. Pasquerium quoque de domo de Vauvert in manu domini Johannis episcopi finivimus et talleam de borderia terræ que vocatur Marien. Dono etiam talleam de xx sexteriatis terræ quas predicti fratres habebant in feodo Teobaudi Cabot de Maurepast, et omnia dona atque beneficia ab antecessoribus meis illis collata, confirmo, atque ut in perpetuum habeant concedo. Hoc factum est apud Lizigniacum primo die post sepulturam Hugonis fratris mei, laudante et concedente Burgundia matre mea. Hujus rei testes sunt : Simon de Lezai, Raimun-

---

[1]. Voir les chartes du premier cartulaire de l'Absie où figurent Arbert et Giraud du Teil, nos 89, 307, 308, 312, 322, 330, 358, 397, 443.

dus Fosifie, Willelmus Lengres, Aimericus Bejet atque plures alii. Hoc autem recapitulatum apud Volventum sigillatum est, ipso anno ab Incarnatione Domini MCLXVIIII, XVII kal. aprilis, lune XXII. Hujus rei testes sunt : Gaufredus vicecomes, Bernardus Roilt, Willelmus de Lezai, Rodulfus de Taunai, Raimundus Clarolt, Petrus de Vilefeugnant, Hubelin Bobin atque alii multi tam noti quam ignoti.

IV

Jugement rendu par Pierre Bernard, maître-école de Saint-Hilaire de Poitiers et archiprêtre d'Ardin, qui adjuge à l'abbaye de l'Absie la terre de Chambors que lui contestait un certain Garnier. Vers 1190. (Arch. des Deux-Sèvres, H. 38.)

Omnibus tam futuris quam presentibus in perpetuum, in presentia Petri Bernardi magistri scolarum ecclesie beati Ilarii et archipresbiteri Ardunensis [1], constituti abbas Absie Goscelinus et Garnerius sororius Petri Sarrea pro quadam terra que cognominatur de Chambors quam predictus Garnerius sui juris esse et cum uxore sua eam accepisse a predicto sororio suo dicebat fuit lis sopita inter eos in hunc modum, mediante judicio. Predictus Garnerius illam terram dicebat esse sui juris et uxoris suæ, sicut diximus quod abbas et fratres Absie omnino negabant. De judicio ad terram videndam venerunt. Iterum altera die assignata, uxor illius Petronilla et omnes qui erant de genere illius, scilicet Aimericus Rosceames, Petrus Sarreas, Gauterius filius Johannis de Chamborzi, querelam posuerunt et finierunt in Garnerium. Iterum Garnerius requisivit abbatem pro se et pro omnibus illis, de supradicta terra quam dicebat esse sui juris, et illorum; et, ut dictum est, abbas Absie omnino negavit.

---

1. Pierre Bernard était archiprêtre d'Ardin avant 1196. (*Documents pour servir à l'histoire de Saint-Hilaire*, par Rédet, t. I, p. 208.)

Ille vero promisit se habere sufficienciam testium, loco et tempore. Iterum ei fuit dies assignata productionis testium, apud Raimunderiam. Ille vero ad diem assignatam et ad locum veniens, defecit in productione testium. Petrus vero magister scolarum beati Ilarii Pictavensis et archipresbiter Arduini, audito quod defecisset in productione testium, adjudicavit ei silentium, consilio proborum virorum qui ibi aderant, ita quod de cetero fratres Absie in supradicta terra non inquietaret. Et ut hoc ratum et firmum permaneat, sigilli sui munimine fecit corroborari.

V

Donation d'un terrain pour bâtir une maison à Bressuire, faite à l'abbaye de l'Absie par Raoul de Beaumont, seigneur de Bressuire. 1191. (Baluze, t. 51, p. 86 et s.)

Universitati vestræ notifico quod ego R. de Bellomonte dominus Bercorii donavi ecclesiæ Beatæ Mariæ Absiæ quamdam plateam in castello Berchorii ad domum edificandam juxta domum Petri Verdum hominis sui, liberam ab omni consuetudine... Hoc donum feci apud Berchorium in manu abbatis G... Hæc omnia concesserunt filii mei Tebaudus, W. Aimericus, ut fratres Absie et habeant et possideant in perpetuum. Et libertatem quam dedit eis Johannes de Beaumont avus meus, scilicet ut ipsi et res eorum propriæ sint immunes et liberæ à venda et à paagio per totam terram meam... et omnes alias ubicumque sint in proprio meo sive in feodis meis quos in presenti possident, anno ab Incarnatione MCLXXXXI. Et, ne super his inter heredes meos et fratres Absiæ aliqua controversia oriatur, ad peticionem supradicti abbatis G. presentem cartulam sigillo meo confirmavi. Ego vero Tebaudus de Beaumont, filius ejusdem R. de Beaumont, ad majorem presentis cartulæ firmitatem post patrem meum eidem cartule sigilli mei robur apposui similiter, Celestino pape sedente, Philippo rege Francorum, Richardo rege Anglorum duce Aquitanorum, W. Temperii episcopo Pictavorum.

VI

Donation d'une commendise à Pellouaille faite à l'abbaye de l'Absie par Thibaud Chabot. 1192. (Baluze, t. 51, p. 86 et s.)

Tebaudus filius Tebaudi Chaboz salutem... Sciendum est quod ego T. Chaboz dedi et concessi jamdictis monachis in elemosinam commendizam quam habebam in suis domibus, scilicet in domo Allodi, Pelloelle et Barra Audegent, et haiam meam contiguam domui de Ulmellis... Hæc autem omnia concessit uxor mea Oliva et filius meus Segebrandus. Hoc factum fuit in domo mea de Chaboceria, anno Verbi Incarnati MCLXXXXII.

VII

Donation de trois hommes, libres de toutes redevances féodales, à Bressuire, faite à l'abbaye de l'Absie par Thibaud, seigneur de Bressuire. 1194. (Arch. des Deux-Sèvres, H. 6.)

Tebaudus, Dei gratia, dominus Berchorii, omnibus presentem paginam legentibus salutem in perpetuum. Notum sit vobis et fidelibus universis, quod ego Tebaudus, dominus Berchorii, donavi et concessi Deo et ecclesie Beate Marie Absie, pro salute mea, apud Berchorium, Raginaudum de Condaas et Petrum Verdun et Goffredum Loret in homines liberos, quos pater meus ante donaverat, scilicet sint liberi ipsi et heredes eorum in perpetuum, et domus eorum a venda et a paagio, a consuetudine et ab omni servitio, et ut ipsi sint liberi in ipso castro Berchorii et in tota terra mea. Hoc donum et omnes helemosinas genetricis mee ecclesie Absie pertinentes servare et defendere concessi ad utilitatem supra dicte ecclesie. Et hoc feci in castro meo Berchorii, videntibus et audientibus : Johanne et Garnerio monachis Absie, Willelmo Bancherea sacerdote, Goffrido de Villa Nova, milite, Nicholao, Raginaldo Roer, burgensibus. Hec omnia similiter concessit uxor mea Aaliz, et fratres mei Willelmus et Aimericus. Ut autem hec omnia rata teneantur et inconcussa, sigilli mei munimine presentem corroboravi paginam. Anno ab Incarnatione Domini M° C° nonagesimo IIII°, Ricardo rege Anglorum, Willelmo episcopo Pictavorum [1].

VIII

Abandon fait par Jean Rolland devant l'abbé de Nieuil, commissaire de l'évêque de Poitiers, d'une terre sise au fief de Vauvert, qu'il contestait à l'abbaye de l'Absie et que Amel de Glandes avait autrefois donnée à cette abbaye. 1196. (Arch. des Deux-Sèvres, H. 7.)

Universis fidelibus notificetur in perpetuum quod Amelz de Glandes donavit Deo et ecclesie Beate Marie Absie, in helemosinam, pro anima sua, totam terram suam quam habebat in rupturam in feodo Vallis viridis ; hoc autem fecit in tempore abbatis Rainerii et in manu ipsius, apud Bennatium, coram multis testibus : Willelmo scilicet Enjoberti, Petro de Mascignec, Willelmo et altero W. conversis. Sciendum autem quod terra supradicta pluribus in locis est divisa et est juncta partibus Aimerici Brulum, W. Enjoberti, Arberti Maengo. Super hac terra erat controversia inter Johanem Rollandi et abbatem Absie Goscelinium, quia ipse Johanes filiam Amel de Glandes habebat uxorem, et terram supradictam clamabat qua de causa coram venerabili abbate Niolii Aimerico, cujus dominus Pictavensis episcopus Willelmus predictam causam com-

---

1. Cette charte a été publiée dans l'*Histoire de Bressuire* par M. B. Ledain, 2e éd., 1880, p. 268.

miserat, multociens convenerunt et post longam contentionem, tandem ad invicem pacificaverunt, Johanne Rollandi terram jam dictam concedente. In manu si quidem predicti abbatis vices domini episcopi tenentis, idem Johannes querelam finivit, terram concessit, pacemque firmavit, apud Sanctam Sabinam ; testibus : priore Sancti Ponpeiani Girardo et fratribus Absie, Goffrido et Goffrido Vical, magistro Simone Garati, Petro Darterio, Temerio monacho, Giraudo et Johanne conversis. Hec omnia que supradiximus concessit uxor Johanis Rollandi, Plentiva filia Amel de Glandes et Petronilla filia ejusdem Plentive, apud Benatium ; testibus : Goffrido subpriore, Giraudo Paschaut, modo Giraudo et Johanne conversis, W. Goilum, W. Rollandi et pluribus aliis. Hec omnia confirmata sunt in manu supradicti venerabilis abbatis Niolii et sigillo ejus corroborata in perpetuum, anno ab Incarnatione Domini M° C° nonagesimo VI [1].

IX

Déclaration de Geoffroi de Lusignan, s^r de Moncontour, attestant, à la suite d'une enquête, que les terres de Démouline, d'Ecoussais, du Fouilloux, appartenant à l'abbaye de l'Absie, ne doivent aucunes coutumes au seigneur de Moncontour. Mai 1200. (Baluze, t. 51, p. 86 et s.)

Goffridus de Lezignem dominus Montiscantorii omnibus fidelibus et baillivis suis, salutem in perpetuum. Vobis et omnibus quicumque presentem chartam legerint vel audierint notum facio quod inter servientes nostros de Montecantorio et abbatem Absiæ, Goscelinum, orta est contentio in tempore meo, qui dicebant eumdem abbatem et fratres Absiæ habere et possidere terras consuetu-

---

1. Cette charte a été publiée dans l'*Hist. de l'abbaye de Nieuil-sur l'Autize*, par Charles Arnault, p. 271, ap. t. II, 2e sér. des *Mém. de la Soc. de. Stat. des Deux-Sèvres.*

dinarias quarum consuetudines ad dominum Montiscantorii pertinerent, quæ omnia abbas et fratres Absiæ abnegabant. Quapropter ego et dictus abbas Absiæ insimul concordavimus quod homines mei milites et servientes Montiscantorii terras et pertinencias ejusdem abbatiæ inspicerent, et sub jurejurando et sub periculo animarum suarum veritatem mihi denunciarent. Ad hæc inspicienda elegi Andream Bodini, Fulconem Petit, Ugonem filium meum, milites meos, et alios servientes et juratos meos Fulconem Tascher, senescallum meum, Goffridum Subaut, W. Popire, W. Saiffea, Stephanum de Borz, Stephanum Dairam, Petrum de Viennai, Assali Chapea, W. Guillot. Omnes isti inspexerunt terras Duemolinæ, de Escocai et dau Foillos, quæ sunt tres grangie ejusdem abbatiæ, de quibus ibat contentio. Et post inspectionem, apud Volventum coram me convenerunt, et, ex fidelitate quam mihi juraverant adjurati, mihi testificati sunt nunquam se vidisse nec audisse quod fratres Absiæ de ulla terra supradictis domibus pertinente consuetudinem aliquam baillivis Montiscantorii reddidissent, et ita omnes terras ecclesiæ Absiæ pertinentes liberas esse testificati sunt, præter quamdam terram in tribus locis positam circa la Chaaeo, pars una fuit Johannis Baalart, alia vocatur terra Normandi Aracer et alia terra Aimerici Bicoil, et in his tribus partibus sunt circiter quatuor sextariatæ, quam abbas exposuit quod non amplius excoleret illam propter quod servicio subdita erat. Sed ego de voluntate mea, pro salute mea et generis mei, hanc terram liberam feci, donans et concedens ecclesiæ Beatæ Mariæ Absiæ omnem consuetudinem quam in istis tribus partibus terræ habere debebam. Sed et attestationes hominum meorum supra nominatorum audiens de libertate aliarum terrarum ecclesiæ Absiæ pertinentium, illorum testimonium sigilli mei confirmavi auctoritate, ne inter dominos Montiscantorii et ecclesiam de Absia super his in posterum contentio oriatur. Hæc ita concessit domina Eustachia uxor mea et Goffridus filius meus adhuc infantulus, et signa fecerunt in hac carta, anno Incarnationis Domini nostri Jesu Christi mcc. Datum apud Mareventum, feria v, iiii die mensis maii, teste W. Bauduz clerico meo.

Signum Eustachiæ uxoris mee. Signum G. filii mei.

X

Conrfimation par Hugues L'Archevêque, seigneur de Parthenay, des donations faites à l'abbaye de l'Absie par ses ancêtres. 1202. (Baluze, t. 51, p. 86 et s.)

Litteræ Hugonis Archiepiscopi domini Partiniaci quibus confirmat ecclesiæ Beatæ Mariæ de Absia omnes donationes et concessiones quas antecessores sui dederant ecclesiæ, vendas et pedagia de omnibus propriis rebus suis et fratrum suorum quascumque vendiderint vel emerint apud Partiniacum et in omni terra sua, decimam etiam molendinorum de Segundigne...Actum publice apud Partiniacum, anno ab Incarnatione Domini mccii.

XI

Don de plusieurs terres fait à l'abbaye de l'Absie par Jean Rainardeau, en reconnaissance du secours que lui avaient fourni les moines pour se racheter, ainsi que ses deux fils, prisonniers à Benet. En même temps il se fait moine dans l'abbaye, ainsi qu'un de ses fils. 1204. (Arch. des Deux-Sèvres, H. 8.)

Universis fidelibus, tam futuris quam presentibus, notificetur in perpetuum quod Johannes Rainardeas et uxor ejus Alaaz donaverunt in helemosinam Deo et ecclesie Beate Marie Absie, terras quas in sequenti nominabimus, pro adjutorio quod fecit eis abbas et fratres Absie ad redemptionem sui et filiorum suorum Raginaudi et Johannis qui pro patre suo tenebantur apud Bennais in vincula. Dedit etiam dictus Johanes Rainardeas et obtulit seipsum in fratrem Absie, similiter et Johannes filius ejus et terras quas monstraverunt. Hec sunt scilicet quicquid habebat in feodo Disai.... au chirons Auberti et aliam terram a Croec et a Confort et tres mineatas ad Rocham novam et campum Rollandi ; sed post aliquantum temporis uxor Raginaudi Petronilla contrista est de maritagio suo, dicens se habere oscle in jam dicta terra. Quapropter, prepositus Bennaici Umbertus Alope, convenit utramque partem. Et convenerunt coram ipso prior Absie, Johannes et prior de Mascigne Aimericus, et finivit Petronilla querelam suam in manu dicti prepositi qui tenebat locum domini comitis de O. in eadem villa ; sed et Johannes Rainardeas et uxor ejus et filii ipsorum donum quod fecerant ecclesie Absie confirmaverunt in manu domini Umberti. Testes horum sunt : ipse dominus Umbertus Michael nepos ejus, W. Rasorii, G. Garini, Johannes de Benait, Laurentius Trua, Uncbertus Imbaut, V. Papefor, anno Incarnationis Domini nostri Jeshu Christi M° CC° IIII°. et dictus prepositus Uncbertus sigillum suum apposuit.

XII

Sentence arbitrale rendue par le doyen de Fontenay et le prieur de Mouilleron dans un débat entre l'abbaye de l'Absie et Bridier, chevalier, au sujet de la propriété du grand marais de l'Anglée. 1211. (Orig. dans la coll. Benjamin Fillon.)

Petrus, decanus Fontiniaci et prior de Mollerum, omnibus Christi fidelibus presentes litteras inspecturis salutem in Domino. Noverit universitas vestra quod controversia erat inter Gaufridum abbatem et monachos Absie ex una parte et Briderium militem ex altera, super magno maresio de Lengleia quod fuerat Hugonis de Ozaio defuncti. Predictus abbas dicebat illud esse suum ad colendum et ad approbandum quibuscumque modis vellet et cartas suas per cirographum divisas super hoc ostendebat. E contra predictus miles hec omnia denegabat. Tandem proborum virorum consilio, apud Serneium coram nobis quibus causa à domino Mauricio Pictavensi episcopo commissa fuerat querela ista sospita fuit in hunc modum, ita videlicet quod de maresio clauso Absienses duas partes habebunt et reddent decem solidos annuatim Andegavensis monete predicto Briderio et successoribus suis, in festo beati Michaelis, vel in crastino, apud Ozaium, qui nunquam dupplicabuntur et reddentur quousque maresium fuerit cultum ; quando vero maresium cultum fuerit cessabunt denarii et reddent dicti Absienses duo sextaria frumenti ad eumdem terminum. De maresio non clauso ita est quod si Absienses voluerint, vel in pratis, vel in exclusis, vel in aliis quibuslibet modis edificare, poterunt. Si vero prenominatus miles illud dare voluerit ad claudendum alicui, primo requirentur Absienses et, si voluerint claudere, due partes illis remanebunt et tercia pars dicto militi ita quod predictus miles in omnibus clausuris terciam partem mittet et monachi duas, excepto primo boto et excursu de Challeio que prima vice à monachis debent fieri, et, si postea aliquid emendandum fuerit, dictus miles terciam partem, sicuti in aliis, mittet. Actum fuit hoc apud Serneium, in presencia nostra, videntibus et audientibus istis : Bonomeschino cappellano de Cocaio, magistro G. priore Sancti Thome, A. cappellano de Bucello, J. de Serneio et J. de Riaumo et Willelmo de Cappella Tiroil, prioribus, P. Bati priore de Noariis, T. Vossart, H. de Chagneio, Mauricio de Noalleio, militibus, Helia de Puteo sicco, Morello de Metulo, P. de Fregne et multis aliis. Hec omnia concessit Juliana uxor predicti Briderii apud Noalleium, videntibus et audientibus : magistro G. priore Sancti Thome. A. cappellano de Bucello, J. Pasquer monacho, fratre Lucha, P. de Fregne. Factum fuit hoc anno ab Incarnacione Domini M° CC° XI°.

XIII

Fondation par Savary de Mauléon de son anniversaire dans l'abbaye de l'Absie. 28 juin 1212. (Arch. des Deux-Sèvres, H. S.)

Sciant omnes tam presentes quam futuri quod ego Savaricus de Maloleone, assensu et voluntate Belle Satis uxoris mee, dedi Deo et ecclesie Beate Marie de Absia et religiosis ibidem Deo servientibus, pro salute mea, parentum et antecessorum meorum, in perpetuam et puram helemosinam, comendiciam quam habebam in duabus villis que vocantur Freignes, capones scilicet et duodecim denarios annuales ; pro hac autem helemosina predicti religiosi tenentur singulis annis celebrare anniversarium patris et matris mee, meum quoque et uxoris mee post decessum nostrum, singulis diebus unam missam de Beata Maria Virgine in perpetuum celebrabuntur; istud beneficium facient fieri per omnes abbacias suas, scilicet Vig... Insulam Chauvet et aliud. Ne autem labentis temporis vicissitudine aut personarum varietate hec nostra helemosina et donatio nominata aliquatenus valeat annulari, presentem cartam illis concessi in testimonium, sigilli mei munimine insignitam ; hiis testibus : domino Guillelmo de Aspero monte, magistro Aldeberti cappellano, Johanne Bon, monacho, Ar. de Cantumerula, P. de Freignes et aliis pluribus. Datum anno Incarnationis Domini M° CC° duodecimo in vigilia apostolorum Petri et Pauli, in camera de Angeriaco [1], regnante Philippo rege in Francia, Johanne in Anglia.

---

1. Une analyse de la même charte dans Baluze, t. 51, porte cette mention de lieu différente : *in camera de Posauges*.

XIV

Porteclie, seigneur de Mauzé et de Marans, concède aux abbayes de Saint-Michel, de l'Absie, de Saint-Maixent, de Maillezais et de Nieuil, le droit d'ouvrir un canal dans les marais du Langon, de Vouillé, de Mouzeuil et de l'Anglée. 1217. (Orig. dans la coll. Benjamin Fillon.)

In nomine Sancte et Individue Trinitatis. Ego Porteclie, dominus Mauseaci et Mareanti, universis Christi fidelibus presentem paginam inspecturis in perpetuum. Universitati vestre notum fieri volo quod ego, ob salutem anime mee et in remedium animarum patris et matris mee, uxoris quoque mee et filiorum meorum et totius generis mei antecedentis presentis et subsequentis, dedi et concessi pro me et fratre et heredibus meis in puram et perpetuam helemosinam Sancti Michaelis in Heremo, de Absia, de Sancto Maxentio, Malleacensi, Niolensi abbatibus et conventibus liberam potestatem et licentiam faciendi et habendi in dominio meo et feodo de Marahanto quendam excursum ad excurrendas aquas de omnibus maresiis de Langon et de Voillec et de medietate maresiorum de Mosuil et de maresiis de Anglea, que sunt de feodo Hugonis de Ozaio militis, et de maresiis que sunt in feodo Willelmi Chastener sive Auguerruens, tam de illis que sunt inter maresia de Voillec et maresia de Langon, quam de illis maresiis que sunt inter maresia de Voillec ex una parte et maresia de Marahanto et de Challe ex altera. Similiter etiam eisdem dedi et concessi liberaliter in helemosinam licenciam faciendi ad Becheron vel ad domum Raveau, si sibi viderint expedire, duas cheietas et duos porterellos ad excurrendas aquas ex predictis maresiis profluentes. Similiter dedi et concessi predictis abbatiis liberalitatem portandi et reportandi per predictum canalem, absque omni costuma et exactione, proprias res suas ad predicta maresia pertinentes. Hunc autem excursum similiter concessi omnibus participantibus vel participaturis cum predictis abbatibus in prenominatis maresiis quantum ad aquas excurrendas. Nulle vero res, nisi res predictorum abbatum, per istum excursum, absque mea licentia, transitum habebunt. Nulle autem aque, nisi prenominate, excurrent per istum canalem, absque mea licentia et assensu abbatum. Condictum vero fuit et concessum inter me et prenominatos abbates et suos participes quod ipsi faciant unum pontem super predictum canalem in via que tendit versus Lucon sive in via portus et eundem firmum et stabilem teneant. Si vero contigerit quod dominus Marahanti aliqua de causa dictum pontem dirui fecerit ipsum de suo restituet et talem faciet qualis erat ante. Adhuc locutum et constitutum fuit inter nos quod, si serviens abbatum hominem malefacientem vel animal in botis vel in canali invenerit, ipsum capiet vel ejus gagium, et tamen illud gagium non extrahetur nec malefactor placitabitur extra dominium Marahanti, et hoc quod jus inde dictaverit erit abbatum. Si vero serviens domini Marahanti malefactorem aliquem ibi invenerit gagium erit suum, dampno tamen prius abbatibus restituto. Porro ego firmiter et bona fide concessi quod hec omnia facerem pacifice teneri et observari. Similiter volo et constituo quod hec omnia heredes et posteri mei inviolabiliter teneant et observent et horum omnium constituo me tutorem et defensorem et fratrem meum et heredes et successores meos. Ad hec volo et rogo devote venerabiles Pictavensem Willelmum et Xantonensem Henricum episcopos et successores eorum ut hec tam pie facta et concessa faciant per censuram ecclesiasticam firmiter observari. Predicti vero abbates et conventus me specialiter susceperunt et patrem et matrem meam et uxorem et filios meos et fratrem et omne genus meum in omni beneficio monasteriorum suorum, videlicet missis, psalmis, vigiliis, orationibus, helemosinis et aliis pauperum sustentationibus, concedentes etiam quod nomen meum, die obitus mei, in kalendario defunctorum conscribetur inter familiares et fiet cum ipsis anniversarium meum et mei generis annuatim in unoquoque monasterio supradicto. Actum publice apud Marahantum, in ecclesia Sancti Stephani, anno gratie millesimo ducentesimo septimo decimo, Honorio summo pontifice, Philippo rege Francie, Willelmo Pictavensi et Henrico Xantonensi episcopis existentibus. Testes interfuerunt: Stephanus Malleacensis, Gaufridus de Absia, Andreas de Loco Dei de Gardo abbates, Willelmus de Anglis, Willelmus Fortis de Xantonio, Gaufridus Venders de Verinis priores, Americus Sanson, Johannes Ostelain, Willelmus Jarrie, sacerdotes de Marahanto, Willelmus Rufus, Gaufridus de Chatelars et P. Chat, milites, Johannes de Monteliset et Girbertus Venders, prepositi de Marahanto, Nicholaus de Lachenau, Gaufridus Juqueaus, Aprilis Li Broters, burgenses de Marahanto. Ut autem hec omnia firma et inconcussa ac rata perpetuo permaneant, cartam meam dedi unicuique ex monasteriis supranominatis, cum assensu et voluntate Willelmi de Mause militis, fratris mei, sigilli mei munimine roboratam [1].

XV

Pierre de Velluire, seigneur de Chaillé, concède aux abbayes de Saint-Michel-en-l'Herm, de l'Absie, de Saint-Maixent, de Maillezais et de Nieuil, le droit d'ouvrir un canal dans les marais du Langon, de Vouillé, de Mouzeuil et de l'Anglée. 1247. (*Gallia Christiana*, II, col. 1382.)

In nomine Sanctæ Trinitatis, ego Petrus de Volviro dominus de Challe, universis, etc. Notum fieri volo quod ego, ob salutem animæ meæ et patris et matris meæ, concessi pro me et heredibus in perpetuam eleemosynam Sancti Michae-

---

[1]. Cette charte a été publiée dans l'*Histoire de l'abbaye de Maillezais* par l'abbé Lacurie, p. 589, et dans l'*Histoire de Nieuil-sur l'Autize* par Ch. Arnauld, p. 272.

lis in Eremo, de Absia, de Sancto Maxentio, Malleacensi, Niolensis abbatibus et conventibus liberam potestatem habendi in dominio meo et feodo de Challe, quendam excursum liberum et immunem ab omni costuma et exactione, ad excurrendas aquas de omnibus maresiis de Langun et de Voillec et de medietate maresiorum de Mausolio et Angleæ, quæ sunt de feodo Hugonis de Ozaio militis, et de maresiis quæ sunt in feodo Willelmi Chastener militis, sive aux Guerrenz, tam de illis quæ sunt maresia de Voillec et maresia de Langun, quam de illis maresiis quæ sunt inter maresia de Voillec, et ex una parte et maresia de Maarante et de altera. Hunc autem excursum similiter dedi et concessi participantibus et participaturis cum prænominatis concessis maresiis ad excurrendas aquas nominatas, etc. Porro ego firmiter et bona fide concessi... facere, manuteneri et observari, et horum omnium constitui me tutorem et defensorem et heredem et successores meos... Et rogo venerabilem Willelmum Pictaviensem episcopum et successores ejus, ut hæc tam pie facta et concessa faciant per censuram ecclesiasticam observari. Hoc autem concesserunt Harveus miles et Petrus de Volviro tunc temporis valetus, filii mei. Actum publice apud Challec in domo mea, anno gratiæ MCCXVII, Honorio summo pontifice, Philippo rege Francorum, Willelmo Pictaviensi episcopo existentibus. Testes interfuerunt: Stephanus Malleacensis, Petrus Niolensis, Gaufridus de Absia, Gerardus de Voillec, Emericus de Podio Engelermi et Radulphus de Podio Alto, priores, Oliverius de Boissa... de Nissum, milites, et plures alii. Ut autem hæc omnia firma perpetuo maneant, chartam meam dedi unicuique dictorum monasteriorum sigilli mei munimine roboratam [1].

---

[1]. Cette charte a été imprimée dans l'*Histoire de Nieuil-sur l'Autize* par Ch. Arnauld, ap. *Mém. de la Soc. de Statist. des Deux-Sèvres*, 1862, p. 268.

XVI

Transaction entre Geoffroi, seigneur d'Argenton, et l'abbaye de l'Absie, au sujet de la dime du blé de Hérisson. 1217. (Baluze, t. 51, p. 81 et s.)

Gaufridus dominus Argentonii salutem... Noverit universitas vestra quod cum abbas de Absia traheret me in causa coram Willelmo priore, M. cantore et S. succentore Beatæ Radegundis Pictavensis, judicibus à domino Papa delegatis, super decima bladi nostri de Heriçon quam predictus abbas dicebat sibi et abbatiæ Absiæ à Tib. Chaboz quondam domino Heriçonis esse datam, tandem prudentium virorum consilio, inter me et abbatem fuit compositum sub hac forma, quod concessi pro prenominata decima abbatiæ de Absia, cum assensu et voluntate Haenor uxoris meæ, ix sextaria siliginis annuatim reddenda sub ulmo de Heriçon, in festo Beati Michaelis ; videntibus et audientibus : Henrico de Bercorio, P. de Senzaio, clericis, Aimerico de Senzaio et Andrea de Scumboil, militibus. Actum publice anno mccxvii.

XVII

Donation des terrages d'Oulmes faite à l'abbaye de l'Absie par Sébrand Chabot, seigneur d'Oulmes. 1218. (Baluze, t. 51, p. 81.)

Sebrandus Chaboz dominus de Ulmis... Noverit universitas vestra quod ego Sebrandus Chabot, cum assensu Agnetis uxoris meæ et filiorum meorum Tebaudi et Geraldi, dedi ecclesiæ Beatæ Mariæ Absiæ omnia terragia mea que percipiebam in dominio meo Ulmis, scilicet de Campodonato usque ad Rocham d'Isar et de Rocha d'Isar usque ad chirum Moisardi ; et ut firmius, hanc cartam per cirographum divisam, tam mei sigilli quam abbatis Absiæ, volui munimine roborari. Actum anno mccxviii, in presentia abbatis Absiæ et mea.

XVIII.

Obligation de cent livres contractée envers l'abbaye de l'Absie par Guillaume L'Archevêque, seigneur de Parthenay, pour retirer les joyaux que Damète, sa mère, y avait autrefois déposés. Mars 1222. (V. S.). (Arch. des Deux-Sèvres, H. 39.)

Omnibus ad quos presentes littere perveniunt Willelmus Archiepiscopus dominus Partiniaci, salutem. Noverint universi quod domina Dameta mater mea, in abbatia Absie, nomine comande, posuerat maximam copiam joellorum. Post obitum etiam domine matris mee, petii et volui a joellis investiri et saziri et ut mihi integre solverentur. Quod audiens G. tunc temporis abbas Absie timens quod ex inde sibi seu abbatie aliquid incurreret detrimentum, noluit mihi solvere comandam superius nominatam, ne super dampnis que sibi vel abbatie hujus occasione evenire possent me sibi obligarem. Et cum ego nollem suum in aliquo detrimentum, coram probis hominibus castri mei feci joellos integre ponderari et, juxta considerationem proborum hominum, valuerunt c. libras joelli superius nominati. Et, ne exinde abbas vel abbatia aliquod incurreret detrimentum, me eisdem usque ad c. libras versus eos obligavi. Et pro dictis c. libris persolvendis se obligaverunt Willelmus Oiardi, G. Oiardi, Philippus, fratres, R. de Yspania, P. Fulcherii, G. de Macogne, Willelmus Chalbos, Reginaudus Sauvengerii, J. Engelerii, P. de Paire, Willelmus de Paire, Laurencius Caceos, P. Neiron, Willelmus Doerons, R. de Sorreio, si ego hoc debitum solvere dedignarer. Actum anno Domini M° CC° XX° secundo, mense marcii. Et ad majorem confirmacionem dedi abbati de Absia presentes litteras sigilli mei munimine roboratas.

XIX

Donation d'une rente de 20 setiers de froment faite à l'abbaye de l'Absie par Guillaume L'Archevêque, seigneur de Parthenay. 1223. (Baluze, t. 51, p. 79.)

Ego Willelmus Archiepiscopus dominus Partiniaci in multis me graviter peccasse dum mihi licet et adhuc vivo confitens... dedi et concessi Deo et Sanctæ Mariæ Absiæ in veram et puram elemosinam xx sextaria frumenti apud Bercorium annuatim reddenda de frumentagio meo quod Radulphus de Bellomonte dominus Bercorii olim dederat Dametæ matri meæ in maritagio... Et ut hoc firmum et inconcussum permaneat, presentem cartam sigilli mei munimine roboratam predictæ abbatiæ dedi in testimonium. Hoc factum fuit anno Incarnationis mccxxiii.

XX

Donation par Thomas Pillaut et sa femme Aremburge de leurs personnes et de leurs biens à l'abbaye de l'Absie. Janvier 1227. (Arch. des Deux-Sèvres, H. 11.)

Universis presentes litteras inspecturis Thomas Pillaut, Aremborgis ejus uxor, salutem in Domino. Noveritis quod nos dicti conjuges, non vi, non dolo, nec metu ad hoc inducti, sed ex mera voluntate nostra commoti, damus et concedimus nosque dedisse et concessisse confitemur pure, libere et absolute, pro salute et remedio animarum nostrarum, abbati et conventui monasterii beate Marie de Absia in Gastina nos et omnia bona nostra mobilia et immobilia presentia et futura ubique sint et quorum nomine seu genere censeantur, habendos, tenendos, levendos ex nunc in perpetuum libere, pacifice et quiete una cum omnibus nominibus, juribus, accionibus, petitionibus, causis, querelis que nobis et cuilibet nostrorum competunt et competere possunt versus quasque personas, racione bonorum predictorum seu occasione eorumdem, ipsosque abbatem et conventum constituendum procuratorem in rem suam in premissis et ratione premissorum, transferentes nos dicti conjuges in dictos religiosos omnem possessionem et dominium nobis et cuilibet nostrorum competentes in premissis et quam potessionem in ipsis nos dedisse et concessisse confitemur ipsos religiosos possessores predictorum nostro ministerio facient et constituent nos nomine ipsorum possidere, supplicantes dominis feudalibus dictarum rerum quatinus predictum abbatem et conventum seu procuratorem eorum ratione monasterii sui ad sazinam et possessionem omnium et singulorum premissorum accipiant et amictant, nobis nullatenus invocatis, que omnia et singula supradicta promisimus per fidem corporalem tenere et in contrarium non venire, renuntiantes dicti conjuges omni exceptioni circonvenienti machine lesionis doli mali seu fraudis, omni usui, consuetudini et statuto edito et edendo, juri scripto et non scripto, omnibusque aliis exceptionibus, racionibus et juribus tacitis et expressis per que tenor presentium posset destrui vel infrangi. In cujus rei testimonium dedimus dictis religiosis presentes litteras sigillo senescallie Pictaviensis apud Fontiniacum pro domino rege Francie instituto, juridictioni cujus quantum ad hoc supponimus nos et nostram ad.... instanciam, sigillatas. Ego vero Guillelmus Morissonnect clericus, custos dicti sigilli, ad petitionem predictorum conjugum, ante dicto sigillo presentes litteras, salvo jure dicti domini regis, sigillavi cum fideli relatione Johannis Coistera clerici juris mei super his et consimilibus, qui loco mei presens fuit, in primum... conjuges volentes et consentientes super premissis omnibus et singulis judicio curie dicti domini regis judicavit, prout ex relatione eisdem... intellexi cui adhibent super hoc fidem plenam ; et ad hec fuerunt Guillermus Gaymart et Petronilla de Bosco... specialiter evocati. Datum die mercurii post festum beati Hylarii yemalis anno Domini M° CC° XX° sexto.

XXI

Transaction entre l'abbaye de l'Absie et Gauthier de Gauffreros, sergent de Thouars, au sujet d'une dette de 40 livres due par ledit Gauthier sur sa maison du bourg Saint-Jacques de Thouars. 29 septembre 1227. (Arch. des Deux-Sèvres, H. 30.)

Universis Christi fidelibus presentes litteras inspecturis. J. Falors prior Sancti Jacobi de Thoarcio, et magister P. de Grandgent capellanus ejusdem ecclesie, salutem in Domino. Noverit universitas vestra quod, cum contentio verteretur inter G. venerabilem abbatem de Absia ex una parte et Galterium de Guefrairos servientem de Thoarcio ex altera, super quadam summa peccunie quam dictus abbas dicebat et asserebat se Galterio de Guefrairos super arbergamentum suum quod est in vico Sancti Jacobi de Thoarcio et super alia tenamenta sua mutuasse, ipso G. de Guefrairos hoc inficiante. Tandem coram nobis audientibus Savarico Raimunt, Rollando de Champegnie, militibus de Thoarcio, Giraldo Vayroni capellano de Boyme, J. David cappellano ecclesie Sancti Medardi de Thoarcio, confessus est quod ipse debebat dicto abbati XL. libras. Nos vero, pro bono pacis et assensu utriusque partis, mediante nostro et proborum virorum consilio, inter ipsos pacem confirmavimus in hunc modum, quod dicto abbati persolvetur prefatus G. XL. libras, currentis monete per spacium quatuor annorum. Ita quod in quolibet anno persolvet eidem decem libras, et de illis pacificavit cum abbate et reddet in singulis annis, infra festum Sancti Luce Evangeliste. Preterea predictus Galterius post mortem suam dedit et concessit abbatiæ de Absia in puram et perpetuam elemosinam quandam vineam quam habebat in clodo de de Coutanciis, liberam de omni costuma, præter decimam quam ego prior Sancti Jacobi habeo in dicta vinea et prior Sancti Nicholai unam somam vindemie. Et ad hoc prosequendum obligavit se et bona sua. Et etiam, fide sua interposita, in manu nostra concessit et dedit fidejussores R. sacerdotem fratrem suum, R. Daillors, J. Baudoyni, G. Danse, G. Raimunt, qui se constituerunt tanquam principales debitores, pro eodem unusquisque pro toto. Hujus rei testes sunt : G. Ouroins tunc temporis prior Sancti Nicholai de Thoarcio, A. Galichers, monachus de Absia, F. Paims frater ejusdem ecclesie, J. de Aula, J. de Chalandraio, monachus Sancti Jovini, T. Rebotins de Mauleio. Et ne hoc posset in irritum revocari, ad petitionem jam dicti G. presentes litteras prefato abbati dedimus in testimonium cum sigillorum nostrorum munimine roboratas. Actum ante ecclesiam Sancti Jacobi de Thoarcio, in festo sancti Michaelis, anno gracie millesimo cc° xx° vii°.

XXII

Vidimus de 1357 d'une charte de 1227 par laquelle Belleassez, dame de Pouzauges, donne à l'abbaye de l'Absie tous ses droits sur Giraud Goscelin, ses héritiers et leurs biens, et le droit d'acquérir dans ses fiefs sans payer aucunes redevances. (Arch. des Deux-Sèvres, H. 36.).

A tous ceux qui ces presentes lettres verront et oyront Guillaume Lonbars garde du scel royal estably à Fontenoy pour nostre sire le roy de France, saluz. Sachent tõuz que nous davant dit Guillaume avons veu et diligemment regardé et de mot à mot leu les lettres de madame Bellesset jadis dame de Pouzauges, si comme en dites lettres est plus à plain conteneu non cancellées, non vicées, non razées, non abolées mes sans nulle suspicion dequelles la teneur est telle :

Universis Christi fidelibus presentes litteras inspecturis Bellasatis domina Pouzaugiarum, salutem in Domino. Noveritis quod ego, pro salute anime mee parentumque meorum, dedi Deo et ecclesie Beate Marie de Absia in Gastina et monachis ibidem Deo servientibus omne jus et omne dominium altum et bassum quod habebam et habere poteram in Giraudo Goscelini et heredibus suis et rebus eorumdem mobilibus et immobilibus, aquisitis vel aquirendis. Dedi vero predictis monachis in pura et perpetua elemosina licenciam aquirendi in dominiis et in cunctis feodis meis, et in aquisitis vel aquirendis, nichil juris, nihil dominii michi nec heredibus meis retinens. Et ut hec predicta integra et illibata predictis monachis in perpetuum remaneant, dedi eisdem monachis litteras meas sigilli mei munimine roboratas in testimonium et munimen. Actum anno Domini millesimo ducentesimo vicesimo septimo.

Saélées les dites lettres du scel de la dite Dame si come de première face se percyssoit et desquelles lettres nous davant dit Guillaume Lonbars avons donné ce presente copie, pour maniere de vidisse, aux dits religieux de l'Absie, souz le scel de nostre syre le roy de France establi à Fontenoy, le jour de la feste de saint Perre des Liens l'an mil III^c cinquante et VII.

XXIII

Vidimus de 1301 d'une donation de 1230 par laquelle Guillaume, seigneur de la Forêt-sur-Sèvre, concède à l'abbaye de l'Absie un emplacement au Bouchet, près de la Forêt, pour y construire un moulin dont les revenus seront partagés par moitié entre lui et ladite abbaye. (Arch. des Deux-Sèvres, H. 9.)

Universis presentes litteras inspecturis et audituris, Hugo de Buxeriis custos sigilli senescallie Pictavensis apud Fontiniacum pro domino rege Francie constitutus, salutem in

Domino. Noveritis nos vidisse et verbo ad verbum diligenter inspexisse quasdam litteras sigillo Guillelmi militis domini de Foresta una cum sigillo venerabilis viri Petri Herberti archidiaconi Toarcensi, prout prima facie apparebat... formam que sequitur continentes :

Universis Christi fidelibus presentes litteras inspecturis Guillelmus miles, dominus de Foresta, salutem in perpetuum. Noscat presens..... quod ego Guillelmus dominus de Foresta, de assensu et voluntate Theophanie matris mee et uxoris mee Catherine fratrisque mei Sebrandi et filiorum meorum, dedi, pro salute anime mee parentumque meorum, Deo et fratribus Beate Marie de Absia in puram et perpetuam helemosinam, unum locum situm au Bochet prope Forestam, ad unum molendinum ibidem construendum ; dedi etiam aquam et terras necessarias ad deductus et excursus aquarum molendini undecumque vel ubicumque viderint faciendos ; unum vero pratum ad usum bestiarum ad dictum molendinum venientium, delegavi. Verumptamen dicti fratres debent suis expensis propriis dictum molendinum primitus in omnibus edificare, in omnibus reddere consummatum, quo consommato medietatem omnium proventuum debent percipere dicti fratres et ego et heredes mei medietatem reliquam capiemus. Verum si dictum molendinum post primam edificationem in aliquo corruetur vel deterioretur, dictis fratribus omne boscum in aventagium exhibentibus, reliqua omnia expensis communibus construentur suis emendabuntur ; et etiam dictum molendinum innovabitur, si necessarium fuerit, in terra mea predicta do Bochet ubi dictis fratribus placuerit et sibi melius et utilius viderint expedire, communibus tamen expensis, ut est dictum. Ita quod, excepto bosco a dictis fratribus dato, in omnibus aliis a me et heredibus medietas, et a dictis fratribus reliqua medietas persolvetur ; debent vero dicti fratres monerium ibidem ponere qui ad solvendam medietatem mihi et heredibus meis et ad reliquam medietatem solvendam sepe dictis fratribus legitime se fide propria obligabit. Et homines mei de Foresta et de villis meis et terris conjacentibus de territorio de Foresta nunc existentes et futuri et homines predictorum fratrum in eodem territorio et in villa de Foresta existentes ad predictum molendinum molere tenebuntur ; et ego nec heredes mei alium molendinum super dicta villa seu territorio non poterimus de cetero construere, habere seu etiam edificare. Ego autem et heredes mei tenemur hec omnia predictis fratribus et eorum successoribus in perpetuum deffendere et stare ; ut autem... confirmavit in testimonium veritatis. Actum anno Domini m° ducentesimo trecesimo datum. — Hujus visionis et inspectionis et predicto sigillo sigillatum... onem luce... cui fidem plenam adhibemus. Die Veneris post festum Beati Barnabe apostoli, anno Domini m° ccc. primo.

XXIV

Geoffroy de Lusignan, vicomte de Châtelleraud, seigneur de Vouvent et Mervent, indemnise les moines de l'Absie des dommages que lui et son père avaient causés au temporel de ce monastère, en lui concédant le droit d'acquérir librement des biens dans tous ses fiefs et d'y exercer la juridiction à laquelle il pouvait prétendre. 1232. (Arch. des Deux-Sèvres, H. 37.)

Universis presentes litteras inspecturis, Gaufridus de Leziniaco vicecomes Castri Airaudi, dominus Volventis et Mayreventis, salutem in perpetuum. Noveritis quod cum disposuerim iter arripere ad Romanam curiam pro expediendis negotiis meis que habebam cum ecclesia Malleacensi, prius volui antequam iter arriperem satisfacere pro posse meo illis qui contra me habebant justam querimoniam et maxime viris religiosis et ceteris universis. Cum hec audiens et intelligens Gaufredus abbas de Absia tunc temporis personaliter accessit ad me, petens me monasterio de Absia et monachis ibidem deservientibus congruam emendam fieri super magnis et gravibus dampnis et injuriis que sibi et dicto monasterio feceram et maxime de nemoribus suis de Romeya et in multis aliis locis, et pater meus ante me multa eisdem dampna intulerat, prout dictus abbas asserebat. Quod vero, prout a quibusdam viris fide dignis didici in parte maxima esse vera, pro dictis vero dampnis et injuriis a me et a patre meo dicto monasterio illatis, et pro remedio anime mee parentum meorumque salute et proborum virorum consilio, satisfeci eisdem in hunc modum, videlicet quod dedi eis et concessi in perpetuum omnimodam licenciam acquirendi et acquisita faciendi, quocumque titulo poterint acquirere in tota terra mea et in cunctis feodis meis, quocumque loco se extendit; et in acquisitis et in acquirendis dedi eisdem omnem juridictionem et omne dominium quod habebam vel habere poteram vel debebam, quocumque nomine censeantur, nichil juris vel dominii michi, nec heredibus meis, nec successoribus meis retinens in acquisitis factis seu de cetero faciendis ; acquisita vero seu acquirenda in supra dictis locis teneant et explectent in perpetuum, omnimoda juridicione et plenaria libertate, et alius nomine ipsorum similiter possideat cum simili libertate. Et ad hec omnia et singula firmiter tenenda et fideliter observanda, obligavi me et heredes meos et successores meos eisdem cum omnibus bonis meis mobilibus et immobilibus presentes et futuros. Et ad majorem hujus rei certitudinem dedi eisdem presentes litteras sigilli mei munimine roboratas, in testimonium et munimen. Datum anno Domini M° CC° tricesimo secundo.

XXV

Donation d'une rente de six livres sur le péage de Hérisson faite à l'abbaye de l'Absie par Aimeri d'Argenton. 1233. (Baluze, t. 51, p. 80 et s.)

Litteræ Aimerici de Argentonio quibus, patre suo G. de

Argentonio presente, dat abbatiæ Absiæ sex libras annui redditus in pedagio suo de Ericum... Actum anno MCCXXXIII.

XXVI

Vidimus de 1258 de deux donations de 1234 par Jehan Restex et Jehan du Teil, chevalier, à l'abbaye de l'Absie de tous les droits qu'ils avaient sur certaines vignes que tenait Guillaume Petit, homme de l'abbaye. (Arch. des Deux-Sèvres, H. 10.)

Universis presentes litteras inspecturis Radulphus decanus in capitulum Pictaviensem, eternam in Domino salutem. Noveritis nos vidisse et diligenter inspexisse duo paria litterarum sigillatarum sigillo P. archidiaconis Thoarcensis, ut prima facie apparebat, quarum littere prime tenor talis est :

Notum sit omnibus presentem cartulam inspecturis quod ego Johannes Restex dedi liberaliter et concessi in puram et perpetuam elemosinam Deo et abbatie Beate Marie de Absia in Gastina quicquid juris et quicquid dominii habebam in vinea Guillelmi Petit, sita in feodo Reste ; ita quod Guillemus Petit, homo abbatis et conventus abbatie predicte et heredes sui predictam vineam in augmentum tenamenti sui a predictis abbate et conventu tenebunt libere et pacifice in perpetuum possidebunt. Et, ut hec donacio et concessio rata et stabilis de cetero perseveret, dominus P. archidiaconus Thoarcensis presenti cartule sigillum suum apposuit in testimonium veritatis. Data anno gratie M° CC° XXX° IIII°, in fine mensis marcii.

Tenor vero secunde littere talis est :

Notum sit omnibus presentem cartulam inspecturis quod ego Johannes de Tilia, miles, dedi liberaliter et concessi in puram et perpetuam helemosinam Deo et abbatie Beate Marie de Absia in Gastina quicquid juris et dominii habebam in quadam vinea sita en la Meiteierie que vinea quondam fuit Mathei Sairea et mea propria tempore donationis predicte, ita quod Guillelmus Petit homo abbatis et conventus abbatie predicte et heredes sui predictam vineam in augmentum sui tenamenti a predictis abbate et conventu tenebunt libere et pacifice in perpetuum possidebunt. Et, ut hec donatio et concessio rata et stabilis de cetero perseveret, dominus P. Archidiaconus Thoarcensis presenti cartule sigillum suum apposuit in testimonium veritatis. Data anno gracie m° cc° xxx° iiii° in fine mensis marcii. Quod autem in predictis litteris vidimus contineri sigillo nostro duximus sigillandum. Data hujus transcripti, die lune ante festum Beati Vincentii, anno Domini m° cc° l° octavo.

XXVII

Transaction passée devant l'archidiacre de Thouars, entre Foulques d'Assais et l'abbaye de l'Absie, au sujet des terrages de la Tâche et de l'hommage réclamé à Foulques par l'abbaye. 1236. (Arch. des Deux-Sèvres, H. 40.)

Universis Christi fidelibus presentes litteras inspecturis, humilis abbas archidiaconus Thoarcensis, salutem in vero salutari. Universitati vestre notum facimus quod cum dilectus noster in Christo, Willelmus tunc temporis abbas et conventus Beate Marie de Absia impeterent coram nobis Fulconem de Acayo super parte servientele quam habet idem Fulcone in terragiis feodi de la Tâche unde idem abbas et conventus petebant sibi homagium fieri ab eodem Fulcone secundum partem quam ipsi percipiunt in eisdem terragiis ; dicto Fulcone contrario asserente quod ad hujusmodi homagium non tenebatur, utpote qui nunquam nec antecessores sui dictum homagium prefato abbati sive conventui nec predecessoribus suis fecerant, nec de faciendo fuerant aliquatenus requisiti. Et cum etiam dicti abbas et conventus peterent a predicto Fulcone coram nobis terragium propriarum terrarum ipsius in eodem feodo sitarum, in quo terragio se dicebant jus habere, dicto Fulcone penitus inficiante. Tandem, post multas altercationes et dierum assignationes, de consilio bonorum, amicabilis compositio intervenit coram nobis inter ipsos in hunc modum, videlicet quod idem Fulco, pro bono pacis, dedit et assignavit in perpetuum prefatis abbati et conventui unam sextariatam terre sue, sitam in predicto feodo et contiguam, sine medio aliquo, terris abbatis et conventus predictorum. Donavit etiam idem Fulco prefatis abbati et conventui duodecim denarios censuales reddendos, singulis annis, ab ipso et heredibus et successoribus suis in perpetuum, in die qua idem Fulco et heredes sui reddent dictis abbati et conventui partem suam terragiorum supra dictorum. Propter quod dicti abbas et conventus quiptaverunt omnino eidem Fulconi et heredibus suis in perpetuum questionem et in peticionem dicti homagii et terragiorum de terris dicti Fulconis supra dictis. Hoc salvo et retento, quod ipse Fulco fecit fidem dictis abbati et conventui, et eciam ad eandem fidem faciendam obligavit heredes et successores suos, videlicet quod de premissis terragiis prefatis abbati et conventui persolvent, sine fraude et diminutione, aliquam porcionem quam debent habere et percipere in eisdem. Et significabunt idem Fulco et heredes et successores sui prefatis abbati et conventui semel in anno et tempestive qua die dicta terragia de area dicti Fulconis levabuntur ; ita quod abbas et conventus predicti ad hoc faciendum certa die possint mittere nuncium suum, si voluerint. Sin autem ad dictam diem sibi significatam, ut dictum est, mittere noluerint, dicta terragia nihilhominus levabuntur. Et ut dicta compositio firma et stabilis in posterum perseveret, nos de peticione et mandato dictarum partium, utrique earumdem presentes litteras nostras concessimus sigillatas sigillo nostro et sigillo dictorum abbatis et conventus in testimonium veritatis. Actum est hoc anno gracie M° CC° XXX° sexto.

XXVIII

Guillaume, seigneur de Mauzé et de Marans, donne à l'abbaye de l'Absie un jardin près de la mer, à Charron, et un homme libre de redevances à Marans. 1ᵉʳ mars 1237. (V. S.) (Arch. des Deux-Sèvres, H. 12.)

Universis presentes litteras inspecturis Willelmus dominus Mausiaci et Maraanti, salutem in Domino. Noverit universitas vestra quod nos, cum assensu et voluntate Haceline uxoris nostre, dedimus et concessimus Deo et abbatie Absye, pro remedio patrum et matrum et parentum nostrorum et pro animabus nostris, in puram et perpetuam helemosimam, quoddam ortum menarum, situm in mare prope Charuns, scilicet de tribus faloinatis ; nichil in predicto orto retinentes, nisi duodecim denarios censuales, qui denarii nobis vel mandato nostro annuatim in festo Sancti Michaelis, apud Maraantum, persolventur et nulla occasione duplicabuntur. Insuper dedimus predicte abbatie et monachis ibidem Deo servientibus quendam hominem in villa nostra Maraanti, liberum a bienno et excubia et ex omni actione, preter de collecta que annuatim facta est communi ville in festo Sancti Michaelis, scilicet illum hominem qui fuerit mansionarius in masurello quod fuit defuncte Heutachie, situm inter molendinum nostrum et domum Gauffridi de Porta, in quo masurello scilicet dominus R. Callelli et J. frater suus habebant duodecim denarios censuales, quos, pro remedio animarum suarum et parentum suorum, in puram helemosinam, eidem abbatie supra dicte coram nobis dederunt et integre quiptaverunt. In cujus rei testimonium, nos, cum voluntate eorum quorum nomina superius sunt expressa, sepe dicte abbatie nostras patentes litteras sigilli nostri munimine roboratas dedimus in testimonium veritatis. Actum in festo Beati Albini, anno Domini M° CC° XXX VII°.

XXIX

Vidimus de 1258 d'une donation du 26 mars 1238, par laquelle Pierre Grosgren abandonne à l'abbaye de l'Absie le bois de Chabirant près de la Chapelle-Seguin. (Arch. des Deux-Sèvres, H. 13.)

Universis presentes litteras inspecturis Radulphus decanus et capitulum Pictavense, eternam in Domino salutem. Noveritis nos vidisse et diligenter inspexisse quasdam litteras sigillo Johannis quondam archidiaconi Briocensis, ut prima facie apparebat, tenorem hujus modi continentes :
Universis Christi fidelibus presentes litteras inspecturis vel audituris J. humilis archidiaconus Briocensis eternam in Domino salutem. Noverint universi quod Petrus Grosgren, pro salute anime sue parentumque suorum, cum assensu et voluntate matris sue et Simonis Grosgren fratris sui, dedit et concessit Deo et monasterio Beate Marie de Absia in Gastina, in puram et perpetuam helemosinam, nemus suum de Chabirant à vado de Beneres usque ad viam que ducit ad Capellam Seguins, prout termini ibi positi et cruces ibidem affixe dividunt, et à via supradicta, prout nemus Willelmi de Verno dividunt et Separis ; dando et concedendo omne dominium et omne jus quod habebat vel habere poterat in eodem nemore vel pertinenciis suis, promittens, tam ipse, quam frater ejus, pro se et heredibus suis, si ab uxore dicti P. Grosgren aliquam partem hujus nemoris, occasione oscli sui, contingat evinci, reficere omne dampnum et expensum que, occasione illius evictionis, contingerit evenire. Petrus vero Barret de Verno, si quid juris vel dominii, usus vel usuffructus in prefato nemore haberet vel habere deberet, illud dedit pure et concessit monasterio supradicto. Et ne donationes prefate possent in posterum infirmari, ad petitionem dictorum Petri Grosgren, matris sue, Simonis fratris sui, et etiam Petri Barret, nos presens scriptum sigilli nostri munimine

duximus roborandum. Actum apud Absiam, anno Domini M° CC° XXX° octavo, in crastinum Annunciacionis Dominice.

Quod autem in predictis litteris vidimus contineri sigillo nostro duximus sigillandum. Datum die lune ante festum Beati Vincencii, anno Domini M° CC° quinquagesimo octavo.

XXX

G. de Clerbaud, seigneur de Saint-Pompain, donne à l'abbaye de l'Absie Pierre Sauzea et l'herbergement qu'il habite. 1239. (Arch. des Deux-Sèvres, H. 14.)

Omnibus presentes litteras inspecturis, G. Clerebaudi dominus Sancti Pompeiani, salutem in Domino. Noveritis quod ego, considerans utilitatem anime mee parentumque meorum, me per Dei graciam sana mente existente, dedi et concessi abbatie de Absia et fratribus ibidem Deo servientibus P. Sauzea hominem meum et harbergamentum ejus in puram et perpetuam helemosinam, et etiam omne jus quod habebam vel habere poteram in domo supra dicta, nullo jure mihi vel heredibus meis retinente. De predicta helemosina, fratrem H. monachum de Lasie investivi et sazivi. Et ut hoc ratum et firmum permaneat, presentes litteras sigillo meo sigillavi. Actum anno gracie M° CC° XXX° nono.

XXXI

Donation faite à l'abbaye de l'Absie, par Eustachie de Mauléon, de tout ce qu'elle possédait dans la paroisse de la Tessoualc. Octobre 1239. (Baluze, t. 54, p. 86 et s.)

Universis Christi fidelibus presentes litteras inspecturis Eustachia quondam vicecomitissa Castri Ayraudi, filia Radulfi de Maloleone bonæ memoriæ, salutem in Domino æternam. Noveritis quod ego, pro salute animæ meæ et patris mei Radulfi de Maloleone, Aeliz matris meæ, Savarici fratris mei et Clemenciæ filiæ meæ, dedi et concessi Deo et Beatæ

Mariæ et ecclesiæ de Absiâ, in puram et perpetuam helemŏsinam, omnem redditum quem possidebam et habebam et habere debebam et poteram cum omni jure et dominio, in parrochia et in villa de Tessoele, tam in masuriis terrarum, quam rebus aliis sitis in dictis parrochia et villa, nihil mihi nec successoribus meis retinens, sed sicut ego possidebam quiete et pacifice, ita dicta ecclesia amodo quiete, libere et pacifice in perpetuum habeat et possideat. Et, ut hæc donatio robur firmitatis obtineat, fratribus dictæ ecclesiæ presentes litteras sigilli mei munimine roboratas dedi in testimonium et munimen. Datum mense octobris anno gratiæ M. CC. XXXIX.

XXXII

Eustachie, fille de Raoul de Mauléon, lègue à l'abbaye de l'Absie une rente de quinze muids de vin à Saint-Martin-de-Ré, la moitié de son cellier de l'île de Ré et autres rentes, moyennant la célébration d'une messe quotidienne pour le repos de son âme. Mars 1239 (V. S.) (Arch. des Deux-Sèvres, H. 4.)

Ego Eustachia quondam filia Radulphi domini de Maloleone et quondam vicecomitissa Castri Ayraudi [1] notum facimus universis presentes litteras inspecturis quod ego, pro salute anime mee et parentum meorum, legavi et dedi in puram et perpetuam elemosinam, abbatie et fratribus Beate Marie de Absia quindecim modios vini puri de redditu vini mei quem solebam percipere singulis annis tempore vindemiarum apud burgum Sancti Martini de Re de veteribus vineis que sunt de ultra burgum Sancti Martini ad torcular domini de Maloleone,

---

1. Eustachie de Mauléon, sœur du célèbre Savary de Mauléon, avait épousé Hugues III, vicomte de Châtelleraud, qui vivait en 1196 et mourut jeune. Elle épousa en secondes noces Raoul de Machecoul. Dom Chamard, dans sa *Chron. hist. des vic. de Châtell.*, n'a pas connu ce mariage de Hugues III, qui fut un instant vicomte, comme il l'a soupçonné d'ailleurs, sans oser l'affirmer. (*Mém. Ant. Ouest*, XXXV, 111; — XXXVI, 395.)

percipiendos singulis annis a predictis fratribus vel mandato ipsorum predicto tempore ad predictum torcular. Dedri etiam in perpetuam elemosinam eisdem fratibus medietatem et quicquid juris vel dominii habebam vel habere poteram in dictos homines vel heredes ipsorum, vel in res ipsorum mobiles vel immobiles, habitas vel habendas. Iterum lego et dono eidem ecclesie quicquid juris et dominii habebam vel habere poteram in talliis et masuris et terris in tota terra et parrochia de Tessoelle cum omnibus supradictis jure perpetuo, libere et pacifice possidendum. Item volo quod, si forte contingeret me aliam voluntatem vel dispositionem vel elemosinam hiis elemosinis contrariam a modo ordinare vel antea ordinasse, nolo quod... habeat firmitatem ne predictis elemosinis et litteris, in aliquo valeat derogari. Concesserunt mihi abbas et conventus..... supradicte intuitu pietatis, quod singulis diebus celebrabitur una missa pro anima mea et parentum meorum..... atia sua..... bus abbatibus venientibus ad Absiam, pro generali capitulo, celebrabiturque..... sa..... meum. Et ad..... perpetue firmitatis presentibus litteris sigillum meum apposui et rogavi dominum P. venerabilem abbatem de Ré, Cistersensis ordinis et dominum P. Archidiaconum Toarcensem ut presentibus litteris..... ierent sigilla sua ad majus robur et testimonium veritatis. Datum anno gratie M° CC° XXX° nono, mense marcio.

XXXIII

Codicille d'Eustachie de Mauléon en faveur de l'abbaye de l'Absie. Mars 1239 (V. S.) (Arch. des Deux-Sèvres, H. 4.)

Quum nihil est quod magis debeatur hominibus quam ut supreme voluntatis postquam jam aliud velle non possunt, liber sit stillus et liberum quando iterum non redit arbitrium. Idcirco ego Eustachia, quondam filia Radulphi domini de Malloleone et quondam vicecomitissa

Castri Ayraudi, ultimam diem vite meé labentis cupiens prevenire, codicillos seu aliam dispocitionem facio, dispono, et ordino in hunc modum. In primis notum facio universis presentes litteras inspecturis quod ego, pro salute anime mee parentumque meorum et omnium amicorum meorum, do, lego in puram et perpetuam helemosinam, Deo et monasterio Beate Marie de Absia et monachis ibidem famulantibus do quindecim modios vini puri de redditu vini mei, quem solebam percipere singulis annis tempore vindemiarum, apud burgum Sancti Martini de Ré, de veteribus vineis que sunt de ultra burgum Sancti Martini, ad torcular domini Radulphi patris mei et domini Savarici de Malloleone fratris mei, quos dicti monachi vel mandato ipsorum reddituales singulis annis tempore vindemiarum percipient pacifice ad prædictum torcular. Dedi eciam in perpetuam elemosinam prædictis fratribus medietatem cellarii mei de Ré et duas tonas meas minores que sunt in cellario supradicto. Item lego eidem ecclesie et concedo triginta solidos censuales Turonenses quos habebam et annuatim percipiebam super tenementa heredum Galterii Bardie defuncti, reddendos in vigilia Natalis Domini annuatim fratribus ecclesie supradicte. Do et lego dictis monachis et monasterio supradicto quicquid juris et dominii, sive meri, sive mixti, habebam vel habere poteram in dictis heredibus, hominibus meis et successoribus..... heredum defuncti G. Bardie in rebus eorumdem, mobilibus et immobilibus, habitis vel habendis in dominio de Ré et in tota terra que fuit patris mei supradicti, liberis et immunibus ab omni servicio et costuma. Item do, lego monasterio et monachis prefatis quicquid juris et dominii habebam et habere poteram in talleis et masuriis et terris in tota terra et parochia de Tessoelle, cum omnibus supradictis jure perpetuo quiete, honorifice, pacifice in perpetuam helemosinam possidendum et tenendum. Item volo et jubeo quod, si forte contingeret me aliam voluntatem sive dispositionem vel aliam helemosinam hiis elemosiniis contrariam a modo ordinare, vel antea ordinasse aliquo tempore, nolo quod aliquam habeat firmitatem in prædictis helemosinis et litteris in aliquo valeat derogari. Promiserunt mihi abbas et conventus supradicti, intuitu pietatis, quod singulis diebus celebrabitur missa pro anima mea et omnium parentum et amicorum meorum in dicta ecclesia Absiensi et ab omnibus abbatibus venientibus apud dictam ecclesiam pro generali capitulo celebrabitur meum anniversarium. Et licet ad faciendam rei geste fidem testes et instrumenta parem vim habeant, tam propter vite hominum brevitatem et propter labilem memoriam eorumdem sepe contingit quantum ad faciendum fidem in posterum instrumenta fore validiora testibus, idcirco rogavi dominum P. abbatem Beate Marie de Ré, Cisterciensis ordinis, et dominum P. archidiaconum Thoarcensem ut presentibus litteris ad majoris robur firmitatis apponerent sigilla sua una cum meo presentibus litteris predictis monachis in testimonium veritatis. Datum anno gracie M° CC° XXX° nono, mense marcio.

XXXIV

Guillaume, seigneur de Mauzé et de Marans, donne à l'abbaye de l'Absie un jardin près de Charron, une maison, diverses rentes, et la franchise de tous devoirs féodaux à Marans. 1240. (Arch. des Deux-Sèvres, H. 12.)

Universis presentes litteras inspecturis vel audituris Willelmus dominus Mausiaci et Marahanti, eternam in Domino salutem. Noveritis universi quod nos, cum assensu et voluntate domine Haelyne uxoris nostre, pro salute anime nostre et sue parentumque nostrorum et aliorum amicorum nostrorum, dedimus et concessimus in puram et perpetuam helemosinam Deo et monasterio Beate Marie de

Absia et monachis ibidem Deo servientibus quendam ortum menarum de tribus floynatis, situm in mare prope Charuns, quiete et pacifice dictis monasterio et monachis vel mandato suo explectandum perpetuo et tenendum, nichil juris vel dominii in orto predicto nobis vel nostris successoribus retinentes, nisi duodecim denarios censuales nobis vel mandato nostro vel successoribus nostris vel mandato eorum, in festo Sancti Michaelis, apud Marahantum annuatim persolvendos. Ita tamen quod isti duodecim denarii casu aliquo contingente dupplicari nullo modo poterunt nec augeri. Item dedimus et concessimus, cum voluntate domine Haeline predicte, dictis monasterio et monachis quoddam masurellum quod fuit defuncte Heutachie, situm in villa Marahanti, inter molendinum nostrum et domum Gauffredi de Porta, liberum et immune ab omni procuratione et servicio que de jure vel consuetudine impenduntur vel consueverunt impendi, ratione talium prediorum. Dedimus etiam et concessimus dictis monasterio et monachis quidquid juris habebamus et habere poteramus et debebamus in quendam hominem de villa nostra Marahanti vel aliumde et in heredes sui successores suos qui in dicto masurello mansionarii fuerint, nichil juris vel dominii quod nobis in eis possit competere vel debeat nobis vel nostris successoribus in eis retinentes penitus nec in suis, quamdiu dictum masurellum habitaverint vel tenebunt. Imo volumus et concedimus quod ipsi in villa nostra Marahanti et alias ubicumque terra nostra et juridicio pretenditur euntes, redeuntes, existentes, vendentes et ementes, cum rebus suis, immunes sint et liberi ab omni procuratione, servicio, excubia et biannio, exercitu, pedagio et costuma et plenarie omni alia gaudeant libertate. Et ad majorem premissorum certitudinem in posterum, de consensu et voluntate domini Rodulphi Caillea et Johannis fratris sui qui duodecim denarios censuales quos supra dicto masurello habebant in nostra presentia constituti predictis monasterio et monachis in puram et perpetuam helemosinam donaverunt, presentes fecimus litteras super præmissis confici et sigilli nostri munimine roborari. Datum anno Domini M° CC° XL°.

XXXV

Testament d'Eustachie de Mauléon, instituant pour héritier son neveu Raoul de Mauléon, et léguant diverses rentes à l'abbaye de l'Absie où elle élit sa sépulture, et à d'autres abbayes, pour la fondation de messes et d'anniversaires. 3 février 1243 (V. S.) (Arch. des Deux-Sèvres, H. 5.)

In nomine Sancte et Individue Trinitatis, ego Eustachia de Maloleone quondam vicecomitissa Castri Hayraudi in ultima voluntate posita, me per Dei graciam in sana mente existente meum legatum compono in hunc modum. In primis Radulphum de Maloleone nepotem meum post obitum meum heredem meum constituo de redditibus et hereditariis tam paternis quam maternis, salvis elemosinis meis a me ipsa constitutis. Lego etiam abbatie de Absya in qua meam elegi sepulturam quindecim modios vini puri et legitimi in insula de Ré et medietatem cellarii mei et etiam medietatem doliorum meorum et tonarum mearum, et G. Bardie hominem meum et heredibus suis et rebus suis mobilibus et immobilibus, sicut continetur in cartula super hoc confecta a me dicte abbatie super hoc data. Item lego dicte abbatie et monachis ibidem commorantibus duodecim libras turonenses in talleiis meis quas habeo in dominio et feodo de Malloleone. Annuatim dicti monachi tenentur pro anima mea, et pro anima fratris mei Savarici de Maloleone parentumque meorum, duas missas singulis diebus in predicta abbatia celebrare et meum anniversarium cum abbatibus dicte ecclesie venientibus ad capitulum generale annuatim et sollemniter celebrare. Item abbatie Sancti Leodegarii, pro meo anniversario annuatim et solenniter faciendo, lx solidos in nundinis Sancti Gervasii quos homines mei de Belveario et de Sancto Gervasio debent reddere et in dictis nundinis deportare abbatie Sancti Michaëlis de Heremo. Ibidem xx solidos pro anniversario meo annuatim faciendo sanctimonialibus de Lalande xv solidos, abbatie Brignii xv solidos, capellano de Cheray x solidos, in dictis nundinis annuatim percipiendos; et omnes isti tenentur meum servitium facere annuatim. Volo et precipio quod omnia mobilia mea et debita ubicumque sint ad emendas meas faciendas sint, et ad mea debita persolvenda. Item volo etiam et precipio quod omnes proventus et redditus totius terre mee qui michi in hereditario pertinere possint usque ad duos annuos continuos et completos ad premissa facienda sint, et si aliqua permanserint volo quod per meos testamentarios dividantur et legentur. Volo etiam et precipio quod illud testamentum quod olim composui, in quo venerabiles abbates de Ré, de Absya, de Gracia Dei et de Insula Calveti meos constitui testamentarios irritum revocetur et nullam roboris obtineat firmitatem. Omnia ista supradicta tenenda fideliter et observanda in osculo pacis et fidei concessit michi dictus Radulphus de Maloleone nepos et heres meus post decessum meum se libere et perpetuo servaturum ; et ad hec omnia exequenda meos... testamentarios de Absya et de Sancto Leodegario venerabiles Abbates et dominum Odonem Barret militem qui honus receperunt sub tali condicione quod nemini tenerentur nisi quantum possent........ meis.... mis habere sine difficultate et expensis eorumdem. Si vero bona..... predictis testamentariis facere contigerit pro redditibus aggregandis et debitis adquirendis de meis bonis habeant et faciant competenter. Et quod hoc presens legatum robur firmitatis obtineat, venerabiles in Christo patres meos, Dei gracia, Pictavensem et Xanctonensem episcopos, tutores et conservatores presentis testamenti mei constituo et suplico eisdem in intuitum pietatis et misericordie sua sigilla presenti legato dignentur apponere una cum meo sigillo in veritatis testimonium et munimen. Actum fuit hoc et datum apud Ardennam, anno gracie m° cc° xl° tercio, mense februari, in festo Sancti Blasii martiris.

XXXVI

Don de la Jarroere fait à l'abbaye de l'Absie par Brient Chabot, seigneur de Lamairé. 1244. (Baluze, t. 51, p. 80 et s.)

Litteræ P. archidiaconi Thoarcensis quibus Briendus Chabos miles, dominus de la Mairé legavit ecclesiæ B. Mariæ de Absia, Willelmo abbati et monachis totam terram de la Jarroere, anno mccxliv.

XXXVII

Donation des marais de l'Anglée, faite à l'abbaye de l'Absie par Haude, dame d'Auzais. Novembre 1244. (Orig. dans la coll. Benjamin Fillon.)

Universis presentes litteras inspecturis et audituris Hauda domina de Ozayo, uxor domini Willelmi Hermenjo militis, eternam salutem in Domino Jhesu Christo. Noverint universi quod ego Hauda domina de Ozayo, uxor domini Willelmi Hermenjo militis, compos mee mentis, dedi, legavi et concessi Deo et ecclesie Beate Marie de Absia in Gastina et abbati et conventui ibidem Domino servientibus omnia maresia mea de Langlee, culta et inculta, clausa et non clausa, cum piscaturis, pratis, exclusis et pascuis et omnibus aliis pertinenciis dictorum maresiorum et quicquid juris et dominii in eisdem maresiis habebam et habere poteram et debebam, quiete et pacifice possidenda perpetuo et habenda, cum omni jure et dominio que in eisdem maresiis et eorum pertinenciis habere poteram et debebam. Preterea remisi et quiptavi abbati et conventui nominatis decem solidos censuales quos annuatim percipere debebam vel alius nomine meo pro dictis maresiis ab eisdem. Quiptavi etiam et absolute remisi eisdem religiosis duo sextaria frumenti qui essent loco dictorum decem solidorum solvenda tempore quo dicta maresia essent ad culturam redacta. Legavi preterea et absolute remisi prefatis religiosis omne terragium et complanctum que ego vel alius nomine meo et antecessores mei jure hereditario et quocumque nomine alio percepimus et habuimus et percipere et habere ego et heredes sive successores mei debebamus in omnibus terris et vineis suis de Nucariis in feodo meo et dominio sitis, pure et perpetuo libere et quiete, cum omni jure et dominio que in dictis terris et vineis habebam et habere poteram et debebam in perpetuum possidenda. Legavi etiam abbati et conventui nominatis tres minas frumenti annui redditus quas annuatim percipiebam vel alius nomine meo ab eisdem in terra de Lomee sita prope domum Nucariorum. Insuper dedi et concessi et absolute remisi sepedictis religiosis quicquid juris et dominii habebam et habere poteram et debebam in domo eorum de Nucariis et ejus pertinenciis in feodo meo et dominio sitis, quocumque nomine censeantur. Preterea confirmavi et concessi abbati et conventui sepedictis omnes donaciones factas eisdem et concessas ab antecessoribus meis, sive causa mortis, seu inter vivos, vel quocumque alio nomine facte fuerint et concesse. Hec autem omnia et singula legavi, feci et confirmavi spontanea voluntate, de assensu, voluntate et auctoritate domini Willelmi Hermenjo mariti mei qui juravit supradicta omnia et singula fideliter observare pro se heredibusque suis. Et ut supradicta omnia et singula in posterum firma haberentur et rata, ea omnia confirmavi proprio juramento, nihil juris vel dominii retinens mihi nec heredibus meis vel successoribus in omnibus supradictis. Supplicavi etiam domino Willelmo Hermenjo marito meo qui omnibus et singulis supradictis concessum prebuit et assensum et venerabili viro Radulpho archipresbitero Sancti Maxencii ut presenti carte sigilla sua apponerent in testimonium et munimen. Datum anno Domini m° cc° xl^{mo} quarto, mense novembri.

XXXVIII

Confirmation, par Jean et Gilbert Chasteigner, de la donation des marais de Langlée, faite autrefois à l'abbaye de l'Absie. 13 mars 1245. (Orig. dans la coll. Benjamin Fillon.

Universis presentes litteras inspecturis Johannes et Gillebertus Chategner, milites, fratres et filius domini Willelmi Chategner militis, Johannes de Monte Falconis miles et Perroques Joceames, domina Hersendis et Aenordis sorores uxores dictorum Johannis de Monte Falconis militis et Perroques et filie dicti Willelmi Chategner, eternam in Domino salutem. Noverint universi quod cum Hauda quondam uxor domini Willelmi Armengeo militis, Hugo de Ozayo, Briderius et Juliana uxor sua, antecessores dicte Haude dedissent ecclesie Beate Marie de Absya in puram et perpetuam helemosinam magna maresia de Langlee, clausa et non clausa, culta et non culta, cum piscaturis, exclusis, aquis et omnibus pertinenciis, cum omni jure et dominio que in dictis maresiis habebant et habere poterant, nos omnes donaciones et legata facta à dicta Hauda et antecessoribus suis rata habuimus et concessimus ecclesie superius nominate. Dedimus etiam eidem ecclesie quicquid juris et dominii habebamus et habere poteramus in dictis maresiis tam in terris, pratis, exclusis, piscaturis, viis, quam in aquis et omnibus aliis, quocumque nomine censeantur, nichil juris et dominii nobis nec heredibus seu successoribus nostris retinentes in predictis, et de supradictis omnibus firmiter prosequendis et perpetuo observandis, in manu venerabilis viri magistri Gaufridi Guilloti tunc temporis archidiaconi Briocensis dedimus fidem nostram, eidem archidiacono unanimiter supplicantes, cum sigilla propria non haberemus, ut presentibus litteris sigillum suum apponeret in testimonium veritatis. Datum die lune post *Reminiscere*, anno Domini m° cc° xl^{mo} quarto [1].

XXXIX

Transaction entre l'abbaye de l'Absie et Guillaume Paillers, au sujet d'une maison ou bourgeoisie à la Forêt-sur-Sèvre, dont ledit Guillaume ne payait plus le cens dû à ladite abbaye. 31 mars 1245. (Biblioth. de Poitiers.)

Universis presentes litteras inspecturis Petrus humilis archidiaconus Thoarcensis, salutem in Domino. Noveritis quod Willelmus Paillers, burgensis de Foresta super Separim in jure coram nobis constitutus recognovit quod ipse erat homo mansionarius virorum religiosorum abbatis et conventus de Absia in Gastina et quod ipse tenebat ab eisdem in ligensiam suam domum de Foresta ad decem et octo solidos annui census eisdem abbati et conventui annuatim persolvendos. Recognovit etiam coram nobis in jure quod propter paupertatem suam cessaverat à solucione predicti annui census per quinque annos continue preteritos. Qua de causa predicti abbas et conventus predictam burgensiam et domum cum pertinenciis sazierant et posuerant in manibus eorumdem, prout idem Willelmus confessus est coram nobis. Verumptamen postmodo, zelo ducti misericordie, predicti abbas et conventus, interveniente hinc inde amicorum consilio et precibus, restituerunt eidem Willelmo predictam burgensiam et domum ; ita tamen quod dictus burgensis dimisit et quittavit coram nobis predictis abbati et conventui totam terram ad

---

1. Cette charte a été publiée dans l'*Hist. de la Maison des Chasteigners*, par Du Chesne, preuves, p. 24.

dictam burgensiam pertinentem cum quodam prato sito juxta molendinum Petri Billete militis. Ita tamen quod dicti abbas et conventus predictam terram habebunt, tenebunt et explectabunt cum dicto prato, excepta una sextariata terre cum predicta domo quam ipsi abbas et conventus dimiserunt eidem Willelmo, pietatis intuitu, ad sustentacionem victus ejusdem quousque ipse vel heredes ipsius venirent ad tam pinguem fortunam quod ipsi possent satisfacere de retroacto tempore usque ad quatuor libras et dimidia abbati et conventui supradictis; et quod ex tunc sine pejoracione aliqua burgensiam predictam tenentes et explectentes cum pertinenciis possent solvere annuatim predictos decem et octo solidos, nomine annui census, abbati et conventui prenotatis. Idem vero Willelmus promisit hec omnia et singula pro se et heredibus suis, prestito juramento, coram nobis fideliter observare. Datum die jovis ante Ramos palmarum, anno Domini M° CC quadragesimo quinto, apud Berchorium.

XL

Thibaud de la Motte donne à l'abbaye de l'Absie ses droits sur des vignes, dans la paroisse de Loge-Fougereuse, et une rente de cinq sous. 11 juin 1246. (Arch. des Deux-Sèvres. H. 16.)

Universis Christi fidelibus presentes litteras inspecturis, Tebaudus de Mota miles, eternam in Domino salutem. Noverint universi quod ego spontaneus de mera liberalitate mea, pro salute anime mee, patris mei et matris mee parentumque meorum, dedi Deo et ecclesie Beate Marie de Absya et monachis ibidem Deo famulantibus quicquid juris et dominii habebam et habere poteram et debebam in vineis de la Sauvagerye et in vineis que sunt juxta fontem Preveirau, sitis in pheodo de Thoca, in parrochia de Loge Faugerose. Dedique et concessi quinque solidos annui redditus eisdem monachis quos pater meus solebat percipere in molendino dau Faiau. De quibus omnibus supra dictis investivi Willelmum tunc temporis venerabilem abbatem de Absya, nomine ecclesie sue et conventus. Et quia sigillum proprium non habebam, supplicavi venerabili viro magistro Gaufrido Guilloti tunc temporis archidiacono Briocensi qui presens erat et in cujus jurisdictione res predicte consistunt, ut presentibus litteris sigillum suum apponeret in testimonium veritatis. Actum et datum sabbato post festum sancti Barnabe apostoli, anno Domini M° CC° XL° sexto.

XLI

Vidimus de 1426 d'une donation du mois d'août 1246, par laquelle Thibaud Chabot, sire de Chantemerle, confirme à l'abbaye de l'Absie le don que lui a fait Geoffroi de la Motte, dans la paroisse de Loge-Fougereuse, et concède à ladite abbaye le droit d'acquérir dans tous ses fiefs, avec la seigneurie et juridiction sur toutes les terres qu'elle y possède. Août 1246. (Arch. des Deux-Sèvres, H. 16.)

Copie. A tous ceulx qui verront et orront ces présentes lettres Thebault Chaboz chevalier, sire de Chantemerle, salut en Nostre Seigneur. Sachent touz presens et avenir que je ay pour le salut de marme et de mon père et de ma mère et de mes freres, ay donné et octroyé et confermé, et encores donne, conferme à Dieu et à l'abasie de l'Absie en Gastine et aus religieux hommes, à l'abbé et au couvent de celui lieu et à leurs successurs tout le droit et toute la seigneurie que Geffroy de la Mote, chevalier, avoit donné à la dicte abbaye sus une vigne que Pierre Michoz tenoit de luy, en la paroisse de Logefougerouse, et sus un ort qui est jouste la dicte vigne qui avoit esté Jehan Michot et toutes les chouses que Bonnaut Michot et Gorduns avoyent jouste la dicte vigne, si come il est divisé par bonnes et par vignes et contenue on lettres données au dit chevalier à Dieu et à l'abbaye dessus dicte au leurs don Beau André chevalier. Et vueils et octroye pour moy et pour mes héritiers et successeurs aus diz religieux que ils puissent acqueire dommaennes et aumosnes, recevoir en mes fez et en mez refez, ainsi que nous ne puissons les dits religieux les choses acquises ou à acqueire données ou aumosnees pour forcier à mectre fors de leur main ne à faire finances pour les chouses dessus dictes. Encore donne et octroye, pour la cause dessus, à Dieu et à l'abaye dessus nommee et aux religieux dessus diz tout le droit, toute la seigneurie, toute la juridiction et le destroit que je avoie et avoir povoie et devoie et avoir puis et doist en toutes les chouses et en chascune ou que elles soient, ou pour quanque nom elles soient appelees que les dits abbez et covent ont acquis ou acqueire pour don, ou pour ausmone, ou quauque cause que ce soit, en mes fez ou en mes refez, nient à moy ne a mes hers ne a mes successors retenans es choses acquises et acquerre dou diz abbez et covens, mes tant seullement le spiritual bien fait. Et vueil et consent pour moy et pour mes hers et pour mes successors que le dit abbé et convent et ceulx qui auront cause d'eux ayent et tiengent et explectent toutes les chouses dessus dictes acquises et à acquerre, donnees ou aumosnees et chacune pour soy omist pur impere, ne ne veil que, si may ou mes hers ou mes successurs faisions ou explecteissions aucunes chouses contre la tenour de ces lettres presentes, qu'il ne porte ne ne face prejudice au dit abbé et convent, ne à leurs successeurs ni à ceulx qui auront cause deulx. Et à ce tenir garder fermement et loyalement oblige moi et mes hers et mes successeurs ; et en tesmoingn de verité, ay donné aus diz abbez et convent ces presentes lectes scellées de mon propre sceau, en l'an de grace mil deux cens et quarante six, o mois d'aoust. Donné et fait pour copie et collation faicte à l'original, le IIIe jour de novembre l'an mil cccc° vingt six. Signé J. Herisson pour copie.

XLII

Accensement des terres et bois du Courtil-Bertrand, moyennant la rente de cinq sous, consenti à l'abbaye de l'Absie par Renaud Fromont, chevalier, et Henri Jourdain. 29 juin 1247. (Arch. des Deux-Sèvres, H. 32.)

Universis presentes inspecturis, Reginaldus Fromundus miles et Henricus Jordany, eternam in Domino salutem. Noveritis quod nos assensavimus monasterio de Absia in Gastina, et fratribus ibidem Deo servientibus, terras et nemora de Cortillo Bertrandi, prout fossata vinearum de la Chamailleria et tallea ducens vel tenens usque ad terram de Lanerie dividunt, et quicquid juris et dominii habebamus et habere poteramus ibidem, habenda et possidenda ab dictis fratribus perpetuo et quiete, pro quinque solidos currentis monete, in festo beati Michaelis, apud la Renborgere, nobis vel mandato nostro, nostrisque successoribus annuatim persolvendis, sine aliquo alio servicio, rodoancia vel costuma, nobis nec heredibus nostris nec successoribus exibendis. Ita tamen quod, nisi predicto termino, vel saltem infra octabas predicti festi, nobis et successoribus nostris predicti quinque solidi solverentur. Et tunc dicti fratres tenerentur de dicto censu, tamque laici, in nostra curia respondere et facere justiciam, secundum usus et consuetudinem patrie, nobis et successoribus nostris. Et nos et heredes et successores nostri tenemur predicta garire et defendere ab omni impedimento, tanquam dominiis suis censivariis. Et ad majorem hujus rei certitudinem, dedimus sepe dictis fratribus presentes litteras sigillo magistri G. Guilloti tunc temporis archidiaconi Briocensis ad petitionem nostram sigillatas. Datum post festum apostolorum Petri et Pauli, anno gracie M° CC° XL° septimo.

XLIII

Testament d'Aimeri IX, vicomte de Thouars, par lequel il fait de nombreuses donations à beaucoup d'abbayes et de maisons religieuses du Poitou, et notamment à l'abbaye de l'Absie, dont l'abbé est institué l'un de ses exécuteurs testamentaires. 30 octobre 1254. Orig. dans la coll. Benjamin Fillon.\

In nomine Patris et Filii et Spiritus Sancti. Amen. Anno Incarnationis Domini millesimo ducentesimo quinquagesimo quarto, mense octobris, ego Aymericus vicecomes Thoarcensis, dominus Thalemondensis, compos mentis mee dispono sive facio testamentum meum, seu ultimam voluntatem. In primis, ego retineo ad debita mea solvenda, ad emendas faciendas helemosinas et legata mea complenda, prout testamentarii mei viderint comode expedire qui inferius nominantur, omnes redditus, proventus et exitus quocumque nomine censeantur, totius hereditatis mee, sive in terris, sive in castris consistant, tam in eis scilicet que impresentiarum possideo, quam in eis que michi quoquo modo vita comite poterunt evenire, habendos et recipiendos per manus testamentariorum predictorum usque ad tres annos complendos, computandos a die qua ad heredes sive successores meos quocumque nomine apellentur res predicte devenient et eas poterunt explectare. Item volo, precipio et concedo quod de forestis meis, seu nemoribus ubicumque sint de illis de quibus testamentarii mei melius et utilius viderint expedire, vendatur et recipiatur per manus eorumdem usque ad summam quinque millium librarum monete currentis, pro predictis debitis, emendis, helemosinis et legatis plenarie ad effectum ducendis. Item volo et precipio quod omnia mobilia mea ubicumque sint que michi debentur et debebuntur, quocumque modo, ad manus executorum meorum plenarie deveniant qui de illis disponant et faciant, prout saluti anime mee comodius viderint expedire, hiis tamen completis que superius exprimuntur. Verumptamen, ut res certior habeatur, ego lego cuilibet abbatie in episcopatu Pictavensi unum annale et cuilibet conventui earumdem et locis aliis conventualibus viginti solidos pro meo servicio faciendo die qua eos habuerint vel die sequenti. Item cuilibet capellano curato dicti episcopatus, pro tricenali et septimali, sex solidos et duos denarios. Item fratribus Jacobitis et Minoribus civitatis Pictavis, cuilibet quinquaginta libras ad opus ecclesie sue, vel alibi, si executores viderint expedire. Item cuilibet domui fratrum Minorum de diocesi Pictavensi centum solidos. Item domino Pape, pro salute et absolucione anime mee, decem libras. Item domino episcopo Pictavensi decem libras. Item ecclesie cathedrali beati Petri Pictavis quinquaginta solidos, pro servicio meo faciendo. Item ecclesie beati Hylarii Pictavensis quadraginta solidos eodem modo. Item cuilibet ecclesie conventuali de civitate Pictavis triginta solidos eodem modo. Item lego trecentas libras Pictavenses ad pupillas et orphanas maritandas, prout executores mei viderint bonum esse. Item trecentas libras retineo ad emendum redditum in feodis meis ad legandum piis locis, prout testamentarii mei viderint expedire, pro anniversario meo perpetuo faciendo, ad cujus redditus empcionem nolo quod aliquis heredum vel successorum meorum possit contravenire. Item servitoribus meis clericis et laicis de familia mea ducentas libras dividendas per manus eorumdem executorum. Item monialibus abbatie Fontis Ebraudi centum solidos die qua meum servicium celabrabunt. Item cuilibet conventui monialium de diocesi Pictavensi viginti et quinque solidos sub eodem modo. Item generali capitulo Cisterciensi decem libras sub eodem modo. Item generali capitulo fratrum Minorum decem libras ad pitanciam sub eodem modo. Item generali capitulo fratrum Predicatorum similiter decem libras. Hujusmodi legata predicta se extendunt ad solam vicem pro meo servicio faciendo. Item retineo michi triginta libras annui redditus in terris, redditibus et rebus meis supradictis, salvis tamen helemosinis et legatis a me prius factis, de quibus triginta libris jam disposui et etiam ordinavi per capellanias, scilicet abbatiis de Absia in Gastina, de Granateria, de Morolia, scilicet abbatie de Absia quindecim libras in ballia de Bochagio de Thoarcio et abbatie de Granateria in frumentagio meo de Podio Beliardi terragio et cosdumis octo sextaria frumenti pro quatuor libris, et abbatie de Morolia decem libras in talleiis burgensium meorum de Marolio. Item abbatie beati Johannis de Bona Valle prope Thoarcium decem solidos pro anniversario meo in perpetuum annuatim faciendo. Item abbatie Sancti Launi de Thoarcio decem solidos, eodem modo, qui viginti solidi dictis duabus abbatiis assignabuntur apud Thoarcium, prout executores mei viderint esse bonum. Et quia dignum est et honestum quod filius paternitatem patris pariterque auxilium imploret humiliter, ideo exoro et requiro paternitatem et bonitatem reverendi patris mei in Christo ac domini Johannis, Dei gracia, episcopi Pictavensis, quod ipse sit custos et deffensor istius testamenti mei, seu ultime voluntatis, prout ad salutem anime mee viderit et sciverit expedire, ne propter negligenciam deffensionis, quod absit, pereat anima sui filii peccatoris. Iterum rogo humiliter et requiro dulciter atque benigniter nobilitatem, benignitatem atque dulcedinem karissimi ac specialissimi pariterque excellentissimi domini mei Alfonsi filii domini regis Francie, comitis Pictavensis et Tholose, quod ipse, amore Dei et pietatis intuitu, velit post mortem meam ostendere amiciciam, bonitatem et dulcedinem quam erga corpus meum miserrimum vita comite ostendebat, istud testamentum meum, tamquam pater ac dominus, caritative atque benigniter deffendendo. Executores istius testamenti mei seu ultime voluntatis constituo venerabiles viros archidiaconum Thoarcensem, de Absia in Gastina, de Granateria, de Morolia, de Campo Bono abbates, Guillermum Armengeo, Guillermum Rulfi, milites qui exequantur, ordinent et faciant de predictis, prout ad salutem anime mee viderint et sciverint expedire, ita videlicet quod, si omnes isti ad execucionem dicti presentis testamenti nequiverint interesse, tres ipsorum qui presentes fuerint, nichilominus ea que ad salutem anime mee secundum tenorem dicti testamenti viderint expedire et sciverint exequantur, et si contigerit, quod absit, aliquem istorum ante complementum istius testamenti decedere, concedo eidem potestatem alium substituendi loco sui per litteram suam quem ad hoc viderit expedire. Qui executores predicti, ad supplicacionem et peticionem meam una cum sigillo meo sigilla sua apposuerunt hujusmodi testamento. Datum die veneris post festum apostolorum Symonis et Jude, anno Domini millesimo ducentesimo quinquagesimo quarto, mense octobris.

XLIV

Aimeri, vicomte de Thouars, donne à l'abbaye de l'Absie une rente de cent sous sur son bailliage du Bouchage pour l'augmentation de deux chapellenies instituées dans ladite abbaye, dans le but d'y célébrer un service quotidien pour le repos de son âme. 20 août 1255. (Arch. des Deux-Sèvres, H. 17.)

Omnibus presentes litteras inspecturis, Aimericus vicecomes Thoarcensis, dominus Thalemundensis, salutem in Domino sempiternam. Noveritis quod nos damus et concedimus in puram et perpetuam helemosinam et irrevocabilem, Deo et Beate Marie et abbacie de Absia in Vastina et monachis ibidem Deo servientibus, centum solidos annui redditus currentis monete, in augmentationem duarum capellaniarum, quas dicti abbas et conventus de Absia dederunt et concesserunt nobis ad vitam et ad mortem in suo monasterio de Absia imperpetuum, pro anime nostre et parentum nostrorum remedio et salute, et pro anniversario nostro post obitum nostrum, in suo monasterio annis singulis solempniter celebrando. Dicti vero abbas et conventus, dictos centum solidos a modo et in perpetuum habebunt, tenebunt, possidebunt et explectabunt, dictos centum solidos, libere, pacifice et quiete in ballia nostra de Bochagio sita in castellania nostra Thoarcii, annis singulis, in festo beati Michaelis, per manum illius qui pro tempore dictam balliam explectabit; de quibus centum solidis dictos abbatem et conventum et abbatiam posuimus in plenariam possessionem perpetuam et sazinam. In cujus rei testimonium damus, dictis abbati, conventui et abbacie memorate, presentes litteras sigillo nostro sigillatas. Datum die veneris post festum Assumptionis Beate Marie, anno Domini millesimo cc° quinquagesimo quinto.

XLV

Don par Hugues Clerbaus, sire de Saint-Pompain, à l'abbaye de l'Absie de six sous de rente, pour la fondation d'un anniversaire. 17 octobre 1255.

Ge Hugues Clerbauz, chevaler, sirez de sainc Pompaen donne et octroie et baille à Aymar la mercere et à Girat et à Rao ses filz et à lor hez et à lor successor lo bians et la terre et la fornage et la mote que ge hay en lor maysun et lo complant de tres pens de vignes qui sunt au fe do Portau, entre la vigne Sainc Hilare et les vignes au prior de Saint Pontpaen, a sez sols de cenz rendauz les tres lo jor de Naau et les tres lo jor de la Saint Johan, à labe et au couvent de la Sye au quaus ge done et otroe les devans diz sez sol de cenz, o tot dret et o tote seygnorie que je hay et aver poye et dey en la davant dite maysun et ez in davant dites vignes, à tenir et apleter et durablement pro mun aniversaire fayre à toz ans et à maintre et à mun port en la davant dyte eglise de Lasye en Gastine, rens retenant ne à me, ne à mes hers, ne à mes successors es in davant dite chose. Et je faye à saver à toz ceauz qui sunt et qui serunt par ces presentes lettres saelee de mun says. Ces fut fait l'an de l'Incarnacium Nostre Seignor mil et doz cenz et cinquante et cinc le diomangue avant la sainc Lucal.

XLVI

Vidimus du 25 septembre 1332 d'une donation du 3 décembre 1256, par laquelle Aimeri, vicomte de Thouars, constitue en faveur de l'abbaye de l'Absie une rente de cent setiers de froment sur son fromentage d'Airvault, en échange de la rente de vingt livres, concédée précédemment. (Arch. des Deux-Sèvres, H. 18.

Universis presentes litteras inspecturis Guillelmus dou Columbier clericus, custos sigilli instituti apud Fontiniacum pro domino rege Francie, salutem in Domino. Noveritis nos vidisse de verbo ad verbum et diligenter inspexisse et legisse quasdam litteras non abolitas, non cancellatas nec aliqua parte sui viciatas et omni suspectione carentes, sigillatas sigillo Aymerici vicecomitis Thoarcensis et domini Thalemundonensis, prout prima facie apparebat, quarum tenor sequitur in hec verba :

Universis presentes litteras inspecturis et audituris Aymericus vicecomes Thoarcii et dominus Thalemundinensis, salutem in Domino. Noveritis quod, cum nos dedissemus et concessimus, pro anime nostre remedio et salute, in puram et perpetuam helemosinam, Deo et Beate Marie et abbatie de Absia in Gastina monachis ibidem Deo deservientibus vigenti libras annui redditus in ballia nostra Bochagii sita in castellania Thoarcensi, nos timentes dictam balliam in toto vel in parte aliquo tempore deperire, dedimus et concessimus dicte abbatie et dictis monachis, in excambium dictarum vigenti librarum, centum sextaria frumenti in frumentagio nostro Auree Vallis, annis singulis de primo habito et recepto, ad antiquam mensuram Auree Vallis, habenda, percipienda, tenenda, possidenda in perpetuum libere, quiete, pacifica libertate ; et dicta centum sexteria frumenti dicte Abbatie dedimus et assignavimus ad quandam capellaniam nostram in monasterio dicte abbatie in perpetuum ad vitam et ad mortem nostram serviendam et honorifice celebrandam ; et de predictis centum sextariis frumenti dictam abbatiam et abbatem et conventum dicte abbatie investivimus et posuimus in perpetuam possessionem penitus et saisinam ; renunciantes in hoc dono, pro nobis, heredibus successoribusque nostris, omni juri scripto et non scripto et omnibus consuetudinibus, statutis et omnibus aliis per que hujus modi donacio posset in posterum revocari seu in aliquo molestari. In cujus rei testimonium dedimus predictis monasterio et monachis presentes litteras sigilli nostri munimine roboratas. Datum die veneris post festum beati Andree apostoli, anno Domini millesimo cc° l° sexto... Datum hujus modi visionis et inscriptionis, pro copia, die veneris post festum beati Mathie apostoli, anno Domini millesimo trecentesimo tricesimo secundo.

XLVII

Vidimus de 1261 d'une donation de mars 1256, v. s., par laquelle Geoffroi de la Motte, chevalier, constitue en faveur de l'abbaye de l'Absie, pour la fondation d'une chapellenie, une rente de sept livres sur les tailles de Loge-Fougereuse et de la Chapelle-au-Lys, et une autre rente de six setiers de seigle sur la maison de la Motte. (Arch. des Deux-Sèvres, H. 16.

Omnibus presentes litteras inspecturis, officialis curie Pictavensis, salutem in Domino. Noveritis nos vidisse et diligenter inspexisse quasdam litteras sigillatas sigillo Gauffridi de Mota, militis, ut prima facie apparebat, non concellatas, non abolitas, nec in aliqua parte sui viciatas, quarum tenor talis est :

Universis presentes litteras visuris et audituris Gauffridus de Mota, miles, eternam in Domino salutem. Noveritis quod ego, pro salute anime mee et antecessorum meorum qui monasterio de Absia in Gastina annua legata fecerunt, dedi et concessi in puram et perpetuam elemosinam monasterio de Absia predicto et monachis ibidem Domino famulantibus, septem libras annui redditus, pro quadam capellania ibidem constituenda, pro dictis septem libris et pro legatis aliis que dicti antecessores mei fecerant monasterio memorato. De quibus septem libris, mandato monasterii et monachorum predictorum, quatuor libre debent solvi, numerari et tradi annuatim in octabam Assumptionis Beate Marie Virginis, apud Loge Faugerosam, de talleis meis dicti loci et de Capella Lilii, et sex sexteraria siliginis pro residuis sexagenta solidis, in area vel in domo de Mota, de terragiis meis per manum servientis dicte domus de Motha. Ita eciam quod, si dispocisionem vel ordinationem aliquam huic forte contrariam me contingeret facere, volo quod ista que in presenti littera continetur robur firmitatis obtineat et quod per eam vel aliquam aliam huic in aliquo minime derogetur. Et ut in posterum legatum,.... litteris sigillum meum apposui in testimonium et munimen. Datum anno Domini... mense marcio. Quod autem in presentibus litteris vidimus contineri sigillo curie.......
.... me, anno Domini M° CC° LX° primo.

XLVIII

Laurent Martineau, de Parthenay, donne à l'abbaye de l'Absie, pour la fondation d'un anniversaire, une rente de dix setiers de seigle sur Bellebouche, en échange de la rente de sept setiers de froment précédemment léguée. Avril 1257. (Arch. des Deux-Sèvres, H. 19.

Universis presentes litteras visuris et audituris Laurencius Martinelli de Partiniaco salutem. Noveritis quod, pro salute anime mee et pro anniversario meo singulis annis in perpetuum faciendo, dedi et concessi Deo et abbati ac conventui de Absia in Gastina decem sextaria siliginis ad mensuram patrie apud Beleboche, in rebus illis que teneo de domino de Lamaire, percipienda singulis annis in perpetuum a dictis abbate et conventu, vel mandato eorumdem, apud Beleboche in rebus predictis; et hec decem sexteria siliginis dedi eis, ut dictum est, in permutatione et escambio septem sextariorum frumenti que antea dicto conventui in puram et perpetuam helemosinam dederam et legaveram ad comedendum in Quadragesima, videlicet pro singulis diebus dominicis Quadragesime unum sextarium frumenti predicti. Item dono et concedo in perpetuam helemosinam Deo et dictis abbati et conventui quicquid habeo vel habere debeo apud Beleboche et in pertinenciis in feodo quod teneo de dicto domino de Lamaire, obligans me et heredes ac successores meos in perpetuum et omnia bona mea presencia et futura ad defendendum et guariendum predictis abbati et conventui in perpetuum contra omnes omnia et singula predicta prout superius sunt expressa. In cujus rei memoriam et perpetuam firmitatem dedi dictis abbati et conventui presentes litteras sigillo domini Reginaldi de Milite archipresbyteri Partiniacensi sigillatas. Datum anno Domini M° CC° L° septimo, mense aprilis.

XLIX

Thibaut de Neuvy, sénéchal de Poitou, envoie les moines de l'Absie en possession de 100 septiers de froment que leur avait donnés Aymeri, vicomte de Thouars, sur le fromentage d'Airvault. 19 janvier 1257, v. s. (Arch. des Deux-Sèvres, H. 18.)

Omnibus presentes litteras inspecturis Theobaldus de Novyaco, senescallus Pictavensis, in possessionem induximus corporalem abbatem de Absya in Wastinia nomine abbatie predicte, de centum sextariis frumenti ad veterem mensuram de Aurea Valle, que Aymericus, bone memorie, quondam vicecomes Toarcensis dedit et concessit in frumentagio Auree Vallis Deo et abbatie predicte et monachis ibidem servientibus, in excambio vigenti librarum quas idem vicecomes eisdem abbatie et monachis dederat in puram et perpetuam helemosinam in ballia sua de Bochagio prout in suis litteris vidimus contineri; in cujus rei testimonium eidem abbati et abbatie dedimus presentes litteras sigillo nostro sigillatas tercio die veneris post Circumcisionem Domini, anno Domini m° cc° quinquagesimo septimo.

L

Regnaud, vicomte de Thouars, confirme à l'abbaye de l'Absie le don de 100 setiers de froment de rente sur le fromentage d'Airvault, naguère fait en 1256 par son frère Aimeri. 6 novembre 1261. (Arch. des Deux-Sèvres, H. 18.)

Universis presentes litteras inspecturis Raginaldus vicecomes Thoarci, eternam in Domino salutem. Noveritis quod, cum karissimus frater noster pie recordationis Aymericus quondam vicecomes Thoarcensis dedisset et concessisset, pro anime sue remedio et salute, in puram et perpetuam elemosinam, Deo et Beate Marie et abbatie de Absia in Gastina et monachis ibidem Deo deservientibus viginti libras annui redditus, in ballia sua Bochagii sita in castellania Thoarci, timens post modum dictam balliam in toto vel in parte aliquo tempore deperire, dedit et concessit dicte abbatie et dictis monachis, in escambium dictarum vigenti librarum, centum sextaria frumenti in frumentagio sue Auree Vallis, habenda, percipienda, tenenda, possidenda in perpetuum libere et quiete pacifica libertate. Et dicta centum sextaria frumenti dicte abbatie dedit et assignavit ad quandam capellaniam suam in monasterio dicte abbatie in perpetuum ad vitam et ad mortem suam serviendam et honorifice celebrandam, et de predictis centum sextariis frumenti dictam abbatiam et abbatem et conventum dicte abbatie investivit et posuit in perpetuam possessionem penitus et sazinam, renuncians in hoc dono, pro se, heredibus successoribusque suis omni juri scripto et non scripto, omnibus consuetudinibus, statutis et omnibus aliis per que hujus modi donatio posset in posterum revocari seu in aliquo molestari. In cujus rei testimonium dedit predictis monasterio et monachis suas litteras sigilli sui munimine reboratas. Quarum litterarum data fuit die veneris post festum beati Andree apostoli, anno Domini M° CC° quinquagesimo sexto. Nos vero, intuitu pietatis et recordationis salutis anime predicti fratris nostri, donationem et concessionem predictam et predictum escambium de dictis vigenti libris factum in centum sextaria frumenti in frumentagio Auree Vallis predicto, prout superius est expressum, concedimus et etiam confirmavimus et dicte abbatie de Absia et monachis ibidem Deo servientibus. Volumus et concedimus predicta omnia et singula in perpetuum esse rata. Et dictum abbatem nomine suo et monasterii sui racione confirmationis predicte a nobis facte et ratificationis omnium predictorum in corporalem et perpetuam possessionem posuimus et sazinam, volentes et percipientes quod serviens ille quicumque sit qui dictum frumentagium Auree Vallis, nomine nostro heredum successorumque nostrorum receperit, seu collegerit, prefatis abbati et conventui, seu mandato eorum, de primo habito et recepto frumento, prout dictum est superius, predicta centum sextaria frumenti non expectato alio mandato nostro, heredum successorumque nostrorum, ad mensuram predictam, absque mora et sine diminutione, persolvat. Renunciantes et in supradictis omnibus et singulis, pro nobis, heredibus successoribusque nostris, omni juri scripto et non scripto et omnibus consuetudinibus, statutis et etiam statuendis a papa, imperatore, rege seu et quocumque principe, vel persona seculari, vel ecclesiastica predicta dignitate et omnibus aliis per que prefata omnia vel earum aliqua vel aliquod possent in posterum revocari seu in aliquo impediri. Dicti vero abbas et conventus quiptaverunt et penitus remiserunt nobis, heredibus successoribusque nostris predictas vigenti libras annui redditus, ut dictum est, assignatas in dicta ballia de Bochagio, pro escambio centum sextaria frumenti superius annotato, et omnia arreragia nobis, heredibus successoribusque nostris similiter quiptaverunt et penitus remiserunt. Nos autem prefatis abbati, monasterio et monachis presentes litteras dedimus sigilli nostri munimine roboratas, in omnium predictorum testimonium et munimen. Datum die dominica post festum Omnium Sanctorum, anno Domini M° CC° sexagesimo primo.

LI

Thomas de la Marière vend à l'abbaye de l'Absie, moyennant la somme de vingt-sept livres, une rente de dix-huit sous assise sur la Barretière, paroisse de Pressigny, et sur l'herbergement de Vaulemy. 12 mars 1262, v. s. (Arch. des Deux-Sèvres, H. 34)

Universis presentes litteras inspecturis Thomas de la Mariere, salutem in Domino. Noveritis quod ego Thomas de la Mariere predictus vendidi, livravi et tradidi religiosis viris abbati et conventui de Absya in Gastina decem et octo solidos annui census quos habebam super quadam bordariata terræ, que vulgaliter appellatur la Barretere sita in parochia de Precigne prope Passum Vetularum et super harbergamento sito in dicta bordariata terre qui vulgaliter appellatur Vallis Milvi, precio vigenti septem librarum currentis monete michi a dictis religiosis numeratarum et traditarum, et quicquid juris et dominii habebam et habere poteram et debebam in bordariata terre et harbergamento predictis ; nichil juris vel dominii michi vel heredibus seu successoribus meis retinens in predictis habenda, tenenda, possidenda et explectanda, a prefatis religosis et eorum successoribus dictam bordariatam terre cum omnibus et singulis supradictis perpetuo pacifice et quiete. Renuncians, pro me, heredibus successoribusque meis, super dicta vendicione et omnibus aliis et singulis supradictis, exceptioni non numerate pecunie, doli mali, deceptioni ultra medietatem justi precii, privilegio cruce signatis, seu cruce signandis, seu alias peregrinantibus, indulto vel etiam indulgendo et omni alii exceptioni michi competenti vel competiture, tam de jure canonico, quam civili. Juravi insuper tactis sacrosanctis Evangeliis, spontaneus, non coactus, omnia et singula supradicta attendere et firmiter observare, et contra ea, vel eorum aliqua, per me, seu per heredem, vel per alium, non venire nec aliquid attemptare. In cujus rei testimonium prefatis religiosis et eorum successoribus, dedi presentes litteras sigillo curie capituli Pictavensis ad meam instanciam sigillatas. Datum die jovis post *Oculi mei* anno Domini M° CC° LX° secundo.

LII

Guy, vicomte de Thouars, confirme à l'abbaye de l'Absie tous les dons que lui avaient concédés ses prédécesseurs. Novembre 1274. (Arch. des Deux-Sèvres, H. 20.)

Omnibus et singulis presentes litteras inspecturis et audituris, Guido vicecomes Thouarcii tunc temporis, valetus, salutem in Domino et pacem. Noveritis quod nos volumus et etiam consentimus quod abbatia de Absia in Gastina, abbas et monachi ejusdem abbatie teneant, habeant, percipiant, possideant, et explectent in perpetuum libere, pacifice et quiete de cetero, sine inquietatione, contradictione et perturbatione nostri et heredum successorumque nostrorum, omnes donationes, dimissiones, quiptationes, concessiones, permutationes, adquisitiones, legata et helemosinas sibi factas ab antecessoribus heredibus nostris et omnes adquisitiones et couvrantias quas habuerunt, tenuerunt et explectaverunt per se, vel per alios, seu alium, tempore retroacto ubicumque sint et quocumque nomine censeantur. Et omnia et singula predicta abbatie, abbati et monachis predictis et eorum successoribus, pro anime nostre et parentum nostrum salute et remedio, confirmamus. In cujus rei testimonium et munimen sigillum nostrum duximus litteris presentibus aponendum. Datum in mense novembris, anno Domini M° CC° LXX° quarto.

LIII

Don par Jehan Tuebof, prêtre, à l'abbaye de l'Absie, de tout ce qu'il possédait dans la paroisse de la Chapelle-Seguin. 1er septembre 1285. (Arch. des Deux-Sèvres, H. 22.)

Universis presentes litteras inspecturis et audituris decanus Berchorii, salutem in Domino sempiternam. Noveritis quod, in nostra presentia personaliter constitutus, Johannes Tuebof presbyter, non vi, non dolo, nec metu ad hoc inductus, nec errore lapsus, nec ab aliquo circonventus, immo ad plenum cercioratus, non immemor eterne salutis, cupiens affectuose eternum gaudium adipisci, dono irrevocabili, seu donacione facta inter vivos pure et simpliciter, dedit et concessit ac etiam dat et concedit Deo et ecclesie Beate Marie de Absia in Gastina et abbati et conventui ejusdem loci quicquid ipse habebat et habere poterat et debebat, quacumque causa, ratione, sive jure, in tota parochia de Capella Seguyn, sit terris cultis et non cultis, pratis et pascuis, domibus et nemoribus et rebus aliis, quocumque nomine censeantur, habenda, tenenda, possidenda et explectanda, omnia et singula que in predicta donacione continentur, seu contineri possunt vel poterunt quocunque jure a predicto abbate et conventu et deinceps a suis successoribus de cetero perpetuo pacifice in futurum ; promittens dictus Johannes Tuebof presbiter, sub obligatione omnium bonorum suorum mobilium et immobilium, presencium et futurorum se contra predictam donacionem et concessionem in posterum non venire, nec aliquid attentare, per se, nec per alium; abrenuncians super hiis, omnibus exceptionibus, deceptionibus, benefficiis nove constitucionis et crucis privilegio indulto et indulgendo et beneficio sibi competenti vel in futurum competituro de jure canonico et civili et omni juri dicenti generalem renunciationem non valere et omni exceptioni de dolo, et in mense donationis et restitutionis in integrum et omnibus aliis juribus, racionibus, causis, allegationibus et deffensionibus... quod de premissis ipsum vel alium pro ipso ad presens vel in futurum juvare possent ad oneracionem premissorum seu... vel alterum premissorum irritanda vel irrita nunciare, facienda. Que omnia et singula supradicta promisit dominus Johannes Tuebof presbyter fideliter attendere, prosequi et inviolabiliter observare juramento ab ipso coram nobis super hoc prestito corporali. Nos vero decanus predictus dictum Johannem Tuebof hoc volenter et instanter petentem ad observacionem premissorum legendam in scriptura condempnamus, eidem Johanni super petitionem premissorum perpetuum silencium imponentes. Datum et actum die veneris ante festum sancti Xisti, anno Domini m° cc° octonagesimo quinto.

LIV

Pierre de Guinégaut, valet, s engage à payer à l'abbaye de l'Absie six sous de rente pour la dime des laines et des animaux de Guinégaut, qu'il doit annuellement à ce monastère. 24 février 1285, v. s. (Arch. des Deux-Sèvres, H. 21.)

Universis presentes litteras inspecturis Petrus de Guinegaus valetus, salutem in Domino. Noveritis quod cum religiosus vir abbas monasterii de Absya in Gastina peteret a me dicto valeto sex solidos annue pensionis, racione decime lanarum et animalium ville de Guinegause, confiteor ego dictus valetus me teneri dicto religioso et monasterio suo predicto in predictis sex solidis, racione predicta. Quos predictos sex solidos promitto et teneor dicto religioso et monasterio suo predicto, fide data et sub obligatione omnium bonorum meorum presentium et futurorum, annuatim reddere et solvere racione predicta. In cujus rei testimonium dedi eidem religioso presentes litteras sigillo venerabilis viri magistri dicti Guillelmi de Barra, archipresbyteri Partiniacensis, ad peticionem et supplicationem dicti valeti presentem sigillum nostrum duximus apponendum et ipsum valetum super premissis monuimus competentem. Datum apud Hericum die sabbati ante *Oculi mei* anno Domini M° CC° LXXX° quinto.

LV

Marguerite et Théophanie, enfants de feu Raoul du Bois et de Désirée, donnent à l'abbaye de l'Absie tous les biens qui ont appartenu à leurs père et mère. 17 août 1299. (Arch. des Deux-Sèvres, H. 23.)

Universis presentes litteras inspecturis Margarita et Theophania sorores filie quondam Radulphi de Bosco et Desiderate uxoris sue deffuncte, salutem in Domino sempiternam. Noveritis quod nos dicte sorores, communi assensu et voluntate, pro nobis et heredibus successoribusque nostris, dedimus et concessimus in puram et perpetuam helemosinam, pro salute animarum nostrarum, defunctorum parentum nostrorum, perpetua donacione solempniter facta sine spe et animo revocandi de cetero, religiosis viris, abbati et conventui monasterii Beate Marie de Absia in Gastina et eorum successoribus quicquid juris, dominii, actionis, proprietatis et possessionis habebamus et habere poteramus et debebamus, quocumque titulo, quacumque causa, seu racione in omnibus et singulis bonis tam mobilibus quam immobilibus que fuerunt dictorum deffunctorum parentum nostrorum, quocumque et ubicumque sint, quocumque nomine censeantur et quocumque dominio consistant, habenda, tenenda, explectenda et perpetuo possidenda omnia predicta et singula a dictis religiosis et successoribus, titulo donationis predicte, pacifice, libere et quiete. Transferentes in dictos religiosos et cedentes eisdem omnia jura et omnes actiones nobis competentia et competentes et etiam competitura in predictis bonis et racione dictorum bonorum contra quoscumque, eosque posuimus in possessionem corporalem vel quasi omnium premissorum per traditionem presentium litterarum, ipsosque constituimus procuratores in rem suam in premissis. Et de non veniendo contra predictam donacionem aut contra tenorem presentis littere per nos, vel per alium, seu alios, aliqua racione nobis competenti seu competitura, juramentum prestitimus spontanee corporale. Renunciantes in hoc facto nostro, in virtute prestiti juris omni exceptioni, deceptioni, circumventui, doli mali, fraudis et in factum exceptionis in mense donationis, omni juris auxilio canonici, civilis et consuetudinis, omni statuto principis facto et faciendo, omni privilegio crucis in favorem Terre Sancte, seu in favore cujuslibet alterius indulto et indulgendo et omnibus aliis, tam de jure, quam de facto, per que possemus venire contra predictam donationem seu contra aliquam de premissis, et specialiter omni juri dicenti generalem renunciationem non valere. In cujus rei testimonium dedimus dictis religiosis has presentes litteras sigillo senescallie Pictavensis instituto apud Fonteniacum pro domino rege Francie, cujus juridictioni nos quantum ad hoc supponimus sine laudatione alterius dominii, ad supplicationem nostram, sigillatas. Nos vero Hugo de Buxeria clericus, custos predicti sigilli, ad supplicationem Margarite et Theophanie sororum predictarum cum hoc supplicavere Luce de Mallete clerico jure nostro, prout intelleximus ex fideli relacione ipsius cui fidem plenariam adhibemus, predicto sigillo presentes litteras sigillavimus, salvo jure domini regis Francie et quolibet alieno. Actum sub judicio curie dicti domini regis, presente Stephano Gaydon et Mychaele de Cumba clericis, testibus ad hoc specialiter convocatis, die lune post Assumptionem Beate Marie Virginis, anno Domini millesimo cc° nonagesimo nono.

Sur le repli : In rotulo xviii° secundum ppr... y.

LVI

Autre cession des biens de leurs parents, faite à l'abbaye de l'Absie par Marguerite et Théophanie, filles de feu Raoul du Bois. 17 août 1299. (Arch. des Deux-Sèvres, H. 23.)

Universis presentes litteras inspecturis Margarita et Theophania filie quondam defuncti Radulphi de Bosco valeti et Desiderate uxoris sue, salutem in Domino sempiternam. Noveritis quod nos dicte sorores communi assensu et voluntate, pro nobis et heredibus, successoribusque nostris vendidimus, tradidimus et concessimus in perpetuum religiosis viris, abbati et conventui monasterii Beate Marie de Absia in Gastina predicto quatuor decem libras monete currentis garitas de vendis et bonorum nobis integre solutis a dictis religiosis in pecunia numerata. Renunciantes super hoc omni exceptioni non numerate pecunie, non tradite, non livrate, quicquid juris, racionis, dominii, actionis, proprietatis et possessionis nos et nostrum quelibet habebamus et habere poteramus et debebamus, quocumque titulo, quacumque causa seu ratione, in omnibus et singulis bonis tam mobilibus quam immobilibus que fuerint dictorum parentum nostrorum defunctorum, quocumque et ubicumque sint et quocumque dominio consistant, habenda, tenenda, explectanda et perpetuo possidenda predicta bona omnia et singula a dictis religiosis et eorum successoribus, titulo legitime emptionis pure, pacifice, libere, et quiete, transferentes in dictos religiosos nos dicte sorores et cedentes eisdem omnia jura et omnes actiones nobis competentia et competentes in dictis bonis et etiam competitura et ratione dictorum bonorum, contra quascumque personas eosque induximus in corporalem possessionem vel quasi omnium premissorum per traditionem presentium litterarum. Et promisimus et adhuc promittimus, corporali super hoc a nobis et nostrum quolibet prestito juramento et sub obligatione omnium bonorum nostrorum presentium et futurorum, contra predictam venditionem aut contra tenorem presentis littere de cetero non facere nec venire per nos vel per alium, aliqua racione, et omnia que in presenti littera continentur firmiter tenere et inviolabiliter observare. Renunciantes in virtute prestiti juramenti super hoc facto nostro omni exceptioni, deceptioni, conventioni doli mali seu fraudis et in facto omni juris auxilio canonici, civilis et consuetudinis, omni statuto principis facto et faciendo, omni privilegio crucis indulto et indulgendo in favorem Terre Sancte, seu in favorem cujuslibet alterius, et deceptioni ultra medietatem justi precii beneficio restit........ et exceptioni Velleiane et omnibus aliis tam de jure quam de facto per que possemus venire contra premissa seu contra aliqua de premissis............... causa exceptionis exprimantur. In cujus rei testimonium dedimus nos dicte sorores pro no.......... constituto apud Fonteniacum pro domino rege Francie, cujus juridictioni nos quantum ad hoc supponimus................ ex fideli relatione ipsius cui fidem plenariam adhibemus, predicto sigillo presentem................ curie dicti domini regis, presentibus Stephano Gaydon et Michaele................ die lune post Assumptionem Beate Marie Virginis anno Domini M° CC° nonagesimo nono.

LVII

Transaction entre l'abbaye de l'Absie et Hugues Fromond, chevalier, au sujet de rentes et de droits litigieux sur les vignes de la Bertaudière et de la Chamaillere, sur le pré Quanteau, près la Chapelle-Thireuil, et autres terres et bois, au moyen de divers échanges stipulés entre les parties. 7 novembre 1300. (Arch. des Deux-Sèvres, H. 41.)

Universis presentes litteras inspecturis frater Petrus, permissione divina, abbas humilis Beate Marie de Absia in Vastina totusque ejusdem loci conventus et Hugo Fromondi [1] miles, salutem in Domino. Noveritis universi quod cum contencio esset inter nos super eo videlicet quod ego dictus Hugo dicebam et proponebam dictos religiosos michi teneri singulis annis ad festum sancti Michaelis in duobus solidis et dimidio monete currentis de redditu, racione vinearum suarum albarum de la Bertaudiere ; dicebam etiam et proponebam, ego dictus Hugo, me dictum Hugonem fuisse et esse in possessione habendi et percipiendi gardas et recepta in vineis eorumdem religiosorum sitis in feodo meo de la Chamayllère ; item et super eo quod ego dictus Hugo dicebam et proponebam dictos religiosos traxisse ad suum domanium quedam fossata uceraus prout predicta fossata protenduntur a via per quam itur de la Remborgere apud la Turpiniere, descendendo per prata dictorum religiosorum usque ad prata seu pasturagia Johannis Mestivarii, et exinde prout quedam via duxit a villa de la Chauviere ad torcular de Barra, quorum fossatorum ego dicebam tertiam partem pro indiviso ad me pertinere. Dicebam etiam, ego dictus Hugo dictos religiosos michi debere facere fidem et homagium et placitum et servitium, secundum usum et consuetudi

---

[1]. En 1278, Hugues Fromond rend hommage à l'abbaye de Saint-Maixent, pour des terres à Fontvérines, paroisse d'Azay-le-Brûlé. (*Chart. de SaintMaixent*, II, 99.)

nem patrie, racione prati et terre dictorum religiosorum que fuerunt Renaudeti Raolelli condonati, eorumdem, que prata et terra predicta contigue sunt deffenso mete Guillelmi Chapelea valeti, apud Capellam Tirolii, et vocantur publice pratum Quantau. Esset etiam contencio inter nos dictos religiosos ex una parte, et dictum militem ex altera, super eo videlicet quod nos petebamus a dicto milite nobis deliberari et in pace dimitti quedam nemora...... eorumdem et quoddam stangnum cum fundo et pertinenciis ejusdem que ipse emerat a dicto Renaudeti........ nostro de facto.......... jure non posset, que nemora predicta, sita sunt juxta nemora domine de Bosco et juxta nemora ejusdem militis.... que....... Bossardi militis deffuncti, et juxta nemora Stephani Michaelis et juxta nemora filiastri dicti Barrot et dictum stangnum....... situm est ad Boscum juxta pratum nostrum quod movet a dicto Borglea et juxta nemora aus Barrotens. Tandem.... atis omnibus... et respectis, predictas contenciones et alios articulos quorum inferius facta est mencio, de proborum virorum consilio, per viam exchambii seu permutationis perpetue, concordamus in hunc modum, videlicet quod nos religiosi predicti, pro predictis duobus solidis et dimidio de redditu, et pro predictis gardis et receptis et predicta tertia parte quam dictus miles dicebat se habere in fossatis prædictis, nos religiosi predicti dedimus ad perpetuum, tradidimus et concessimus eidem militi in purum et perpetuum exchambium seu permutacionem perpetuam quandam petiam terre quam nos habebamus sitam apud Mannayum, in feodo Joannis Constans, juxta terram ejusdem Johannis ex una parte, et juxta feodum vinearum Guillelmi Vitalis ex altera, et transtulimus in dictum militem et sibi cessimus quicquid juris, possessionis, proprietatis et dominii nos habebamus in dicta petia terre quacumque ratione seu causa, ipsum militem de eadem petia terre ob causam predictam constituentes verum dominum ac etiam possessorem ; et ego dictus miles predictam petiam terre gratanter acceptans pro dictis duobus solidis et dimidio de redditu et pro predictis gardis et receptis et pro omni jure quod ego habebam et quod michi competebat in fossatis predictis de meta ad metam superius declaratis, quiptavi ad perpetuum et adhuc quipto pro me et meis heredibus ac successoribus predictis religiosis et suis posteris successoribus quicquid juris, possessionis, proprietatis, reclamacionis, petitionis et dominii ego habebam et habere poteram et debebam in predictis duobus solidis et dimidio de redditu et in predictis gardis et receptis et in fossatis superius declaratis et divisis, quacumque racione seu causa, nichil michi et meis in predictis retinens in futurum. Actum fuit etiam et conventum inter nos religiosos predictos et me dictum militem in pace predicta quod cum dicti religiosi michi dicto militi deberent et redderent singulis annis ad festum Nativitatis Domini quamdam gallinam de costuma et unum denarium de censu, racione cujusdam nemoris sui quod fuit dicti Renaudeti, quod nemus situm est ad domum Stephani Borgner juxta harbergamentum ejusdem Stephani ex una parte et juxta oschias heredum defuncti Guillelmi Michaelis, et juxta nemora mea ex altera. Item, cum predictus miles deberet et redderet singulis annis ad festum Nativitatis Domini nobis religiosis predictis quemdam rasum avene de costuma, racione pasticii sui contigui fonti de Lalier. Concordatum est et conventum inter nos religiosos predictos et me dictum militem quod nos religiosi predicti successoresque nostri a solucione et prestacione dicte galline de costuma et dicti denarii de censu ex nunc sumus et in perpetuum remanemus liberi et immunes, ita quod eamdem gallinam de costuma et dictum denarium de censu eidem militi nec suis reddere non tenebimur in futurum. Vice versa et ego dictus miles, heredes successoresque mei in recompensationem dicte galline de costuma et dicti denarii de censu et quiptacionis eorumdem sumus et ex nunc in perpetuum remanemus liberi et immunes versus dictos religiosos et eorum posteros successores à solucione, prestacione, peticione et actione dicti rasi avene de costuma. Item sciendum est quod predicti religiosi quipti et liberi in perpetuum à predicto homagio quod michi petebam fieri ab ipsis, habebunt et tenebunt a me dicto milite et meis dictum pratum Quantau cum terra dicto prato contigua et predictum nemus super quod ego habebam dictam gallinam de costuma et dictum denarium de censu, ad duodecim denarios de annuo et perpetuo deverio, solvendos et reddendos mihi et meis a dictis religiosis et suis ad festum Nativitatis Domini annuatim, ita quod dicti duodecim denarii de annuo deverio ob causam aliquam non poterunt duplicari nec etiam augmentari; pro quibus duodecim denariis de annuo et perpetuo deverio solvendis et reddendis eidem militi et suis de cetero, singulis annis, termino predicto, nos religiosi predicti obligavimus eisdem pratum, terram et nemora predicta specialiter et expresse cum omni dominio et districtu. Actum etiam extitit inter nos dictos religiosos ex una parte, et dictum militem ex altera quod predictus miles, heredes successoresque sui habebunt et tenebunt à nobis religiosis predictis et successoribus nostris predictum stangnum cum suis pertinenciis partem capiente et partem mittente, ad deveria feodi quotienscumque casus eveniet in futurum, hoc declarato quod pro parte quam dictus miles habet in feodo in quo situm est dictum stangnum ipse ponet ad placitum et deverium dicti feodi quando ea fieri seu reddi contigerit in futurum. Item sciendum est quod omnes vendiciones quas dictus Renaudetus fecit preteritis temporibus eidem militi, nos religiosi predicti super predictis ad plenum cerciorati easdem vendiciones pro nobis et nostris successoribus laudamus de speciali pacto, ratificamus et confirmamus et eas volumus et concedimus in perpetuum valituras. Et cum dictus Renaudetus faugerias nemorum ejusdem militis eidem militi a dicto Renaudeto venditorum sibi precipuas ad vitam suam dumtaxat retinuisset, nos predicti religiosi eidem militi de pacto speciali ex nunc predictas faugerias remittimus et quiptamus. Preterea cum predicti religiosi debeant singulis annis filio defuncti Gaufridi Boyselli juniori duos solidos et dimidium de redditu super predictis vineis albis suis, conventum est inter me dictum militem et dictos religiosos, quod ipsi possint et sibi liceat dictos duos solidos et dimidium de redditu acquirere, si possint, et courare et ipsos tenere pacifice et quiete, ad illum finem quod, racione dictorum duorum solidorum et dimidii de redditu, dicti religiosi michi et meis in aliquo minime teneantur. Item ego dictus miles confiteor me nichil juris dominii et districtus habere in domibus et harbergamento eorumdem religiosorum de Barra Marion nec etiam in torculari eorumdem religiosorum. Et hec omnia et singula supradicta, prout superius sunt expressa et inferius dividuntur, promisimus nos religiosi pro nobis et nostris successoribus sub obligacione omnium bonorum dicti monasterii nostri et nobis commissorum, et ego dictus miles pro me et meis heredibus ac etiam successoribus sub obligacione omnium bonorum meorum presentium et futurorum, prout ad factum cujusque nostrum attinet, attendere, perpetuo fideliter et firmiter observare, nec in contrarium facere vel venire casu aliquo contingente, fide a nobis et nostrum quolibet super hoc prestita corporali. Renunciantes in hoc facto nostro sub virtute fidei prestite......... exceptioni deceptionis in factum, doli, fraudis, uni acto et alii scripto et decreto super hiis non interposito et generaliter omnibus racionibus...... juris et facti quas habere volumus contra nos pro expressis que nos seu successores nostros juvare possent ad expressa superius irri........ Et ad perpetuam omnium premissorum memoriam nos abbas et conventus predicti et ego

dictus Hugo Fromondi supplicavimus Hugoni..........
gerenti sigillum senescallie Pictavensis apud Sanctum Maxentium pro domino rege Francie constitutum, ut ipse sigillum predictum una cum sigillis nostrum.......... et conventus predictorum, presentibus litteris duxeret apponendum. Et nos dictus Hugo Aynons, ad supplicationem dictorum abbatis et conventus........ et dicti militis, sigillum predictum una cum sigillis dictorum abbatis et conventus presentibus litteris apposuimus in testimonium veritatis, salvo jure dicti domini regis Francie et quolibet alieno, et ipsos petentes et requirentes judicavimus et condempnavimus per judicium......... dicti domini regis Francie ad observacionem omnium premissorum. Datum, presentibus et audientibus Petro de Bosco et Guillelmo....... die lune post festum Omnium Sanctorum, anno Domini M° tricentesimo.

LVIII

Sentence de Hugues de Thouars, seigneur de Pouzauges, choisi comme arbitre, réglant un litige survenu entre l'abbaye de l'Absie d'une part, Jean de Chateaubriand et Pierre de Torgues, chevaliers, d'autre part, au sujet des marais du Langon, dont elle fait le partage entre les parties. 1er septembre 1301. (Arch. des Deux-Sèvres, H. 42.)

A touz ceaux qui verunt et orrunt cettes presentes lettres Hugues de Thouarz sire de Pouzauges, saluz en nostre Signor. Sachent toz comme contens fust emeuz antre religieux homes frere Pierre, humbles abbé do moster de Nostre Dame de Lasie en Gastine, et le couvent de celui leu, d'une partie, et nobles homes monseigneur Johan de Chatiau Brient chevalier, et Aude sa fame, et monsor Pierre de Torgue chevalier por resson de Hilaire sa femme, de lautre, par resson des ma reis de Langom et Houssent, establiz et fais certains procurateurs generaus en lor causes, d'une partie et d'autre, les diz abbé et couvent et le dit monsor Johan et le dit monsor Pierre estant personnaument por soi por raison de la dite Hilaire sa fame et se obligant por le, e se fussent compromis en nous Hugues desus dit par les dit procureur, si come nous veymes tot ceu contenu plus pleinament en une lettres ou memoriau do sayau nostre signor le roi de France dau lon use à Fontenai en la diocese de Poitiers, dauquelles ou memoriau la forme e le commencement est tel : Memoria est quod etc... Universis presentes litteras etc... Datum die sabbati post Assentionem Domini anno Domini m° ccc° primo. Et Guillelmus de Brilloet valetus, procurator dicti Johannis de Castro Briencii militis et Aude uxoris sue habitatorum, destinatus habens potestatem compromittendi prout apparebat in quibusdam litteris sigillatis sigillo domini regis Francie que utitur apud Fontiniacum quarum tenor talis est in hec verba : Universis etc..... Datum die sabbati in festo beate Marie Magdelene, anno Domini mccc° primo. Et Petrus de Torgne miles etc..... Datum die mercurii post festum beate Marie Magdalene anno Domini m° ccc° primo. Nous, adecertes, Hugues de Thouars, sire de Pouzauges, desus dites leu arbitre des chouses contentees desus dates entre les dictes parties etc..... havons fait pars et acort antre eus etc..... Ceu est assavoir que les mareis de Langontant seulement en la meniere que un foussé antien que l'on appelle vulgaument les Betonnes conteent an venant de Veillé juque au pré de Loriolere, d'une part, et einci come les ditz mareis de Langom sen vont envers le boucheau Sablons et envers le bout de Langlée de lautre part, demorront au dit abbé et couvent, sauve tote voies e retenue, au dit monsor Jehan de Chatiau Brient et Aude sa fame e aqui y aura cause por eos ou por resson d'inde eos tote lor haute justice es dites chouses. Lesquelles demorront au dit abbé et couvent perdurablement par nostre dit, sans ce que le dit monsor Johan e Aude sa femme ne le dit monsor Pierres de Torgues por resson de Hillayre sa fame, y puissent desoresmes reans demander, excepté au dit monsor Jehan et Aude sa femne et a qui cause y aura por eos tote lor hautë justice, si come dessus est dit e retenu, e sauve au dict monsor Jehan e a la dite Aude et au dit monsor Pierres de Torgue et a la dite Hilaire sa fame expressement lor devoirs anciens qu'ils havoient sus les diz leus paravant ceste sentence, qui ne lor sont an reans forclous, e eus mareis contrains e eux chouses des les dites Betonnes envers le Longroin le dit abbé de Lasie en Gastine ou le couvent de celui leu ne porrunt des ores en avant james reans demander ne reclamer por nulle resson en demande de tot temps passé, eins demorront iceaus diz mareis e chauses toutes des les dites Betonnes envers le Longroin sanz contredit do dit abbé et couvent e sanz empeschement y mettre por aucune resson au dit monsor Johan de Chatiau Brien e Aude sa fame, ou à qui cause y aura por eos ou por resson d'in de eos, perpetuaument, einci par nostre dit et par nostre sentence, sauve toutes voies le droit a totes autres personnes en toz articles dessus dis et chacun por soi, nous sentencions et havons sentencé en la meniere dessus dite par chacune des dites parties et havons la dite sentence et la tenons ferme et estable. Ce fut fait et sentencé le jor de la Saint Gilles les dittes parties presens e consentens a nostre sentence, l'an de grace mil ccc^e un. En tesmoingn de laquau chouse, à la requeste des dites parties, nous havons appousé nostre seyau au cestes presentes lettres. Donné an l'an e au jor desus diz.

LIX

Vente de deux prés au Grand-Freigné, près l'Absie, dans le fief de l'abbaye, faite par Hugues Baudoin, du Grand-Freigné, à Jean Coffereau, moyennant le prix de sept livres neuf sous. 17 mai 1307. (Arch. des Deux-Sèvres, H. 35.)

Universis presentes litteras inspecturis vel audituris Hugo Baudoyn dau Grant Fergnex prope Absiam in

Gastina, eternam in Domino salutem. Noverint universi quod ego dictus Hugo, pro me, heredibus, successoribusque meis, vendidi, tradidi et concessi et adhuc vendo, trado et concedo fratri Johanni Cofferea, heredibus successoribusque suis, precio septem librarum et novem solidorum monete currentis et trium parcium quatuor sexteriarum siliginis bone et mercabilis ad mensuram patrie, de quibus summis pecunie et siliginis in predicto Hugoni extitit a predicto Johanne integre satisfactum, abrenuncians etiam hic omni exceptioni pecunie et siliginis non habitarum, non solutarum et deceptioni ultra medietatem justi precii, duas partes duorum pratorum cujusdam pecie terre sitam prope le grand Freignex, in feodo religiosorum abbatis et conventus Absie in Gastina, unum quorum pratorum tangit pratum Andree Perot ex parte una, et pratum Simone ex altera, et aliud pratum tangit pratum dicte Simone, et pecia terre est juxta puteum dicti Hugonis, et tangit oscham Johannis de Coquina ; cedens totaliter et transfferens in predictum Johannem et suos quicquid juris, possessionis, proprietatis, dominii, cause, racionis et accionis in duabus partibus duorum pratorum et pecie terre predictorum, habebam et habere poteram et debebam ; et predictum Johannem et suos de duabus partibus predictorum pratorum et pecie terre exinde facio et constituo veros et perpetuos dominos, possessores et proprietarios, et pono et mitto in plenariam possessionem corporalem et trado sazinam in annualem per traditionem et concessionem presentium litterarum, habendam, tenendam, possidendam et explectandam, duas partes predictorum duorum pratorum et pecie terre a predicto Johanne et suis de cetero in perpetuum, libere, pacifice et quiete ; et promitto, concedo ego predictus Hugo et teneor predicto Johanni et suis duas partes predictorum duorum pratorum et pecie terre versus omnes personas et aliis omnibus garire et defendere et integre reddere omnes custus missionis expensa et omnia alia dampna que ipse Johannes aut sui facient et sustinent pro deffectu garimenti, ad solum juramentum predicti Johannis vel unius suorum sine aliqua alia probacione; et ad hec omnia et singula predicta firmiter tenenda, integre ad implanda, inviolabiliter observanda, ego predictus Hugo obligo me, heredes, successoresque meos, et omnia bona mea mobilia et immobilia, presentia et futura et de non veniendo in contrarium aliqua racione aut deceptione juramenti prestiti corporaliter; abrenuncians in hoc facto meo omni juri auxilio canonico et civili, omni statuto regis et principis facto et faciendo, omni privilegio dato et dando, omnibus racionibus, consuetudinibus et allegationibus per quas be presentes littere possent in aliquo anullari, destrui, aut infrangi. In quorum testimonium ego predictus Hugo dedi et concessi predicto Johanni has presentes litteras sigillo senescallie Pictavensis apud Fontenacum pro domino rege Francie instituti, cujus juridictioni quantum ad hoc me supposui sine laudatione alterius dominii, ad preces meas sigillatas. Ego vero Johannes Natal custos predicti sigilli ad preces predicti Hugonis prout............ et Petri dau Teil clerici nostri jurati, cui fidem plenam adhibeo qui loco magistri predicti Hugonis, est premissus in dictum, judicio curie de rege Francie ante dicto sigillo has presentes litteras sigillavi, salvo jure predicti domini regis et quolibet alieno ; ad hoc testibus presentibus : Bartholomeo Vigerii, Andrea Prioris, Johanne Jolivet. Datum die mercurii post Penthecostem, anno Domini millesimo trecentesimo septimo.

LX

André Ameron, Geoffroy et Macé Burelle, frères, donnent à l'abbaye de l'Absie deux pièces de vignes près le bourg de Saint-Jean de Bonneval de Thouars. 2 avril 1308. (Arch. des Deux-Sèvres, H. 24.)

Sachent toz pressens e à venir que en nostre court Jehan vicomte de Thoarz, en droict personaument establiz, André Ameron, Joffroy et Macé Burelle de Mires freres cognurent et confesserent eos havoir doné et octroyé a perpétuité à Dey et au moustier de Nostre Dame de la Sec en Gastine à l'abbaye et au couvent do dit leouc, en pure et perpetuau aumone et par doneison non revocable faite entre vif, does peces de vignes des quelles lone se tenet au clodez Raol Hubert, d'une part, et à la vigne Renault Joceame, d'autre part, et l'autre vigne est assise en la vau entre l'umea Chiré et le bord Saint Jehan, joygnant à la vigne monsor Jehan Dorbe chevalier, d'une part, et à la vigne Jehan Renot, d'autre part, à l'avoir, à tenir et à expleiter perpetuaument les vignes dessus dites des dits religious et do dit lor moustier sans contredit et sans empeschement faire dodiz doneors ne des lour, cessans et transportans les dits doneors au diz religious et au dit lor moustier tot ceu de dreit de possession de proprieté et de seygnorie que il havey et havoyr poveyet et deveyet en vignes de sus dites, prometent les diz doneors, sus lobligation deos et de lors hers et successors et de toz lors biens mobles et immobles presens et avenir, garer et deffendre aux diz religious et au dit lor moustier vers toz et contre toz et expeciaument de charges et obligations, sauve des rendes, charges, aumones et deniers annuaus qui sunt par desus acostumez, renuncians à action et à exception de decevance en fait et à tote autre de droit escript et non escript et à totes autres raisons et causes qui leur porreent avoir à venir contre la tenor de cetes lettres ; et de tot ceu desus dit tenir, garder et persegre perpetuaument et de non venir encontre per eos ne per autres donnent les diz freres la fey de lors cors en nostre cort et en furent jugez à lor requeste par le jugement de nostre cort, sauve nostre dreit. Ceu fut fait et doné le mardi empres *Judica me* l'an de grace mil et troys cent et oyt, garens : Bartholome Verdon et Symon Charanton.

LXI

Donation à l'abbaye de l'Absie, par un clerc nommé Guillaume Abroyn, de sa personne et de ses biens. 1317. (Arch. des Deux-Sèvres, H. 11.)

Universis presentes litteras inspecturis frater Petrus humilis abbas de Absia in Gastina........ clericus, salutem in Domino. Noveritis quod ego dictus clericus dedi Deo et monasterio de Absia predicto............ omnium bonorum meorum mobilium et immobilium, presentium et futurorum, et omnem.... ex quocumque littere se... retenta et reservata mihi alia medietate bonorum nobis presentium et futurorum........... faciend..... promittis dictus clericus fide..., et sub obligatione bonorum an... entorum predictam donacionem religiosis dicti monasterii perpetuo defendere et garire versus omnes et etiam solvendo et reddendo a predictis religiosis deveria antiqua de rebus sibi a me datis et concessis. Et nos abbas predictus promittimus sub... obligatione bonorum nomine nostri et nobis commissorum dicto clerico quamdiu vixerit secundum statum et condicionem.... victu et vestitu necessaria providere. Renunciantes super hoc nos abbas et clerici omni exceptioni doli mali seu fraudis, omni usui, consuetudini et statuto edito et edendo, omnibus privilegiis, ... exceptionibus, et... universis per que tenor presentium toto vel parte posset des.... vel.... rei testimonium supplicavimus venerabili viro gerente vices domini decani..... sigillum dicti decani... quantum ad hoc supposuimus nos presentibus litteris apponeret... nos vero gerens vices predicti domini decani ad petitionem predictarum partium presentibus litteris............ predicte partes de predictis omnibus et singulis tenendis et inviolabiliter............ petentes et sententialiter condapnavimus in hiis scripture. Datum die............. Pinea, Michaele de Conba clericis, anno Domini m° ccc° decimo septimo..........

LXII

Testament d'Aymeri Arbert, prêtre, curé de Saint-Paul en Gâtine, en faveur de l'abbaye de l'Absie. 7 septembre 1317. (Arch. des Deux-Sèvres, H. 25.)

In nomine sancte et individue Trinitatis, Patris et Filii et Spiritus Sancti, Amen. Ego Aymericus Arbertus presbiter, rector ecclesie Sancti Pauli prope Absia in Gastina, considerans quod nichil cercius morte, et nichil incercius hora mortis, ne extremum diem meum fungi dicar aut videar intestatus, testamentum meum seu ultimam meam voluntatem facio et ordino in modum inferius annotatum. In primis volo et precipio quod emande mee plenarie fiant et quod debita mea integre persolvantur. Item volo et precipio quod in die sepulture mee decem denariata panis cuilibet pauperi venienti, ad caritatem meam; et ex nunc eligo sepulturam meam in cimiterio Sancti Pauli juxta karisimam deffunctam matrem meam. Item do et lego abbati et conventui Beate Marie de Absia in Gastina sexaginta solidos monete currentis pro emenda quinque solidorum et perpetui redditus quos eisdem religiosis do et lego pro anniversario meo in monasterio suo de Absia quolibet anno faciendo; et ad hec omnia et singula adimplenda firmiter et fideliter per manus exsecutorum meorum inferius nominandorum obligo omnia et singula bona mea mobilia et immobilia; executores autem meos facio ad hoc exsequendi et adimplendi, videlicet fratrem Johannem de Astia per nunc priorem claustralem de Absia, Hilarium de Astera clericum et Johannem Pinea; et volo quod si omnes excequitores noluerunt aut non potuerunt quod unus vel duo ipsorum nichilhominus exequuntur. Volo etiam quod si hoc presens testamentum meum non valeat jure testamenti, saltim valeat jure codicillorum aut jure cujuslibet alterius ultime voluntatis, et si in totum valere non possit, saltim valeat pro ea parte pro qua valere poterit de usu, de consuetudine vel de jure ; et ut hoc presens testamentum meum seu ultima voluntas mea robur obtineat firmitatis, ego suplicavi domino Hugoni gerens vices et sigillum venerabilis viri domini Raynaldi de Tuderto, tunc temporis archipresbyteri Arduini, ut ipse sigillum predicti archipresbyteri hiis presentibus litteris apponeret in testimonium veritatis. Nos vero Hugo predictus gerens vices et sigillum predicti domini archipresbyteri Arduini, ad suplicationem ipsius Aymerici, sigillum predictum presentibus litteris duxi apponendum in testimonium premissorum. Datum die mercurii in vigilia Nativitatis Beate Marie Virginis ; et ad hec fuerunt testes specialiter evocati : frater Johannes Mot... suprascriptus, prepositi de Burgo novo, Michael Sancti Pauli, Johannes de la Faverie clericus et Katherina Dassecte. Datum die ut supra, anno Domini millesimo ccc° septimo decimo. Constat nobis de intellectum presbyteri et Panis et sunt sub sigillo anno ut supra.

LXIII

Don d'une rente de dix sous, fait à l'abbaye de l'Absie par Hélie d'Étampes sur tous ses biens dans l'île de Ré. 9 janvier 1321, v. s. (Arch. des Deux-Sèvres, H. 26.)

Universis presentes litteras inspecturis vel audituris Guillelmus Morissoneau clericus, custos sigilli domini regis Francie instituti apud Fontheniacum, salutem in Domino sempiternam. Noveritis nos vidisse et de verbo ad verbum diligenter inspexisse et legisse quasdam litteras non cancellatas, non abolitas nec qualicumque parte sui viciatas sigillo domini Johannis vicecomitis de Thoarcio quo utitur in insula de Re ad causas, ut prima facie apparebat, sigillatas, quarum tenor sequitur in hec verba :

Ge Helies Detampes, estaien en l'ile de Re, fois asavoir à touz ceaux qui ceptes presentes lestres veront et orront que je, de mon bon gré, et de ma bone et plene volumpté, sans force sans destournysse et sans totes menieres do quoarcions et de circonvencions que à ce fayre mait este fait de ne luy et sans ceu que par fraude ne par badie ne par tricherie ge hai esté a ce amené, mes bien et diligentement acertaynés de mon fait et de mon dreit, hay doné et otroyé et encores done et octroy, par bone et vray donation faite entre vives gens et sans jameis revoquer ne rapeler, à Dé et à Nostre Dame sa mere et au moustier Nostre Dame de Labsie en Guastine, par hamor que je hay et havoye o labbé et ou lo couvent do'dit moustier et por les bontés qu'ils mont fait fayre ennarrieres en pluszours bonnes menieres dont je mensensy et tyhen de tot en tot por bien payez, et por estre reschutz ens biens fait de la dicte abbaye et por la devocion que je hai en devini mestier que l'en celebret en ditz leuc, dez sols denau et perpetuau cens, monnoye commune, les quieus ge lour laisse apprendre et halever chaquun an en l'ile de Re, empres mon deses sur touz mes biens, quelque part ou ils soyent et seront et puissent estre et auquelconques choszes nomées ou appelées, ceu est asavoir à rendre et appayer chacuns de mes successours, ou de ceux qui de moy hauront cause, huit jours avant la Tozsains ou oyt jors empres; et, si tant estoit chose que cette donation ne poust ou ne dust valoir ne estre par droit en tot et par tot, neantmains voilge et conviant que ele tanget et soit et remanienget ferme et estable, en tant comme droit et coustumes et usages de pais sestant, et que chescune d'icestes trois choszes par sey porroit donner et optroyer; et hay renoncié en y cet mien fait et en y ceste moye donacion en tot et par tot et ge Hélies d'Estampes desus nommez à totes forces et à totes aydes de lois et de canon et à totes excessions de barat et de boydie de trycherie et de decevance et à totes noveles institutions et constitutions et à totes exceptions et privilege de croit doné et à adoner et à totz droicts escript et non escript et à totes autres choses entierement que de fait ou de droit me pousent ayder ha venir encontre les ditz et la tenour de ceptes lestres presentes, fust en cort d'eglise ou en cort laye ; et tot ce que desus est dit et devysé je hay juré sur les sayns evangiles Nostre Seygnor à tenir et à garder touz les diz à la tenor de ceptes presentes lestres ferme et estable durablement sans james venir encontre par nulle meniere qui soit ou poust estre ; et en mayre certifications de verité ge hay donné au davant dit mostier cestes presentes lettres scellées dau sceau dont l'en use aus contractz en l'ile de Re pour le noble homme monsieur Jehan vicomte de Thoarz, Jacques Dereys clerc. Et ce fut doné et optroyé le dimanche avant la saynt Hillayre en l'an de l'Incarnation Nostre Segnour Jeshu Crist mil ccc° et xx et i.

Datum hujus modi visionis et inspectionis die lune ante festum beati Valentini yemalis, anno Domini millesimo ccc° vicesimo octavo.

LXIV

Donation de tous leurs biens, faite à l'abbaye de l'Absie par Etienne de Verno, d'Airvault, et Laurence, sa femme. 1323. (Bibl. Nat. F. Lat. 9234, f° xv.)

Stephanus de Verno parrochianus de Aurea Valle et Laurencia ejus uxor dederunt ecclesiæ de Assia in Vastina et conventui, pro administratione suorum corporum, omnia bona sua... Datum die dominica qua cantatur *Invocavit me*, anno MCCCXXIII, presentibus : Johanne Paonnea et Stephano Regis.

LXV

Don d'une rente d'un setier de seigle et d'une dîme en la paroisse de Chiché, fait à l'abbaye de l'Absie par Laurent Bérart, de la paroisse de Saint-Sauveur. 6 septembre 1324. (Arch. des Deux-Sèvres, H. 27.)

Sachent tous presens et avenir que en nostre cort Alienour dame de Bersuyre tenans le bail de Johan nostre fil seignour de Bersuyre, en dreit par devant nous personaument establys Laurens Berart de la parouaysse de Seint Sauveur et Johanne sa fame o lautorité de luy cognurent et confesserent et encores cognoissent et confessent de leur bone volonté eos haveir doné et octroyé et encores donent et octroyent à toz jors mes par eos et par lour hers et par lour successors, en pure et perpetuau aumone, por le salu et le remede de lour ames, à Dé et à l'igle do motier de Labsie en Gastine et à religious homes l'abé et le couvent de celuy leu qui orendreit sont et qui par le temps à venir seront, ceu est asaveir un sextier de seille à la mesure de Bersuyre, d'annuau et perpetuau rende, revieignant d'un autre sextier de seille d'annuau et perpetuau rende, à la mesure de sus dite, que Johan Rey le genre et Pierre Aiot de la parouaysse de Chiché deivent chacun an au diz conjoins d'annuau et perpetuau rende, en chascune feste de Nativité Notre Dame Vierge, de baillete et damoysonement de dreit et de la raison que les diz conjoins haivent et haver poient et deivent en demes de la demerie que les diz conjoins haivent et tenient ou haivent et tenent de monsour Aymeri Gairondea chevalier, en la parouaysse de Chiché desus dite et environ, en quelques choses que la dite demerie seit, sauve et retenu au diz conioins et au lour à toz jors mes la deme des cherves et do lins de la demerie desus dite, si comme ol est dit estre contenu en unes lettres saylées do seya de la chastellenie de Thouars; et encores donent et otroient à toz jors mes par la cause desus dite au moutier et au religious desus diz, les diz Laurens Berart et Johanne sa femme, la deme dos cherves et do lins que les diz conjoins haivent et haver poient et deivent et qui lour appartenet en la parouaysse dessus dite et environ, par rayson de la demerie desus dite, en telle menière et en telle condicion que frere Johan Paynea anciennement moyne de moustier desus dit hayt, tenget, uset et expleitet, son viage tant sollement, les fruz et les eysues do choses desus dites, havent à tenir, user et expleiter perpetuaument do diz abbé et convent do moustier desus dit qui orendreit sont et qui pour le temps avenir serant, le sextier de seille dannuau et perpetuau rende dessus dit do diz Johan Roy et Pierre Aiot de lour heritier et de lour souccessour, et toutes les demes des cherves et do lins dessus diz sans enpechement, pertorbacion ne demande que les dits conjoins ne lour heritiers ne lour successours ly puchent jemes fayre per eos ne per austre ; et cesserent et treporterent dos dits conjoins ens diz religious per la cause desus dite tous les dreiz, moiens, acsions, raysons et demandes, de proprieté, de possession et de seignorie que les diz conjoins havent et haver povent et deivent et qui lour appartiennent conjointement ou devisement en choses desus dites et vers les diz Johan Rey et Pierre Aiot et lour hers et lour successors et en lour bens, pour raison dodit sexterée de seille dannuau et perpetuau rende, en eos desesisant do dites choses por la baillete et par lotrey de cestes presentes lettres ; lesquelles choses dessus dites, les ditz conjoints promistrent tenir, garder et accomplir sans jemes venir encontre, la fey de lour corssus ceu donée, en nostre cort, deos et de chacum deos et sus obligation deos et de lour hers et de lour successors et de tous lour bens meubles et heritages presens et à venir ; renunçant en ceu lour fait les diz conjoins à toute exception de fraude, de barat, de tricherie et à toute ayde de dreit estcript et non escript et à tot ayde de dreit, usages et coustumes de pays et à toutes les choses que de feit ou de dreit lour porrient et devrient ayder à venir contre les choses desus dites. Et de ceu furent jugé les ditz conjoints à lour requeste par le jugement de nostre cort ; et en garentage de chozes desus dites nous havons fait et doné au diz religious cestes presentes lettres sayléés de seya de nostre chastellenie de Bersuyre, à la requeste do ditz conjoins. Ceu fut fait et doné, sauve nostre dreit et l'autrui, le jour de semadi enpres la feste Seinct Michea, l'an de grace mil treis cens vinc et quatre, garens Masse Goaut de Bersuyre et Joffrez de Lestouchet.

LXVI

Accord fait entre le procureur de l'abbaye de l'Absie et Pierre Bouto, au sujet d'une rente de trois mines de froment et deux livres de cire, due à l'abbaye par ledit Pierre, sur certaines terres à la Chapelle-Bertrand. 8 juillet 1340. (Arch. des Deux-Sèvres, H. 43.)

A toz ceulx qui voyrront et oyrront ces presentes lettres frere Hugues Limart, moynnes dau moustier de l'Absie en Guastine et procureur de religieux homes l'abé et couvent du dit lieu, si come il appert par une procuration seylée de leurs seyas, et Pierre Bouto fil de fehu Guillaume Bouto, salut en Dieu. Sachent toz que ge le procureur dessus dit, d'une partie, et que le dit Pierre Bouto, d'autre partie, fesons et avons fet tel acort e transaction par la maniere que sensuit, cest assavoir que come ge le procureur des diz religieux dixisse le dit Pierre et Johan son frere, hers et heritiers de fehu Guillaume Bouto leur pere, estre tenuz et obligés aus diz religieux en troys mines de froment de annuau à perpetuau rente et deus livre de cire de annuau rente, par cause de certaines terres assises à Chappelle Berthriam, lesquelles tennent les diz freres, environ le herbergement des diz freres assis à Chappelle Berthriam, en quiex chouses estoit tenus leur dit pere par cause des dites terres ; et ossi disoye ge le dit procureur des dis religieux estre tenu les diz freres en arrerages de huyt ans ou environ cheuz, tant depuys le temps de la mort de leur dit pere, que de par avant, est accordé entre nouz les dites parties que ge le dit Pierre feray et vaudray es diz religieux dedans la feste de sainct Michel prochainement venant la sezine et pocession des dictes trois minez de froment de annuau et perpetuau rente à la mesure de Chapelle Berthram et des dictes deux livres de cire de annuau rente, por cause et reson des terres dessus dites et por cause des arrerages de la dicte rente dau temps passé, promet et suys tenuz ge le dit Pierre rendre et payer aus dits religieux quinze livres monnoie courrante et troys sextiers de froment à la mesure dessus dite et quatre livres de cire à la feste dessus dicte, et o fesant la dite sezine et o paient les dites chouses por reson des dits arrerages se dit est, hay promis et suis tenu ge le dit procureur des dis religieux bailler au dit Pierre lettre de quiptance des arrerages dau temps passé dessus diz, seillée d'abé et de couvent, cest assavoir es despens du dit Pierre le fief du dit couvent et rendre une autre lectre laquelle dona Johan Bouto son frere, en laquelle il se obligea en certaine somme dargent et de blé por cause des arrerages de la dicte rente........ et pour icelles tenir et accomplir nous le dit procureur et le dit Pierre Bouto, avons baillé la fey de nostre propre corps sur ce..... En tesmoingn des quellez chouses... avons lun et lautre doné et octroyé ces presentes lettres seyllées du scel de la senechaussée de Poitou à Fontenay establi lequel portet et gardet cely temps Johan de Vallez pour messire le rey de France.... Fet et jugé par Hugues Rabastea clerc juré et passeur de la court du dit scel... e ge.... Johean de Vallez garde du dit scel cely temps, à la requeste des dictes parties et à la relacion du dit juré et passeur, le dit scel he apposé et mis à tots presentes lettres...... à ce presens et appellés Guillaume Pageraut, Estienne Ferneras et Gilet Ailmea clers et Lorent Guillemeau, le samedi empres les octaves des appostres sainct Pierre et sainct Paul, l'an de grace mil iii^c quarante. Signé Rabastea.

LXVII

Abandon fait à l'abbaye de l'Absie d'une rente de cent dix sous, assise en la châtellenie de Chantemerle, par Aimeri de Saint-Aubin, rente affermée jadis par lui à ladite abbaye, puis transportée à Jean Neyraus, clerc, qui y donne son consentement. 21 avril 1341. (Arch. des Deux-Sèvres, H. 28.)

A touz ceux qui cestes presentes lettres verront et oyront Aymeri de Saent Aubin et Johan Neyraus clercs, salut en Dieu Nostre Seigneur perdurable. Sachent touz que come ge le dit Aymeri housse autrefois baillé et otroyé et perpetuaument affermé à religious homes labbé et le couvent de Lassie en Gastine cens et dix sols de rente à costume de pays que je avoye en la chastellenie de Chantemelle en certaens leus, à ferme de oyt libres en deneis, à mey et aus meens ou à ceux qui de mey hauront cause rendre et paer des diz religios, chescun an perpetuaument, et depuys ge le dit Aymeri haye cessé et transporté en dit Jehan Neyraut et en sous touz les droits, nons et accions des dites oyt libres ou partie dicelle et en arrerages des dictes oyt libres ou en partie, si come il appert par lettres confettes sus ce saylées du scel real establiy à Fontenay par messire le rey de France, et los diz religious se disent estre decehu et de fraude en dit contrait, nous et chescuns de nous, en tant com illi touche, quiptons et delessons de tout en tout et remettons les ditz religious et lour moustier des dictes oyt libres et des arrerages dicelles ; et volons nous Aymeri et Johan dessus diz le dit contractz estre por non fait et torné a neent ; et à toutes et chescunes les chouses desus dictes et chescunes dicelles feaument et leaument tenir, garder et accomplir, nous Aymeri et Johan desus diz havons obligé nous et nous hers et touz et chascuns nous biens meubles et immobles, presens et futurs, et de non venir encontre les chouses dessus dictes ou auscunes d'icelles et contre la teneur de ces presentes lettres par auscunes causes, resons, obligations, machinacions ou deceptions l'avons donné et otoyé au diz religious celtes présentes lestres sçaelées du scel real estably ès contracts en la chastellenie de Fontheney pour le roy de France nostre syre, à la juridiction duquel nous nous somes suppozé quant à ce, sans adirance d'autruy seigneurie ; et nous, adecertes, Johan de Vales garde du dit scel, à la supplication et requeste dos diz Aymeri et Johan, le diz scel aus dictes presentes lettres havons appousé en garantie de verité, le jugement de la cort sus ce maignent, sauve le droit le roy et l'autrui. Donné à ce presens garens appelé Nychalas Texerea, Huguet Cheminot, Johan Daubroil, Guillaume Delebea, le samadi enprès *Quasimodo*, l'an de grace mil troys cens quarante et un.

LXVIII

Procès-verbal de visite de plusieurs maisons sises à Bressuire et appartenant à l'abbaye de l'Absie, faite en vertu d'une décision de la sénéchaussée de Poitou à Poitiers, dans un procès entre ladite abbaye et le seigneur de Bressuire, le 23 et le 30 mars et le 11 mai 1346. (Arch. des Deux-Sèvres, H. 44.)

A noble homme et puissant Monsieur le senechal de Poytou, Guillot du Boys sergent du roy nostre sire et de Monsieur le comte de Poytiers et le vostre se recomande en toute obeissance et honnor. Mon treys chier et redouté seigneur pleyse vous savoir que come cause d'applegement et de complegement pendet alla court de Poictiers par davant vous à vous assizes, entre les religieux abbé et couvent de Labsie d'une part, applegeours, et noble home le sire de Bersuire compleygeorois d'autre, en laquelle cause la vehue a esté jugée et ma esté comis alla dicte vehue fayre, si come il apert pour actes de vostre court fayte entre les dictes parties. Je sergens dessus dict, alla requeste du procureur des dits religieux, assignai jour ausdictes parties pour faire la dicte vehue, c'est assavoir le jeudi empres *Oculi mei* l'an mil ccc quarante et cinq, à assembler en ladicte ville de Bersuyre. Auquel jour et lieu ge sergent dessus dict fuy à hore de prime, alla quelle hore se comparurent pour faire la dicte vehue frere Pierrez Bovereas procureur des dits religieux et Nicholas Coutart procureur du dit noble. Et nous enci assemblez pour faire la dicte vehue, me requist le procureur des dits religieux que je allasse avec li es lieux qu'il vouloit monstrer, de ques la vehue la voit esté jugée. Et adonc, ad sa requeste, allasmez à une grant maison estant en la ville de Bersuire, appelée la maison de la Richerie de Labsie, et en un appendit tenant alla dicte maison, en laquelle mayson entra le procureur des dits religieux et nous sergent et Nicholas dessus dict ensemblement, disens le procureur des dits religieux : Je vous monstre ceste maison ensemblement ou un vergier tenant alla dicte mayson selon ses circonstances. Et dilec alames, alla requeste du dit procureur, alla mayson seu appendit qui fut mon sieur Jehan Resmont, size en la dicte ville touchents la mayson et appendit de la Richerie de Labsie dessusdicte, en laquelle mayson demeure Guillaume Guyre et en icelle maison ou appendit entrasmes, disent le procureur des dits religieux : Je vous monstre ceste mayson ensemblement ou une place touchant alla dicte mayson, en laquelle place souloit havoir maserier, et dilec nous transportames à un balet et une mayson qui est Colin Feye en laquelle demoure Johan Seguint et le dit Normont et autres mansionnayres et en un vergier tenant alla dicte maison, et entrasmes dedens, disens le procureur : Ge vous monstre ceste maison ou les estagez qui sont dedans ensemblement ou le dit balet et vergier tenant alla dicte maison ; et empres ceu allamez alla mayson ou appendit Girette Gormone et entrasmes dedans, disent le dit procureur : Ge vous monstre ceste maison ou appendit ou les chambres et estagez qui sont en la dicte maison, et se tient alla maison des dits Seguynt et Normant dessus diz; et empres ceu entrasmes en la mayson Marion Raynaude, tenant alla maison... de la dicte Girette Gormone, disent le dict procureur des dits religieux : Ge vous monstre ceste maison ou ses chambres et ou estagez ; et empres ceu entrasmes en la mayson ou appendit Pierre Monere tenant alla maison de la dicte Marion, disent le dit procureur : Ge vous monstre ceste mayson ; et emprès ceu allamez et entramez en la mayson André Maquay tenant allapendit Johan Consout d'une part et Vuret d'autre part, devers la ruhe neue de l'autre part Vuret, davant la mayson alla fehue Reygne, disent le procureur : Ge vous monstre ceste maison ou ses estages; et empres ceu entrasmes en dit appendit du dit Johan Cousson tenant alla dicte mayson du dit André et celuy appendit nous monstra le dit procureur ; et emprès ceu nous transportames alla maison Pierre Morin sise en la dicte ville près de la porte de Saint Jame, en laquelle nous fumez et enstramez des dictes, disent le dit procureur : Ge vous monstre ceste maison; et dilec alamez et entramez en la maison ou appendit André de la Bate qui fut Aloiarde et dist le dit procureur : Ge vous monstre ceste maison ou appendit. Et pour ceu que je estoient empechez de plusors besoignez ne fysmez plus riens de la jornée, mes, alla requeste du dit procureur des dits religieux, ge assignai jour aus dites parties pour aller avant en la dicte monstrée, c'est assavoir le jeudi empres Letare Jerusalem segant; auquel jour, nous assemblez par la menere que dessus, alamez et entrasmes en la maison Guillaume du Cymentiere alias Rambeuf, sise davant la place ou l'on vend les beufs en la dicte ville, disent le dict procureur des dits religieux : Ge vous monstre ceste maison ou ses chambres ou estages, ensemblement on un petit verger lequel cerna et avirona le procureur des dits religieux. Et dilec alamez et entramez en un appendit ou mayson qui est Colin Feye en laquelle a plusors estages de pie et de planches, et dist le procureur des dits religieux: Ge vous monstre ceste maison ou ses estagez. Et plus riens ne fismez icelé jornée pour ceu que ge estoye empechez de plusieurs besoignez pour le roy nostre syre, mes je assignay jour aus dites parties, alla requeste du procureur des dits religieux, c'est assavoir le jeudi emprès Pasques sequant, à assembler à un village apellé les Touchez, à hore de prime, auquel jour et lieu et hore ge sergent dessus dict fuy et le procureur des dits religieux offrant qu'il estoit près de aller avant et de faire ceu que de rayson seroyt. Et adoncques Johan du Verger vint et dist que Nichol Toutart procureur du dit noble estoit à Poictiers par davant les commissaires du roy et que il lessoenyoit, sans ceu qu'il le jurast ne qu'il donnast plegez. Et pour ceu requeroit le procureur des dits religieux que deffaute li fust donée, et que le dit essoigne ne fasoit à recevoir par la manere proposée, le dit Johan du Verger protestant du soustenir en lieu et en temps, et le procureur du contraire; et enci ne pohumez plus rien fayre de la jornée, sauve esdites parties les raysons que de rayson leur deirent estre soi niées. Et emprès ceu me requist le procureur des dits religieux que je leur assignasse jour à aller avant en la dite monstrée, auquel je respondi que je m'en avyseroye, pour ceu que ge estoi trop empeschez des besoignez du roy nostre syre, et que je attendoie à venir le procureur du dit noble de Poytiers. Derechief le jour de saint Philippe et saint Jame sequant, en la dicte ville de Bersuyre, me requist le procureur des dits religieux, que je ly assignasse jour pour acomplir la dicte monstrée, auquel procureur ge assignay jour, c'est assavoir le jeudi emprès la saint Nicholas de may l'an mil ccc quarante et six, et le fis assavoir à Nychol Toutart et à André Ayre procureur du dit noble à assembler à hore de prime alla Reyatere, auquel jour et leu ge sergent dessus dit fuy et le procureur des dits religieux et le dit Nychol procureur dessus dict. Et dilec nous transportamez au village dessus dict appellé les Touchez et monstra le procureur des dits religieux une place seu quayroy, sise en dict village, et le tornat et le vironna disent que ceu estoyt le leu où le dit noble lavoit tenu ou faict tenir assise, laquelle place est des appartenancez et appandancez des maysons estans en dict village, lesquelles maysons il nous monstra et entra dedans, c'est assavoir la mayson Clemens des Touches et celle à Regnault des Touchez, et celle à Johanne Puyforde, et une mayson neuve couverte de gluy ou chaume, sise en terrouer et appartenancez du dit village, et toutez les choses dessus dictes, et checunez dellez monstra le procureur du dit noble en disent : Ceu sont les chosez que je vous monstre, et dont mansion est faite en la plege pendant entre nous et la cour de Poytiers en quel monstrée a esté jugée; je le vous monstre es fins dont mansyon est faite en dit applegement et à toutez les fins esquellez la monstrée a esté jugée; disant que si il havoyt auscune choze qui fust doutouse ou obscure au dit procureur du dit noble que il le deist, que il estoit près de la desclayrer plus à plen. Et cestez chozes ensi faictes, ge sergent dessus dict fis assavoir au dit procureur du dit noble et au dit noble en la persoyne du dit procureur que ja peyssa les choses du dit applegement avoient esté mises en la mayn de la court et deffandu au dit noble qu'il n'y explectast et que encorez les y metoye ge et les y tenoie. Et deffandi au dit noble en la persoyne du dit procureur, à paynne de mil libbres à appliquier au roy nostre syre, qu'il ne facent auquuns explez es choses comprisez es dict applagement ny en prejudice des dits applegemens et religieux, et que si riens en havoient fait en contraire qu'il le maysant en primer etat et dehu, à semblable paynne. Et ceu ge vous certifie pour ses presentes lectrez, scellez de mon propre scel, duquel ge use en mon office. Fait et donné es jours et an dessus dits.

LXIX

Arrentement d'une maison sise à Parthenay, consenti par l'abbaye de l'Absie, moyennant la rente de vingt sous, à Colin Savary, de Parthenay. 8 février 1356, v. s. (Arch. des Deux-Sèvres, H. 31.)

Universis presentes litteras inspecturis, Johannes Mignoti gerens sigillum pro domino rege Francie, apud Sanctum Maxentium constitutum, salutem in Domino. Noveritis quod coram nobis in jure personaliter constitutus Colinus Savary, commorans apud Parteniacum, accepit et se accepisse confessus........ annuam et perpetuam firmam a religiosis viris abbate et conventu monasterii de Absia in Vastina ad vigenti solidos in.... annue et perpetue firme solvendos et reddendos a dicto Colino et suis dictis religiosis, procuratori vel alio certo mandato eorumdem, in villa Parteiniay, in festis Nativitatis beati Johannis Baptiste et Nativitatis Domini per medium annuatim, quandam domum sitam apud Parthenaium juxta domum Johannis Moulin que fuit deffuncti Petri Foucher ex parte una et juxta domum Johannis Taucoinest quam tenet Guillelmus Seignouraut ex parte altera, et se ferit ad magnam rutam Partiniaci et ad rutam de la Boucherie. Et promisit dictus Colinus pro se et suis, sub juramento suo super hoc prestito corporaliter et sub obligatione omnium bonorum suorum presentium et futurorum, dictos vigenti solidos..... solvere et reddere dictis religiosis, procuratori vel ..... certo mandato eorumdem, singulis annis perpetuo modo loco et terminis..... deveria et honera super dicta domo ab antiquo debita solv..... omnibus debentur annis singulis et de ipsis dictos religiosos tenere quiptos ex nunc et in perpetuum liberos et immunes. Et dictis religiosis vel procuratori eorumdem, ad simplex juramentum eorumdem vel unius eorumdem, sine probatione alia reddere et emandare omnes missiones..... dampnaque ob deffectum condimplementi premissorum facere seu etiam sustinere, hoc acto expresse quod dictam domum dictus Colinus vel sui tradere ponere nec alienare non potuerunt nec ipsam honerare de redditibus vel legatis, nisi de voluntate dictorum religiosorum vel eorum procuratoris processerit et assensu. In cujus rei testimonium nos predictus Johannes Mignoti, ad peticionem dicti Colini, sigillum predictum presentibus litteris apposuimus, salvo jure domini regis et quolibet alieno, et eum super hiis judicavimus cujus .... sine advatione alterius .... ad hoc suppl...... se et sua...... presentibus domino Johanne Girardin presbytero et Guillelmo Val presbitero, die viii februarii anno Domini Mº CCCº Lº sexto.

LXX

Arrentement du moulin des Freaux et autres terres voisines, consenti par l'abbaye de l'Absie à Geoffroi Paireau. Avril 1364. (Arch. des Deux-Sèvres, H. 29.)

Sachent touz presens et avenir que en nostre court Loys viconte de Thouars, en droit personelement establi Geouffrey Paireau des Brouces .... conffess....... admosonné et affoirmé par li et par les siens et pour ceux qui de li ont ou auront cause........ es religieous homes le abbé et couvent du moustier.......... pour le prix de deux sextiers de seille à la mesure dou Froux, de annuau et perpetuau anesome ou ferme, à estre renduz et payez du dit Geoffroy et des siens..... annualement chescune feste saint Micheau à leur arbergement des Frous et..... lour molin à ayve vulgairement appelé le molin des Frous, séans et estans en ...... layve et riviere qui descent de Clessé à Saint Benest et troys pièces de terre guastes........ assis aus nohes ou gas, tenens les dictes.......... quel lon vait des Broces à Parthenay d'une part et d'autre au chemin par lequel l'on vait des

Brouces, à l'Arnolere et aus pasturaux qui furent fehu Jehan Taforimea..... et d'autre part aus....... de l'Arnolere et les autres deux pieces sont tenens au grant chemin par lequel l'on vait des Froux à l'Arnolere et aus ditz pasturaux de l'Arnolere... qui furent fehu Jehan Taforimea et aus paturaux des guarennes, o touz les droiz, noms, raisons, possessions..... appartenances.... appendances.... et terres et pasturaux et qui aus diz religieux..... pouvent ou doibvent appartenir, tant en dit moulin que ès dictes terres et pasturaux, sauve et retenu.... ppres........ moustier douze deniers de cens que en...... d'accoustume à havoir sur les dictes nohes du Gas et tout droict de haute jouxtice et mahienne en tout........ dessus dict, si comme as... baillete et admoesonn..... plus à plain appert par lettres des dits religious au..... ffe... données, octroyées et leg...... deux sextier de seille..... le dit Geouffroy promist et est tenu encontre...... rendre et payer chacun an aus diz religious........ dessus diz...... le dit..... ou les siens....... situé et assigné aus diz religieux ès diz deux sextiers de seille de rente mesure des dits en bonne......... si comme...... court...... apparoist ; aux quieu diz deus sextiers de seille de rente rendre et paier, chacun an, chacune feste de Nouel, le dit moulin, terres..... essus dict.... soi..... demore...... aus diz religieux et à leur dit moustier par la maniere et condicion que dessus est dit et declairé. Ains que si le dit Geouffroy ou les siens cessent de paier la dite rente par..... trois années contenues et accomplies, les diz religieux se porront emparer de leur autorité du dit moulin et des dictes terres, les diz termes des dictes troys années cheues et passées ; et promist le dit Geouffroy que il ne vendra ny ne fera venir encontre les chouses dessus dictes par soy ne par autre en nul temps avenir ; renunçant en ceste son fait le dit Geouffrey à toute exception de deception, de fraude, de barat, de tricherie, de circonvencion et à une chouse.... et autre escript et à plus fait et escript, et.... à tout engin de oultre moité de droit pris et à tout droit dizant general renunciation non valoir... et à toutes autres raison et cause qui tant de droit, de fait, de usage que de coutume le poiroit aider à venir contre la tenour de ces lettres en pour que elle porroit estre adnullées ou courompues en tout ou en partie, sur ce la foy de son corps donné en nostre dite court, et en fut jugé et condamné de son consentement par le jugement de nostre dite court, sauve nostre droict. Donné et fait le lundy amprès la Saint Marc l'an de grace mil troys cens sexante et quatre, estant monsieur Pierre de Bourniseas prestre et Raoullet de Pire.

LXXI

Mandement de Thomas de Percy, sénéchal de Poitou, en vertu d'une lettre du prince de Galles, du 24 octobre 1370, ordonnant au châtelain de Thouars de faire une information sur la réclamation de l'abbaye de l'Absie, se plaignant de ne plus percevoir la rente de cent setiers de froment qu'elle possédait sur le fromentage d'Airvault. 5 novembre 1370. (Arch. des Deux-Sèvres, H. 18.)

Thomas de Percy chevalier, sénéchal de Poitou pour nostre le prince d'Aquictaine et de Galez, à nos amez meistres Johan Blanchardin, chastellain de Thouars et à mestre Giles Maillevoys, sages en droit, salut et dilection. Nous avons receu les lettres de nostre dit seignor le prince contenant la fourme qui sensuyt :

Eduard, easné fils du roy de France et d'Engleterre prince d'Aquitaine et de Gales, duc de Cornoalle, comte de Cestre, seigneur de Biscaye et de Castre d'Ordiales, à nostre amé senechal de Poictou ou à son lieutenant, salut. Entendu la supplication de noz chiers en Dieu l'abbé et couvent de l'Absie en Gastine contenant que jà soit ce qu'il aient acoustumé et estre en saisine et possession d'avoir et percevoir chacun an à cause de leur dit moustier cent sextiers de froment de rente sur les fromentages de Aurevaloys appartenant au vicomte de Thouars, à la mesure ancienne, que les dits fromentages sont receuz en chascune feste de saint Michea et d'iceulx ont joiz par tant de temps qu'il n'est memoyre du contraire jusques à tant que la terre de la vicomté de Thouars soit venue à nostre main, pour le rachapt d'icelle ; neanmoins nostre receveur de Poitou, souz couleur de certaines deffenses à li par nous faictes, a esté contredisans et encore est, de paier aus diz supplians la dicte rente, laquelle chouse est dans leur grand gref, prejudice et domage à ce qu'ils dient ; vous mandons que se, appellez noz receveur et procureur de vostre dicte senechaussée et autres qui à ce seront à appeler, vous appert deuement des chouses sus dictes tant en propriété que en possession, facez paier les diz supplians des dictes chouses si come sera affaire de raison. Donné à nostre chastel de Couygnhac le xxiiie jour d'octobre l'an mil ccc°lx et dix. Par la vertu et auctorité desquelles lectres, nous empechiez de plusieurs et arduz negoices touchanz nostre dit seigneur et son païs, vous mandons que, appelez les receveur et procureur de nostre dicte seigneurie et autres qui à ce seront à appeler par devant vous au lieu de Thouars, de la terre duquel lieu de Thouars sont les dictes chouses, pour eschiver aus perils qui pourroient avenir ès chemins en venans à Poictiers, tant pour les ennemis de nostre dict seigneur, que pour autres pilleurs et robeurs qui sont sur le pays, vous informer dehument de ce sur les chouses contenues ès dictes lectres et l'informacion que fait aurez sur ce nous aportez ou envoiez fiablement enclouze souz vous scels, affin que icelle veue nous en puissions ordonner ce que raison sera. Mandons à tous les subjgects de nostre dit seigneur que en ce .... vous obeissent diligemment et entendent. Donné souz le scel de nostre dicte senechaussée le cinquiesme jour de novembre l'an mil ccc soixante et dix.

LXXII

Aveu par Pierre Blanchin à l'abbaye de l'Absie d'une maison qu'il possède à Pouzauges. 28 mai 1384. (Arch. des Deux-Sèvres, H. 33.)

Sachent touz que je Pierre Blanchin, fils de feu André Blanchin de Pouzauges, cognois et confesse avoir à tenir de reverant pere en Dieu, frere Guillaume, par la grace de Dieu, abbez du moustier de Nostre Dame de l'Absie en Gastine et du couvent de celi lieu, c'est assavoir une maison, toutes ses appartenances et appendences, seize la dicte maison en la ville de Pouzauges en la rue de Marcheis près de la fonteyne des Arsons, laquelle maison fut jadis feu Guillaume Quailletea, et l'avoit tenu et explecté le court de sa vie le dict feu André Blanchin mon pere, à la ferme perpetuau de quatre livres de cire bonne et marchande rendue et paiée la dicte cire de moy ou de ceulx qui ont cause ou auront de moy, à Pouzauges, chescun an et chescun jour de vendredi beneist ès dessus diz ou à leur comis ; et à la solution et paiement des dites quatre livres de cire encigner et accomplir ge le dit Pierre Blanchin pour moy et pour ceulx qui ont cause ou auront de moy oblige ès dessus dites la dicte maison, appartenances et appendances de celle tant soulement. En tesmoing desquelles chouses ge le dit Pierre en ordonne et octroie ès dessus dits cestes presentes lettres seignée de mon seingn duquel ge use ens passemens de la court du seel establi ès contraz à la Roche sur Oyon pour monsieur le compte de Poictiers en lieu d'iceli qui jadis fut estably pour le roy de France nostre sire, le semady veille de la Pentecouste, l'an de grace mil trois cens quatre vingt et quatre.

LXXIII

Lettres de Charles VII, des 3 juin 1439 et 3 novembre 1442, au sénéchal de Poitou, ordonnant de suspendre jusqu'à la décison du

Parlement, le paiement de la contribution de l'abbaye de l'Absie aux réparations des canaux de Maillezais, Marans et le Gué de Velluire, en raison de l'exagération de cette contribution et des pertes récentes subies par cette abbaye. Ces lettres sont contenues dans des lettres exécutoires du sénéchal du 12 janvier 1443. (Arch. des Deux-Sèvres, H. 1.)

Pierre de Brezé, chevalier, seigneur de la Varenne et de Brechessac, conseiller et chambellan du roy nostre syre et son seneschal en Poictou, au premier sergent du roy nostre dict syre qui sur ce sera requis, salut. Receus avons les lettres de nostre dit seigneur, seellées de son seel en queue simple et cire jaune, à nous baillées et presentées de la partie des religieux, abbé et couvent de l'Absie, desquelles la teneur s'ensuit :

Charles, par la grace de Dieu roy de France, au senechal du Poitou ou à son lieutenant, salut. Receu avons humble supplicacion de nos bien amez les religieux, abbé et couvent de l'Absie en Gastine contenant comme ils eussent obtenu noz autres lettres desquelles l'on dit la teneur estre telle :

Charles, par la grace de Dieu roy de France, au senechal de Poitou ou à son lieutenant, salut. Receu avons humble supplicacion de nos bien amés les religieux abbé et couvent de l'Absie en Gastine contenant comme jà soit ce que la dite abbaye et les possessions et domaynes d'icelles soient assis en nostre païs de Poictou et loings de certains achenaulx qui sont vers Maillezays, Marant, le Gué de Veluire et environ et n'aient iceulx supplians aucuns aumoins que très petit de héritaiges près des dits achenaulx et ne leur portent iceulx achenaulx comme nul proufit ou dommage, et aussi que les possessions, revenues et domaines de la dite abbaie soient, pour le fait et occasion des guerres et mortalitez, diminuées puis vingt ans en ça de plus des trois pars, et si a esté la dicte abbaie deux ou trois fois prinse, pillée et robée de gens d'armes et mesmement puis un an en ça sans riens y laisser, et depuis est cheu le clochier et la moitié entièrement de la dite eglise tout au long et ne seroit refait ne reparé ce qui est cheu pour toute la revenue qui pourroit venir et yssir de la dicte abbaie duy à dix ans sans riens en employer ailleurs, et que pour la reparation des dits achenaulx où l'en ne besoigne comme riens au moins en regard à l'argent qui à ceste occasion est prins e levé des dits supplians, ont ja paié et baillé la somme de quarante livres qui est plus que la dite abbaie ne peut supporter, neantmoins un appellé maistre Guillaume de Bonnessay soy disant des longtemps comis à faire visiter et reparer les ditz achenaulx a voulu et veulx contraindre les diz supplians à bailler et paier encore oultre la dicte somme de quarante livres une aultre grand somme de deniers pour le fait des dits achenaulx, et, en default de paiement, a saisi et mis, ou se vente de saisir et mettre en nostre main le temporel de la dite abbaye sans vouloir iceux suppliants recevoir à opposition en aucune maniere, mais qui plus est s'est venté qu'il ne cessera pour opposition ne appellacion que les dits supplians sachent faire, par quoy convendroit à iceulx supplians cesser le service divin et laisser la dite abbaye ainsi tombée et cheue à terre, se par nous ne leur estoit sur ce pourveu de remede convenable comme ils dient, requerans humblemens que, comme dure chose seroit que la..... de la dite abbaye fust employée à reparer les achenaux dessus dits ne que le service divin cessast et demourast la dite eglise par terre sans refaire ou reparer, et que supposé qu'ils fussent tenuz à contribuer à la reparation des dits achenaux, il se doit entendre selon ce que la dite abbaye le peut porter en regart aux charges d'icelle et non pas à voulenté et sans oir iceulx supplians, nous leur veuillons pour..... remede. Pourquoy nous, ces choses considerées, te mandons et commettons par ces presentes que, se par informacion deuement faicte ou que tu ferois, se mestier est, appelé avec toy aucun notaire ou tabellion..... laie, il t'appert de ce que dit est ou tant que souffire doit, fay ou fay faire expres commandement de par nous au dit maistre Guillaume de Bonnessay soy disant commissaire que dessus et aultres qu'il appartiendra et de..... as que à l'encontre des commandemens, saisines ou autres exploix que ilz ont faiz ou vouldroient faire à l'encontre des ditz supplians touchant les réparation dessusdictes, ils tiegnent les dits supplians en suspens et lesquels.... ou cas dessus diz y voulons estre tenuz par ces presentes. Et en cas d'opposition les dits commandemens, saisines ou exploiz ainsi faiz et que l'en vouldroit faire en ceste partie tenuz en suspens avant tout euvre jusques à ce que par nostre court de parlement aultrement en soit ordonné, adjourne le dit de Bonnessay et autres qui pour ce seront à adjourner à certain jour et competant ordinaire ou extraordinaire de nostre present parlement, se adjournement peut estre fait, et se non de nostre prouchain parlement à venir, non obstant que nostre dit present parlement site et que par avanture les parties ne soient pas des jours dont l'en plaidera lors, pour dire les causes de leur opposition, respondre aus dits supplians sur les choses dessus dictes et leurs dependances, proceder et faire en oultre comme il appartiendra par raison, et de tout ce que faict aura esté sur ce certifié soufisamment au dict jour nos amés et féaulx conseillers les gens qui tiennent ou qui tendront nostre dit parlement, ausquels nous mandons et pour ce que les lettres de commission que se dit avoir le dit de Bonnessay, nous leur avons ordonné cognoistre des débats qui sourdroient de ceste matière dont il y a plusieurs procès tant avec l'abbé de Saint Maixent que autres, expressement enjoignons que aux parties oies facent bon et brief acomplissement de justice, car ainsi nous plaist il estre faict, et aus dits supplians l'avons octroié et octroions de grace especiale par ces memes presentes, non obstant quelzconques lettres impetrées ou à impetrer à ce contraires. Mandons et commandons à tous nos officiers et justiciers que à toy et à ton dict adjoinct et à tels commis et deputés en ceste partie obeissent et entendent diligemment. Donné à Paris le tiers jour de juing l'an de grace mil cccc trente et neuf et de nostre regne le dix septiesme.

Lesquelles ils vous eussent presentées et pour proceder à l'enterignement d'icelles eusses fait faire informacion du contenu en icelles, et, après icelle rapportée par devers vous et veue, eussiez donné vos lectres executoires pour faire les inhibitions et defenses qu'il estoit mandé faire par icelles, maiz avant que les dictes deffenses aient esté faictes maistre Guillaume de Bonnessay nomé en nos dictes lettres dessus transcriptes et soy disant commissaire à faire reparer les achenaux dont mention est faicte en icelles est allé de vie à trepassement, et depuis maistre Jehan Besuchet nostre secretaire soy disant subrogé ou lieu du dit feu Bonnessay ou autrement de par nous comis à faire reparer les dits achenaulx s'est efforcé et efforce de vouloir contraindre les dits supplians à contribuer aus dictes reparations, en quoy ils ne sont en riens tenuz, et, par défault de ce, a saisi et mis ou se vente de saisir et mettre tout le temporel d'iceulx supplians en nostre main, et doubtent iceulx supplians que vous veullez faire difficulté de faire au dit maistre Jehan Besuchet les inhibitions, défenses et autres exploiz qu'il vous estoit mandé faire à l'encontre du dit maistre Guillaume de Bonnessay, jasoit ce que nos dictes lettres dessus transcriptes portent et autres qu'il appartiendra, qui est ou très grant prejudice et domage d'iceulx suppliants et plus pourroit estre se par nous ne leur estoit sur ce pourveu de remede convenable, comme ils dient, requerans humblement icellui. Pourquoy nous, ces choses considerées, vous mandons et commettons par ces presentes que, s'il vous appert de nos dictes lettres dessus transcriptes et des informacions et vos lettres executoires dessus dictes, vous mectez nos dictes lettres dessus transcriptes à execution deue à l'encontre du dit maistre Jehan Besuchet et autres qui à l'occasion du contenu en nos dictes lettres vouldroient aus dits supplians donner aucun empeschement, tout ainsi que se par icelles nos lettres le fust expressement mandé et que elles fussent de la date de ces presentes, en faisant ou faisant faire les adjournements sur ce necessaires à nostre parlement à venir, tout ainsi quil estoit mandé faire par nos dites lettres dessus transcriptes, car ainsi nous plaist il estre faict ; et ausdits supplians l'avons octroié et octroions par grace especial par ces presentes, non obstant que icelles nos lettres dessus transcriptes soient surannées et quelsconques lettres subreptices impetrées ou à impetrer à ce contraire. Mandons et commandons à tous nos justiciers, officiers et subgets que à vous et à vos commis et depputés en ceste partie obeissent et entendent diligemment. Donné à Paris le tiers jour de novembre l'an de grace mil cccc quarante et deux et de nostre regne le xxi°. Ainsi signé : Par le Conseil, N. Aymar. Par vertu et auctorité desquelles lectres dessus transcriptes pour ce qu'il nous est deuement apparu des lettres royaulx, informacions et lettres executoires dont en icelles est faicte mention, nous vous mandons, commandons et commettons, se mestier est, non obstant quil ne soit en nostre pouvoir, office ou bailliag, eque vous faictes exprès comandement de par le Roy nostre dit seigneur à maistre Jehan Besuchet nomé ès dictes lectres et autres qu'il appartiendra et dont vous serez requis, que à l'encontre des commandemens, saisines et autres exploits qu'ils ont fait ou vouldroient faire à l'encontre des dits religieux, abbé et couvent touchant la reparation dont ès dites lettres est faite mention ils tiegnent les dits religieux en suspens, et lesquels le Roy nostre dit seigneur y veult estre tenus et tout ainsi que le Roy nostre dit sire le veult et mande par ses dites lettres et, en cas d'opposition, les dits commandemens, saisines ou explois ainsi fais ou que l'en vouldroit faire en ceste partie tenus en suspens avant tout euvre jusques à ce que par la cour de parlement autrement en soit ordonné, adjourner le dit Besuchet et autres qui pour ce seront à adjourner à certain jour et competant, ordinaire ou extraordinaire de ce present parlement, non obstant que par avanture les parties ne soient pas des jours dont l'on plaidera lors pour dire les causes de leur opposicion, respondre aus dits supplians sur les choses dessus dites et leurs deppendances, proceder et faire en oultre comme il appartiendra et par raison, en certifiant soufisamment au dit jour nos seigneurs tenant ou qui tendront ledit parlement, de tout ce que fait aurez sur ce. De ce faire vous donnons pouvoir par ces presentes, mandons à tous les subgiés et soubmis de nostre dit seigneur que à vous en ce faisant obeissent et entendent diligemment. Donné à Poitiers soubs le scel de la dicte seneschaussée le xiie jour de janvier l'an mil cccc quarante et deux.

ENQUÊTE

ORDONNÉE PAR LE ROI SAINT LOUIS

en 1247

EN POITOU ET EN SAINTONGE

Le roi saint Louis, animé d'un esprit de justice vraiment admirable, résolut, au moment de partir pour la Terre Sainte, d'ouvrir une vaste enquête dans le but de rechercher et de réparer les préjudices, abus de pouvoir, extorsions, injustices quelconques dont ses sujets pouvaient avoir été victimes de la part des officiers royaux, non seulement depuis le commencement de son règne, mais aussi du temps de ses prédécesseurs. Les confiscations et les violences qui avaient accompagné presque nécessairement les conquêtes de Philippe-Auguste et de Louis VIII, les actes arbitraires des baillis et des sénéchaux dans l'administration des nombreuses provinces annexées à la couronne depuis le règne de Philippe-Auguste, avaient fait naître dans sa conscience des inquiétudes et des scrupules qu'il éprouva le besoin de calmer. Il institua à la fin de 1247 des enquêteurs chargés de recevoir dans chaque province ou diocèse les plaintes ou réclamations de tous ceux qui se présenteraient sans exception, et investis de tout pouvoir dans l'examen des griefs articulés et des réparations ou restitutions à accorder. Saint Louis jugea que des membres des ordres religieux, rompus à l'obéissance et n'agissant qu'en vertu du devoir de leur état, seraient seuls capables de conduire avec indépendance et impartialité cette opération redoutable. Ce furent des jacobins et des cordeliers qu'il choisit généralement. Cependant il nomma quelquefois des chevaliers et des membres du clergé séculier. Les enquêteurs, hommes d'une probité presque toujours éprouvée, formaient, pour un ou plusieurs diocèses, des commissions composées de deux ou trois membres. Les baillis et sénéchaux devaient leur obéir et payer leurs dépenses.

Les enquêtes commencèrent à la fin de 1247. Au mois de novembre, des jacobins et des cordeliers en ouvrirent une à Alais en Languedoc [1]. Les comptes de dépenses du roi, du terme de l'Ascension 1248, mentionnent les dépenses des enquêteurs à Paris, Orléans, Amiens, Tours, Issoudun, Sens, Moret, Beaumont, Saint-Germain, Laon, Mâcon [2]. Le compte de dépenses d'Alphonse, comte apanagiste de Poitou, du terme de la Chandeleur 1248, contient aussi la rétribution des moines enquêteurs en Poitou [3]. L'institution des enquêteurs fonctionna jusqu'à la fin du règne de saint Louis. On les rencontre en 1255-1257 en Languedoc; à Orléans, Bourges, Anet, Paci, Dreux, Evreux, Laigle, en 1256; en Vermandois, à Amiens, à Senlis, à Paris, à Etampes en 1269 [4]. Le comte Alphonse, imitant avec raison l'exemple de son frère, employa également d'une manière presque permanente les enquêteurs pour l'administration de ses domaines de Poitou, Saintonge et Languedoc [5]. Mais l'enquête la plus générale, la plus importante, la plus intéressante est celle qui commença en 1247 [6].

Le texte de cet important document n'est pas parvenu en entier jusqu'à nous. On en possède toutefois des fragments considérables, parmi lesquels figure celui qui contient l'enquête faite en Poitou et en Saintonge. De nouveaux fragments employés dans des reliures de classiques édités en 1823 par la maison Delalain ont été découverts et recueillis précieusement dans ces dernières années. L'un d'eux, trouvé à Poitiers par M. Alfred Richard, archiviste de la Vienne, et qui était relatif à la Picardie, a été transmis à M. Léopold Delisle pour la Bibliothèque nationale.

Le registre contenant un des principaux fragments de l'enquête de 1247 se trouve aux Archives nationales sous la cote JJ. 274. Il est composé de 143 feuillets en parchemin. Il est intitulé : *Querimonie recepte in Turonensi, Pictavensi, Xanctonensi diocesibus contra ballivos*. Nous ne publions ici que la partie de l'enquête concernant le Poitou et la Saintonge, qui commence au feuillet 109 du manuscrit.

---

1. *Vie de aint Louis*, par Le Nain de Tillemont, III, 153.
2. *Vie de saint Louis*, par Le Nain de Tillemont, III, 153.
3. *Arch. hist. du Poitou*, IV, 197.
4. *Vie de saint Louis*, etc., IV, 71, 97, 135 ; V, 441.
5. *Saint Louis et Alphonse de Poitiers*, par Boutaric, 388. — *Histoire d'Alphonse, comte de Poitou*, par B. Ledain.
6. *Comptes-rendus de l'Acad. des Inscript. et Belles-Lettres*, t. IV (1868), p. 78.

L'information générale ordonnée par le roi saint Louis devait porter sur tous les actes incriminés des baillis et sénéchaux royaux depuis le règne de Philippe-Auguste. Les plus anciens auxquels il soit fait allusion dans l'enquête du Poitou remontent au règne de Louis VIII. On y trouve beaucoup de plaintes suscitées par les événements de la conquête de 1224 par Louis VIII, et surtout ceux de la grande expédition de 1242 contre les Lusignan et le roi d'Angleterre. Le Poitou ayant été remis à cette époque entre les mains du comte Alphonse, l'enquête ne fait de recherches que sur les actes antérieurs des officiers, alors qu'ils exerçaient au nom du roi.

Le manuscrit ne donne pas les noms des commissaires chargés de recueillir les réclamations en Poitou. On voit seulement qu'ils se transportèrent successivement, pour s'acquitter de leurs fonctions, à Châtellerault, à Saint-Maixent, à la Rochelle, à Poitiers, à la Roche-sur-Yon, à Pouzauges, à Loudun. Le nombre des plaignants qu'ils entendirent est considérable. On y voit figurer des personnes de toutes conditions, depuis les plus élevées jusqu'aux plus humbles. Il y a des plaintes et des réclamations de toutes natures, depuis les plus graves jusqu'aux plus minimes. Les officiers dont les actes arbitraires ou extorsions sont dénoncés appartiennent à tous les ordres de la hiérarchie, sénéchaux, baillis, prévôts, châtelains, forestiers, sergents. Citons Pierre Baillon, bailli de Châtellerault; Thibaud de Blazon, sénéchal de Poitou; Constantin Giboin, bailli de Niort; Hardouin de Maillé, sénéchal de Poitou; Simon de Vitré, bailli de Saint-Maixent; Jean de Gallardon, l'aîné, prévôt de Poitiers; Geoffroi Mauclerc, bailli de Chatelaillon, puis de la Rochelle ou d'Aunis; Raymond de Navarre, bailli de la Roche-sur-Yon; Barthélemy Giroire, bailli de Talmond; Isoret d'Aitré, bailli de Chatelaillon, puis de la Rochelle; Ardouin de la Roche, châtelain de Benon; Jean Boivin de Chinon, prévôt de Moncontour; Guérin d'Ainçay, prévôt de Loudun; le seigneur de Chateaubriant, châtelain de Pouzauges; Pierre Guérin, bailli de Fontenay, etc.

Les dépositions des plaignants contre tous ces officiers sont remplies de curieux renseignements sur les mœurs, les usages, la vie privée en Poitou durant la première moitié du XIII° siècle. Elles fournissent des détails inconnus et intéressants sur les campagnes des rois Louis VIII et Louis IX en 1224 et 1242. Elles dévoilent surtout les agissements des officiers royaux. On y constate la dureté de leur administration, que la nécessité de briser les résistances d'un pays nouvellement annexé et d'y asseoir l'autorité royale peut seule expliquer sinon justifier. En 1247 Louis IX pouvait sans inconvénient rechercher et réparer les préjudices éprouvés par ses sujets depuis quarante ans. C'était un acte de justice en même temps que de bonne politique. Il s'assurait par là l'amour et la reconnaissance de tous ; il consolidait ainsi son pouvoir et préparait le terrain à son frère Alphonse, le nouveau comte de Poitou, auquel il était réservé d'établir et de faire fonctionner l'administration royale d'une manière ferme, juste et régulière. L'enquête de 1247 est donc un document historique de la plus haute valeur, qui ne pouvait être omis parmi tous ceux déjà publiés par la Société des archives du Poitou.

Poitiers, juillet 1894.

B. LEDAIN.

ENQUÊTE DE 1247

Querimonie recepte apud Castrum Arraudi contra Petrum Baalon.

Johanna la Tenturere de la Tricherie, vidua, parrochiana de Bellomonte, dicit quod Petrus Baalon miles et Herbert Berlant et Gaufridus Reer Turonensis qui tunc temporis erant ballivi domini regis apud Castrum Arraudi [1], propter hoc quod quidam homo fuerat occisus à quodam homine bene noto in dicta parrochia dicti ballivi ceperunt maritum suum occasione dicti hominis mortui, unde dicta Johanna ratione mariti sui habuit dampnum ad valorem c solidorum quos petit reddi. Item dicit dicta Johanna quod dicti ballivi condempnaverant eam in LX solidos, hac occasione quod quidam homo furatus fuerat quamdam equum, ut dicebatur, et ipse transiebat per la Tricherie et dictus homo recessit furtive et capi non potuit, unde petit supra dictarum.

Raginaldus de Neyntré, miles, parrochianus de Neyntré, dicit quod Petrus Baalun miles tunc temporis ballivus domini regis apud Castrum Arraudi, hac occasione extorsit ab dicto Rag. unum equum, quod dictus equus exivit de stabulo suo et ivit in quadam ripa et invenerit quemdam

---

[1]. Le roi Louis IX avait confisqué la vicomté de Châtelleraud sur Geoffroy de Lusignan qui la posséda du chef de sa femme, Clémence, de 1224 à 1239. La soumission de Geoffroi à Henri III d'Angleterre, qui dut avoir lieu en 1230, motiva cette confiscation. Le roi, après avoir gardé Châtelleraud entre ses mains durant trois ans, le restitua à Geoffroi. (*Arch. hist. du Poitou*, VIII, 122, Enquête faite vers 1246 sur un litige entre le vicomte de Châtelleraud et le comte Alphonse de Poitiers.)

hominem mortuum dixit dictus ballivus quod dictus equus occiderat eum et propter hoc dictus ballivus retinuit dictum equum, unde dictus miles habuit dampnum ad valorem x librarum quas petit igitur reddi. Item dictus miles conqueritur de dicto ballivo quod condempnavit dictum militem in c solidos racione cujusdam judicii, quod judicium dictus ballivus dicebat quod dictus miles fecerat, quod tamen fecisse se negabat.

Johanna Menardi, de parrochia de Coile, dicit quod Petrus Baalum miles et Herbertus Baalum ballivus tunc temporis domini regis apud Castrum Arraudi, quod cum quedam judea fuisset verberata in parochia de Ture dixerunt dicto Johanni quod ipsam verberaverat, quod falsum erat, unde ea occasione dampnificatus fuit ad valorem L solidorum quos petit sibi reddi.

Dicit Philippus Savari miles, parrochianus de Megon, quod à xv citra, tempore domini regis qui nunc est, Petrus Baalun, miles, tunc temporis ballivus domini regis, fecit eidem et dedit dampna ad valorem xviii librarum et xv solidorum eo quod quedam nemora dicti militis sita in dicta castellania vendidit et distraxit in prejudicium dicti militis, ea racione quia falso asserebat dictus Petrus dicta nemora esse domini regis, cum postea dictus Philippus in curia et ipsius Petri dicta nemora sua propria esse, et hoc offert se probaturus.

Fulcherius de Pindrae, miles, de parochia de Pindrae, dicit quod Petrus Baalun, allocatus tunc temporis Petri Le Ber, ballivi tunc temporis domini regis Pictavis [1], redemit dictum Fulcherium x libras turonensium ea occasione quod dicebat quod dictus Fulcherius capi fecit quemdam monachum apud Pindrae, quod nullatenus fecerat et paratus erat se defendere coram illo quantum jus dicaret si vellet defen-

---

1. Pierre Le Ber fut aussi un des agents du comte Alphonse de Poitiers en 1246. (Arch. nat. J. 748, n° 75.)

sionem suam recipere, sed noluit, immo, ut dictum est, ipsum militem injuste redemit x libras, quas petit.

W. de Duit, de parrochia de Leigne, dicit quod Petrus Baalun, tunc temporis ballivus domini regis apud Castrum Arraudi, quod, cum ipse W. litigaret cum quodam et ipse indigeret consilio, venit ad dictum Petrum Baalun et promisit ei LX solidos ut ipsum adjuvaret ad dictam causam, quod non fecit, et nichilominus ipsum compulit ad solucionem dictorum LX solidorum per vim suam et violenciam, quos petit.

Maria Mereflor, parrochiana Beati Hylarii de Montibus, dicit quod Petrus Baalun et Herbert Berlant, tunc temporis ballivi domini regis apud Castrum Arraudi, extorserunt ab ea septem sextaria frumenti et dimidium et tria sextaria et dimidium avene et tria sextaria balergie et duo dolia plena vini quum seizierunt bona quodam Guillelmi de Muich, unde dicta Maria habuit dampnum ad valorem XV librarum, quas petit sibi reddi.

Stephanus de Campis le Bret, de parrochia de Oyet, dicit quod Petrus Baalun, tunc temporis ballivus domini regis apud Castrum Arraudi, cepit in domo sua quemdam equum et tres culcitras et tria pulvinaria et tria coopertoria et quedam alia utensilia ad valorem VII librarum, ea occasione quod non comparebat coram ipso pro parendo juri, sed dominus suus ligius inhibuerat eidem Stephano ne litigaret coram dicto ballivo quod paratus erat de ipso tanquam de suo homine exhibere justicie complementum coram se cujuslibet conquerenti, unde petit sibi supradicta restitui.

Gaufridus Colun, parrochianus ecclesie de Jaunaio, dicit quod Petrus Baalun miles, tunc temporis ballivus domini regis apud Pictavim, astulit à famulo suo quamdam quadrigam violenter et antequam dictam quadrigam posset rehabere extorsit ab ipso XXX solidos turonensium, quos petit.

Simon miles, de parrochia de Bussolio, dicit pro se et

uxore sua, quod Petrus Baalun miles, tunc temporis ballivus domini regis apud Castrum Arraudi, extorsit à dicta uxore sua, tempore quo erat vidua, et hominibus suis de Ingrandia xii libras, ea occasione quod dictus Petrus falso imponebat dicte domine et dictis hominibus quod ille qui custodiebat carreriam portus dicte domine de Ingrandia noluit transducere servientem suum, quas sibi petit restitui.

Helyas Guorrun, parrochianus Sancti Martini de Thocayo, dicit quod Petrus Baalun miles, tunc temporis ballivus domini regis apud Castrum Arraudi, ex eo quod ipse dicebat quod pater Helye Guorrun erat homo ligius domini regis, scilicet de servicio cujusdam denarii auri annuatim reddendi, quod Helyas Guorrun negavit, et propter hoc dictus ballivus sazivit domum dicti Helye et redemit eam sex libras et dimidium, unde dictus Helyas petit quod reddat cum dampnis.

Philippus de Bellomonte[1] miles, ejusdem loci parrochianus, dicit quod Petrus Baalun, tunc temporis ballivus domini regis, quod cum dictus Philippus adduceret secum homines suos in curia ipsius ballivi et de mandato ejusdem pro parendo juri, ipse ballivus cepit injuste et sine causa racionabili dictos homines, et antequam dictus Philippus posset eos rehabere oportuit ipsum, pro redempcione ipsorum, solvere x libras, quas petit.

Matheus de Campis, burgensis de Haya in Turonia, dicit quod Petrus Baalun, allocatus Petri Le Ber, ballivi tunc temporis domini regis in Andegavia et Turonia, extorsit ab eo iiii libras turonensium minus juste et Radulphus Le Plastrer x solidos in illo tempore, hac de causa quod dicebant illi quod submiserat se juridictioni fratrum militie Templi, tempore illo quominus poterat illud facere, et ille Matheus offerebat se probaturus quod submiserat se supra-

---

1. Philippe de Beaumont, chev., s^r de la Tour de Beaumont, 1237-1263. (*Dict. des Fam. du Poitou*, par Beauchet-Filleau, I, 378, 2e éd.)

dicte juridictioni tempore quo poterat et debebat, unde petit sibi supradicta restitui.

Johanna la Baronete, mulier vidua, de parrochia Beati Petri de Monte Aureo, dicit quod Petrus Baalun, tunc temporis ballivus domini regis de Castro Arraudi, quod cum judei de Castro Arraudi cum eadem Johanna coram dicto ballivo post obitum mariti sui litigarent et peterent usuram ab eadem de denariis quos dicebant se tradidisse marito suo jam defuncto, quamvis nullos tradidissent, unde ipsa Johanna sustinuit expensas in dicta lite coram dicto ballivo ad valorem iiii librarum et x solidorum, licet dicta Johanna nec maritus suus defunctus à dictis judeis nullos habuissent denarios, quos dictas libras et x solidos petit sibi reddi.

Johannes Charpentarius, parrochianus de Jaunayo, dicit quod Petrus Baalun miles, tunc temporis ballivus domini regis apud Castrum Arraudi, de eo quod ipse dicebat quod dictus Johannes sciderat in nemore de Molerea, quod dominus J. negavit, et occasione hujus dictus Johannes habuit dampnum ad valorem lx solidorum, et item dictus ballivus extorsit à dicto Johanne duo sextaria avene, quos petit sibi reddi.

Bartholomeus Maupetit, de parrochia de Orcle, dicit quod Petrus Baalun miles et Herbertus Berlant ballivus tunc temporis.

Aymericus de Maulay miles, de parrochia de Senan, dicit quod Petrus Baalon miles, qui tunc temporis erat ballivus domini regis Castri Arraudi, posuit eum in quadam fidejussione erga dominum Pictavensem episcopum, pro qua dampnificatus est in xx libras turonensium quas ipse reddidit et solvit dicto episcopo pro dicto P. Baalon, et lxx libras et c solidos de quibus dampnificatus fuit per sentenciam diffinitivam coram officiali Burdegalensi, prout in littera dicti officialis continetur et iterum in littera domini Pictavensis episcopi de fidejussione predicta plenius continetur. Item dicit quod ipse, racione fidejussionis predicte eo quod conquerebatur de ipso, vi iste terram suam fecit saysiri et ipsum fecit vexari, unde dampnificatus fuit in c libras turonensium, ut dicit, quas petit.

Petrus Manseau, de parrochia Ture, dicit quod Petrus Baalon miles, tunc temporis ballivus domini regis Castri Arraudi, eo quod imponebat ei falso quod oppresserat quamdam mulierem, extorsit ab eo xxx solidos quos petit.

Guillelmus de Bellomonte, de parrochia de Bonolio, dicit quod Petrus Baalon, tunc temporis ballivus domini regis, extorsit ab eo per violenciam xL solidos imponendo ei falso quod servientes domini regis arestaverat in bosco qui cognominatus est le bois au Reis, qui boschus est domini Jocelini Sazaio, septem annis citra, quos petit.

Aymericus Prepositus, de parrochia de Cocayo juxta Rocam de Pozzay, dicit quod Petrus Baalon, tunc temporis ballivus domini regis, injuste saisivit domum suam et in eadem domo posuit vi homines qui ibi fuerant per quindenam ; postea vero dictus Aymericus posuit plegios de stando juri ad penam xx librarum. Tunc dictus Petrus Baalon precantavit quod quedam mulier, quam nunquam viderat dictus Aymericus, interpellavit dictum Aymericum coram ipsum P. Baalon de coitu violento, qui Petrus recusans ducere seu tractare secundum jus ipsum Aymericum unde extorsit ab eo xx libras, quas petit.

Johannes Grimadi clericus et Petrus Barbe, de parrochia d'Avigne, dicunt quod Moseus judeus, qui erat prepositus domini regis Castri Arraudi in tempore Petri Baalon et Herberti Berlant et Gaufridi Raer Turonis tunc temporis ballivi domini regis, petebat ab eis quamdam summam pecunie de qua ei nichil debebant, unde idem judeus saizivit in manu sua et saisiri fecit, nomine dictorum ballivorum, omnes res suas mobiles et immobiles quas habebant à la Grimaudere et diu tenuit et expoliavit per triennium videlicet sine injuria precedente, unde dampnificati sunt ad valorem Lx librarum et amplius, quas petunt.

Johanes Pelliparius, de parrochia de Tureio, dicit quod Petrus Baalun, tunc temporis ballivus domini regis apud Castrum Arraudi, ipsum injuste spoliavit de omnibus suis mobilibus ad valorem quatuor librarum turonensium, ea occasione quod dictus Johannes abcinderat in terra sua propria quamdam ulmum et non in prejudicium alicujus, quas quatuor libras petit.

Bartholomeus Maupetit, de parochia de Ozile, dicit quod Petrus Baalon et Herbertus Berlant, tunc temporis ballivi domini regis Castri Arraudi, quod cum quadam judea verberata fuisset in parochia de Thure dicti ballivi dixerunt quod predictus Bartholomeus dictam judeam verberaverat, quod falsum erat, unde dampnificatus fuit ad valorem xxviii solidorum, quos petit.

Nicolaus le Mouner de Haya, de parochia Beate Marie Turonensi, dicit quod, tempore quo Petrus le Ber erat ballivus, dampnificatus fuit in x solidos turonenses, quos quidam serviens dicti ballivi Turonensis, nomine Petrus Baalun, extorsit ab illo, occasione cujusdam litis qui fuit apud Hayam ad quem se negat interfuisse inter servientes dicti ballivi et alios quosdam homines, quos petit.

Petrus Durandi et Willelmus clericus et Aymericus fratres, de parochia de Senille, dicunt quod Petrus Baalun miles et Herbertus Berlant, tunc temporis ballivi domini regis Castri Arraudi, extorserunt à Guillelmo patre dictorum fratrum quatuor libras currentis monete pro quadam mensura que vocatur provenderius quam dicebant esse falsam, quod non fuit probatum quod falsa esset, sed nichilominus dictas quatuor libras à predicto Guillelmo patre predictorum habuerunt, quas petunt.

Guillelmus Bormaut, de parrochia Sancte Marie Majoris Pictavensis, dicit quod dominus Petrus Baalun miles, ballivus tunc temporis domini regis Pictavis, dampnificavit eum injuste usque ad valorem quinquaginta librarum in detencione quorumdam boum quos dictus Guillelmus eidem tradidit spontaneus ad custodiendum, à xii annis citra, quos petit.

Guillelmus de Bellofonte, parochianus de Bonozel, serviens domini Jocelini de Lazaio, dicit quod cum esset forestarius de nemore Auraes servientes turris de Chistre miserunt bestias suas in nemore in quo erat forestarius, qui retinuit dictas bestias que secabant nemus, quod non debebant facere, dicti servientes de Chistre querimoniam fecerunt Petro Baalun senescallo Castri Arraudi, tempore domini regis, et de mandato ipsius de dicto Guillelmo et occasione illius querimonie dictus senescallus cepit vel capi fecit vel captionem nomine suo factam ratam habuit et dictum Guillelmum in prisionem detrudit et sic extorsit ab eo l solidos turonensium quos petit.

Guillelmus dictus Formage clericus, parochianus de Usello, dicit quod Petrus Baalun miles, tunc temporis ballivus domini regis apud Castrum Arraudi, extorsit ab eo injuste xv libras, ea occasione eo quod dictus Guillelmus petebat coram judicibus à domino papa delegatis quamdam peciam nemoris sibi jure hereditario pertinente à Hugone Martini milite, qui Hugo habebat in uxorem neptem dicti ballivi, quare petit dictus Guillelmus sibi super hoc satisfieri cum dampnis inde habitis ad valorem x librarum in quibus ob hoc dampnificatus fuit, quod petit.

Abbas et capitulum Beate Marie Majoris Pictavis dicunt quod Petrus Baalun miles, gerens vices Petri ballivi domini regis et Guillelmus de Surie, serviens domini regis, intraverunt per violenciam ecclesiam Beate Marie et crucesignatos, qui ad dictam ecclesiam confugerant, in dicta ecclesia vulneraverunt et detruncaverunt et magnam effusionem sanguinis in dicta ecclesia fecerunt, propter quam violenciam et sanguinis effusionem capitulum necesse habuit reconciliari facere dictam ecclesiam, propter quam reconciliacionem cum dominus episcopus Pictavensis non esset presens archiepiscopum Turonensem adierunt et hujus occasione expensas fecerunt et dampna sustinuerunt ad valorem xxx librarum, de quibus petunt sibi emendam fieri, petunt item estimacionem injurie occasione hujus sibi illate usque ad c libras turonensium.

Raginaldus Rochiens, parochianus Sancti Martini de Coceio, dicit quod Petrus Baalon, tunc temporis ballivus domini regis, super hoc videlicet quod ipse Raginaldus vendidit et tradidit Aimerico Landam, servienti ipsius Petri Baalon, in taberna ipsius Raginaldi de vino suo usque ad valorem viii solidorum et v denariorum quos nunquam preterea reddiderat, quos petit.

Raginaldus Mozel crucesignatus, parochianus Sancti Cenerum juxta Castrum Arraudi, quod à x annis citra, tempore domini regis qui nunc est, dicit quod Petrus Baalon extorsit ab eo x libras injuste, hac de causa quia sesierat omnia bona sua mobilia et immobilia de mandato domini regis, quia dicebat quod illa bona dominum regem pertinebant, que tamen ipsi Raginaldo per judicium reddita fuerunt, unde petit sibi supradicta restitui.

Monachus de Monteleardi valetus, dicit, patre uxoris sue mortuo, Petrus Baalon miles, allocatus Petri Baronis ballivi domini regis in Pictavia, videns dictam Mariam amicis destitutam, bona sua detinuit saisita et pro liberacione ejus et bonorum suorum voluit habere et habuit vi dolia vini que estimat ad valorem xl librarum, unde petit dictus valetus invenietur per Garnaudum burgensem Caynonis.

Contra eumdem P. Baalon apud Lodunum.

Johannes Mctoier, parochianus de Monte Cantoris, quod Petrus Baalon extorsit ab ipso xxiiii solidos, objiciens ei quod vendebat vinum suum nec reddebat vendicionem suam et blada sua nec reddebat minagium suum quod bene persolvebat.

Petrus Servientis, parochianus de Moncuntor, quod à xv

annis citra, tempore domini regis qui nunc est, Petrus Baalon, tunc temporis ballivus domini regis apud Moncontor[1], petiit ab ipso auxilium ad emendam balliviam suam, quod facere noluit et hac de causa extorsit ab eo xviii solidos.

Raginaldus de Monte Rotundo, parochianus de Frontenaio, dicit quod Petrus Baalon saisivit domum suam et omnes res mobiles et immobiles, hac de causa quod frater suus fuerat suspensus, et dictus Petrus petebat habere partem in bonis suis, unde extorsit à dicto Raginaudo LX et v solidos quos petit sibi restitui, quod nichil habet de bonis fratris sui quia habebat partem suam.

Johannes de Baceriis conqueritur de Petro Baalon quod cum ipse esset ballivus apud Montem Cantoris quidam judeus de Pertiniaco, intimacione et auxilio ipsius, coram se contra dictum Johannem diutissime litigavit et ipse Johannes ix libras turonensium tradidisset ut idem Petrus sibi daret justicie complementum; dictus Johannes ob defectum justicie et etiam ipsius militis dampnificatus fuit ad valorem xxx librarum.

Andreas Areaus, parochianus de Monte Cantoris, petit à Petro Baalon xxv solidos quos sibi abstulit injuste eo quod non habuit ad terminum IIII solidos quos debebat.

Guillermus Archenbaut de Monte Cantoris dicit quod Petrus Baalon extorsit ab ipso xx solidos eo quod dictus Guillermus fidejussit quamdam mulierem deprehensam in quodam maleficio et quia dictus Guillermus non adduxit eam eadem die qua fuit mulier capta in Deo et ipse adduxit eam ad diem assignatam.

Henricus Saunerii de Monte Cantoris dicit quod Petrus Baalon extorsit ab eo xii solidos eo quod non interfuit termino sibi assignato.

---

1. Moncontour, de même que Châtelleraud, avait appartenu à Geoffroi de Lusignan et avait sans doute été confisqué par le roi momentanément et pour le même motif. Louis IX s'empara de nouveau de Moncontour dans la guerre de 1242. (*Vie de saint Louis* par Tillemont, II, 440.)

Gaufridus de Sancto Genoso, parochianus de Monte Cantoris, dicit quod Petrus Baalon et Johannes Boitvin de capcione extorserunt ab eo xxii libras, hac de causa quod quidam molendinarius ipsorum ceperat de vino suo in taberna sua usque ad xviii denarios et petebat ab eo dictos denarios pro quibus denariis tradidit idem molendinarius ei de farina ad valorem dictorum denariorum, unde imponebant ei quod ipse receptor fuerit latrocinii.

Johannes Archenbaudi, parochianus de Monte Cantoris, petit à Petro Baalon L solidos quos abstulit ei eo quod ribaldi fecerunt conflictus de nocte in taberna cujusdam sue domine quum ipse vendebat.

Conventus Sancti Jovini petunt sibi satisfieri super hoc quod cum Petrus Baalon et Petrus Leber essent ballivi domini regis qui nunc est in Andegavia, ipsi maliciose et injuste saisiverunt omnes domos suas et omnia bona sua in ballia Andegavie constituta, unde dampnificati fuerunt ad valorem centum librarum.

Guillelmus Haudierne, parochianus de Monte Cantoris, petit à Petro Baalon vii libras iii solidos minus quos abstulit ei quum dictus Petrus Baalon tradiderat eidem Guillelmo quemdam hominem in custodia, quem ipse bene custodivit per noctem, et mane sequenti dictus Petrus Baalon misit ipsum in curiam suam scindere ligna.

Hainricus mercator, parochianus de Monte Cantoris, dicit quod Petrus Baalon extorsit ab eo xxxix solidos pro sex quadrigatis terre que est communis hominibus Montis Cantoris ad sua necessaria facienda, quas portaverat ad suum usum faciendum.

Gaufridus Guioberti, parochianus de Monte Cantoris, dicit quod Petrus Baalon habuit ab eo xxx solidos, hac de causa quod deliberaret terram suam, quod non fecit.

Aymericus de Joi dicit quod Petrus Baalon dampnificavit ipsum injuste ad valorem x librarum, unde petit et cetera.

Contra Guidonem de Chantepie.

Homines de Neintré dicunt quod Guido de Chantepie, ballivus tunc temporis domini regis apud Castrum Arraudi, occasione cujusdam rixe in parochia de Neintre facte super quadam decima, eos nec confessos nec convictos nec in jure vocatos cepit et capi fecit, vi detinendo ipsos captos tam apud Castrum Arraudi quam apud Pormillerio usque ad tres septimanas, extorquendo ab eis L solidos, quos petunt.

Johannes, prior de Longa Aqua, dicit quod Guido de Chantepie quondam senescallus Castri Arraudi tempore domini regis, saisivit et saisiri fecit domum helemosinarie de Longa Aqua, occasione duorum hominum qui facies suas mutaverant et fugitive se miserant de die in dicta domo, quos ipsi in dicta domo ceperunt, ipso Johanne vel suis ignorantibus quid ipsi duo homines sive bonum sive malum facere intendebant, propter quam saisinam ipse Johannes dampna sustinuit ad valorem LX solidorum, videlicet eo quod ipse senescallus et ejus servientes celarium ipsius fregerunt et vinum ipsius per XI dies biberunt et quatuor lintheamina de domo ipsius deportaverunt et ligna ipsius arserunt et ejus volatilia manducaverunt, unde petit.

Raginaldus Achart, de parochia de Ingrandai, dicit quod Guido de Chantepie, tunc temporis ballivus domini regis apud Castrum Arraudi, qui duos porcos de domo sua adduci fecit et capi, sine causa rationabili, ad valorem XXX solidorum, quia dictus Raginaldus et quidam vicinus suus percusserunt se leviter ad invicem, quos denarios petit sibi restitui; dicit item quod idem Guido promisit ei quod sibi redderet de dictis denariis XX solidos.

Johannes Challes, crucesignatus, de parochia Avalie, dicit quod Guido de Chantepie, tunc temporis ballivus domini regis apud Castrum Arraudi, imposuit eidem falso quod ipse debebat Aquino judeo quamdam quantitatem pecunie, quod tamen negabat, et occasione hujus quamdam suam equam cepit et retinuit quam valebat xi solidos turonensium, quos petit.

Aymericus Picaudi, de parochia de Columbariis, dicit quod Guido de Chantepie, tunc temporis ballivus domini regis apud Castrum Arraudi, qui eum dampnificavit usque ad valorem iiii librarum, ea occasione quod imponebat ei falso quod interfuerat verberacioni cujusdam hominis in domo ipsius, quod non erat verum, quos petit.

Bucardus de Planta, de parochia de Thuyre, dicit quod Guido de Chantepie, tunc temporis ballivus domini regis apud Castrum Arraudi, extorsit ab eo x libras, ea occasione quod dictus Bucardus noluit matrimonialiter conjungere quamdam suam neptem cum filio suo, et multociens, pluribus audientibus, minatus fuit eidem quod, nisi eamdem neptem conjungeret matrimonialiter cum filio suo, quod ipsum dampnificaret nec alias haberet pacem cum eo, et post dictas minas, occasione cujusdam termini quem dictus Buchardus habebat cum Beatrice sorore sua qui positus erat in respectu de communi consensu eorumdem quod dictus B. denuntiaverat ballivo predicto, quia dictus B. non venit ad diem, habuit ab eodem x libras, quas petit.

Effredus, rector ecclesie Beati Jacobi apud Castrum Arraudi, dicit quod Guido de Chantepie, tunc temporis ballivus domini regis apud Castrum Arraudi, compulit et injuste ad reddendum c solidos turonensium cuidam judeo domini regis, ea occasione quod dictus judeus dicebat quod tradiderat patri dicti rectoris denarios ad usuram, licet non tradidisset, nec potuit probare et nichilominus habuit c solidos à dicto rectore dictus ballivus, quos petit.

Araudus Paumai, de parochia de Neintre, dicit quod Guido de Chantepie, tunc temporis ballivus domini regis apud Castrum Arraudi, qui eumdem compulit ad reddendum cuidam judeo domini regis lx solidos et iiii solidos de usura, post inhibicionem domini regis qui inhibuerat ne redderetur usura, et istos denarios petit.

Hugo de Maulay, de parochia Sancti Hilarii de Montibus, et Hugo de Villarae, de parochia de Segiller, et Stephanus de Campis, de parochia de Oyre, dicunt quod Guido de Chantepie tunc temporis ballivus domini regis Castri Arraudi, quod ipse compulit predictos ad solvendum cuidam judeo xxi libras, eo quod judeus dicebat quod avus predictorum, videlicet Thomas Morin, habuerat de suis denariis, licet nullos habuisset nec predicti conquerentes, quod petit.

Stephanus de Bondigne miles, de parochia Sancti Cirici, dicit quod Guido de Chantepie, tunc temporis ballivus domini regis apud Castrum Arraudi, qui, dicto milite absente et ignorante, saisivit omnia bona sua mobilia et immobilia, in manu sua per triennium tenuit et pletavit, et postea sibi reddidit, sed de mobilibus nulla habuit, unde dictus Stephanus dampnificatus fuit ad valorem xxx librarum turonensium et injuste, et ea occasione cepit quia imposuit ei falso quod ierat in Anglia ut adjuvaret regem Anglie contra dominum regem Francie, quod non erat verum, nec contra ipsum, licet temptaverit, probare potuit quoquomodo, et petit.

Petrus Manseau, de parochia de Ture, dicit quod Guido de Chantepie qui erat ballivus domini regis Castri Arraudi fecit ei reddere xiiii solidos cuidam judeo quos reddiderat judeo alia vice, quod petit.

W. Paviot, de parochia de Oyre, dicit quod Guido Chantepie et Hardoin ballivus domini regis, tunc temporis ballivi Castri Arraudi, ceperunt eum et posuerunt in prisione et miserunt custodes in domo sua et rebus suis ad ipsius Willelmi proprias expensas, propter hoc quod audierunt dici dicti ballivi quod ipse Willelmus quemdam thesaurum invenerat, quod non erat verum, nec contra ipsum potuit probari aliquo modo, et de dicta prisione extrahi et liberari non potuit quousque dictus Guido de Chantepie habuit xxv solidos et dictus Hardoin xiii solidos pro redemptione sua, et custodes expendaverunt in domo sua ad valorem x solidorum, pro qua prisione et in expensis dampnificatus fuit ad valorem lx solidorum, quos petit.

Johannes et Philippus Guernolleaus fratres, parochiani de Neintre, dicunt quod Guido Chantepie, tunc temporis ballivus domini regis apud Castrum Arraudi, qui eos injuste redemit xx solidos, ea occasione quod dicebat quod dicti fratres receperunt in domos suas quosdam homines pro quodam maleficio suo profugos, quod non fecerant, nec potuit contra ipsos probari, unde petit.

Johana de Bardone, de parochia de Marnes, relicta Raginaudi de Bardon servientis quondam prepositi in terra Gaufridi Floceau baronius (*sic*) et domini de Bellomonte, quod cum quondam dictus vir suus qui, ratione dicte prepositure hoc poterat et consueverat facere et adhuc qui dictam balliam tenet utitur hujus potestate, quemdam virum et quamdam mulierem qui res alienas substraxerat furtive cepisset et domino suo, prout debebat et consueverat de talibus, tradidisset, Guido de Chantepie qui tunc temporis vices domini regis Francie, videlicet istius regis qui nunc est, et ballivus erat ipsius apud Castrum Arraudi, occasione capcionis dicti viri et dicte mulieris, dictum virum suum, suggestione quorumdam emulorum suorum, usque ad xiii libras per injuriam degajavit et multas alias expensas ob hoc fecit, unde petit.

Petrus Maingo miles, de parochia de Ambere, dicit quod Guido de Chantepie, tunc temporis ballivus domini regis apud Castrum Arraudi, extorsit ab eo vii libras injuste, hac occasione quod dictus miles adjuraverat quemdam hominem suum in loco ubi non debebat, ut dicebat, et quando habuit vii libras dixit per judicium curie quod bene poterat assignare diem dicto homini in loco ubi prius assignaverat, unde petit.

Contra Eustachium de Galardon.

Guillelmus le Coturer, de parochia Beate Marie de Pruliaco, dicit quod Eustachius de Galardon [1], serviens Petri Le Ber ballivi in Turonia tunc temporis ex parte domini regis, ab annis vii citra, venit ad domum Guillelmi sero et moratus fuit ibi tota nocte et expulit dictum Guillelmum à domo sua verberans ipsum, et sequens per vicum, ense evaginato ; verberavit item uxorem dicti Guillelmi eo quod non sinebat illum jacere secum, et seisivit dictam domum in manu domini regis ; postea dictus Eustachius citavit ipsum apud Hayam coram dicto ballivo et coegit ipsum dare fidem ne exiret à villa nisi de mandato dicti ballivi, et hac occasione dictus ballivus habuit à dicto Guillelmo ix libras turonensium et dictus Eustachius L solidos, unde petit.

Maria Mereflor, parochiana Sancti Hilarii de Montibus, dicit quod Eustachius de Galardon, tunc temporis ballivus domini regis apud Castrum Arraudi, cepit quemdam peciam terre quam dicta Maria tenebat cum arbergamento suo, quem peciam terre dictus ballivus tenet et explectat, unde dicta Maria habuit dampnum ad valorem c solidorum, quam terra et dampna dicta Maria petit sibi reddi cum fructibus inde perceptis. Item, dicit quod dictus ballivus ipsam fecerat citari coram officiali Pictavensi et dictus ballivus in itinere termini sui verberavit eam, unde habuit dampnum ad valorem x librarum, quas petit. Item dicit quod injuste oves suas et quamdam tunicam cepit, unde habuit dampnum ad valorem xx solidorum, et dicta Maria redemit dictas oves et dictam tunicam à dicto ballivo iiii solidos, et hæc omnia petit sibi restitui.

---

1. Eustache de Galardon fut aussi plus tard un des sergents ou agents du comte Alphonse de Poitiers, en 1248. (*Arch. hist. du Poitou*, III.)

Robinus molendinarius, burgensis Haye, de parochia Sancti Georgii, dicit quod Eustachius de Galardone, serviens domini regis tempore Petri Baronis ballivi domini regis in Turonia, cepit à quodam debitore dicti Robini, ipso invito, xxiiii solidos quos idem Eustachius promisit se reddere dicto Robino pacifice et in proximo et non reddidit, et postea multociens monitus reddere contradici, unde petit.

Johannes le Baater, de parochia Sancti Georgii de Haya, dicit quod, à vii annis citra, Eustachius de Galardon, serviens Petri Baroni tunc temporis ballivi domini regis in Turonia, seisivit domum suam cum universis utencilibus suis, ex eo videlicet quod ipse Johannes fidejussor extiterat erga dictum Eustachium pro patre uxoris sue usque ad quatuor libras et dimidium turonensium quos idem Johannes eidem reddiderat, sed quia dicta pecunia soluta non fuit ad terminum sibi impositum dictus Eustachius domum ipsius Johannis locavit per duos annos et recepit de locatione iiii libras et asportavit de utensilibus ejus ad valorem xx solidorum, et hec omnia petit.

Hugo de Chietre, miles, de parochia Sancti Ambrosii de Monte Aureo, dicit quod Eustachius de Galardon, tunc temporis ballivus domini regis apud Castrum Arraudi, injuste tradidit capellano de Burnesio quoddam miliare tegularum suarum ad valorem x solidorum, licet dictus ballivus nec dictus capellanus nullum jus haberent in dictis tegulis, sed per violenciam suam ita fecit contra justiciam, unde petit.

Focherius Quare dicit quod Eustachius de Galardon, tunc temporis ballivus domini regis apud Castrum Arraudi conduxit dictum Focherium precio trium minarum balargie quas eidem reddere contradixit, unde petit.

Symo Villicus, miles, de parochia de Bussolio, dicit quod Eustachius de Galardone, tunc temporis serviens Petri Baalun militis ballivi domini regis apud Castrum Arraudi, cepit iiii libras injuste de redditibus suis quos habet in passagio pontis Haye in Turonia, quia falso imponebat ei quod debebat reficere dictum pontem, quas petit sibi restitui pro se et Hugone de Forgiis milite defuncto, cujus testamenti est executor, qui partem habebat in dicto passagio.

Theobaldus de Pomo, de parochia de Senille, Pictavensis diocesis, dicit quod Eustachius de Galardon, tunc temporis ballivus domini regis apud Castrum Arraudi, venit ad domum suam auctoritate sua propria et eumdem verberavit nequiter et deportavit duos anseres suos, occasione cujus verberacionis dampnificatus fuit ad valorem c solidorum, quos petit.

W. Laoce, de parochia Sancti Hilarii de Montibus, dicit quod Eustachius, tunc temporis ballivus domini regis apud Castrum Arraudi, abstulit ab eo quoddam arpentum terre situm in dicta parochia quam terram Estevenon de Arrablae dedit eidem Willelmo in maritagium cum filia sua, hac occasione quia dixit quod dicta filia non est de legitimo matrimonio, quod cum dicere nihil pertinet ad eum cum non sit heres dicti Estevenon qui habet filios et filias heredes, quam terram petit sibi restitui cum fructibus inde perceptis ad valorem xx solidorum.

Johanna la Quarrée, de parochia Sancti Hilarii de Montibus, dicit quod Eustachius, tunc temporis ballivus domini regis apud Castrum Arraudi, quod cum ipse habeat quamdam peciam terre quam ipsa vendiderat Petro de Yvona xiiii solidos, dictam pecuniam quam idem Petrus solverat dicte mulieri et etiam vi solidos pro expensis iterum oportuit reddere eidem Petro, cum dictus Eustachius prout promiserat deberet solvere dictam pecuniam, cum ipse habeat dictam peciam terre, unde petit supradicta.

Petrus Morreau, de parochia de Senille, dicit quod Eustachius de Galardon, tunc temporis ballivus domini regis apud Castrum Arraudi, de domo sua injuste, sine aliqua causa seu forefacto, duas tunicas et quoddam pallium deportavit, de quibus tunicis dictus P. amisit unam tunicam ad valorem vi solidorum, et antequam aliam tunicam et pallium posset rehabere oportuit ipsum, pro redemptione ipsorum, solvere dicto Eustachio v solidos, et hac occasione cepit predicta quia dicebat quod dictus P. Morreau arestaverat quamdam quadrigatam tegulorum cujusdam capellani qui eam emerat à quibusdam tegulariis qui eam non poterant vendere quia erat Hugonis de Chitrei militis de mandato cujus illam adrestaverat dictus Petrus, unde petit et cetera.

Fulfo Martinus, de parochia de Netronio, dicit quod Eustachius de Galardon et Guillotus frater ejus, tempore quo erant ballivi domini regis apud Castrum Arraudi, insidiati fuerunt ei quodam die et percusserunt eum cum quodam ense per brachium, unde fuit dampnificatus ad valorem L solidorum, et ita insidiati fuerunt occasione cujusdam rixe facte inter Petrum de Yvona et dictum Fulconem.

Contra Guillelmum de Galardon.

Petrus de Noisio, parochianus de Ligolio, petit lxx solidos à Guillelmo de Galardon hac de causa videlicet quod Matheus de Sancto Venancio gerens vices ballivi domini regis Guillelmo de Galardone, dicti ballivi satelliti, precepisset ut res dicti Petri in seysina domini regis positas liberaret, idem Guillelmus mandatum ejus noluit adimplere nisi prius ab eo lxx solidos extorqueret, quos dictus Petrus ut majora dampna rerum suarum redimeret eidem persolvit, quos petit. Item petit unum sextarium avene quod idem G. à colono suo per vim extorsit.

Bartholomeus Pinnea, de parochia de Tornun juxta Prulliem, dicit quod Guillelmus de Galardon ballivus domini regis tunc temporis in Turonia, vexando dictum Bartholomeum injuste extorsit ab eo c solidos, occasione quorumdam pignorum qui fuerunt deposita in domo sua à Bocaudo serviente Guidonis Rosseo militis qui Boucaudus dicta pignora ceperat de quadam muliere ratione cujusdam fidejussionis erga dictum Boucaudum facte. Item conqueritur P. de Launei ejusdem parochie quod dictus Guillelmus extorsit ab eo duo sextaria avene que estimat ad valorem xvi solidorum, propterea quod ipse portavit dicta pignora in domo Bartholomei Pinnea.

Contra Johannem Graver.

Matheus Folperius, de Haya, et Hamelina, de Alenchonio, mater ejus, Turonensis diocesis, de parochia de Haya Sancti Georgii, dicunt quod Johannes Graver loco tenens Ade Panistarii [1], ballivi domini regis apud Hayam, falso et maliciose eisdem crimen imponens, scilicet quod à furibus et pravis hominibus falpas vestes et hujus tenebant, cepit ipsum Matheum et in prisionem duram ipsum posuit cepitque claves archarum suarum et vidit intra per omnes coram multis et non invenit ibi de quam posset reprehendere ipsum Matheum, et detinens claves ejus per x septimanas et amplius et priusquam de anulis ipsum liberare vellet extorsit ab eo xx solidos parisienses, et claves archarum reddere noluit donec haberet x solidos turonenses, preter dedecus quod noluit sustinuisse pro x libris turonensibus, quod omnia petit.

Nerbone relicta Johannis Barber, de parochia Sancti Michaelis prope Pruliacum, dicit quod Johannes Graver, Johannes de Pons, Martinus de Barro et Remondus de Fenis abstulerunt ab ea et viro suo vi libras currentis monete et xxvii ligaturas ferri, sine causa, quia dicebant falso quod maritus suus interfuerat verberacioni cujusdam hominis, et hæc omnia petit.

---

1. Adam le Pannetier fut aussi plus tard sénéchal de Poitou en 1243-1247.

Johannes de Pinu, parochianus Sancti Petri de Prulleio, dicit quod, à vi annis citra, dicit quod Johannes Graver tunc temporis serviens Ade Panisterii ballivi domini regis in Turonia, extorsit ab eo injuste unam ferraturam quadrige valentem x solidos, quos petit.

Johannes de Foresta, parochianus Beate Marie de Pruliaco, dicit, nomine uxoris sue et liberorum suorum, quod defunctus Riceus condam maritus uxoris sue precatus fuisset Johannem Graver, servientem Ade le Paneter tunc temporis ballivi domini regis Turonie, et promisisset ei unam marcham argenti deauratam si solvi facere dicto Ricous quedam sua debita, predictus Graver debita recepit usque ad valorem x librarum turonensium et retinuit et scripta debitorum, et hec petit dictus Johannes, ea racione quod ipse est maritus uxoris dicti Ricous, et hæc se offert probaturus.

Johannes le Couturer, de parochia Beate Marie de Prulliaco, dicit quod à vi annis citra, dum ipse esset in partibus transmarinis, Johannes Graver, serviens tunc temporis Ade le Paneter ballivi domini regis Turonie, moratus fuit in domo sua per suam violentiam fere per annum et devastavit bladum, vinum et carnes salsas que erant dicti Johannis usque ad valorem L librarum tur. Cepit iterum xxx ligamina ferrea que erant in dicta domo et unam ferraturam quadrige, in quibus dampnificatus fuit ad valorem vii librarum Preterea dictus Graver cepit in custodia ab uxori dicti Coturer unam loricam, quasdam caligas ferreas et quoddam mantellum viridi forratum de cuniculis, pro quibus dictus Coturer reddidit c solidos illis qui pignori obligaverant hæc predicta penes ipsum. Preterea quidam famulus dicti Graver qui vocabatur Guillelmus de Valeri abiit cum uxore sua furtive et bona ipsius portavit usque ad valorem xv librarum et moratus fuit cum dicta uxore sua per dimidium annum, et hec petit à dicto Graver, ea racione quod ille Guillelmus famulus suus erat, et hec omnia petit.

Gaufridus Rex, de parrochia de Venit, Turonensis dyocesis, dicit quod Johannes Graver, à iiii annis citra, extorsit ab eo x solidos pro eo quod dicebat ipsum esse excommunicatus, cum tunc temporis non erat excommunicatus, et hec petit.

Thomas Prouver et Herve Prouver, fratres, crucesignati Pruille, dicunt quod Johannes Graver, tunc temporis serviens Ade le Panete ballivi domini regis, habuit à predictis fratribus lx solidos et quamdam quaratam de x solidis, causa recredendi res suas quas ceperat propter debitum quod predicti fratres debebant suis creditoribus predicto ballivo conquerentibus.

Symo Villicus, miles de parrochia de Bussolio, dicit quod J. Graver, serviens Petri Bailun militis tunc temporis ballivi domini regis apud Castrum Arraudi, cepit vii libras injuste de redditibus suis quas habet in passagio pontis Haye in Turonia, quare imponebat ei falso quod debebat reficere dictum pontem, quas petit igitur restitui pro se et Hugone de Forgiis milite defuncto cujus testamenti est exequtor qui partem habebat in dicto passagio.

Guillelmus le Coturer, de parochia Beate Marie de Pruliaco, dicit quod cum ipse dolens pro pudore Johannis le Coturer fratris sui morantis tunc temporis in partibus transmarinis, quadam die inisse in domo dicti fratris sui et ibidem invenisse Guillelmum de Valeri servientem Johannis Graver qui fornicabat cum uxore dicti fratris, ut publice dicebatur, et plures alios cum ipso devastantes bona fratris sui et dixisse eis quod male agebant, ipsi confestim ipsum ceperunt et uxorem suam et ipsos vinctos duxerunt in carcerem; postea Johannes Graver extorsit ab ipso iiii libras turonensium, quas petit.

Andreas le Changeor, de parochia Sancti Petri de Pruliaco, dicit quod Johannes Graver, serviens Ade le Paneter, cepit quamdam quadrigam dicti Andree, ea occasione quod ipse dixit ipsum fuisse citatus coram dicto Adam tunc temporis ballivo domini regis qui nunc est, cepit item tres equos dicti Andree, nec fuerat unquam citatus dictus Andreas, unde dampnificatus est ad valorem c solidorum turonensium, quos petit.

Matheus Antays, de parochia de Turre, dicit quod Nicolas de Jarundo, tunc temporis allocatus ballivi Pictavensis, extorsit injuste à patre dicti Mathei xv solidos, ea occasione quod pater suus defunctus cepit quamdam putoys et interfecit illum quare comedebat altilia sua, unde dictus Nicolas imposuit dicto patri suo quod interfecerat quamdam latronem scilicet dictum Putoys et non reddiderat ballivo regis vel ejus mandato, posuit igitur custodes in domo ejusdem patris sui qui expenderant de bonis suis, tam in vino, quam in aliis rebus, ad valorem x solidorum, unde petit.

Philippus de Vaille, de parochia Sancti Christophori, dicit quod Stephanus Byoneau, quondam ballivus domini regis apud Lodunum, per injuriosas imposiciones extorsit à dicto Philippo ad valorem x solidorum, quos petit.

Rogerus de Vaille, de parochia Sancti Christophori, dicit quod Stephanus Byoneau, quondam ballivus domini regis apud Lodunum, extorsit ab eo per multas injuriosas imposiciones ad valorem x solidorum, quos petit.

Philippus de Bellomonte, miles, ejusdem loci parochianus, dicit quod Gilonus Kattereau, tunc temporis serviens domini regis, cepit vi libras in redditu suo apud Fayam, scilicet injuste, loco rerum Aymerici de Argentun domini Faye qui dominus forsitan eidem Giloni aliquid debebat, et dicebat dictus Gilo quod hoc faciebat de mandato domini regis.

Johannes Textor, de parochia de Neintre, dicit quod magister Petrus de Molleton et Herbertus Bellaunt tunc temporis ballivi domini regis apud Castrum Arraudi, dum quadam die quemdam peciam terre cum bobus suis excoleret quem diu ante possidebat in pace, dicti ballivi ceperunt boves predictos dicti Johannis et captos diu tenuerunt, et posuerunt custodes in domo sua qui expenderant de bonis suis ad valorem xx solidorum, et antequam posset boves suos rehabere oportuit ipsum solvere, pro redempcione ipsorum, quatuor libras et x solidos pro redempcione ipsorum, dictis ballivis; et de dicta terra dyssaisiaverunt eum, quia dicebant quod nullum jus habebat in ipsa terra, quam dictam peciam terre postea rehabuit, judicio mediante; unde petit igitur supradictis cum expensis propter hoc factis restitui.

Prior Garverii, parrochianus Sancti Johannis Castri Arraudi, dicit quod Guido, serviens Petri le Ber ballivi tunc temporis domini regis, vendidit et habuit denarios de duobus doliis vini dicti prioris minus juste et vi sua, et quoddam dimidium dolium devastavit, que omnia estimat ad valorem viii librarum, occasione cujusdam rixe que facta fuit inter quoddam famulum regis et inter alium hominem qui potabat in domo dicti prioris, unde petit.

Hugo Cotin, de Marnes, dicit quod Odinus bedellus Pictavensis, tempore istius regis qui nunc est, ratione sui domini secularis injuste et per vim domini regis cujus bedellus erat, extorsit ab eo unum sextarium frumenti, ad mensuram que dicitur castellana quod tunc temporis valebat xx solidos turonenses, de domo patris et matris sue qui tunc vivebant, de quo dicti parentes ejus nec ipse restitucionem aliquam habuerunt, unde petit.

Raginaudus Barbe, miles, de parochia de Ingrandia, dicit quod Radulphus le Platter, tunc temporis serviens domini regis apud Castrum Arraudi, cum idem Raginaudus deberet eidem servienti quatuor libras, idem serviens venit ad domum suam et de dicta domo deportavit pignora videlicet quoddam pallium de burneta pavonee cum pennula cuniculorum et unum coopertorium de escarlate cum panna de vaer, ad valorem xiiii librarum turonensium pro dictis iiii libris, nec postea dictus miles dicta pignora potuit rehabere, licet paratus esset et semper fuerit dicto servienti dictas iiii solvere, unde petit supradicta igitur restitui.

Apud Sanctum Maxentium.

Contra Theobaldium de Blazun, apud Sanctum Maxencium. — Dicunt magister W. Margeruns et H. Margeruns, fratres, quod cum Hugo Margeruns defunctus pater ipsorum teneret de Hugone de Nuaille milite ad duos denarios et obolam de censibus, tanquam à domino, quoddam arbergamentum suum apud Sanctum Maxencium in quo dictus defunctus morabatur, dictus Hugo de Nuaille voluntate propria, dominium et jus que in dicto arbergamento habebat dedit et penitus quictavit fratribus militie Templi, precipiens dicto Hugoni defuncto quod dictis fratribus pareret et responderet tanquam dominis, secundum quod eidem parere et respondere debebat, quare dictus Hugo necesse habuit ipsos recipere pro dominis et eis tanquam dominis respondere. Quod cum audisset Theobaldus de Blazun, tunc temporis ballivus Pictaviæ[1], ita esse factum, saisivit dictum arbergamentum, ejiciens vel faciens ejici dictum Hugonem defunctum, qui nihil in hoc deliquerat, cum tota familia sua de dicto arbergamento, ponens in eodem custodias suas qui durante sazina vivebant de bonis ejusdem arbergamenti, et hæc sazina facta fuit à dicto Theobaldo quater vel quinquies, et aliqua de ipsis sazinis duravit per duos menses, alia per unum mensem, alia per tres septimanas, alia per octo dies. Item joelli uxoris dicti defuncti, matris dictorum fratrum, in dictis sazinis amissi fuerunt. Preterea antequam dictus Hugo defunctus possit habere pacem sive concordiam cum dicto ballivo oportuit ipsum cum duobus aliis

---

1. Thibaud de Blazon, seigneur de Mirebeau, fut sénéchal de Poitou en 1228-1230.

burgensibus de Sancto Maxencio, tanquam coactum, dare quinquaginta libras turonensium eidem ballivo de quibus L libris dictus defunctus solvit tertiam partem. Verum in hiis omnibus videlicet in sazinis, joellis et in ejectione dicti arbergamenti et in solutione dictorum denariorum dicunt dicti fratres filii et heredes dicti defuncti Hugonis eumdem Hugonem dampnificatum ad valorem quatuor viginti librarum, super quibus petunt ergo fieri emenda.

Dicunt H. Guerrichuns et P. Guerrichuns, fratres, quod cum P. Guerrichuns pater ipsorum teneret à fratribus militie Templi, tanquam à domino, quoddam arbergamentum situm apud Sanctum Maxencium cujus dominium et jus quod in dicto arbergamento consistebat dederat et quittaverat predictis fratribus militie Templi Arveus Raters miles, Theobaldus de Blazun tunc temporis ballivus Pictaviæ sazivit dictum arbergamentum, ejiciens vel faciens ejici dictum P. defunctum cum tota familia sua de dicto arbergamento, ponens in eodem custodias suas qui durante sazina vivebant de bonis ejusdem arbergamenti, et hæc sazina facta fuit à dicto Theobaldo ter vel quater et aliqua de ipsis sazinis duravit per duos menses, alia per unum mensem, alia per tres septimanas; preterea in omnibus istis sazinis dictus P. defunctus, cum exercebat negociacionem suam propter metum dicti Theobaldi et suorum et antequam dictus P. defunctus posset habere pacem et concordiam cum dicto ballivo, oportuit ipsum tanquam coactum solvere terciam partem L librarum turonensium eidem ballivo. Verum in hiis omnibus, videlicet in sazinis et in ejectione dicti arbergamenti et in mora negociacionis sue et in solucione denariorum, dicunt ipsum dampnificatum fuisse ad valorem C librarum, verum petunt.

Dicit A. Guerrichuns quod, cum ipse teneret à fratribus militie Templi, tanquam à domino, quoddam arbergamentum situm apud Sanctum Maxencium cujus dominium et jus quod in dicto arbergamento consistebat dederat et quittaverat predictis fratribus Arveus Raters miles [1], Theobaldus de Blazun tunc temporis ballivus Pictaviæ sazivit dictum arbergamentum, ejiciens vel faciens ejici dictum A. à dicto arbergamento, ponens in eodem custodias suas qui durante sazina vivebant de bonis ejusdem arbergamenti et hæc saisina facta fuit ter et quater, et aliqua de ipsis saisinis duravit per duos menses, alia per unum mensem, alia per tres septimanas. Preterea Guillelmus de Mangecort, castellanus, fregit archam dicti A. et accepit XII libras turonensium. Preterea in omnibus predictis dictus A. non exercebat negociationem suam propter metum dicti Theobaldi et suorum et antequam dictus A. possit habere pacem sive concordiam cum dicto ballivo, oportuit ipsum tanquam coactum solvere terciam partem L librarum eidem ballivo. Verum in hiis omnibus, videlicet sazinis et in mora negociationis sue et in solucione denariorum et in ablacione XII predictarum librarum, dicit se dampnificatum fuisse ad valorem C librarum turonensium, super quibus petit igitur fieri emendam.

Dicit Gaufridus Bobins [2] quod, cum ipse teneret à fratribus militie Templi, tanquam à domino, quoddam arbergamentum situm apud Sanctum Maxencium, cujus dominium et jus quod in dicto arbergamento consistebat dederat et quittaverat predictis fratribus H. de Muns, miles [3], Theobaldus de Blazun tunc temporis ballivus Pictavie saisivit dictum arbergamentum, ejiciens vel faciens ejici totam familiam predicti G. de dicto arbergamento, ponens in eodem custodias suas qui durante sazina vivebant de

---

1. Arvé ou Hervé Ratier et ses frères Jean et Guillaume confirmèrent en 1227 le don, fait à l'abbaye de Saint-Maixent par Hugues de Nuaillé, d'un bourg sis à Saint-Maixent. (*Chartes de l'abb. de Saint-Maixent*, par Alfred Richard, ap. *Arch. hist. du Poitou*, XVIII, 57.)

2. Geoffroy Bobins devait appartenir à la famille de P. Bobins, tenancier de l'abbaye de Saint-Maixent en 1222. (*Ch. de l'abb. de Saint-Maixent*, par Alfred Richard, XVIII, 48.)

3. H. de Muns, chevalier, devait appartenir à la même famille que Constantin de Muns, qui vivait en 1244. (*Idem*, 72 note.)

bonis arbergamenti, et hæc saizina facta fuit ter et quater, et aliqua de saizinis duravit per duos menses, alia per unum mensem, alia per tres septimanas. Item Rolluste Bovis et alii abstulerunt tapeta et alia multa. Preterea in omnibus istis sazinis dictus G. non exercebat negociationem suam propter metum dicti Th. et suorum, et, antequam dictus G. possit habere pacem cum dicto ballivo, oportuit ipsum tanquam coactum solvere xxv libras turonensium. Unde in hiis omnibus, videlicet in sazinis et in ejectione dicti arbergamenti et in mora negociationis sue et in solucione denariorum, dicit se dampnificatum ad valorem quatuor xx librarum, unde petit.

Dicit J. Chevalers quod, cum ipse teneret à fratribus militie Templi, tanquam à domino, quoddam arbergamentum situm apud Sanctum Maxencium, cujus dominium et jus quod in dicto arbergamento consistebat dederat et quittaverat predictis fratribus H. de Muns, miles, Theobaldus de Blazun tunc temporis ballivus Pictaviæ sazivit dictum arbergamentum, ejiciens vel faciens ejici totam familiam predicti J. de dicto arbergamento, ponens in eodem custodias suas qui durante sazina..., ut supra.

Guillelmus Morineau, parrochianus Sancti Saturnini de Sancto Maxentio, dicit quod à xvi annis citra, tempore domini regis qui nunc est, Theobaldus de Blazun miles tunc temporis ballivus domini regis in Pictavia, dampnificavit patrem suum quondam defunctum in vino, blado et rebus aliis ad valorem xx librarum, hac de causa quam imponebat ei se percussisse quoddam judeum, quod negavit et hoc se offert probaturun, unde petit.

Petrus Gerrichuns, parrochianus Sancti Saturnini de Sancto Maxentio, dicit quod cum dominus rex Francie venit in Pictavia, tempore illo quo dictus Theobaldus de Blazun

---

1. Louis IX vint, en effet, en Poitou en 1230. Il était à Saint-Maixent au mois de juillet de cette année et y confirmait la commune de Niort. (*Layettes du Trés. des Chart.* II, 184.)

erat senescallus Pictaviæ [1], precepit saziri domum Templariorum, ea occasione quod burgenses Sancti Maxencii communiter se subjiciebant juridictioni Templariorum, sine consensu ipsius, et quod domum dicti P. antiquitus erat et ratione antiquitatis adjudicata fuit Templariis coram domino Theobaldo de Blazun qui tunc temporis ballivus erat ; in ea capcione vel saciamento dictus Petrus dampnificatus fuit ad valorem xx librarum, unde petit.

Johannes Talebot, parrochianus de Sovignet, dicit quod, tempore domini regis qui nunc est dominus Theobaldus de Blazon, ballivus domini regis in Pictavia tunc temporis, dampnificavit ipsum ad valorem viii librarum, hac de causa quod ipse imponebat ei quod violaverat quamdam mulierem, de quo dictus Johannes non potuit probari, unde petit.

W. Briens, parrochianus d'Aigoneis, dicit quod, tempore illo quum dominus Theobaldus de Blazon fuit senescallus Pictaviæ domini regis Franciæ qui nunc est, extorsit ab eo usque ad valorem xxx solidorum, hac de causa quod imponebat eidem quod injuriabatur Giraudo Auvergnat, quod falsum fuit, unde petit et cetera.

Peronele Borgaise, relicta Johannis Celaz, de Sancto Maxentio, dicit quod, ab annis xviii citra, Robertus Bonini serviens Theobaldi de Blazun, tunc temporis ballivus domini regis Pictavie, extorsit à marito suo defuncto injuste iiii libras, hac occasione quod quidam judeus imponebat eidem falso quod debebat ei vi solidos de usura, unde ipsum incarceravit predictus R. donec predictam persolvit, unde petit, et cetera.

Bonaudus Gobilluns, parrochianus de Sovignec, dici quod Theobaldus de Blazun, tunc temporis ballivus domini regis Francie in Pictavia, habuit ab eo usque ad valorem x librarum, hac de causa quod dictus Theobaldus dicebat quod dictus Bonaudus sazimentum domini regis Francie fregerat, unde non fuit confessus neque quittatus et hoc offert, et cetera.

Aymericus Bos, parrochianus Sancti Saturnini de Sancto Maxencio, dicit quod, tempore domini regis qui nunc est, Theobaldus de Blazon tunc temporis senescallus Pictaviæ extorsit ab eo c et x solidos pro delicto cujusdam fratris sui qui nihil commune habebat cum eo, de quibus petit igitur emendam.

Parens marescallus Sancti Maxencii, parrochianus Sancti Saturnini de Sancto Maxencio, dicit quod Theobaldus de Blazun ballivus domini regis qui nunc est in Pictavia tradidit dicto marescallo octoginta equos ad sanandos; de qua sanacione dictus marescallus nichil percepit, unde dampnificatus est dictus marescallus, tam in pastu equorum quam in aliis, ad valorem x librarum, unde petit, et cetera.

Constantinus Talebot, parrochianus de Sovignet, dicit quod, tempore domini regis qui nunc est, dominus Theobaldus de Blazon tunc temporis ballivus domini regis in Pictavia dampnificavit ipsum ad valorem vi librarum et injuste, hac de causa quod ipse imponebat ei quod violaverat quamdam mulierem, de quo dictus Constantinus non potuit probari legitime, unde petit, et cetera.

Johannes Jacerii, miles, senior, parrochianus de Sovignec, dicit pro se et fratribus suis quod dominus Theobaldus de Blazon tunc temporis ballivus domini regis Pictaviæ vexavit ipsum placitando, hac de causa quod ipse imponebat fratribus suis quod violaverant quamdam mulierem, de quo dicti fratres non potuerunt probari, unde dictus miles et fratres ejus dampnificati fuerunt ad valorem c librarum et hoc offert dictus miles pro se et fratribus suis probaturus, unde petit et cetera.

Martina, parrochiana Sancti Martini de Sancto Maxencio, dicit quod, tempore illo quo dominus Theobaldus de Blazon fuit senescallus Pictaviæ, tempore istius regis, homines sui ceperunt de pane suo ad valorem xxxv solidorum, unde petit et cetera.

W. Charbonelli, clericus de Niorto, dicit quod Raymundus de Recia et Gaufridus Charbonelli defunctus, pater dicti clerici, tale contractum fecerunt inter ipsos et ab utriusque parte, tactis sacrosanctis Evangeliis, juraverunt quod ipsi filium dicti R. et filiam dicti G. matrimonialiter copularent et sub pena c librarum turonensium et tunc idem R. filium suum predictum in tutela posuisset dicti G. et item successiones et heredes dicti filii, et item idem R. lx libras debet eidem G. ex legitimo debito, et idem R. adhuc pro suo legitimo servicio eidem G. c libras promisisset et suo juramento concessisset et ad observacionem premissarum dictus R. suas res dicto obligasset, dominus Theobaldus de Blazon ballivus domini regis Francie qui nunc est dictum G. ad aulam prope Sanctum Andream apud Niortum mandavit et ibi dictum G. cepit et captum retinuit donec filium suum et res supradictas penitus liberaret, et ita dicte c libræ et lx et item omnia alia premissa fuerunt amisse; de quibus petit dictus W. igitur emendam fieri, prout videbitur expedire; cum dampnificatus fuerit ad valorem c librarum et amplius, prout superius est expressum, et hoc offert probaturus.

Item contra eumdem Theobaldum, apud Rupellam dicit Petrus Andree de Panpelune, burgensis de Rupella, quod, tempore domini Ludovici, patris istius regis qui nunc est, dominus Theobaldus de Blazon tunc ballivus in Pictavia extorsit Bernardo fratri suo defuncto duos equos de precio quos estimabat tunc temporis ad valorem l librarum.

Dicit Johannes de Monte Falchonis de Aytreio quod dominus Theobaldus de Blazon sazivit res suas, dicens quod quamdam hominem interfecerat, et dicebat quod homo erat domini Hugonis de Leginano qui tunc inimicus domini regis erat, quod non potuit probare, attamen extorsit xx libras.

Dicit Guillelmus Gabaudi, de Aytreio, quod dominus Theobaldus de Blazon extorsit x libras, tali occasione quod dominum Hugonem de Leginano inimicum domini regis in domo sua ad invicem recipiebat, ut dicebat, quod probare non potuerit.

Dicit Hugo Jordani de Curgeriis, miles, quod, cum esset in servicio domini regis cum Willelmo Mangoti domino suo [1], dominus Theobaldus de Blazon abstulit ei per duos annos redditus suos quos habebat ex maritagio uxoris sue apud Engolins, unde dampnificatus est ad valorem xx librarum.

Dicit domina de Manderos, vidua, quod Theobaldus de Blazon sazivit terram filiorum suorum quos habebat in ballo suo et dotem suam quam tenuit per annum unum et per tres menses et fructus idem perceptos receperit, quos estimat ad valorem quingentarum librarum, de quibus habuit LX et I libras pro emenda.

Dicit Helias Cerclerii, burgensis de Rupella, quod dominus Theobaldus de Blazon habuit de circulis suis usque ad valorem XL et II solidorum et dimidium qui positi fuerunt in tonis domini regis de Rupella.

Contra Constantinum Gyboyn.

Symon Grosgrain, miles, parrochianus Sancti Leodegarii de Sancto Maxencio, dicit quod, tempore guerre quum dominus rex venit Pictavia [2], Constantinus Giboin tunc temporis ballivus domini regis apud Niortum desasivit eum de terra sua que vocatur Pomeree, juxta Chandener, hac de causa per spatium unius anni quod Renerius valetus, frater uxoris sue, qui in dicta terra quartam partem percipiebat et prout indiviso possidebant dicti fratres et soror, quod erat in exercitu comes Marchiæ, in qua terra dampnificatus fuit ad valorem x librarum quas petit. Igitur restitutus esset in exercitu domini regis, et hoc se offert probaturus.

---

1. Guillaume Maingot II, seigneur de Surgères.
2. Il s'agit là de la guerre de 1242.

Constantinus Gazeas, parrochianus Sancti Martini de Sancto Maxencio, dicit quod Constantinus Giboins, malivolens suus, tunc temporis prepositus domini regis Francie qui nunc est, cepit injuste et sine causa bladum suum et redditus suos et bladum hominum suorum qui erant in feodo de Gorze, in quibus dampnificatus ad valorem viii librarum et hoc se offert probaturus.

Petronilla, filia W. de Sales prope Sanctum Maxencium, parrochiana de Sales, dicit quod, tempore guerre, Constantinus Giboins ballivus de Niorto cepit minus juste in parrochia de Vansaio de reditu et rebus ejusdem Petronille ad valorem lx solidorum, propter hoc quod dictus Constantinus dicebat quod dictus W. de Sales, pater ejusdem Petronille, sazimentum domini regis Francie fregerat, unde W. non fuit confessus nec quittus et hoc se offert probaturus.

Contra servandum castellanum Sancti Maxencii.

Johannes Gobaut, parrochianus Sancti Saturnini de Sancto Maxencio, dicit quod cum servandus nomine Butirus, jam defunctus, esset castellanus de castro Sancti Maxencii per primum castellanum ipse tradidit dicto J. ix sextaria siliginis precio ix solidorum; preterea dictus castellanus habuit à dicto J. xiiii solidos de quolibet sextario, unde dampnificatus fuit ad valorem xl solidorum, unde petit et cetera.

Contra Ardoynum de Maillé.

Guillelmus Rosset, valetus, parrochianus Sancti Leodegarii de Sancto Maxencio, dicit quod, ab annis xii citra, tempore domini regis qui nunc est, Hardoynus de Maille miles tunc ballivus in Pictavia [1], extorsit ab eo injuste xix libras

---

1. Hardouin de Maillé, sénéchal de Poitou en 1238-1242.

et sex sextaria siliginis et ix modia vini quos estimat ad valorem xl librarum, hac de causa quod dicebat patrem suum debere Habertini, judeo de Sancto Maxencio, xii libras quas negavit, unde petit, et cetera.

Petronilla, filia W. de Sales prope Sanctum Maxencium, parrochiana de Sales, dicit quod W. Bovis et Guibertus ballivus de Vansaio ceperunt injuste de redditu et rebus ejusdem ad valorem x librarum, et adhuc dictum redditum tenent in sazina, et unde petit et cetera.

Contra Symonem de Vitre.

Johannes Paenuz, parrochianus Sancti Martini de Sancto Maxencio, dicit quod Symon de Vitre, ballivus Sancti Maxencii tempore domini regis Francie qui nunc est, cepit eum et incarceravit propter contencionem motam inter ipsum ex una parte et Reortea ex altera, in qua capcione dampnificatus fuit ad valorem vi librarum, unde petit et cetera.

Johannes Trovez, parrochianus de Exiriolio prope Sanctum Maxencium, dicit quod, cum dominus rex Lodovicus pater istius regis qui nunc est fecit castellum suum de Sancto Maxencio [1], magister Nicolas Carpentarius conduxit predictum Johannem cum quadriga sua ad adducendum xxii quadrigatas de brueria quas adduxit, et defuerit de precio ejus viii solidos et iiii denarios, quos petit.

Johannes Gobaut, parrochianus Sancti Saturnini de Sancto Maxencio, dicit quod, cum Robertus Bonini defunctus in vita sua esset prepositus domini regis Sancti Maxencii et dominus Guillelmus de Mangecort esset castellanus domini regis in castro Sancti Maxencii, abstulerunt a dicto J. quatuor quadrigatas feni que tunc valebant iiii libras, unde petit et cetera.

---

1. Louis VIII fit construire un château-fort à Saint-Maixent en 1224. (*Le Château de Saint-Maixent*, par M. Alfred Richard.)

Arnaudus, parrochianus Sancti Saturnini de Sancto Maxencio, dicit quod cum Vivenus Parvus judeus traxisset n causam ipsum Arnaudum ante Guillelmo de Mangecort, castellano domini regis de Sancto Maxencio, et diceret quod Guillelmus de la Garde debebat eidem summam denariorum de usura, qui Willelmus erat socer dicti Arnaudi. Qui jus requisitus ipse W. et fine cum laborabat in extremis juravit, multis audientibus, se nichil debere aliquibus judeis de capitali neque de usura ; qui dictus Guillelmus de Mangecort coegit vi sua dictum Arnaudum solvere dicto judeo usque ad XVI solidos et IIII denarios quos petit et cetera.

Petrus de Brolio, parrochianus Sancti Saturnini de Sancto Maxencio, dicit quod, ab XVIII annis citra, Robertus Bonini serviens domini Theobaldi de Blazon tunc temporis ballivus domini regis Pictaviæ, dampnificavit ipsum ad valorem LX solidorum, hac de causa quod ancilla domini Roberti conquesta est dicto R. quod serviens patris dicti Petri turbaverat aquas putei quo ibat haurire aquas ad bibendum, quos petit et cetera.

Johannes Galoer, parrochianus de Sovignec prope Sanctum Maxencium, quod à XVIII annis citra, Robertus Bonini serviens domini Theobaldi de Blazon tunc temporis ballivus domini regis dampnificavit patrem suum in XXX solidos hac de causa quod dictus Robertus invenit in quadam vinea quamdam porcum suum, et hoc offert se probaturus.

Abbas et conventus de Castellariis, Cisterciensis ordinis, de castellania Sancti Maxencii, dicunt quod cum dominus rex Francie venit Pictavia tempore guerre, dominus Ardoyn de Mayleto, senescallus in Pictavia tunc temporis nomine regis, venit ad Alnisium cum maximo exercitu, volens transire in insula de Re que erat contra regem, et jacuit per octo dies et amplius cum toto exercitu suo in domo de Plumbo prope Rupellam, in vineis suis, et vastaverunt vineam et dissipaverunt territorium et combusserunt vasa sua, dolia et cubas et alia utensilia dicte domus, in quibus dicti abbas et conventus dampnificati sunt in c marchas argenti, unde petunt et cetera.

Willelmus Orguel, parrochianus Sancti Saturnini de Sancto Maxencio, dicit quod, cum pater istius regis ibat apud Rupellam [1] gentes sue dampnificaverunt eum in blado, vineis, rebus aliis ad valorem c solidorum, unde petit. Item dicit quod, cum dominus rex venit apud Sanctum Maxencium ab annis xvi citra [2], gentes sue dampnificaverunt ipsum in vineis, bladis, vicia, balargia, fabis et rebus aliis ad valorem vi librarum, unde petit et cetera.

Johanna Primaude, parrochiana Sancti Saturnini de Sancto Maxencio, dicit quod, tempore guerre quum dominus rex ibat in Pictavia cum exercitu suo, gentes sue ipsam dampnificaverunt in vinea sua ad valorem xx solidorum, unde petit et cetera.

Gaufridus Barbe, parrochianus Sancti Martini de Sancto Maxencio, dicit quod, cum pater regis ibat apud Niortum [3] gentes sue ipsum dampnificaverunt in frumento, balargia ad valorem xx solidorum, unde petit et cetera.

Radulphus Gervais, parrochianus Sancti Saturnini de Sancto Maxencio, dicit quod, cum dominus rex venit ultimo Pictavia, gentes sue ipsum dampnificaverunt in ortis, in vineis, balargia, aceribus ad valorem iiii librarum, unde petit et cetera.

Petrus Bonioz, parrochianus Sancti Saturnini de Sancto Maxencio, dicit quod, cum pater regis venit primo apud Niortum, gentes sue ipsum dampnificaverunt in vineis, bladis, feno, ad valorem xx librarum. Item dicit quod, cum dominus rex ultimo ibat Pictavia, gentes sue ipsum dampnificaverunt in quadam trilia sua, feno et blado, ad valorem xx librarum, unde petit et cetera.

Willelmus Boguoini, parrochie S. Saturnini de Sancto

---

1. Expédition de Louis VIII en 1224.
2. En 1230.
3. En 1224.

Maxentio, dicit quod, quando pater regis ivit apud Niortum gentes sue ipsum dampnificaverunt in quadam vinea sua ad valorem x solidorum. Item dicit quod, quando dominus rex ultimo ibat Pictavia, gentes sue ipsum dampnificaverunt in vineis et fructibus ortorum ad valorem xl solidorum, unde petit.

Capellanus de Nantolio prope Sanctum Maxentium dicit quod, tempore quo dominus rex qui nunc est venit Pictavia, gentes sue ipsum dampnificaverunt in quadam trelia sua ad valorem viii librarum, unde petit.

Hugo Madorres, parrochianus Sancti Saturnini de Sancto Maxentio, dicit quod, tempore quo pater istius regis venit Pictavia gentes sue ipsum dampnificaverunt in vineis, arboribus et terris seminatis fabis ad valorem xl solidorum. Item dicit quod, quando dominus rex venit ultimo Pictavia, gentes sue ipsum dampnificaverunt in vineis, arboribus, ad valorem xx solidorum, unde petit.

Michael Nebodet, parrochianus Sancti Saturnini de Sancto Maxentio, dicit quod, tempore illo quo dominus rex ultimo venit Pictavia gentes sue ipsum dampnificaverunt in vineis suis ad valorem vii librarum, unde petit.

Prior de Monterolio Bonini dicit pro se et hominibus suis quod quando dominus rex ultimo venit Pictavia et obsedit Monterolium [1], gentes sue ipsos dampnificaverunt in domibus, vineis, rebus aliis, ad valorem ix^{xx} librarum quas petit.

Hamericus Lobau, miles, parrochianus de Berlo prope Sanctum Maxentium, dicit, pro se et hominibus suis, quod quando dominus rex ultimo venit Pictavia, gentes sue ipsos dampnificaverunt in octo bobus ad valorem xxv librarum, unde petit.

Petrus Bertran, parrochianus de Berlo, de terra Pacis, dicit quod, quando dominus rex ultimo venit Pictavia gen-

---

1. Montreuil-Bonnin, dont Louis IX s'empara en 1242.

tes sue ipsum dampnificaverunt in nemore, blado, feno, vineis et rebus aliis ad valorem iiii librarum, unde petit.

Andreas Ganicher, parrochianus Sancti Saturnini de Sancto Maxentio, dicit quod, tempore quo dominus rex ultimo venit Pictavia gentes sue ipsum dampnificaverunt in fructibus ortorum suorum ad valorem xx solidorum, unde petit.

Johannes Beledent, parrochianus Sancti Saturnini de Sancto Maxentio, dicit quod quando iste rex obsedit Voventum [1], exercitum ejus destruxit ei unam peciam terre plenam frumento ad valorem xxx solidorum, unde petit.

Reginaldus Britonis, parrochianus Sancti Saturnini de Sancto Maxentio, dicit quod ipse dampnificatus fuit in adventu patris istius regis, in vineis, bladis ad valorem vi librarum.

Vincens Marcheant, parrochianus de Charveos, dicit quod, quando dominus rex venit de Vilers et ipse erat in custodia regis, taliter quod erat in castro de Charveos quando fuit castrum redditum [2] et dominus rex cepit illum et alios manentes in custodia de Charveos in sua custodia, gentes sue dampnificaverunt eum in xiiii oves, quas petit.

Haymericus miles, parrochianus, dicit pro se et hominibus suis quod, quando pater regis venit Pictaviam, gentes sue ipsum dampnificaverunt in bladis, vineis, nemoribus, pratis, ad valorem c librarum cum esset de terra pacis, unde petit.

Johannes Paset, manens apud Sanctum Maxentium, dicit quod quando dominus.....

---

1. Vouvent, dont Louis IX s'empara sur Geoffroi de Lusignan, le 6 juin 1242.
2. Cherveux fut également pris sur les Lusignan en 1242.

Querimonie recepte in civitate Pictavensi contra Johannem de Galardun defunctum [1].

Margarita la Ginpleière, de parochia Sancti Pauli Pictavensis, dicit quod Johannes de Galardun defunctus, quondam prepositus domini regis apud Pictavim, sibi abstulit sexdecim solidos, propter hoc quod ipsa dixit cuidam mulieri, quam invenit jacentem cum marito suo carnaliter, quod erat meretrix, de quibus denariis petit sibi satisfieri et dictos denarios sibi reddi, et hoc factum fuit octo annis elapsis.

Aimericus de Pertiniaco, scriptor, clericus, de parrochia Sancti Pauli Pictavensis, dicit quod, cum esset in transmarinis partibus, Johannes de Galardon junior, tunc temporis prepositus domini regis apud Pictavim, intravit domum suam per violenciam et fregit et duxit uxorem suam captam et fecit duci et extorsit ab ea per violenciam sex solidos, propter hoc quod ipse invenit eam loquentem cum quodam clerico de quo habebat ipsam suspectam, et detulit ipse Johannes sive servientes sui quoddam tapetum ad valorem aliorum sex solidorum. Item extorsit à dicto Americo per violenciam sex solidos, occasione tali videlicet quod dictus

---

1. Il y avait deux frères du nom de Jean de Galardon qui furent successivement prévôts de Poitiers. L'aîné, qui occupa trois ans cet office, dit un document, longtemps, dit un autre, sans préciser davantage, était mort lors de l'enquête de 1247. (Arch. nat. J. 748. — Arch. hist. du Poitou, VIII, 122.) Le plus jeune, après avoir été sergent de son frère, lui succéda dans la prévôté de Poitiers vers 1240. (Arch. hist. du Poitou, VIII, 117.) On peut voir dans l'enquête quelles plaintes graves et nombreuses furent déposées contre eux. Jean de Galardon, le jeune, fut bailli de Poitiers en 1243-1244, sous le comte Alphonse, et afferma plusieurs terres du domaine de ce prince. (Arch. hist. du Poitou, III.) Plus tard, après sa mort, Martin de Galardon, son fils, vendit, le 14 mars 1262, à la commune de Poitiers, une maison sise en la rue de l'Aguillerie, que son père avait jadis arrentée, et qui devint la maison de l'échevinage. (Invent. des Arch. comm. de Poitiers, par M. Rédet, p. 300.) Un Terrice de Galardon, qui doit appartenir à la même famille, avait été sénéchal de Poitou et de Touraine en 1219, 1220, puis en 1234.

Americus abstulit de manibus cujusdam clerici dicti prepositi quoddam supertunicale quod ceperat in domo sua, et bene sunt octo anni elapsi, quare petit sibi satisfieri super predictis.

Johanna relicta Guillermi de Vernolio, de parrochia de Magnec, dicit quod Johannes de Galardon, tunc temporis prepositus domini regis apud Pictavim, extorsit injuste à dicto marito suo quinquaginta solidos, ea occasione quod imponebat eidem falso quod non solverat, ut dicebat, duos obolos de venda vel costuma pannorum, quare petit dicta relicta sibi satisfieri.

Boneta dicta Juevelle, crucesignata, parrochie Sancti Savini Pictavensis, dicit quod, dum dominus rex teneret in manu sua civitatem Pictavensem, Johannes de Galardon senior, defunctus, prepositus Turoniam, extorsit ab ea exactione indebita usque ad quinquaginta solidos et plus, tali racione quod idem Johannes imponebat ei falso quod verberaverat quamdam mulierem ad preces quorumdam amicorum dicte mulieris inimicorum dicte Bonete, minabatur et volebat eamdem Bonetam, sine aliquo forefacto detinere in carcere mancipatam, et ut dicta Boneta posset evitare dedecus et carcerem habuit ab ea dictus Johannes dictos quinquaginta solidos et plus, quos petit ab eodem sibi reddi, et hoc factum fuit quatuordecim annis elapsis.

Homines de Brolio abbatisse Sancte Crucis Pictavensis, dicunt quod, à tredecim annis citra, Johannes de Galardon prepositus domini regis apud Pictavim extorsit ab eisdem injuste usque ad valorem quatuordecim librarum, tali occasione quod homo interfectus fuit in nemore dicti Brolii, eisdem ignorantibus, quare petunt sibi satisfieri.

Johanna la Lavandiere, parrochiana Sancti Germani Pictavensis dicit quod Johannes de Galardon, defunctus, prepositus domini regis apud Pictavim, auferri sibi fecit per badellos suos, videlicet Joberto Paissello, quindecim solidatas panis quem emerat ab ipsa, nec exinde habuit nummos, unde petit sibi satisfieri.

Audoinus Limozin, de parrochia Sancti Pauli Pictavensis dicit quod à decem annis citra, Johannes de Galardun, defunctus, prepositus domini regis apud Pictavim, cepit eum vel cepi fecit et incarceravit eum et extorsit ab eo xxx solidos, hac occasione quia imponebat ei falso quod verberaverat quemdam hominem de civitate Pictavensi, quem non verberaverat, unde petit de predictis denariis sibi satisfieri.

Ysabellis la Brete, de parrochia Sancti Pauli Pictavensis, dicit quod Johannes de Galardun defunctus, prepositus Pictavensis, extorsit ab ea injuste xv solidos turonensium hac occasione quia imponebat ei falso quod erat concubina cujusdam clerici, unde petit sibi de dictis denariis satisfieri, et bene sunt undecim anni elapsi.

Stephanus Albigensis, crucesignatus, parrochianus Sancti Pauli Pictavensis, dicit quod Johannes de Galardun defunctus, prepositus Pictavensis extorsit ab eo injuste cum badellis suis unam summam cerasorum valentem III solidos sine causa, quos tres solidos petit sibi reddi.

Gaufridus Erchenbaut, de parrochia Sancte Oportune Pictavensis, dicit quod cum dominus Clarevallis cepisset res patris ipsius Gaufridi, pater dicti Gaufridi venit ad Johannem de Galardon defunctum, prepositum domini regis tunc temporis apud Pictavim et promisit ei quod, si iret secum apud Clarevallem et deliberaret res suas quas tenebat dominus Clarevallis, quod daret ei quinquaginta solidos et sibi incontinenti viginti et quinque solidos tradidit. Pater vero dicti Gaufridi processit antequam dictus Johannes secum iret et res suas liberaret decessit. Dictus vero Johannes de Galardon coegit dictum Gaufridum, filium dicti defuncti, ad reddendum dictos viginti quinque solidos de residuo quinquaginta solidorum et sibi reddidit, quamvis cum patre ipsius Gaufridi non ivisset, nec res suas liberasset, quare petit dictos quinquaginta solidos sibi reddi et restitui.

Johannes de Sancto Porchario, de parrochia Sancti Desiderii Pictavensis, dicit quod Johannes de Galardon defunctus, prepositus domini regis Pictavia traxit in causam coram semetipso et coram majori Pictavis minus juste, unde dampnificatus fuit dictus Johannes ad valorem decem librarum turonensium, quas petit sibi restitui.

Guill. la Poche, parrochianus de Megnec juxta Pictavim, dicit quod, cum ipse sit piscator et retia sua haberet in aqua, venit quidam ad retia sua et levavit ea et cepit pisces qui intus erant, dicto Guillelmo hoc vidente, cepit illum qui levabat dicta retia et sibi abstulit pignus suum ; quare ille qui levabat retia querimoniam fecit Johanni de Galardon preposito condam Pictavensi, qui prepositus abstulit ei injuste quinquaginta quinque solidos, quare petit dictos denarios sibi reddi, et hoc factum fuit à septem annis citra.

Americus de Lore, de parrochia de Monte Tamiserii juxta Pictavim, dicit quod Johannes de Galardun, prepositus domini regis apud Pictavim, extorsit ab eo injuste sex solidos et dimidium, hac occasione quia imponebat ei quod volebat ire cum costuma domini regis, quod falsum erat, unde petit dictos denarios, et hoc factum fuit à septem annis citra.

Petrus Boche, parrochianus Sancti Leodegarii de Paluz prope Pictavim, dicit quod Johannes de Galardun defunctus, prepositus Pictavensis extorsit ab eo injuste viginti libras, ea occasione quod imponebatur falso cuidam fratri suo quod ipse interfecerat quemdam hominem, quod verum non erat, unde petit dictas viginti libras sibi reddi.

Stephanus Textor, de parrochia Sancti Pauli Pictavensis, dicit nomine suo et Pictavine sororis sue, quod, cum pater dicti Stephani et dicte Pictavine quamdam domum et utensilia dicte domus haberet in civitate Pictavensi cum uxore sua, servientes domini regis scilicet Brandinus Jobertus, de mandato Johannis de Galardun senioris, tunc prepositi domini regis apud Pictavim ad dictam domum venerunt et ceperunt et occupaverunt dictam domum, propter forefactum quod fecerat pater dictorum Stephani et sororis sue, quia dampnatus fuit de heresi et adhuc detinent occupatam; quare petunt dicti Stephanus et soror sua, nomine matris eorumdem que nichil forefecit, medietatem dicte domus quam ambo aquisierant dum viverent et utensilium sibi ad minus reddi et restitui ; et hec capcio et occupacio facta fuit à duodecim annis citra, et hec omnia estimant ad valorem viginti librarum.

Thomas la Costurere, de parrochia Sancti Pauli Pictavensis, dicit quod Johannes de Galardun defunctus, prepositus domini regis apud Pictavim retinuit injuste de servicio suo, ad valorem xxv solidorum quos ei debebat de costura sua, quam pecuniam non potest nec potuit habere, unde petit super hoc sibi restitucionem fieri, et hoc factum fuit citra decem annos.

Joh. Parven, de parrochia de Valis juxta Pictavim, dicit quod Johannes de Galardun defunctus, tunc prepositus domini regis apud Pictavim extorsit à patre suo defuncto xl solidos turonenses, hac occasione quia imponebatur patri suo quod verberaverat quemdam hominem de civitate Pictavensi, quod non erat verum ; unde petit dictus Johannes cum ipse succedit in bonis patris sui sibi restitucionem fieri. Citra ix annos factum fuit hoc.

Petronilla la Gerunee, de parrochia Sancti Pauli Pictavensis, dicit quod Johannes de Galardun defunctus, tunc temporis prepositus domini regis apud Pictavim, emit ab ea balargiam ad valorem xxx solidorum quam pecuniam non potest nec potuit habere, unde petit sibi restitucionem fieri, et hoc factum fuit citra decem annos.

Guillelmus de Cruce, canonicus Beatæ Mariæ Majoris Pictavensis et parrochianus ejusdem ecclesie, dicit quod defunctus Johannes de Galardun, tunc temporis prepositus domini regis apud Pictavim cepit et captum detinuit Johannem dictum Bonum defunctum, fratrem dicti canonici, cujus heres est idem canonicus, eo quod opponebat falso contra ipsum quod ipse insurrexerat contra judeos, pro cujus redempcione idem Johannes de Galardun habuit et extorsit à dicto canonico octo libras, et Milo le Fauconniers, subballivus Petri le Ber, ballivi domini regis, habuit et extorsit, hac occasione, sexaginta solidos, de quibus petit sibi emendam fieri.

Jocelinus, canonicus Beatæ Mariæ Majoris Pictavensis, dicit contra Johannem de Galardon, tempore domini regis qui nunc est prepositum apud Pictavim quod dictus Johannes maliciose injuriando eidem Jocelino non paciebatur eumdem sedere et conversari in cimiterio Sancti Desiderii Pictavensis expellendo eumdem Jocellinum de loco ubi sedebat. Item dicit contra eumdem Johannem quod ipse injuste et per violenciam intravit domum dicti Jocellini, quas injurias nollet sustinuisse pro triginta libris turonensibus in qua quantitate petit ipsum condempnari. Item dicit contra dictum Johannem quod ipse, die Martis ante Ascensionem Domini, qua die ecclesia Beate Marie Majoris Pictavensis utitur et consuevit uti quolibet anno omnimoda juridicione in civitate Pictavensi, dum canonici qui exercent juridicionem suam dicta die per suum prepositum [1], dictus Johannes injuriando eidem canonico et sui consequaces venerunt ad ecclesiam Beate Marie in eundem Jocellinum indutum superpellicio, manus injecerunt violentas et etiam dictus Johannes cum suis sequaciis

---

1. En vertu d'un antique privilège, le chapitre de Notre-Dame jouissait du droit de juridiction sur la ville de Poitiers pendant les trois jours des Rogations. Le sénéchal de Poitou Thibaud de Neuvy, qui voulut porter atteinte à ce privilège en 1257, se vit obligé de le respecter. (Arch. de la Vienne, G. 1097.) Un peu plus tard, en 1278, les maire et jurés de la commune se firent exempter de cette juridiction, au moyen d'une transaction consentie par le chapitre. (*Inv. des Arch. comm. de Poitiers*, p. 301.)

insequtus fuit ipsum Jocelinum cum gladiis evaginatis et fustibus, quasi vellent eumdem capere seu interficere, quas injurias nollet sibi illata fuisse pro centum libris turonensibus, in quibus petit sibi satisfieri.

Guillelmus de Loche, parrochianus de Jasenel, dicit quod Johannes de Galardun defunctus, prepositus domini regis qui nunc est apud Pictavim extorsit ab ipso injuste decem solidos, eo quod imponebat eidem tale crimen quod furtive recesserat cum venda quorumdam circulorum quos dictus Guillelmus vendiderat, quod probari non potuit, unde petit dictos decem solidos sibi reddi, et hoc factum fuit citra sex annos.

Bona de Niolio, crucesignata, dicit quod Johannes de Galardun defunctus prepositus domini regis apud Pictavim ipsam injuste cepit et captam detinuit, eo quod imponebat ei quod erat amasia cujusdam clerici. Preterea extorsit ab ipsa et per violentiam habuit quatuor libras turonensium, quam capcionem et violenciam dictarum quatuor librarum nollet dicta Bona habuisse nec recepisse pro decem libris turonensium, que omnia petit sibi restitui et reddi.

Bona de Forgis vidua, de parrochia Sancti Eparchi Pictavensis, dicit quod Johannes de Galardun prepositus domini regis apud Pictavim extorsit ab ea injuste xx quinque solidos, ea occasione quod quidam emuli sui et maledicentes imponebant ei maliciose quod ipsa res alienas furtive rapuerat, quod non erat verum, unde petit dicta Bona de dicta pecunia sibi satisfieri.

Magister Guillelmus Belloti, clericus, de parrochia Sancti Savini Pictaviensis, dicit quod Johannes de Galardun, tunc temporis prepositus domini regis apud Pictavim habuit à patre ipsius magistri octo libras injuste, propter hoc quod idem prepositus falso imponebat Nicholae famule ipsius patris quod interfecerat filiam Gaufridi Nicholai cum quodam lapide, et hoc factum est a quindecim annis citra vel circa, unde petit dictam summam sibi restitui.

Radulphus de Faya, de parrochia Sancti Germani Pictavensis, dicit quod Johannes de Galardun defunctus prepositus tempore domini regis apud Pictavim extorsit ab eo injuste xx solidos, ea occasione quod imponebat ei quod ipse non solverat vendam suam antequam solveret vigeriam, quamvix utramque solveret insimul, in quibus petit sibi satisfieri.

Johannes Barbitunsor, dicit quod Johannes de Galardun defunctus, tunc temporis prepositus apud Pictavim, cepit ipsum, eo videlicet quod ipse verberaverat non enormiter uxorem suam et habuit dictus Johannes de Galardun hac de causa à dicto Johanne quinque solidos et injuste, quos petit sibi reddi.

Johannes Maconea, de parrochia Monasterii Novi Pictavensis, dicit quod Johannes de Galardun, prepositus domini regis apud Pictavim extorsit ab eo injuste decem libras, tali occasione quod quidam emuli sui imponebant ei quod ipse vendiderat pravas carnes in stallis domini regis apud Pictavim, de quibus petit sibi satisfieri et de quinquaginta libris in quibus dampnificatus fuit, occasione predicta.

Rag. Prestria, de parrochia Sancti Stephani Pictavensis, dicit quod Johannes de Galardun prepositus defunctus tunc temporis domini regis apud Pictavim extorsit ab eo injuste duos solidos, ea occasione quod ipsa emit in villa Pictavensi unam somam cerasiorum ante horam terciam, imponens ei quod ante horam terciam emere non poterat nec debebat, quare petit sibi satisfieri.

Radulphus le Fopier, de parrochia Beate Marie Majoris Pictavensis, dicit quod defunctus Johannes de Galardon prepositus domini regis apud Pictavim cepit eum vel capi fecit et eum incarceravit et extorsit ab eo decem libras, hac occasione quia imponebat ei quod rapuit quamdam puellam, quod non fuit verum, unde petit sibi satisfieri, et hoc factum fuit à ix annis citra.

Abbatissa Sancte Crucis Pictavensis dicit quod defunctus Johannes de Galardon prepositus domini regis apud Pictavim habuit injuste ab ipsa et ecclesia sua decem et septem libras, ea racione quia concessit eidem abbatisse privilegia sua et cartulas suas per dominum regem innovari et se facturum innovari et non fecit, unde petit dictas decem et septem libras sibi reddi.

Petrus de Magnec, de parrochia Sancti Eparchi Pictavensis, dicit quod defunctus Johannes de Galardon prepositus domini regis apud Pictavim, quando condempnati crimine hereseos capti et incarcerati fuerunt, incarceravit dictum Petrum cum quodam condempnato ad custodiendum eum et promisit ei se daturum pro qualibet die duodecim denarios parisienses, qui dictus Petrus fuit per mensem unum cum dicto dampnato in ferris et carcere, de quo dictus Johannes nichil omnino eidem solvit vel alias loco sui, unde petit sibi satisfieri.

Americus François de Barra dicit quod Johannes de Galardun defunctus prepositus domini regis apud Pictavim, cepit injuste et fecit capi ipsum in domo matris sue Hersendis de Barra et duci fecit eum nimium turpiter penes domum suam, obiciens contra eum quod ipse verberaverat quamdam judeam lavantem se ad Clenum, quod nonquam dictus Americus fecerat; et volebat dictus prepositus dictum Americum in vinculis ferreis ponere, tunc venit mater dicti Americi et dedit dicto preposito fidejussores pro filio suo quod ipsa redderet viginti quinque solidos currentis monete in civitate Pictavensi tunc temporis, unde petit dictus Americus sibi satisfieri.

Guill. Pagani, clericus de parrochia Sancti Stephani Pictavensis, dicit quod Johannes de Galardun defunctus prepositus domini regis apud Pictavim capi fecit bona mobilia ipsius clerici videlicet culcitras, lintheamina et vestes de bloeta duo paria et monilia argentea et denarios et alia bona sua de quibus non recolit bene, ut credit, ad valorem decem librarum, et ea occasione quia imponebatur eidem et falso quod interfuerat cuidam fractioni facte, ut dicebatur, chamere istius episcopi Pictavensis. Item dicit dictus clericus quod posuit eum et poni fecit in questionibus et tormentis variis et diversis, propter cujusmodi tormenta dictus clericus infirmitatem passus fuit corporalem et perpetuam, quod nollet pro mille libris sive pro toto mundo, unde petit sibi satisfieri.

Guillelmus de la Pageria, parrochianus de Valis, dicit quod Johannes de Galardun defunctus prepositus domini regis apud Pictavim extorsit ab eo injuste XL solidos pro eo quod imponebat sibi crimen quod non solverat pedagium domini regis, licet solvisset et paratus esset jurare et adhuc paratus sit facere quod jus dictaverit, unde petit de dictis denariis si recompensacio fieri vel emenda.

Aremburgis la Nugeelle, parrochiana de Vonollo, dicit pro se et filiis suis quod, à decem annis citra, tempore domini regis qui nunc est, Johannes de Galardun defunctus tunc temporis prepositus apud Pictavim dampnificavit eam in v sextariis avene injuste, hac de causa quod dicta Arenburgis reliquerat terram suam quam maritus suus acciperat à rege sub annuo censu ad modiacionem que vocatur javeneere, que sextaria estimat quindecim solidos quos petit sibi restitui.

Contra Johannem de Galardun juniorem.

Petrus Boche, parrochianus Sancti Leodegarii de Palu prope Pictavim, crucesignatus, dicit quod Johannes de Galardun junior tunc temporis serviens Johannis de Galardun veteris, extorsit ab eo injuste viginti solidos, ea occasione quod quidam frater suus gajavit duellum de quo pacificatum fuit, consenciente ballivo, unde petit sibi satisfieri.

Petrus de Barra, de parrochia de la Chandelere Pictavensis, dicit quod Petrus Grassin et Johannes de Galardun junior, tunc temporis badelli prepositi Pictavensis, extorserunt ab eo injuste usque ad viginti septem solidos, imponentes eidem falsam causam, scilicet quod non solverat vendam de quibusdam circulis emptis ab eo, quod verum non erat, unde petit sibi satisfieri.

Contra Poioles.

Hugo Plevilanus, canonicus Beati Hillarii de Cella Pictavensis dicit quod quadrigarius de Cella Pictavensis aliquando aportavit de lignis de nemore de Moleriis ad domum suam, quando erat capellanus de Beugnos, qua de causa P. Poioles qui tunc temporis, nomine regis, erat custos dicti nemoris, accusavit ipsum capellanum et hac occasione extorsit à dicto capellano sex libras de emenda, quam emendam petit sibi temperari.

Petrus Clemencius, de parrochia Beate Marie Montis Miserii juxta Pictavim, dicit quod Pagole, ballivus domini regis in nemore de la Moliere, extorsit ab eo, tempore domini regis qui nunc est, in avena et caponibus et anxeribus usque ad valorem quindecim solidorum, occasione usagii quod dictus Petrus habebat in nemore de bosco mortuo, unde petit sibi satisfieri.

Margarita Baudose, uxor Johannis Bellobeau, dicit quod, cum ipsa esset femina mansionaria domini Theobaldi le Veer militis defuncti, tempore guerre inter dominum regem et comitem Marchie, ipsa Margarita adduxit tres boves suos et oves suas apud Charracec ad domum dicti Theobaldi domini sui, propter timorem comitis Marchie et gencium suarum, qui Theobaldus erat tunc in guerra cum domino rege; tunc dum ipsa esset ibi cum bobus suis et ovibus supradictis venit Poiole et mandatum suum et cepit vel capi fecit dictos tres boves suos et oves usque ad viginti capita, quos boves et oves vendidit dictus Poiole, set postea habuit dicta Margarita sexaginta solidos tantum pro dictis bobus et ovibus que bene valebant octo libras, unde dampnificata est dicta Margarita in capcione illa in centum solidis, de quibus petit sibi satisfieri.

Contra Guillelmum de Surie.

Philipus de Forgis, prebendarius Sancte Radegundis Pictavensis, dicit quod, cum ipse haberet quoddam nemus quod vocatur Solavilla, forestarius sive serviens domini regis qui tunc temporis erat, qui vocatur Guillelmus de Surie, dictum Philipum de dicto nemore spoliavit et ejecit et sine aliqua causa, et hoc fuit factum tempore quo dominus rex tenebat Pictavim, de quo nemore petit restitucionem sibi fieri et reddi et dampna que inde sustinuit ad valorem triginta librarum.

Petrus Guillelmi, parrochianus de Montamiser, dicit quod, à octo annis citra, tempore domini regis qui nunc est, Guillellmus de Surie, tunc temporis forestarius domini regis in nemore de Mollieres, abstulit et extorsit ab ipso sex sextaria avene et sex solidos et sex gallinas quos sexteria et gallinas estimat xxx et tres solidos, hac de causa quia imponebat ei falso scindisse ligna dicti nemoris, quod negavit, unde petit triginta et tres solidos sibi restitui sive reddi.

Hugo de Quaroi, parrochianus de Montemisere, dicit quod à octo annis citra, Guillelmus de Sulie, tunc temporis forestarius domini regis in nemore de la Moliere, abstulit et extorsit ab ipso viginti et unum solidos, hac de causa quia dicebat se invenisse quamdam vaccam et tres vitulos pertinentes ad dictum Hugonem in dicto nemore, unde petit ab ipso dictos xxi solidos vel partem cum dicat minorem emendam debere fuisse.

Particulares de civitate Pictavensi contra Johannem Botereau. Petrus Reimunt, parrochianus de Bonnel prope Pictavim dicit quod, cum ipse veniret penes patrem suum et ipse cepisset de bonis patris sui ad vitam suam sustentandam, sicut ille qui emancipatus non erat a patria potestate, noverca dicti Petri querimoniam fecit de dicto Petro coram Johanne Botereau preposito Petri Baelon ballivi domini regis; qui Johannes, occasione querimonie sibi facte, frarechiam suam cepit, videlicet mobilia, et adhuc detinet ad valorem triginta librarum; quare petit dicta mobilia vel valorem sibi reddi, et hoc factum fuit sex annis elapsis.

Contra Bricium de Monte Maurilii.

Stephanus Arnaudi, de parrochia Montis Thamiserii prope Pictavim, dicit quod Bricius de Monte Maurilii condam prepositus domini regis apud Pictavim cepit eum et res suas, videlicet nuces, fabas, rabas ad valorem centum solidorum et detinuit eum in prisione, in aula domini comitis Pictavensis per tres ebdomadas, unde dampnificatus fuit usque ad viginti solidos, quia dictus Bricius dicebat falso quod ipse furatus fuerat merrenum de orto Johannis Radulphi, quod negavit idem Stephanus, et idem Bricius omnia bona sua retinuit et propter hoc adhuc est excommunicatus, unde petit sibi supradicta restitui.

Contra Georgium.

Hugo Charriea, parrochianus de la Chandelere Pictavensis, dicit quod Georgius, custos nemoris de la Moliere, serviens domini regis apud Chardunchan, extorsit ab eo injuste quinque solidos et unum cultrum ad valorem duodecim denariorum, occasione tali, videlicet quod dictus Hugo ierat cum Gaufrido Archenbaut penes concubinam ipsius Gaufridi, quare petit sibi satisfieri.

Contra servientes domini regis.

Johannes de Ligoiel, parrochianus Beate Marie Minoris Pictavensis, dicit quod servientes domini regis, de mandato ipsius regis, ceperunt ipsum, eo quod imponebant ei tale crimen, videlicet quod ipse intraverat garanam domini regis et ibi furatus fuerat lepores et alias feras, quod non fuit verum, et sibi omnia abstulerunt que habebat, tam mobilia, quam immobilia, que etiam petit sibi reddi et restitui, et hoc factum fuit citra novem annos.

Petrus Boche, crucesignatus, parrochianus Sancti Leodegarii de Palu prope Pictavim, dicit quod Grandinus et Thomas de Saumurio, servientes Petri Le Ber, tunc temporis ballivi domini regis apud Pictavim, extorserunt ab eo injuste, scilicet dictus Grandinus xx solidos et dictus Thomas quadraginta, ea occasione quod imponebatur cuidam fratri suo quod ipse interfecerat quemdam hominem, quod falsum erat, unde petit sibi satisfieri.

Contra Boninum Ahuchart.

Hillaria, relicta Guillelmi de Sancto Germano, de parrochia Sancti Eparchi, dicit quod Boninus Ahuchart, tunc temporis prepositus domini regis apud Pictavim, a dicto viro suo habuit, racione emptionis, lapides ad valorem sexaginta solidorum de quibus eidem nichil solutum fuit, unde petit sibi satisfieri.

Johannes Maconea, de parrochia Monasterii Pictavensis, dicit quod Boninus Achunchardi, tunc temporis prepositus domini regis qui nunc est apud Pictavim, extorsit ab eo injuste centum solidos, tali occasione quod quidam emuli sui imponebant ei quod ipse vendiderat pravas carnes in stallis domini regis apud Pictavim, de quibus petit sibi satisfieri et de decem libris in quibus dampnificatus fuit, occasione predicta.

Contra Johannem Gravier.

Magister Bartholomeus, rector scolarum Turonensium, dicit quod Johannes Gravier, serviens Ade Panetarii in Pictavi a tribus annis citra, debet eidem octo solidos turonenses, hac ratione quia tenuit et docuit filium suum per annum in scolis suis apud Turonum, unde petit dictos octo solidos sibi reddi.

Apud Rupellam.

Guillelmus Oliverii, de Maignez, qui villa est in castellania Niorti, dicit quod Gaufridus Malus clericus supmiset ei quod, frangendo cheminum domini regis, invenerat quamdam fortunam, dicto Guillelmo vehementissime contradicente, de qua dictus Malus clericus non potuit ipsum probare, imo attendit dictus Guillelmus super hoc judicium curie domini regis, qui super hoc per judicium domini regis liberatus fuit, in qua supmissione dampnificavit ipsum dictus Malus clericus in x libris, quod paratus est probare.

Guillelmus le Vieler et Colinus frater ejus, parrochiani Sancti Bartholomei, et Adam de Mante dicunt quod Gaufridus dictus Malus clericus, tunc temporis ballivus in honore Castri Julii [1], de mandato domini Hardoyni de Malliaco qui dictam terram tenebat ex parte domini regis, debet eisdem, pro servitio ipsorum in quo posuit ipsos de XLVIII diebus, videlicet cuilibet de quolibet die xv denarios, et tunc tenebat dictus Hardoynus terram, ratione domini

---

1. Chatelaillon en Aunis, provenant de la succession du fameux Savari de Mauléon.

Radulfi de Malleone ¹ qui tunc erat in manu sua et terra ejus ad servandam villam d'Engolins et costam Castri Julii, et hoc parati sunt probare, et hoc factum fuit in extrema guerra ².

Americus Magrini, parrochianus Beate Marie Coignes de Ruppella, dicit quod, tempore domini regis qui nunc est, Gaufridus Malus clericus, ballivus domini regis apud Ruppellam, cepit quamdam suam culcitrum de suo torculari quod erat in sessina domini regis, unde dampnificatus fuit in L solidos, unde petit et cetera

Guillelmus Senegros, parrochianus de Compnes, dicit quod, à XII annis citra, tempore domini regis qui nunc est, Gaufridus Malus clericus, ballivus domini regis, dampnificavit ipsum in XIIII solidis, hac de causa quod ipse placitabat Petrum de Braude et fratrem suum, unde petit.

Giraudus de Saragoce, burgensis de Ruppella, dicit quod Malus clericus, tunc temporis ballivus Alnisii, sibi injuste abstulit unum dolium vini albi et illud vinum in celario dicti Giraudi vendi fecit, eo quod filia dicti Giraudi celarium in quo vinum erat sibi noluerit aperire.

Petrus de Brantome, parrochianus Sancti Bartholomei de Ruppella, dicit quod, à VIII annis citra, tempore domini regis qui nunc est, Gaufridus Malus clericus, ballivus domini regis apud Ruppellam, dampnificavit eum in duobus doliis vini et una marcha argenti ad valorem XL librarum, hac de causa quod non poterat persolvere gentibus debitum quod sibi debebat ad terminum assignatum, et hoc se offert probaturus, de quibus habuit XXX solidos de emenda à domino Hardoino de Malleio.

Teophania Boarde, panetere, dicit quod Gaufridus Malus clericus, ballivus domini regis in Aitreio, in XLII solidatis panis quos cepi fecit in domo sua per Philippum Roaut

---

1. Raoul, fils de Savari de Mauléon.
2. Il s'agit de la guerre de 1242.

ballivum suum et nullos inde denarios habuit nec potest habere, et hoc parata est probare.

Dicit prior de Enenda quod Gaufridus Malus clericus saisivit, tempore vindemiarum, vineas prioratus de Enenda et hominum suorum, ea occasione quod petebat servicia ab eisdem, dicens quod suis antecessoribus servierant, et non potuit habere licenciam vindemiandi dictus prior donec ab ipso priore habuit per extorsionem iii marcas argenti, pro quibus reddidit dictus prior xi libras turonensium.

Cappellanus de Enenda dicit quod Gaufridus Malus clericus, tunc temporis ballivus in Alnisio, tempore Ardoini de Malle senescalli Pictaviæ, tenuit captum Giraldum clericum suum turpissime districtu fortiter incepatus per tibias, ligatum per collum ad quoddam pilare et extentum per corpus et brachia ad modum crucifixi, ea occasione quod dictus cappellanus locutus fuerat cum galliotis regis Anglie[1], pro habenda effidacione sue parrochie et ipse clericus iverat cum eodem et fuit cum illo in carcere ita tractatus dictus clericus quod infirmita gravissima et durassia est detemptus, pro quo liberando et sanando dampnificatus est dictus cappellanus ad valorem xxv librarum. Item dicit idem cappellanus quod dictus Gaufridus saisivit domum ejusdem et misit lx armatos vel amplius ad eamdem domum qui panem, vinum, caseos et alia que in domo erant rapuerunt, illa occasione quod dictus cappellanus ipsum fecerat excommunicari, pro quibus dampnum habuit ad valorem x librarum, unde petit et cetera

Dicit Hylaria de Brolio de Ruperforti quod, quando Gaufridus Malus clericus imparari fecerat domum domini Heble de Ruperforti que est ad Brolium de Ruperforti, ipse Malus clericus misit in dicta domo quamdam garconnem qui vocabatur Robinus parvus, qui Robinus ipsam captam detinuit per diem unum et duxit eam ad quod-

---

1. Henri III.

dam locum qui vocatur Agnanes et eam de corpore suo violavit, vi facta et de vestibus suis spoliavit, quos vestes redemit dicta mulier ab eodem de x solidis. Item dicit quod Ysoretus qui tunc erat ballivus Alnisii ipsam captam detinuit apud Sales prope Ruppellam per spatium trium mensium et ipsam de corpore suo violavit, vi facta, de qua illata injuria implorat igitur satisfieri.

Dicit prior de Enenda quod Gaufridus dictus Malus clericus tunc ballivus domini regis Pictavensis saisivit et diu saisitum tenuit prioratum suum cum pertinenciis, pro eo quod Hardoynus de Malliaco saisiverat abbatiam Sancti Johannis Angliæ cujus est membrum, occasione fidelitatis quam rex petebat ab abbate Angliaci, licet ad hoc dictus Gaufridus non haberet mandatum. Immo displicuit senescallo et fuit dampnificatus in expensis eorum qui pro saisina ibi positi fuerunt, tam pedites quam equites, usque in xx libris et in aliis usque ad alias xx libras, unde petit et cetera.

Stephanus de Guerra, clericus, parrochianus Sancti Andree de Niorto, dicit quod Gaufridus dictus Malus clericus tunc vices gerens domini Ardoyni in Pictavia habuit a patre dicti clerici de cera, pipere, amigdal, aliis mercimoniis ad valorem xxxv solidorum et x solidorum quos pater dicti clerici predicto Gaufrido Malo clerico mutuavit, unde petit et cetera.

Dicit Willelmus Taillepetit, de Niorto, homo abbatis Bone vallis, quod Gaufridus Malus clericus tunc vices gerens domini Ardoyni tunc senescalli Pictaviæ saisivit indebite et injuste domum quam de dicto abbate semper liberam et sine costuma ipse et pater et mater ejus tenuerant et explectaverant, super quam domum dictus abbas et abbatia liberam tenuerant petebat v solidos censuales, Willelmo hoc in contrarium negante, et quod dictos v solidos noluit reddere cepit de rebus suis, pannis, utensilibus aliis ad valorem x librarum, unde petit et cetera.

Dicit Johannes Chebrions, clericus, de Niorto, quod cum Gaufridus dictus Malus clericus esset ballivus in loco domini Ardoyni senescalli Pictavensis habuit et retinuit injuste LX solidos de pastura quorumdam equorum qui erant in sazimento domini regis traditum apud patrem dicti clerici et de uno equo quem habuit de patre dicti clerici in servicio domini regis per XL dies nulla merces fuit reddita patri dicti Johannis, unde petit et cetera.

Freminus de Novo burgo dicit quod G. Malus clericus tunc temporis loco ballivi Pictavensis promiserat g^i tunicam et supertunicale quam g^i promiserat, unde petit et cetera.

Dicit prior de Enenda quod G. Malus clericus saisivit alia vice prioratum et villam de Enenda pro eo quod prior locutus fuit cum galliotis et dededit eis de suo ut affidarent residuum dicte ville, et in illa saisina dampnum habuit ad valorem x librarum vel amplius.

Petrus Bonaudi, clericus de Burguo novo, dicit quod Gaufridus Malus clericus, ballivus in terra Alnisii sub domino Ardoyno de Males, fecit vindemiari quasdam vineas quas dictus Petrus habet in feodo de Pintuonieres prope Jariam injuste, hac de causa quod volebat aliquod ab eo extorquere, unde dampnificatus fuit ad valorem c solidorum.

Fratres abbatie de Pinu juxta Pictaviam dicunt quod, tempore guerre cum galioti de Baonia et de Olerone manu armata venissent circa Ruppellam et celarium quod habent juxta mare parati essent omnino ardere, magister dicti celarii hoc videns et timens vix et cum magna difficultate obtinuit ut pro c solidis turonensibus quos illis dedit à tanta nequicia resilirent, ac non multum post pace reformata Gaufridus dictus Malus clericus tunc ballivus Ruppelle saisivit dictum celarium, dicens quod inimicos regis munivit dictus magister denariis suis, in qua sasina dampnificati fuerunt dicti fratres ad valorem x librarum, unde petunt et cetera.

Dicit Alo, valetus, dominus Sancte Eugenie, quod Gaufridus dictus Malus clericus tunc ballivus domini regis apud Niortum dampnificavit ipsum, hac occasione quod idem Gaufridus dicebat quod quidam frater ipsius valeti manus injecerat in quoddam fratrem suum.

Petit Johannes Babotins de Aintre unum dolium plenum vini albi ad valorem LX solidorum quod Gaufridus dictus Malus clericus, ballivus domini Ardoyni de Maille senescalli Pictavensis, extorsit ab ipso, hac occasione quod, cum ipse submovisset in communi homines patriæ ut intrarent insulam de Re ad defendendam ipsam contra gentes regis Anglie, idem Johannes tunc infirmans non potuit illuc ire.

Dicit prior de Sancto Gregorio quod G. dictus Malus clericus dampnificavit ipsum in LX libras, ponendo quatuor homines in sazina in domibus per quindenam et redimendo ipsum antequam vellet removere sazinam et liberare res suas, hac de causa quod dicebat dicto priori quod ipse receptabat Helyam Cailleam crucesignatam, unde petit.

Stephanus Gorder, parrochianus de Gort prope Ruppellam, dicit quod, ab annis VIII citra, Gaufridus Malus clericus tunc temporis prepositus domini regis apud Ruppellam, extorsit ab ipso XVIII dolia vini, hac de causa quod promiserat ei duas marchas argenti, prout dicebat, quod non fuit verum, quod vinum appreciat ad valorem XVIII librarum de quibus habuit XI libras pro emenda, unde petit residuum ad valorem VII librarum.

Petunt Stephanus Villani de Arduino et Florencia uxor sua XXIII libras quas G. Malus clericus qui tunc erat ballivus Pictavensis habuit de dote dicte Florencie de duobus annatis quando ipse cepit in custodia Reginaldum Gastinelli valetum, fratrem dicte Florencie, et dos illa sita erat in feodo de Fontiniaco et in feodo de Niorto et in feodo de Denans, et, antequam dictus G. voluisset liberare dotem supradictam dictis Stephano et uxori sue, ipse habuit de ipsis c solidos, in quibus xxiiii libris et c solidis dampnificavit ipsos, unde petunt et cetera.

Dicit Johannes de Agerna quod Gaufridus Malus clericus extorsit ab eo xx solidos, imponens ei quod ipse fregerat emperamentum domini regis, unde emendam g^i fieri.

Arnaudus Pautoner, de Sancto Rogaciano, dicit quod Gaufridus dictus Malus clericus, tunc temporis ballivus domini regis qui nunc est, honore Castri Julii, ipsum cepit minus juste et ipsum captum detinuerunt apud Castrum Julii per quatuor dies et redemit ipsum de lx libris, eo quod homo erat domus helemosinarie veteris de Ruppella et in ejus curia respondere de ipsius mobilibus contendebat, et hoc paratus est probare.

Dicit cappellanus de Maigneti, de Brolio de Ruperforti, quod, tempore quo Gaufridus Malus clericus erat ballivus in Alnisio et imperari fecerat domum domini Hebles de Ruperforti que est ad Brolium in parrochia de Maignec, misit dictus Malus clericus quamdam garconnem qui vocabatur Robinus le petit qui custodiret domum ab ipso imperatam, et in ipsa imperacione accepit dictus garcio de domo dicti cappellani vinum ad valorem xxv solidorum et accepit pannos et avenam de dicta domo ad valorem xv solidorum.

Dicit P. Borgals, parrochianus Sancti Martini de Sancto Maxencio, quod Gaufridus Malus clericus tunc temporis serviens domini regis in Pictavia, mota cupiditate, occupavit causa mortis cujusdam fratris omnes res dicti fratris, cujus fratris est heres, tria monilia quorum duo erant auri et unum argenti et tres anulos auri et unam zonam argenti et xxx libras et unam pannam vaire et unum collobium de equarlate et hæc omnia estimat ad valorem l librarum.

Dicit Willelmus Laidez, de Sales, quod Gaufridus dictus Malus clericus, ballivus domini Ardoyni de Maille, submonuit in communi armigeros et servientes castellanie Castri Julii ut intrarent insulam de Re ad defendendam eam contra gentes regis Anglie in tempore guerre, inter quos submonuit ex parte regis Giraudum Laidet fratrem dicti Willelmi qui erat commorans in feodo et in dominio domini Surgiarum ut intraret cum aliis dictam insulam, et, cum idem Giraudus tunc infirmans excusaret se ratione feodi et infirmitatis qua detinebatur, dictus Gaufridus minatus est ei super ablacione bonorum suorum, unde dictus Giraudus metuens intravit dictam insulam ubi captus fuit cum aliis ab Anglicis, de quibus redemit se in L libris propter infirmitatem suam, de qua in captione illa deterioratus fuit et gravatus usque ad mortem, unde petit et cetera.

Contra Guillelmum Bacinnatorem.

Stephanus Charruias, homo abbatis Malleacensis, dicit quod Guillelmus Bacinator, tunc temporis serviens domini regis apud Talemondum [1], sazivit LX sextaria de frumento suo in villa que dicitur la Raolere in parrochia Olone, eo videlicet quod nolebat, ut dicebat, ad opus domini regis dictum frumentum et dictus Stephanus nolebat illud tradere nec vendere pro precio quod petebat, de quo frumento retinuit dictus Guillelmus unum sextarium ad opus suum, in qua sazina et capcione dictus Stephanus dampnificatus fuit ad valorem XXX librarum.

Guillelmus Maignen, parrochianus Sancti Bartholomei de Talemundo, dicit quod, tempore Ardoyni de Malli, Guillelmus Baciners habuit de denariatis suis XIII solidos quos detinet injuste et sine causa et vulneravit eum in capite

---

1. La seigneurie de Talmond, ancienne propriété de Savary de Mauléon, avait été confisquée par le roi en 1233, lors du décès de ce célèbre personnage. Elle retourna à Raoul, fils de Savary, en 1245, à la suite des arrangements intervenus entre lui et le comte Alphonse de Poitiers. Puis elle échut à la maison de Thouars, héritière des Mauléon par le mariage du vicomte Guy avec Alix de Mauléon, fille de Savary.

suo, unde dampnificatus fuit ad valorem x solidorum, unde petit et cetera.

Johannes le Fevre, parrochianus de Monasteriis de Mausfez, dicit quod, tempore Ardoyni de Malli, Guillelmus Bacinator dampnificavit eum in iiii libris et ix solidis, hac de causa quod ipse petebat taliam domini regis apud Cursun et ipse reddiderat eam apud Monasterios, unde petit et cetera.

Guillelmus Ricardus, faber parrochiæ Sancti Bartholomei de Talemont, dicit quod, precepto Guillelmi le Bacinator tunc serviens, fecit portas de Talemont de ferrura, et retinuit de opere suo per vim suam xiiii solidos, quos petit.

Guillelmus Bardin, charpentarius, parrochianus Sancti Petri de Tallemundo, dicit quod, precepto Guillelmi le Bacinnator tunc temporis serviens domini regis apud Talemont, fecit portas de Talemont de carpentario, et retinuit de opere suo xliii solidos quos petit et se offert probaturus.

Bonin et Lygyn et Raoul, coopertores parrochiæ Sancti Bartholomei de Talemont, dicunt quod, ab annis vii citra, Guillelmus le Baciner tunc serviens domini regis in Tallemont fecit eos cooperire aulam de Cursun et ipse per vim suam et sine causa retinuit de opere suo xv solidos, quod parati sunt probare.

Petrus Blandins, crucesignatus, parrochianus Sancti Bartholomei de Talemont, dicit quod, à v annis citra, Guillelmus Baċinners dampnificavit ipsum in xl solidis quos ipse habuit in denariatis suis de vino suo et insuper de collecta quam ipse faciebat reddere, quamvis non debet quod ipse est crucesignatus.

Robertus de Gumdefores, parrochianus Sancti Hilarii Talemundensis, dicit quod, tempore Ardoyni de Mailli, Guillelmus le Baciners habuit de ipso de denariatis suis in quodam porco in xviii solidis, unde petit et cetera.

Hylaria la Popinnee vidua, parrochiana de Olona, dicit quod, a vii annis citra, Guillelmus le Baciners sazivit in manu sua LX et XII sextaria salis que erant sua, mandato domini regis, prout dicebat, et vendidit eos XXXII solidos quos petit et cetera.

Johannes le Teneor, parrochianus de Talemont, dicit quod, tempore Ardoyni de Mailli, Guillelmus le Baciners habuit de ipso de denariatis suis XV solidos quos detinet injuste, unde petit et cetera.

W. dictus Villanus, parrochianus Sancti Bartholomei de Talemont, dicit quod, tempore Ardoyni de Mailli, Guillelmus le Baciners dampnificavit ipsum in XIIII solidos quos habuit de denariatis suis et in cadis ferratis, unde petit et cetera.

Dicit abbas de Malafeys quod Guillelmus le Bacciners tunc serviens domini Ardoyni habuit per exactionem, tam de hominibus suis de Ermenaudo, quam de Mosolio, usque ad LX libras, unde petit et cetera.

Willelmus de Vaire, crucesignatus, parrochianus Sancti Bartholomei de Talemont, dicit quod, à V annis citra, Willelmus Bacinners dampnificavit ipsum in quadam archa quam fecit frangi et blado ad valorem IIII librarum, hac de causa quod ipse petebat ab ipso servicia indebita, et hoc se offert probaturus.

Guillelmus Gennes, parrochianus de Closeaus prope Rocam super Eon, quod, quando Hardoynus de Malleyo erat senescallus in Pictavia, Guillelmus le Bacinor habuit ab ipso de denariatis suis ad valorem XI solidorum quos detinet injuste et sine causa. Dicit Aumen la Mareschelle vidua, parrochiana de Talemunt, quod, quando Hardoynus de Mailleio fuit senescallus Pictaviæ, Guillelmus le Bacinor habuit de ipsa L solidos quos retinet injuste et sine causa, unde petit et cetera.

Johannes Prepositi, crucesignatus, parrochianus dau Bernard prope Rocam super Eon, dicit quod, tempore domini regis qui nunc est, Guillelmus le Bacinor dampnificavit ipsum in XX solidis, hac de causa quod imponebat ei quod vendiderat quoddam herbergamentum qui erat de feodo domini regis, ut dicebat, quod herbergamentum movebat de abbatia Sancti Michaelis in Heremo.

Prior domus de Barbetorte dicit de ordine Grandi Montis quod Guillelmus le Bacinor extorsit ab ipso quamdam equum et ligna nemoris de Barbetorte ad voluntatem suam, tempore contencionis inter clericos dicti ordinis et laicos, unde dampnificatus fuit ad valorem L librarum.

Katerina relicta defuncti Johannis Taconer, parrochianus Sancti Jacobi de Pozaugiis, dicit quod Guillelmus Baciners et Girardellus desazierunt eam per spacium v annorum à xx solidis quos habebat in colecta de Alba Petra, et dicebant quod denarii erant ad opus domini regis.

Durable, crucesignata, parrochiana de Alba Petra, vidua, dicit quod Guillelmus le Baciners et Giradellus extorserunt à marito suo x modia vini et bestias ad valorem xx librarum, hac de causa quod nolebat comparere in curia laicali cum esset crucesignata.

Petrus Chevillon, de Pozaugiis, dicit quod vendidit Willelmo Baciner duas pelles de corloon xviii solidos, quos nunquam reddidit.

Prior de la Melleroie, de ordine Grandi Montis, dicit quod Willelmus Baciners extorsit ab hominibus suis x libras in pecunia numerata, hac de causa quia petebat ab ipsis servicia indebita.

Prior de Chacaio, de ordine Grandi Montis, dicit quod Willelmus Baciners sazivit domum suam de Chacaio cum omnibus bonis suis, tempore contencionis inter clericos dicti ordinis et laicos, unquam requisitus ab aliquo, unde dampnificatus fuit ad valorem centum librarum.

Guillelmus Goybus, de Alba Petra, dicit quod Willelmus Baciners locavit ipsum v sextaria siliginis ad balliviam Albe Petre explectandam, quos sibi non solvit.

Aymericus de Alba Petra dicit quod Guillelmus Baciners

habuit de denariis suis ad valorem v solidorum, scilicet in carnibus.

Hylarius Marceteaus, parrochianus de Crop, mansionarius domini episcopi Pictavensis, dicit quod Willelmus li Baciners extorsit ab eo vii libras et dimidium, eo quod quidam monacus frater suus secum presens dixit cuidam militi, videlicet Willelmo Chæphart, odium Dei habebat qui mentitur nobis, quod hoc non dixerit, de mandato dicti Hylarii.

Willelmus Brachez, parrochianus Sancti Pauli, dicit quod Petrus Garsie et Egidius servientes Willelmi Baciners ceperunt boves suos arantes, propter injustas talleas et antequam haberet boves suos G. Baciners habuit ab ipso iii libras quia alio modo non poterat eos habere.

Contra Raimondum de Navarra.

Philippus Bertaudi, miles, parrochianus de Bello loco dicit quod cum esset senescallus ejusdem loci mandato domini Radulfi d'Aspremont [1], Raimondus de Navarre ballivus domini regis in castellania de Roca super Eon dampnificavit ipsum in x libris, hac de causa quod, cum dictus Raimondus preciperet dicto militi monere dictum Radulfum de Aspero monte jurare fidelitatem regis, bene monuit ipsum militem, set dictus miles nolebat jurare, scilicet dominus Radulfus de Aspero monte; unde petit et cetera.

Guillemus de Sancto Vincencio, miles, parrochianus de Bello loco, dicit quod, quando dominus rex tenebat castrum de Roca super Eon, Raimondus de Navarra tunc temporis serviens domini regis in castellania, desaisivit Bochardam dominam de Plasseis materteram suam quondam

---

1. Raoul d'Aspremont, seigneur du Poiroux et de Rié en 1239. (*Dict. des Fam. du Poitou*, I, 131.)

defunctam tunc temporis viduam, de terra sua de Bello loco per spacium unius anni, hac de causa quod Radulfus de Aspero monte, miles, dominus suus nolebat jurare fidelitatem domini regis, unde dampnificatus fuit in xxv libris quas petit cum sit heres dicte terre.

Martinus Verdon, parrochianus Beate Marie do Luc prope Rocam super Eon, dicit quod, quando dominus rex tenebat castrum de Roca, Raimondus de Navarra et Boche tunc temporis servientes domini regis in eadem castellania extorserunt ab ipso IIII libras et duo modia vini ad valorem XL solidorum, hac de causa quod imponebat ei se dedisse vinum Rag. Sancte Flaivei militi, sine licencia cum esset in saisina domini regis, quod negat se nunquam dedisse vinum.

Guillelmus Pioche, parrochianus Sancti Petri do Luc prope Rocam super Eon, dicit quod, quando dominus rex tenebat castrum de Roca super Eon, Raimundus de Navarra et Boche tunc temporis servientes domini regis in eadem castellania dampnificaverunt eum in xxx solidis, hac de causa quod petebat ab ipso servicia indebita, unde petit et cetera.

Aymericus Ferron, homo abbatis de Luçon, parrochianus de Closeas, dicit quod Raimondus de Navarra tunc serviens domini regis apud Rocam super Eon dampnificavit ipsum in v solidis, hac de causa quod ipse invenit ligna sua in quodam campo extra castrum Roca super Eon, unde petit et cetera.

Apud Rupem super Eon.

Petrus Brunet, parrochianus Monasteriorum super Rocam Yon, dicit quod Raymundus de Navarre, tunc temporis serviens domini regis super Eon, cepit eum et familiam suam fodendentem in vinea sua sita in feodo domini Petri Roque militis, licet nullum jus sive costumam ei vel domino regi deberet, nec ullam injuriam faceret, nec ad jus advocatus esset, et ipsum et familiam ejus captos detinuit quousque ab ipso x solidos extorsisset, et unde petit et cetera.

Aymericus Derrame, parrochianus Sancti Petri dou Luc prope Rupem super Eon, dicit quod, quando dominus Aymericus de Thoars tenebat castrum de Roca super Eon[1], Raymundus de Navarre et Petrus Garsie et Bocher domini regis servientes qui veniebant contra dictum castrum, tempore guerre, dampnificaverunt ipsum nunquam requisitum parere juri ad valorem xx librarum injuste et sine causa in blado, vino, rebus aliis, unde petit et cetera.

Radulfus Ferrandi, parrochianus Sancti Petri do Luc prope Rupem super Eon, dicit quod, quando dominus rex tenebat castrum de Roca, Raymundus de Navarra et Boche, tunc temporis servientes domini regis in eadem castellania dampnificaverunt ipsum in xviii solidis, hac de causa quod imponebant ei se invenisse boves suos in pratis domini regis, quod negat quare erant sua propria, unde petit et cetera.

Aymericus Barbatre, parrochianus Sancti Leonii de Roca super Eon, dicit quod, quando dominus rex tenebat in pace, Helyas de Navarra, Baudoinus de Bove dampnifica-

---

1. Aimeri VIII, vicomte de Thouars de 1242 à 1246, avait épousé longtemps auparavant, en 1214 environ, Béatrix de Machecoul, dame de la Roche-sur-Yon, veuve de Guillaume de Mauléon. Il était ainsi devenu seigneur de la Roche-sur-Yon. Mais Béatrix étant morte en 1235, leur fille mineure, Jeanne, demeurait seule héritière. Le roi saisit alors la seigneurie, à titre de garde-noble, et maria Jeanne à Harcouin de Maillé qui mourut peu de temps après. (*Les anciens seigneurs de la Roche-sur-Yon*, par Marchegay, p. 9.) Il faut croire qu'Aimeri de Thouars, défenseur naturel de sa fille Jeanne, se remit alors en possession de la Roche-sur-Yon, puisque l'enquête de 1247 nous le dit, en nous révélant en outre l'expédition envoyée par le roi en 1242. On sait en effet que, par acte du mois d'avril 1242, Aimeri VIII s'était engagé à laisser le roi mettre garnison dans ses châteaux, durant la guerre contre le comte de la Marche. L'expédition de Raymond de Navarre mentionnée par l'enquête avait donc pour but d'occuper le château de la Roche-sur-Yon, au nom du roi. Jeanne rentra en possession après la guerre, en 1243, et épousa Maurice de Belleville. Mais étant morte sans postérité en 1258, la seigneurie de la Roche-sur-Yon passa au comte Alphonse de Poitiers, puis au roi.

verunt ipsum in domo sua quam destruxit propter edificationem castri, ad valorem x librarum.

Giraudus Surreaus, homo episcopi Pictavensis, parrochianus Sancte Flaive, dicit quod Raymundus de Navarre, serviens domini regis, extorsit ab eo per vim et violenciam suam octo patellas vini quæ valebant xl solidos, quando Raimundus erat in garnisione apud Sanctam Flaviam pro domino rege, unde petit et cetera.

Hugo Bocher, parrochianus Sancti Andreæ super Rocam, dicit quod, ab viii annis citra, Raymundus de Navarre, Johannes Hispano, tunc temporis servientes domini regis apud Rocam, detinuerunt equum suum per spatium unius anni ad opus domini regis, ut dicebat, unde dampnificatus fuit in vii libris, unde petit et cetera.

Prior castri de Roca super Eon [1] dicit quod, a x annis citra, Raimundus de Navarra dissipavit bona ipsius de Chaon per spatium xv dierum, hac de causa quod removerat quamdam monachum suum de Roca qui erat consanguineus domini Ardoyni de Malli, unde dampnificatus fuit ad valorem xx librarum.

Johannes de la Solenere, parrochianus daus Closeas, homo abbatis de Luçon, dicit quod, ab viii annis citra, Raymundus de Navarra dampnificavit in xvi solidis, hac de causa quod, quando dictus Raymundus faciebat jurare homines castellanie Rupis super Eon, ipse imposuit dicto Johanni quod non fecerat juramentum erga dominum regem, quod negat et hoc se offert probaturus.

Petrus Meterii, de Roca super Eon, dicit quod, ab viii annis, quando castrum de Roca super Eon fuit redditum domino regi, Johannes Gales et Johannes de Panpelune, mandato

---

1. Le prieuré de Saint-Lienne de la Roche-sur-Yon, fondé à la fin du xe siècle, dépendit d'abord de Saint-Hilaire de Poitiers, puis de l'abbaye de Marmoutiers, à partir de 1092. (*Rech. sur la seigneurie de la Roche-sur-Yon*, par l'abbé Auber, ap. Bulletins de la Soc. des Antiq. de l'Ouest, 1848.)

Raymundi de Navarra, abstulerunt ei bona sua cum fugiebat apud Talemunt causa gariendi cum esset in fidelitate regis, timore vicecomitis de Thoarcio [1], unde dampnificatus est ad valorem L librarum.

Garsia de Panpelune honeravit in quadam nave qui vocabatur Lenglesche de Bayonia cordoan et venit apud Talemundum in costeria et ibi naufragavit et omnes res suas quas potuit salvare posuit in ecclesia Beati Nicholai de Trenche, et venit Bartholomeus Girore, serviens domini regis in Talemont et fecit omnes res predictas arestari et redimere XIIII libras et v solidos, et de predictis rebus per litteras domini regis Navarrie nec per clamorem quam fecisset domino Ardoyno de Maille tunc senescallo Pictavensi nichil potuit recuperare.

W. Bonea, homo abbatis Sancti Michaelis in Heremo, parrochianus dau Bernart prope Rocam super Eon, dicit quod Bartholomeus Girores, tunc ballivus domini regis in Thalemon, dampnificavit ipsum in xv solidis et tribus quarteriis avene, hac de causa quod imponebat ei quod furatus fuerat quamdam quadrigatam ligni, quod negat, unde dampnificatus fuit in XXIIII solidis, unde petit.

Johannes Vestoni, clericus, crucesignatus, parrochianus Sancti Juliani de Talemundo, dicit quod, ab VIII annis citra, Bartholomeus Girore habuit de Gaufrido de Pina tunc temporis preposito Talemundi c solidos quos idem Gaufridus debebat eidem Johanni clerico et retinuit eos, hac de causa quod vexabat fratrem suum de die in diem et non poterat obbedire terminis suis, de quibus c solidis LX solidi fuerunt in compoto domini regis, unde petit etcetera.

Garinus Savarici, valetus, parrochianus de Mota Acardi, dicit quod Bartholomeus Girore, tunc serviens domini regis apud Talemondum, dampnificavit ipsum in xxx libris, hac de causa quod dictus valetus tenebat terram que debebat

---

1. Aimeri VIII, vicomte de Thouars (1242-1246). Voy. plus haut.

pertinere uxori dicti Bartholomei, ut dictus Bartholomeus dicebat, quod negavit dictus valetus, et hoc totum faciebat dictus Bartholomeus sua vi et injuste quod ipse erat ballivus domini regis et dictus valetus non poterat resistere dicto Bartholomeo, unde petit et cetera.

Petrus Bastart de Chantannes dicit quod Bartholomeus Girore, tunc temporis serviens domini Ardoyni de Maili, extorsit ab eo in blado, vino, rebus aliis, in c solidis, hac de causa quod removit quondam mobilia de domo domini sui antequam dominus rex suam sazinam in dicta domo haberet, unde petit.

Prior domus de la Melleroie, de ordine Grandi Montis, dicit quod Bartholomeus Girorii extorsit a dicta domo quamdam archam et quoddam horreum, sua vi, unde dampnificatus fuit ad valorem vi librarum, unde petit et cetera.

Contra Petrum Garsie.

Raginaldus Bocelli, parrochianus de Bello loco prope Roçam super Eon, dicit quod, tempore domini regis qui nunc est, Petrus Garsie, tunc temporis ballivus domini regis apud Rocam, saisivit terram suam de Bello loco per spacium unius anni, unde recepit iiii libras quas homines dicti Raginaldi consueverant eidem reddere annuatim ; recepit item ab eodem Raginaldo pro suo blado quod nolebat xl solidos occupare, hac de causa quod dominus Radulfus de Asperomonte cujus dictus Raginaldus erat homo ligius de dicta terra nolebat facere homagium domino regi, qui terram de Roca ratione sui domini tenebat quare ab eodem Radulfo homagium peteret, unde petit et cetera.

Dicit **Guillelmus Brosars**, parrochianus de Peteio, quod Petrus Garsie, ballivus domini regis in terra de la Roche, habuit de bobus suis usque ad valorem x librarum, hac de causa quod pater suus nolebat secum me facere exactiones suas in terminis propter mandatum suum, unde petit et cetera.

Johannes Letardi, homo abbatis de Luçon, parrochianus

daus Closeas, dicit quod, quando Petrus Garsie erat ballivus domini regis apud Rocam super Eon, ipse dampnificavit ipsum in xxv solidis, hac de causa quod ipse g^i nolebat accommodare g^i avenam.

Willelmus Simonis, homo abbatis de Luçon, parrochianus dels Closeas, dicit quod, quando Petrus Garsie erat ballivus domini regis apud Rocam super Eon, dampnificavit ipsum in xxv solidis, hac de causa quod ipse petebat ab ipso servicia indebita, unde petit et cetera.

Contra Ysoretum.

Dicit Guillermus de Chayo, de parrochia Beate Marie de Compniis in Rupella, quod Ysoretus, tunc ballivus domini regis Francie in honore Castri Julii, cepit per violenciam tria quarteria vinearum et in manu sua posuit et adhuc detinent executores testamenti predicti Ysoreti, eo quod dictus Guillermus predictas vineas excolere non legitime fecerat, ut dicebat, et bene sunt quatuordecim anni elapsi, unde dampnificatus est dictus Guillermus ad valorem centum librarum et amplius.

Dicit Petronilla Guillote, parochiana de Biol prope Rupellam, quod, a viii annis citra, tempore domini regis qui nunc est, Ysoretus ballivus apud Rupellam extorsit ab ipsa xl solidos, hac de causa quia petebat ab ipsa servicia indebita.

Dicit Johannes Chanterel, de Castro Alone, quod Ysoretus tunc ballivus domini regis in Alone extorsit ab eo injuste xxv solidos et tres rasas avene, occasione contencionis quæ fuerat inter ipsum et quamdam alium.

Dicit Henricus de Tanaio super Charante quod, cum dominus rex Francie teneret in manu sua terram domini Gaufredi de Rupefortis, Ysoretus tunc ballivus apud Alnasium extorsit ab eo centum et sex solidos, eo quod dictus Henricus dicebat quod homines de suo feodo sibi debebant reddere costumam cuniculorum...

Dicit Benedictus de Katurcio quod Ysoretus habuit violenter de feodis suis versus Engolins et Aitreium xx libras, dicens quod hoc faciebat quia non serviebat domino regi et ad serviendum ei dicebat se capere dictos nummos.

Dicit capellanus de Maignec quod, cum ipse habeat decimam in quadam vinea quæ est ante ecclesiam de Maignec, venit ille cujus est vinea ad Ysoretum qui tunc erat ballivus domini regis Alnisii et Rupefortis et dedit sibi quoddam sextarium avene ut dictam decimam impararet et ipsam dicto capellano substraheret, tamen substraxit dictam decimam et per biennium detinuit, unde dampna sustinuit dictus capellanus ad valorem xx et sex solmarum vindemiæ quas estimat unamquamque pro se ad valorem trium solidorum et in eodem tempore ita vendebantur.

Dicit Johannes Galegues quod Ysoretus extorsit quinquaginta solidos, tali racione quod quemdam hominem vicinum capere nolebat et ligare. Dicit etiam quod acomodavit quemdam equum quod habebat et in servicio domini regis mortuus est et valebat quatuor libras. Item xii solidos sibi debebat. Item xiii solidos et iii denarios quos de mandato dicti Ysoreti qui tunc erat ballivus domini regis tradidit famulis suis et non potuit unquam habere; alia parte sibi debebat v solidos, et hoc offert se probaturum.

Dicit Johannes Mercier, parrochianus de Burgo novo prope Rupellam, quod, a xv annis citra, tempore domini regis qui nunc est, Ysoretus tunc ballivus apud Rupellam dampnificavit eum in fructibus vinearum suarum per spatium trium annorum ad valorem lx librarum, hac de causa quia imponebat ei quod plantaverat vineam suam in camino domini regis, quod negabat quia dicta terra erat sua propria, et hoc se offert probaturum.

Dicit Aymericus Peletror, de parrochia Castri Julii, quod Ysoretus extorsit ab eo sua vi injuste per sex annos, quolibet anno, quatuor libras redditus in feodo Coymius et alia parte xxiii sommas vindemie de quadam vinea francha quam habebat, quæ omnia estimat ad valorem xxx librarum et ex alia parte unum dolium vini quod bene valebat centum solidos.

Dicit Petrus Serpentini, parrochianus de Boeto, quod Ysoretus extorsit ab eo vii libras per tres annos de duobus quarteriis vinearum suarum sitarum inter Lagerne et Vuercium, et bene sunt duodecim anni transacti, et hoc fecit eo quod non erat castellania Castri Julii.

Dicit Guillelmus Gros, de Rupella, quod, cum quondam Aynordis relicta Johannis Jocinlini militis deberet ei xii libras turonenses, ipse Guillelmus querelam moveret super hoc coram Ysoreto tunc ballivo domini regis in Alnisio, promittens ei unam marcham argenti si sibi persolvi faceret debitum memoratum, quam marcham tradidit ei et insuper xx solidos pro logris, quibus receptis promisit Ysoretus quod in sequentibus vindemiis reddi sibi faceret de reddi- tibus dicte domine dictum debitum memoratum, quod non fecit, imo præter ea quod dictus Guillelmus impete- ret eum et accusaret super hoc pacto dictus Ysoretus motus in ira sazivit et occupavit vineas et torcular dicti Guil- lelmi et tamdiu detinuit occupata quousque xxviii solidos extorsit ab ipso.

Dicit Guillelmus Seneguotis, parrochianus Beate Marie de Compniis, quod, a xii annis citra, tempore domini regis qui nunc est, Ysoretus tunc temporis ballivus apud Rupel- lam extorsit ab ipso x solidos, hac de causa quod dictus Guillelmus noluit esse prepositus apud Rupem Bertini.

Dicit Petrus Escot, de Aytreio, quod, cum habet quoddam herbergamentum apud Aytreium, Ysoretus tunc ballivus in honore Castri Julii cepit injuste domum suam que desuper erat edificata, unde dampnificatus est ad valorem xxv libra- rum.

Dicit domina Aynordis de Curton, relicta defuncti Guillelmi de Mause, militis [1], quod, cum dominus Hardoinus senescallus domini regis in Pictavia precepisset liberari terram suam, non potuit liberari nisi dedisset Ysoreto servienti dicti Hardoini duas marchas argenti, unde petit

Dicit prior de Sancto Mauricio prope Rupellam quod, a sex annis citra, tempore domini regis qui nunc est, Ysoretus tunc ballivus domini regis apud Rupellam cepit domum suam de Rupella ad ponendum fenum domini regis, unde dampnificatus fuit ad valorem centum solidorum.

Dicit Jordana, de parrochia Sancti Rogaciani, quod, quum dominus rex Francie obsedit villam Xanctonensem [2], Ysoretus cepit in domo sua mensuram vini et dixit quod erat falsa et cepit quamdam asinam et quoddam mantellum, et habuit dictus Ysoretus xv solidos pro asino, et servientes dicti Ysoreti ceperunt vademonia in domo sua que estimat ad valorem LX solidorum, de quibus non habuit emendam et dampnum habuit ad valorem centum solidorum.

Dicit Johannes Bernerii, clericus, quod Ysoretus tunc ballivus domini regis Franciæ in Alnisio extorsit quoddam herbergamentum et adhuc detinetur, situm apud Sales, injuste sine causa, unde dampnificatus est ad valorem XL librarum.

Dicit Petrus Letart, clericus, pro se et fratribus suis, quod Ysoretus ballivus domini regis Francie extorsit a patre suo tresdecim libras turonenses quando fecit unum de filiis suis receptorem de vindemia de feodo Gaufridi Jolain, militis, eo quod dictus filius duas sommas vindemie vendidit pro expensis, unde petit emendam cum eas vendidisset de mandato ejus.

Dicit Clemencia Castide, relicta defuncti Johannis Castis, parrochiana de Compniis de Rupella, quod, a XII annis

---

1. Guillaume III, seigneur de Mauzé et de Marans, qui mourut après 1240. (*Mauzé*, par M. Faye, ap. *Mém. de la Soc. des Antiq. de l'Ouest*, t. XXII, p. 98.)
2. En 1242.

citra, tempore domini regis qui nunc est, Ysoretus ballivus domini regis apud Rupellam extorsit ab ipsa x modios vini, hac de causa quod miserat dictum vinum ad tabernam racione vendicionis et ipse voluit habere vinum ad opus suum, unde dampnificata fuit ad valorem xxv librarum.

Dicit Boninus Morpan, parrochianus Sancti Rogaciani, quod, a x annis citra, tempore domini regis qui nunc est, Ysoretus tunc temporis ballivus apud Sanctum Rogacianum extorsit ab eo xl solidos, hac de causa quia dicebat se invenisse boves suos in bladis, qui bladi erant dicti Bonini.

Dicit Gaufridus de la Baudriere quod Ysoretus submovit ipsum quadam die ut iret cum equo suo ad afferendum domini regis de Maresio, ad quod respondit quod non poterat illa die quia conductus erat cum alio, et quia statim non ivit extorsit ab eo unum ciffum argenteum deauratum qui constitit lxiiii solidos.

Dicit Johannes de Agerne quod Ysoretus extorsit maliciose xl solidos, imponens ei quod habuerat sex modia vini de vinea sua, unde non habuerat tantummodo nisi sex paneratas.

Dicit Clemencia Caffide, relicta defuncti Johannis Caffit, parrochiana de Compniis de Rupella, quod, a xii annis citra, tempore domini regis qui nunc est, Ysoretus ballivus tunc apud Rupellam extorsit ab ea x libras, hac racione quod ipse imposuit marito suo quod non reddiderat censum domini regis, quod negat.

Dicit Petrus Letart, clericus, quod, quando Ysoretus erat ballivus domini regis apud Rupellam, ipse precepit Johanni Letart patri dicti clerici quod faceret dicere in ecclesiis, ex parte domini regis, quod quisque vellet plantare in feodo de Puirolant quod plantaret pro tribus solidis censualibus quamquod quarterium, quod dictus Johannes fecit dicere per ejusdem licenciam ex parte domini regis. Auditis preconibus, venit quidam homo de Templariis et aravit in dicto feodo, ipso tunc arante, venit Ysoretus et cepit boves suos et extorsit ab eo unum sextarium avene. Conquestus fuit ille Templariis. Templarii vero fecerunt citari Johannem Letart patrem dicti clerici diversis locis et dampnificaverunt ipsum in quinquaginta solidos, unde petit cum dictus Ysoretus teneretur dictum Johannem deliberare.

Dicit Symon Guibaut, parrochianus de Sancto Rogaciano, quod Ysoretus extorsit xxiiii solidos, tali occasione quod dixit quod si dictus Ysoretus non faceret ei jus de injuria quam fecerant ei servientes dicti Ysoreti supra vendicione cujusdam dolii vini de quo dolio ejecerant per violenciam suam le repos, ipse ad aliud dominium suam querelam deportaret.

Dicit Aelid, relicta defuncti Johannis Agnel, parrochiana Sancti Salvatoris de Rupella, quod Ysoretus desazivit a tribus partibus cujusdam feodi quod habebat supra duas salinas sitas apud Naytre, hac de causa quod, quando Bienvenue de qua emerat dictum feodum fuit mortua, ipse dicebat quod debebat esse terra domini regis.

Dicit Giraudus de Sarragoce, parrochianus de Perotto in Rupella, quod Ysoretus extorsit ab ipso lx solidos et unum dolium vini precio quatuor librarum, hac de causa quia vexabat eum de die in diem.

Dicit Amorosus de Brandis, parrochianus Beate Marie de Compniis in Rupella, quod Ysoretus extorsit ab eo xiii libras et xv solidos, hac de causa quia imponebat quod debebat facere auxilium ballivie.

Dicit Theobaldus Lesurre, de Angolins, quod Ysoretus extorsit ab eo vi libras, hac de causa quod removerat suum sal de platea in qua manebat sine licencia ipsius.

Dicit Guillermus Bonet, parrochianus Domni Petri in Aunis de Chanolet, quod Ysoretus cepit ipsum cum quatuor equis suis ad conducendum vinum domini regis de Chanolet apud Rupellam per spacium xv dierum, unde dampnificatus fuit ad valorem quatuor librarum et x solidorum.

Dicit Orsellus de Beauvaiz, parrochianus Beate Marie de Compniis in Rupella, quod Ysoretus habuit ab ipso quamdam tonnam ad mittandum vinum domini regis, unde dampnificatus est ad valorem xxx solidorum.

Dicit Orsellus de Beauvaiz, parrochianus Beate Marie de Compniis, quod Ysoretus extorsit ab ipso xx solidos, hac de causa quia imponebat ei quod non solverat costumas vinearum suarum, quod negat.

Dicit Stephanus Estorins, burgensis de Rupella, quod Ysoretus habuit ab ipso c et x solidos, hac de causa quod teneret eum in sasina matrimonii uxoris suæ, quod facere non potuerit.

Dicit Hugo Jordani, miles, parrochianus de Surgeriis, quod Ysoretus extorsit ab ipso xii modia vini, hac de causa quia Nichole, quondam relicta Gumbaudi de Arcee, militis, duxerat dictum Hugonem in virum sine licencia ipsius, unde dampnificatus est ad valorem xii librarum.

Dicit Bartholomeus de Torculari, parrochianus d'Engolins, quod, quando Ysoretus tradidisset Johanni patri ejusdem in custodia boitam ad recipiendum pagauntum de Angolins, idem Ysoretus degagiavit ipsum Johannem de xv libris, eo quod dicebat dictam boitam bene nec fideliter non servaverit, quod quæ ipsum nec in tota nec in parte probare non potuerit.

Dicit Petrus de Jarria, parrochianus Sancti Nicholai de Rupella, quod Ysoretus extorsit ab ipso sex libras, hac de causa quia imponebat ei quod vindemiaverat vineam suam ante terminum, quod verum non erat.

Dicit Johanna la Gastaude, parrochiana de Castro Julii, quod Ysoretus extorsit a marito suo c solidos, hac de causa quia imponebat ei quod dederat Petro Pechino qui tunc erat contrarius domino regi denarios, quod negat.

Dicit Johannes Monerii, de Castro Julii, quod Stephanus

Giroire ballivus in doù extorsit ab eo c solidos quos Ysoretus recepit, hac de causa quod accusatus fuerit erga quod censum quam debebat reddere mandato domini regis reddiderat Hugoni Arbaudi militi.

Dicit Johannes de Valanz, parrochianus de Compniis in Rupella, quod Ysoretus de Aytreio qui erat tunc ballivus domini regis assignavit ei diem et ipse venit coram ipso ad diem assignatum et quæsivit, quid vultis ? Volo de tuo proprio. Et quare, domine ? Eo quod status es et quod servias senescallum Pictavensem de dimidia marcha argenti. Et vi extorsit ab illo et eum redemit de xvi solidis, et ex alia parte habuit x solidos de taleia quos non debebat, et hoc se offert probaturum.

Dicit Willelmus Barengier, de Perignec, quod Ysoretus extorsit ab eo lx libras, eo quod extirpaverat nemus suum proprium.

Dicit Theophania Baarde, parrochiana de Aytre, quod Ysoretus habuit de denariatis suis ad valorem xxx solidorum, scilicet in pane.

Contra Galterium.

Dicunt Theobaldus de Gant et Gaufridus frater ejus quod, quando Galterius erat prepositus domini regis de Benaum, cepit boves suos in tempore quo deberent seminare segetes et retinuerit eos diucius et dampnum super hoc habuerunt ad valorem xx solidorum.

Dicit Stephanus Bricetius, homo abbatis Sancti Michaelis de Berz, parrochianus de Benaum, que Galterius habuit de denariatis suis ad valorem vi solidorum, scilicet in vino.

Dicit Ernaudus Arengeart, parrochianus de Nualle, quod Galterius extorsit ab ipso xxx solidos, hac de causa quia imponebat ei quod ceperat lepores garenne domini regis, quod negat.

Dicit Johannes Morini, parrochianus de Benaum, quod

Galterius extorsit ab ipso xxv solidos, hac de causa quia petebat ab eo servicia indebita, et preterea interfecit quamdam vaccam suam, unde dampnificatus est ad valorem vii librarum.

Dicit Johannes Morini juvenis, parrochianus de Benaum, quod Galterius extorsit ab ipso quinquaginta solidos, hac de causa quia ipse imponebat ei quod receptaverat res cujusdam mulieris quas sazierat, quod negavit.

Dicit Guillermus Escharpiz, parrochianus de Benaum, quod Galterius habuit de denariatis suis ad valorem xii solidorum, scilicet in pane et vino.

Dicit Johannes Columbeau, parrochianus dau Gue, quod Galterius extorsit ab ipso xiiii solidos, hac de causa quod ipse mutuaverat quamdam archam de vicino suo et quum ipse reddebat ei dictam archam....

Dicit Hugo de Villa nova, parrochianus Sancti Albini, quod Galterius extorsit ab ipso lx solidos, hac de causa quod pater dicti Hugonis nolebat parere juri coram domino de Benaum, ut dicebat.

Dicit Petrus Ripaudi, homo ecclesiæ Sancti Salvatoris prope Benaum, quod Galterius et Stephanus Girorii extorserunt ab ipso unam marcham argenti, hac de causa quia petebant ab ipso servicia indebita.

Dicit Michael Barbitonsor, de Aytreio, quod Galterius fecit eum capi apud Sanctum Salvatorem, opponens ei quod ipse concubuerat cum quadam muliere que conquerebatur de ipso, ad quod ipse respondit quod non erat verum et quod paratus erat parere juri si mulier illa conquereretur de ipso, que mulier nullam querelam proposuit contra eum, et hac de causa extorsit ab ipso xx libras.

Dicit Aimericus Pinçon, parrochianus de Surgeriis, homo Templi, quod Galterius extorsit ab ipso quoddam dolium vini, hac de causa quod vendiderat vinum suum sine licencia ipsius, unde dampnificatus est ad valorem iiii librarum.

Dicit Petrus Malet, de Benaum, quod Galterius extorsit

ab eo xiii solidos, hac de causa quod petebat ab ipso servicia indebita.

Dicit Aimericus Melers, de Benaum, quod Galterius extorsit ab eo xxx solidos, eo quod uxor sua intraverat quamdam domum que erat in sasina domini regis.

Guillermus Charpenterius, de Lagneia, dicit quod Galterius extorsit ab eo lx et xvi solidos et abstulit ei unum dolium quod valebat xii solidos, sine racione, et incarceravit eum nulla racione posita nisi quod dixit Fosnario de Legneia cum quo dictus Guillermus litigabat : dimitte eum quia nimis potavit.

Contra Jacobum.

Dicit Radulphus de Mornay quod, eo tempore quo Jacobus li Picarz erat ballivus domini regis de Castro Julii, dictus Radulphus traxit coram eo in curia Raginaldum de Gyens sororium suum pro vii^{xx} libris quas sibi debebat de matrimonio sororis suæ pro quibus obligaverat eidem se et sua mobilia et immobilia, quibus recognitis et probatis coram eo dictus Jacobus de rebus dicti Raginaudi pro voluntate ejusdem Raginaudi dictum Radulphum investivit, ostensis litteris et cartis super hoc factis, et ut dictus Jacobus dicto Radulpho super hoc auxilium exhiberet, dedit eidem dictus Radulphus xx libras, unde dictus Jacobus sibi dedit suas patentes litteras ut sibi dictam sazicionem dictarum rerum custodiret. Iterum, cum dominus Petrus Garini ballivus esset superior super dictum Jacobum, dictus Radulphus eidem Petro promisit duo dolia vini ut sibi tenorem carte et sazicionem sibi factam de rebus supradictis teneri faceret et servari. Tandem cum dictus Radulphus vineas quas sazitas tenebat in sumptibus propriis coluisset et vinum in suis doliis recondisset, venerunt dicti Petrus et Jacobus et pro voluntate sua quindecim dolia vini, novem de dulci et sex albo, quæ erant apud Chaissegne, acceperunt, unde dampnificatus est ad valorem LX librarum, salvo principali cum unum quodcumque dolium per se valeret C et X solidos, et hiis factis, postea de eodem IIII libras et dimidium habuerunt.

Dicit Aelida la Roere, de Seencaio prope Rupellam, quod, cum Guillelmus de la Roere maritus suus defunctus dedisset et legasset ei in bona memoria et ultima voluntate sua unum quarterium vinee quod insimul acquisierant, Jacobus ductus precio et precibus Hugonis fratris predicti Guillelmi, spoliavit ipsam mulierem de dicto quarterio vinee et medietate fructuum qui tunc erant ibidem, videlicet novem modiorum vini qui exinde provenerunt, supra quibus petit emendam. Iterum petit VII libras quas in acquisicione et litigacione dicti quarterii vinee expendit.

Dicunt heredes Choumorum, de Burgo novo, quod Jacobus fecit duo torcularia et domum que erat desuper funditus everti et fecit inde tegulam meramentum ad profectum suum removeri sua vi, sine causa, unde petit emendam.

Dicit Johannes Sauvage, parrochianus Sancti Salvatoris, quod Jacobus habuit ab eo unam marcham argenti, eo quod expleret sibi justicie complementum, quod non fecit, unde dampnificatus est ad valorem XX librarum.

Contra Gaufredum de Chassengnes militem.

Dicit Guillelmus Barbotins, de Aytre, quod Gaufridus de Chasseigne miles, ballivus domini regis in Pictavia, traxit ipsum in causam coram se et accusavit quod receptaverat in hospicio suo de Aitre Hugonem de Allemania militem [1],

---

[1]. On trouve plusieurs seigneurs de la famille d'Allemagne portant le nom de Hugues au XIIIe siècle. Ils étaient originaires de l'Aunis. Celui dont il est question dans l'enquête de 1247, après avoir été partisan du comte de la Marche en 1242, fit sa soumission et était homme lige du comte Alphonse de Poitiers, en 1243, pour le fief du Breuil-Gaber. (*Dict. des Fam. du Poitou*, par Beauchet-Filleau, I, 43, 2e éd.)

qui tunc faciebat guerram contra dominum regem, quod dictus Guillermus negabat quia manebat intra Rupellam propter illam guerram, et ita extorsit ab eo c solidos et unum sextarium avene, quod valuit xvi solidos.

Dicit Gaufridus Gileberti, de Aytreio, quod Gaufridus de Chasseigne extorsit ab ipso unam marcham argenti, eo quod dicebat quod novus ballivus de tanto serviri debebat.

Dicit Johannes de Agerna quod Gaudrifus de Chassegnes extorsit ab ipso x libras, hac de causa quia imponebat ei quod receperat inimicos domini regis, quod negat.

Contra G. de Bulle.

Dicit Gaufridus de Gravella, parrochianus de Perrot in Rupella, quod, tempore domini Ludovici genitoris domini regis qui nunc est, G. de Bulle ballivus apud Rupellam desazivit eum de xx solidis quos habebat annui redditus in domo defuncti Bertini de Rupella carpentarii, hac de causa quod dictus Bertinus volebat producere Rupellam, qui Bertinus suspensus fuit, et propter hoc fecit dictam domum dirui in qua habebat dictum redditum.

Dicit Guillermus Costantini, de Mose, quod, dum esset in ballo Avere lo trece, ipse perdidit quamdam domum munitam vasibus et torcular suum et x quarterios vinearum pro culpa predicti Avere qui fuit reprehensus de prodicione contra dominum regem, que omnia predicta G. do Bulle [1] sazivit, qui tunc erat senescallus domini regis in Pictavia, et ad expediendum res præedictas dictus Guillermus Constantini persolvit dicto G. do Bulle vii^{xx} et iiii libras.

Dicit Maria, uxor Johannis Rossignoul, quod G. do Bulle

---

1. Geoffroi de Bulli ou Burli était sénéchal de Poitou et Saintonge en 1225-1226. (*Chartes de Saint-Maixent*, par Alfred Richard, II, 55. — *Lay. du Très. des Chartes*, par Teulet, II, 56. — *Arch. Hist. du Poitou*, VIII, 145.)

fecit capi per violenciam vinum suum, qui tunc erat vidua quod vinum erat repositum in quodam cellario apud Caplunges, usque ad xxx modia vini, et vinum ejus captum fuit racione patris ejus, unde petit emendam cum esset vidua et in custodia Sancte Ecclesie.

Petrus Garini, parrochianus de Lalou, dicit quod Gaufridus do Brulle extorsit ab ipso XL solidos, hac de causa quia imponebat ei quod debebat talleiam domini regis, quod dictus Petrus negavit.

Contra diversos.

Dicit Boninus Morpan, parrochianus Sancti Rogaciani, quod, a VIII annis citra, tempore domini regis qui nunc est, Petrus Moteou, tunc ballivus domini regis apud Sanctum Rogacianum, extorsit ab ipso LX solidos, hac de causa quod dicebat se invenisse suos porcos in bladis, qui bladi erant dicti Bonini.

Dicit Galterius Raynerii, parrochianus de Boet, quod Guillbertus Bertonneau, prepositus de Benaum, extorsit ab ipso xxx solidos, hac de causa quod ceperat unum canem in nundinis de Benaum quem canem ipse perdiderat.

Dicit Perrote Pevriere vidua, parrochiana Sancti Salvatoris de Rupella, quod, quando dominus rex venit contra comitem Marchie, Petrus de Ponz qui erat in dicto exercitu habuit de denariatis suis ad valorem XXII solidorum, scilicet in pipere.

Dicit G. de Voe quod Martinus de Anfor, forestarius domini regis in nemore de Benaum, extorsit ab ipso C solidos, hac de causa quod imponebat ei se cepisse lepores dicti nemoris, quod negavit.

Dicit Stephanus Auberti, de Maraant, quod, quando dominus rex ossedit villam Rupelle [1], Guiarus tunc ser-

---

1. En 1224.

viens domini regis cepit quadrigas suas et duxit eas bis apud Xanctonis et amisit quemdam equum ad valorem vi librarum.

Dicit Johannes Favrelli, de Allodio, quod Raginaudus de Ressi, serviens domini regis apud Rupellam, habuit de denariatis suis ad valorem viii librarum et x solidorum, scilicet in vino.

Dicit Lambertus de Porta, de Boeto, quod, quando dominus rex obsedit Fronteneium [1], Guillelmus de Sancto Celeriano miles, qui erat in dicto exercitu, habuit de denariatis suis, scilicet in avena ad valorem xxv solidorum.

Dicit prior de Boeto quod Guido de Hyspania, quum erat forestarius domini regis in nemore de Benaum, cepit per violenciam in dicto nemore equos et quadriga dicti prioris, in quo nemore ipse prior habebat usagium suum, et vendidit quemdam equum dicte quadrige qui bene valebat x libras et retinuit dictam quadrigam et emparavit dictum usagium et tenuit sic emparatum fere per annum unum; oportuit de necessitate dicto priori secare sua propria nemora et etiam virgulta ad opus calefagii furni sui et domus suæ, unde dampnificatus est dictus prior, tam propter vendicionem dicti equi, quam propter retencionem quadrige et dictum emparamentum, quam et propter redempcionem duarum marcharum argenti ad quam dictus G. dictum priorem coegit antequam vellet dictum emparamentum amovere, in quadraginta libras.

Dicit Aimericus Baubeau, parrochianus de Coluns, pro universis hominibus de Coluns, quod, quando dominus rex qui nunc est venit contra comitem Marchie, Constantinus Gyboin, tunc ballivus domini regis, habuit de illis per vim xiii marchas argenti et habuit de J. Bidaleau de Coluns c et x solidos per vim, dicens quod villam frangeret et cassaret et raperet cum auxilio suo nisi tamen ei darent, unde

---

1. Le siège de Frontenay-l'Abattu par le roi saint Louis eut lieu en 1242.

petit et cetera. Ideo quia Gaufridus filius comitis Marchie furatus fuit illam charariam per quam transivit.

Guillelmus Escharpiz, parrochianus de Benaon, dicit quod, quando Ardoinus de Rupe, miles, erat castellanus de Benaon, extorsit ab eo XIIII solidos, hac de causa quod pater suus noluit emere ad opus suum unum mare lupum.

Prior Beate Marie de Ruperforti dicit quod Oddo Parisius, castellanus de Ruperforti, tempore guerræ, dampnificavit ipsum in c solidis capiendo pannos suos et petosos et alia bona sua.

Item dicit quod, eodem tempore, Odardus de Terama serviens et arbalista municionis castri de Ruperforti pro domino rege, emparavit domum suam et ejecit eumdem de domo sua et posuit custodes et cepit bladum suum, unde dampnificatus fuit idem prior in blado, vino et palea ad valorem decem librarum.

Johannes Costantini, de Alba Petra[1], dicit quod filius domini de Castrobriencii habuit de denariatis suis, scilicet in piscibus, ad valorem XIIII solidorum.

Aymericus Jolani, de Maignec, dicit quod Robinus predictus prius serviens domini regis apud Rupemfortem habuit de denariatis suis, scilicet in pane, ad valorem II solidorum III denariorum.

Andreas Bigot, parrochianus de Alba Petra, dicit quod dampnificatus fuit per ballivos domini regis, videlicet redimendo ipsum usque ad valorem XX librarum, propter quamdam uxorem quam receptaverat in domo sua, unde petit et cetera.

Apud Rupem super Eon.

Laurencius Peto, parrochianus Sancti Lieni de Rupe super Eon, dicit quod, ab annis VIII citra, tempore domini

---

1. Le Boupère (Vendée).

regis qui nunc est, Colinus serviens Radulphi do Levrou ballivi domini regis apud Rupem super Eon tunc temporis, habuit de denariatis suis ad valorem xiii solidorum, scilicet in vino.

Andreas Grangerau, de Rupe super Eon, dicit quod Colinus habuit de denariatis suis ad valorem xiii solidorum, scilicet in pane.

Theophania de Bella villa, de Rupe super Eon, dicit quod Colinus habuit de denariatis suis ad valorem iiii solidorum, scilicet in vino.

Galterus Engibaudi, de Capella Achardi, dicit quod Johannes Oete, forestarius domini regis in foresta d'Arbestier, habuit de denariatis suis ad valorem xxxii solidorum.

Johannes Murandi, parrochianus Sancte Fidei juxta Talemundum, dicit quod Johannes Oete extorsit ab ipso xxi solidos, hac de causa quia imponebat ei quod furatus fuerat quoddam lignum de nemore domini regis d'Arbestier, quod negavit.

Martinus Pitraz, crucesignatus Sanctæ Fidei, dicit quod Johannes Oete extorsit ab eo xv solidos, hac de causa quod imponebat ei traxisse quoddam lignum coram domo sua de nemore d'Arbestier, quod negavit.

Petrus Ganrao, parrochianus Sancte Flave, dicit quod Johannes Gygantis, allocatus Hardoini de Malleio quondam ballivus domini regis in Pictavia, extorsit ab ipso x libras, hac de causa quia imponebat ei quod extirpaverat nemora domini Aimerici de Toharcio.

Gyrardus le Forrer, de Roca super Eon, dicit quod Johannes Gygantis extorsit ab ipso x solidos, hac de causa quod ancilla sua noluit tradere Johanni de Navarria sex nummatas panis.

Aymericus Borgois, de Roca super Eon, dicit quod Rogerius, forestarius domini regis in foresta de Roca, ab viii annis citra, habuit de denariatis suis ad valorem xxxviii solidorum.

— 324 —

Duranda la Miranbelle, de Talemundo, dicit quod Mauricius do Frainau, quondam ballivus domini regis apud Talemundum, extorsit vi libras, hac de causa quia vexabat eam de die in diem sine causa et non poterat sequi terminos assignatos.

Stephanus Lunelli, de Loco Dei, dicit quod Johannes Crespin et Radulphus Gato, quondam servientes domini regis apud Poire, habuerunt de denariatis suis ad valorem xv solidorum.

Gaufridus Filoleau, de Monasteriis de Maufetis, dicit quod Guillelmus de Aubineio, serviens, habuit ab ipso xvii solidos et Effredus, quondam serviens, eidem viii solidos et vi denarios, hac de causa quod ipsi habebant eum in suspicione cujusdam mulieris.

Johannes Galechau, de Bello loco, dicit quod Petrus de Pavia, balistarius domini regis apud Asperum Montem, habuit de denariatis suis ad valorem xiii solidorum, scilicet in avena.

Theophania de Bella villa dicit quod Guillelmus filius Odonis Parisius, servientis domini regis apud Rocam super Eon, habuit de denariatis suis, scilicet in avena iii solidos et v denarios.

Capellanus de Copacheneria dicit quod, cum ultima guerra fuit inter dominum regem Francie et dominum P. Montis acuti [1], transeunte exercitu domini regis per Copacheneriam et eamdem villam comburente, combuxerunt ecclesiam cum omnibus ornamentis et capellaniam, in quibus dampnis fuerunt, tam capellanus, quam ecclesia, ad valorem vii^{xx} librarum, de quibus habuit c solidos pro emenda.

---

1. Pierre de Montaigu n'est autre très probablement que Pierre de Braine ou Mauclerc, comte de Bretagne, possesseur de Montaigu, auquel le roi Louis IX fit la guerre en 1230. L'incendie de la Copchenière par l'armée royale ne saurait se rapporter qu'à cette époque, car, lors de la guerre de 1242, Pierre n'était plus comte de Bretagne et ne prit aucune part à la lutte.

Radulfus de Essars, balistarius de Marolio, dicit quod Enjorrandus de Toil, castellanus Xanctonensis, retinuit de paga sua x solidos parisienses. Item habuit de vino suo ad valorem ii solidorum.

Aymericus le Fevre, do Luc, dicit quod Johannes de Sancto Albino, quondam ballivus domini regis apud Talemundum, extorsit ab eo xxviii solidos, hac de causa quod vendiderat mercatoriam suam ad Nannetenses, de quibus habuit iiii solidos de emenda.

Laurencius Peto, de Roca super Eon, dicit quod Petrus Britonis, serviens Radulfi do Levron, habuit de denariatis suis, scilicet in vino, vii solidos.

Richardus Espicer mercator, mansionarius abbatis de Luconio, dicit pro se et magistro Henrico socio suo, quod Odardus quondam serviens domini regis in castro Talemundi cepit eum euntem mandato domini Hardoini apud Olonam et detinuit eum captum per spacium viii septimanas, unde dampnificatus fuit propter liberacionem sui corporis ad valorem lx librarum quas idem Odardus et Hardoinus habuerunt ab ipso in pecunia numerata, unde petit et cetera.

Apud Pozaugias [1].

Guillermus mercator, parrochianus de Alba Petra, dicit pro se et fratre suo, quod Girardellus, quondam ballivus domini regis apud Albam Petram, habuit de denariatis suis ad valorem xv solidorum quos nunquam sibi solvit.

---

1. La baronnie de Pouzauges avait appartenu successivement à Belle-Assez et à Alix de Mauléon, filles de Savary de Mauléon. Alix avait épousé Guy, vicomte de Thouars, qui mourut en 1242. Le roi Louis IX, au moment de la guerre contre le comte de la Marche et Henri III, crut prudent de se faire livrer le château de Pouzauges par le vicomte Aimeri, successeur de Guy. Il en confia la garde à Geoffroi de Chateaubriant au mois de mai 1242. Il le restitua ensuite à la maison de Thouars. (*Revue des provinces de l'Ouest*, V, 241.)

Petrus de Yspania, parrochianus de Pozaugiis, dicit quod Girardellus coegit ipsum pagari injuste xvi solidos de talleia, et tum non debebat nisi octo.

La Sorelle vidua, parrochiana de Pozaugiis, dicit quod Girardellus extorsit ab ipsâ ii solidos, hac de causa quod cum vindemiabat in feodo de Bugnon et non duxit vindemiam suam apud Albam Petram imo duxit apud Pozaugias.

Americus Begaut, parrochianus de Alba Petra, dicit quod Girardellus habuit de denariatis suis iii solidos et v denarios, scilicet in carnibus.

Laurencius de Villa, parrochianus de Pozaugiis, dicit quod Girardellus et Johannes Gigantis dampnificaverunt ipsum in xxv solidos et ii libras de cere quarum precium erat de iii solidis et iiii denariis, quos denarios dictus Laurencius dedit eis tali modo quod fecissent haberi denarios qui debebantur ei, quos nunquam fecerunt sibi reddi.

Petrus Foqueti, parrochianus de Alba Petra, dicit quod Girardellus habuit de calciarantis suis ad valorem trium solidorum.

Guillelmus Bescot, parrochianus de Alba Petra, dicit quod Girardellus cepit de vino suo in taberna sua ad valorem xxii denariorum.

Aymericus Lacrie, de Alba Petra, dicit quod Girardellus habuit de denariatis suis, scilicet in pane et vino ad valorem viii solidorum et vi denariorum.

Petrus Moyssarz, de Alba Petra, dicit quod Girardellus cepit a domo sua unum ligonem et duas vergas de panno laneo, hac de causa quia querebat mestivam indebitam, in quibus dampnificatus fuit ad valorem viii solidorum.

Petrus Chevillon, de Pozaugiis, dicit quod accommodavit Girardello iii solidos et vi denarios quos nunquam sibi reddidit.

Gaufridus Paneterau, de Alba Petra, dicit quod Girardellus habuit de denariatis suis ad valorem v solidorum, scilicet in pane.

Petrus Grifain, de Alba Petra, dicit quod Girardellus cepit in domo sua quamdam clamidem pro uno raso avene quam sibi debebat, præterea sibi reddiderunt dictam avenam, clamide tamen non soluto, unde dampnificatus fuit ad valorem vii solidorum.

Petrus Rayteau, de Podio Beliardi, dicit quod Girardellus cepit injuste quemdam equum et ducit apud Lucionem que obiit in sua custodia, unde dampnificatus fuit ad valorem xxx solidorum.

Sorina vidua, de Podio Beliardi, dicit quod Girardellus extorsit ab ipsa per vim suam ii solidos turonenses.

Galterius Guntart dicit quod Girardellus cepit a domo sua quandam tapiz et iii quarterios siliginis pro mestiva quam sibi dare nolebat, unde dampnificatus fuit ad valorem xx solidorum.

Gaufridus Pochetuns, de Podio Beliardi, clericus, dicit quod Girardellus cepit ipsum clericum et manus mittere in eum non expavit, opponens ei crimen quod nunquam potuit probari, quod non vellet sibi fieri pro una marcha argenti.

Petrus Gunderii, parrochianus de Alba Petra, dicit quod Girardellus habuit de denariatis suis, scilicet in vino, ad valorem viii solidorum.

Andreas Corriau, clericus de Alba Petra, dicit quod Girardellus habuit de denariatis suis, scilicet in pane, ad valorem iii solidorum ; præterea cepit quamdam padellam suam ad valorem vii solidorum.

Pelegrinus Muradeau, de Alba Petra, dicit quod Girardellus habuit de denariatis suis, scilicet in pannis, ad valorem vi solidorum.

Guillelmus Guinders, de Alba Petra, dicit quod, quando Johannes Prepositi erat ballivus domini regis apud Albam Petram, habuit de denariatis suis ad valorem xlvii solidorum.

Aymericus Lacrie, de Alba Petra, dicit quod Johannes

Prepositi habuit de denariatis suis in pipere et cera ad valorem ix solidorum.

Guillelmus Marcheant, de Alba Petra, dicit pro se et fratre suo, quod Johannes Prepositi habuit de denariatis suis ad valorem xx solidorum.

Secilia Fornere vidua, parrochiana de Pozaugiis, dicit quod Johannes Prepositi extorsit ab ipsa xxxii solidos, hac de causa quod vindemiaverat vineas suas sine licencia sua, quamvix facere debet.

Capellanus de Gauberteria dicit quod Johannes dictus Prepositus et Girardellus extorserunt ab eo per vim suam in bobus, vaccis, utensilibus, denariis ad valorem x librarum, unde petit.

Johannes Baudin, parrochianus de Gauberteria, dicit quod Johannes dictus Prepositus et Girardellus extorserunt ab ipso per vim suam xxii libras.

Chauvinus et Blanchet, de Gauberteria, dicunt quod Johannes dictus Prepositus et Girardellus extorserunt ab ipsis lx solidos i denarium per vim suam.

(En marge du manuscrit on lit ce qui suit): « Particulares diversorum contra diversos invenies in fine post querimonias de Louduno. »

Querimonie recepte apud Lodunum.

Aubinus Trichon, parrochianus de Monte cantoris, dicit quod, a xv annis citra, Johannes Boitvin, de Caynone, tunc temporis prepositus domini regis apud Montem cantoris, extorsit a patre suo c solidos, hac de causa quia imponebat ei quod calciaverat foramina leporum et quod cepit quamdam gruam, quod negavit.

Petrus Morelli, de Monte cantoris, dicit quod Johannes Boitvin cepit Gaufridum Morelli fratrem suum, objiciens ei quod quamdam puellam defloraverat que conquere-

batur de illo et ideo abstulit dictis duobus fratribus
IIII libras et VII solidos.

Petrus Guilloti dicit quod Johannes Boitvin extorsit ab
ipso in blado et bobus, utensilibus, ad valorem xx librarum
quod fuit plegius Johannis Charner servientis eorumdem
de ballivia de Monte cantoris quam ceperat ab eis ad
firmam et quia audierunt quod dominus rex dederat
domino Gaufredi de Lesignen dictam terram compulerunt dictum Johannem et dictum Petrum solvere totam
firmam ante terminos assignatos, nec potuit dictus Johannes explectare dictam balliviam, ut fuerat pactum.

Petrus Rolandi dicit quod Johannes Boitvin extorsit
ab ipso in blado, bobus, in equis, pannis, utensilibus, ad
valorem IIII^{xx} librarum, quia fuit plegius Johannis Charner
servientis eorum de ballivia de Monte cantoris quam
ceperat ab eis ad firmam, et quia audierunt quod dominus
rex reddiderat domino G. de Lesignen dictam terram
compulerunt dictum Johannem et dictum Petrum solvere
totam firmam ante terminos assignatos, nec potuit dictus
Johannes explectare dictam balliviam, ut fuerat pactum.

Guillermus Fortinus, de Marnis, dicit quod Johannes
Boitvin extorsit ab ipso c et XII solidos sua vi, sine causa.

Aymericus de Guiers, de Monte cantoris, dicit quod Johannes Boitvin extorsit ab ipso LX solidos, hac de causa quia
imponebat ei quod verberaverat quamdam servientem
suum, quod negavit.

Johannes Brifaut, de Monbruillois, dicit quod Galterius
ballivus domini regis apud Lodunum, extorsit ab ipso
xv solidos, quia imposuit ei quod erat latro.

Radulfus Mariete, de Ses, dicit quod Galterius extorsit
ab eo L solidos, hac de causa quia imponebat ei quod
fuerat ad homicidium cujusdam hominis.

Johannes Engibaudi, de Loduno, dicit quod Galterius
extorsit ab eo x solidos, hac de causa quia, cum lecherie

quidam garrio percussisset uxorem suam, imposuit ei quod abire permiserat quemdam latronem.

Willelmus Panevelli, de Faya, dicit quod Galterius et Yvo querebant ab ipso quondam serviente defuncte Hersendis Nigre mobilia dicte Hersendis, qui Willelmus denegabat se habere aliqua mobilia dicte Hersendis, unde dicti servientes dictum Willelmum fidem suam abstulerunt quod ipse teneret prisionem apud Lodunum, et sic ab eodem dicti servientes L solidos extorserunt.

Prior Despennes dicit quod Galterius habuit ab eo L solidos, eo quod cessaret a vexacione ejus et hominum suorum quibus assignabat terminos de die in diem.

Michael de Bouce, de Loduno, dicit quod Galterius et Yvo extorserunt ab ipso v libras, eo quod quidam latro ierat de domo sua quem tradiderant ad custodiendum sua vi.

Johanna Belote vidua, de Loduno, dicit quod Galterius habuit de denariatis suis, scilicet in pannis, ad valorem IIII librarum.

Hersendis, de Loduno, vidua, dicit quod Galterius extorsit ab ipsa quamdam tunicam quem estimat ad valorem XII solidorum, eo quod noluit sibi accommodare quemdam equum suum.

Laurencius Johannis, de Loduno, dicit quod Galterius extorsit ab ipso quoddam sextarium ballargie, hac de causa quia imponebat ei quod erat in saisina domini regis et cepit equum suum, unde dampnificatus fuit ad valorem VII solidorum.

Stephanus de Derceio dicit quod Galterius habuit de denariatis suis, scilicet in pannis, ad valorem XXI solidorum.

Guilotus clericus, parrochianus Sancti Petri de Luduno, petit a Johanne Boet, tunc temporis prepositus de Luduno, servicium suum quod eidem debet de tribus annis, per spacium quorum ipse et frater suus tenuerunt preposituram de Luduno, quod servicium estimat decem libras, etiam hac racione petit quia succedet in bonis fratris sui.

Parrochiani de Curcaio dicunt quod Hugo Esvoilechien et Garinetus, servientes domini regis apud Lodunum, extorserunt ab ipsis xv libras et vi sextaria avene ad valorem xxv solidorum, quia imponebant eis quod orti sui erant in pascuo domini regis.

Gaufridus Popinelli, de Ternaio, dicit quod Hugo Esvoilechien extorsit ab ipso lx solidos, quia imponebat ei quod pratum suum erat in pascuo domini regis, quamvis erit in rebus suis propriis.

Stephanus Rabateau, de Ternaio, dicit quod Hugo Esvoilechien extorsit ab ipso lxxv solidos, quia imponebat ei quod pratum suum erat in pascuo domini regis.

Michael dictus Marescallus, de Loduno, dicit quod Hugo Esvoilechien extorsit ab ipso xxx libras, quia imponebat ei quod quassaverat cheminum domini regis et fecit vocari ad bellum.

Dyonisius de Via, de Rupe Rabate, dicit quod Hugo Esvoilechien extorsit ab ipso xx solidos, quia imponebat ei quod secuerat viciam in alio campo quam in suo.

Radulfus Folane, de Loduno, dicit quod Hugo Esvoilechien extorsit ab ipso xx solidos, quia imponebat ei quod attulerat terram de camino domini regis.

Michael dictus Marescallus, de Loduno, dicit quod Hugo Esvoilechien extorsit ab ipso xx solidos, quia imponebat ei quod non reddiderat vendam domus sue.

Thomas dictus Barbitonsor, de Loduno, dicit quod Hugo Esvoilechien sumpsit culcitram suam cum pulvinari, eo quod noluit ire cum Michael de Bouce ut latro, unde dampnificatus fuit ad valorem xx solidorum.

Gaufridus Hernaudi et G. Hernaudi dicunt quod Hugo Esvellechien extorsit ab ipsis c solidos, quia imponebat eis quod habebant pascua domini regis inclausa.

Johannes Sebran et Gaufredus frater ejus, de Bernezaio,

dicunt quod, quando dominus rex ibat contra comitem Marchie, Gaufridus Odoier et Guillelmus Marquier tunc servientes domini regis in Pictavia extorserunt ab ipsis xl solidos, quia imponebant ei quod non ierat cum dicto exercitu, quod negavit.

Johannes Guiton, de Bochet, dicit quod, cum ostendisset arma sua, G. Odoier extorsit ab ipso x solidos, eo quod lancea sua erat fumata.

Matheus Farre, de Bernezaio, dicit quod G. Odoier extorsit l solidos, eo quod non saisierat quamdam latronem qui interfecerat quemdam hominem.

Stephanus de Derce, de Loduno, quod G. Odoier habuit de denariatis suis, scilicet in pannis, ad valorem vi solidorum.

Johanna Belote, de Loduno, quod G. Odoier extorsit ab ipsa lx solidos, quod petebat ab ipsa servicia indebita.

Petrus Rufi, de Derceio, dicit quod, cum G. Odoier vendidisset avunculo suo quamdam balliam debebat ei l solidos de ballia quos persolvit; postea dictus G. petiit a patre suo l solidos et habuit ab ipso sua vi, unde petit et cetera.

Juliana Esvoilarde, de Rupe Rabate, dicit quod G. Odoier habuit ab ipsa ii sextaria avene, quia imponebat ei quod avena quam ipsa tulat apud Lodunum causa vendendi non erat legitima.

Stephanus, parrochianus de Anglers, dicit quod Guillelmus Borse extorsit ab ipso vii solidos, quia imponebat ei quod secuerat viam domini regis.

Michael de Mote Gauguerii dicit quod G. Borse extorsit ab ipso xxii solidos, quia imponebat quod secuerat viam regis.

Gaufridus Margot, d'Anglers, dicit quod Guillelmus Borse extorsit ab ipso iiii sextaria avene, quia imponebat ei quod secuerat viam regis.

Gaufridus, elemosinarie Loduno, dicit quod G. Borse

extorsit ab ipso XLV solidos, quod dicebat eum invenisse cum quodam uxore conjugata.

Stephanus Tabart, de Chalois, dicit quod W. Borse extorsit ab ipso xx solidos, eo quod non clamaverat post latrones.

Johannes Sumerau, de Anglers, quod W. Borse extorsit ab ipso xv solidos, quia imponebat ei quod habebat falsam mensuram.

Bertrandus Veau, de la Chaucie, dicit quod Guill. Borse dampnificavit ipsum injuste ad valorem xv solidorum, quia imponebat ei quod fregerat saisinam domini regis.

Rogerius Martini, parrochianus de Espiers, dicit quod Petrus Brunelli, ballivus domini regis apud Salmurum, retinuit de podagio suo VIII solidos.

Stephanus Alexandri, de Espiers, dicit quod Petrus Brunelli extorsit ab ipso XVIII solidos, eo quod non fuerat apud Rupem super Eon cum exercitu domini regis, cum dictus exercitus nundum esset motus.

Johannes Baronis, parrochianus de Ternaio, dicit quod Petrus de Monasteriis extorsit ab ipso VI sextaria avene, quia imponebat ei quod non reddideret vendam de bonis suis.

Johannes Badilleau, de Ternaio, dicit quod Petrus de Monasteriis extorsit ab eo XVII solidos, quia imponebat ei quod non reddiderat censum suum.

Johannes Baronis, de Ternaio, dicit quod Petrus de Monasteriis extorsit ab ipso xx solidos, eo quod non comparuit ad diem sibi assignatam.

Robertus Roher, de Loduno, dicit quod Martinus Petri habuit de denariatis suis, scilicet in rotis, ad valorem LX solidorum, unde petit et cetera.

Hersendis de Loduno, vidua, dicit quod Martinus Petri extorsit ab ipsa unam peciam terre quam ipsi emerat et IIII sextaria frumenti, quia dicebat quod debebat esse sua propria de lignagio.

Erveus Britonis, de Loduno, dicit quod Martinus Petri habuit de denariatis suis, scilicet in terris, ad valorem ix solidorum.

Willelmus de Sucho, miles, parrochianus de Vareze, dicit quod Stephanus de Vilers, quondam ballivus domini regis apud Lodunum, cepit boves suos et detinuit diu et bona sua in quibus dampnificatus fuit ad valorem vii librarum, quia imponebat ei quod fuerat plegius erga judeos pro Gaufrido Jomer.

Gaufridus Jomer, de Vareze, dicit quod Stephanus de Vilers cepit boves suos et bona sua, quia dicebat quod debebat denarios judeis, unde dampnificatus fuit ad valorem xx librarum.

Stephanus Tabardi, de Chalois, dicit quod Willelmus de Mercaio, serviens domini regis apud Lodunum, extorsit x solidos, quia petebat ab ipso servicia indebita.

Thomas Dardenne, parrochianus de Loduno, dicit quod Willelmus de Mercaio extorsit ab eo x solidos, eo quod non fuerat in excubia per unam noctem.

Johanna Guarine vidua, de Loduno, dicit quod Willelmus de Mercaio extorsit ab ipsa iii culcitras et unam culcitram positam et padellam ad valorem iiii librarum, eo quod fuerat plegia pro genere suo erga ipsum de quadam ballia et solverat ei denarios.

Petrus Paigners, de Loduno, dicit quod Guill. de Mercaio habuit ab ipso injuste ad valorem ix solidorum.

Johannes Beliart et Petrus Gaudinus, de Bernezaio, dicunt quod Garinus de Aincay, quondam prepositus de Loduno, extorsit ab ipsis fenum cujusdam prati sui ad valorem vi librarum, quia imponebat eis quod fregerant saïsinam domini regis.

Petrus Richardelli, de Roca Rabate, dicit quod Garinus cepit quamdam culcitram suam quam estimat ad valorem xviii solidorum ad opus regis.

Matheus Serre, de Bernezaio, dicit quod Garinus cepit

duas culcitras suas, quando dominus rex venit apud Lodunum, quas estimat ad valorem L solidorum.

Gaufridus Februarii, de Ternaio, dicit quod Aymericus Rabotel, prepositus domini regis apud Ternaium, extorsit ab ipso v solidos, quia petebat ab ipso servicia indebita.

Willelmus Estudie, de Niolio, dicit quod Aymericus Rabotel extorsit ab ipso v solidos, eo quod non portabat arma in exercitu.

Michael Marescalus, de Loduno, dicit quod Yvo, quondam ballivus domini regis apud Lodunum, habuit de denariatis suis, scilicet in terris, ad valorem VII solidorum et VII denariorum

Prior Sancti Jovini de Faya dicit quod Yvo cepit minus juste quemdam equum ipsius prioris in cujus capcione dampnificatus fuit ad valorem LX solidorum.

Willelmus Papeillun, parrochianus Sancti Jovini de Marnis, dicit quod Yvo extorsit ab eo XXX solidos, quia imponebat ei quod furatus fuerat quemdam equum, quod negavit.

Stephanus Suirtau, parrochianus de Ternaio, dicit quod Sanctius Ridelli et Gaufridus Ridelli extorserunt ab ipso XLVIII solidos, quia imponebant ei quod quassaverat saisinam domini regis.

Michael Marescalus, de Loduno, dicit quod Sanctius Ridelli habuit de denariatis suis, scilicet in terris, ad valorem VIII solidorum.

Gaufridus Hernaudi et G. Hernaudi dicunt quod Sanctius Ridelli extorsit ab ipsis XXV solidos, quia dicebat quod araverant cheminum domini regis.

Contra Guillotum clericum Garini Accelini.

Aymericus Danielis, de Bernezaio, dicit quod Guillotus clericus extorsit C solidos, quia imponebat ei quod quassaverat saisinam domini regis.

Laurencius Jolacus, de Loduno, dicit quod Guillotus clericus extorsit ab ipso ii solidos et dimidium, quia quidam homo conquestus erat de illo.

Johannes Manuau, de Montecantoris, dicit quod Guillotus extorsit ab ipso xv solidos, quia dicebat quod non debebat falcare prata sua sine licencia sua.

Dyonisia Bonine vidua, de Loduno, dicit quod Guillotus et Thomas Barbitonsor habuerunt ab ipsa iiii solidos ii denarios minus, quia dicebant quod maritus suus permiserat eis, quod negat.

Contra Aimericum de Sancto Cassiano, militem.

Symo de Ternaio, parochianus de Ternaio, dicit quod dominus Aymericus de Sancto Cassiano extorsit ab ipso xviii solidos, quia imponebat ei quod abire permiserat quemdam latronem de manibus suis.

Michael Marescalus, de Loduno, dicit quod dominus Aymericus de Sancto Cassiano habuit de denariatis suis, scilicet in terris, ad valorem xii solidorum.

Gaufridus Audeberti, parochianus de Chalois, dicit quod dominus Aymericus de Sancto Cassiano posuit comestores in domo sua, hac de causa quod idem Gaufredus noluit capere balliam de Briande, unde dampnificatus fuit ad valorem x librarum.

Contra diversos.

Johannes Grifon, de Loduno, quod, quum dominus rex venit in Pictavia contra comitem Marchie, Odardus tunc serviens domini regis habuit de denariatis suis, scilicet in avena, ad valorem xl solidorum, de quibus habuit xv solidos pro emenda.

Aymericus Bori, de Loduno, dicit quod, quum dominus rex erat in Pictavia contra comitem Marchie, comes de

Pontiuz qui tunc erat in exercitu suo habuit de denariatis suis ad valorem CIII solidorum et IX denariorum per manum Richardi servientis sui tunc temporis, scilicet in carne, unde petit et cetera.

Matheus Maingnen, de Sees, dicit quod Petrus Savarici, condam ballivus domini regis de Loduno, misit eum in plegium pro se erga Jouse de Sees pro XXII solidis et dimidium.

Homines domini Bos de Sancto Persio dicunt quod Theobaldus Dure, ballivus in partibus illis, extorsit ab ipsis C solidos, quia imponebat eis quod fuerant ad homicidium cujusdam hominis in dicta villa, quod negant, unde petunt et cetera.

Bartholomeus le Seler, de Loduno, dicit quod Nicholas Petri, condam serviens domini regis apud Lodunum, habuit de denariatis suis, scilicet in sellis equorum, ad valorem LXXII solidorum.

Petronilla Foquerelle, vidua, de Loduno, dicit quod Aymericus Bort, condam prepositus de Loduno, extorsit ab ipsa VI solidos, quia imponebat ei quod maritus suus non fuerat natus de Loduno.

Petrus Fabri, de Rocaso, dicit quod Johannes Guitonis, condam ballivus domini regis apud Bruiande, extorsit ab ipso I sextarium avene, eo quod dictus Petrus habebat fumarium suum in chemino domini regis.

Ruffus le Perier, de Toharz, dicit quod, cum dominus rex venit Pictavia cum exercitu suo, magister Egidius machinator domini regis cum quo erat in exercitu retinuit de paga sua CV solidos, quia non potuerit sequi dominum regem nisi socii pagati fuerunt, quia remansit infirmus Pictavis, unde petit et cetera.

Effredus Yvonis, parochianus de Chalois, dicit quod Johannes Popinot, serviens domini regis apud Lodunum, extorsit ab ipso XV solidos et VI denarios, quia imponebat ei quod uxor sua blasphemaverat eum, quod negat, unde petit.

Guillelmus Estudie, parochianus de Niolio, dicit quod Willelmus de Foro et Aymericus Rollandi, servientes de Loduno, extorserunt ab ipso x solidos, quia imponebat ei quod uxor sua fuerat ad quamdam puellam violandam.

Petrus Girardi, de Chavengnes, dicit quod Willelmus Sorini, ballivus in partibus illis, extorsit ab ipso xxv solidos, quia imponebat ei quod verberaverat Gaufridum Secilon.

Gaufridus Hernaudi et T. Hernaudi fratres petunt a domino Egidio Raer xii solidos quos habuit pro talleia quam non debebant.

Michael Marescallus, de Loduno, dicit quod Robinus Parisius, condam ballivus de Loduno, habuit de denariatis ad valorem v solidorum et quemdam equum quem tradidit ei ad valorem xxv solidorum.

Matheus Valeti, de Martraio, dicit quod G. Jomer extorsit ab ipso viii solidos, eo quod non fuerat cum armis ad domum cujusdam militis quam ibat sazire, cum paratus esset ipse ire ipsa die.

Willelmus de Bernezaio dicit quod Matignont, ballivus apud Rupem Rabate, desaisivit eum a vi bossellis ballargie et iiii bossellis frumenti et iiii denarios census quos habebat in quadam pecia terre sita in parochia de Rupe Rabate, quia dicebat quod dicta costuma pertinebat domino regi, quod negat.

Willelmus Esvoile, de Toharcio, dicit quod, quum dominus Aymericus de Bloio erat apud Toharcium a mandato domini regis, dominus G. de Niolio et Johannes clericus dicti Aymerici habuerunt ab ipso de denariatis suis ad valorem l solidorum.

Bertelotus, de Loduno, dicit quod Willelmus Chaboceau cepit petram cujusdam parietis ad edificandum castrum de Loduno, unde dampnificatus fuit ad valorem xv solidorum.

Petrus Potet, de Loduno, dicit quod cum ipse accomodasset Colino de Loun servienti domini regis cvi solidos quos non potuit habere nec per litteras domine regine, nec per preces.

Willelmus Huberti, miles, dicit de Chalois, quod Bertolomeus des Borderais, tempore quo fuit prepositus de Loduno, cepit de redditibus propriis suis ad valorem viii librarum.

Prior Despannes dicit quod dampnificatus fuit in vii viginti sommis vindemie quas dominus Petrus Achardi abstulit ei quum Galterus amovit custodes quos Hylarius de Malinais servientem M(athei) de Credonia posuerat in domo sua, unde petit ab eodem Galtero qui posuit suos custodes, quibus non obstantibus, dictus miles abstulit ei dictas vii viginti sommas vindemie.

Particulares apud Pozaugiis contra ballivos.

Willelmus Mercator, de Albapetra, dicit quod dominus de Castrobriencii, castellanus de Pozaugiis [1] de mandato domini regis, habuit de denariatis suis ad valorem xi solidorum et vi denariorum.

Petrus de Mota, parochianus de Champ Aones, dicit quod Stephanus de Jumellis, ballivus domini regis in dicta villa, misit dictum Petrum fidejussorem erga Petrum Acelini pro iiii solidis quos oportuit dictum Petrum reddere dicto Petro Accelini pro dicto Stephano.

Petrus Galandi, de Pozaugiis, dicit quod Stephanus de Poire, serviens Johannis Johannelli sumpsit liii brasses vindemie ad valorem vii librarum, eo quod dictus Stephanus dicebat quod dominus P. Calcau faciebat saziri dictam vindemiam.

Nicholas de la Saligriere, parochianus de Monte Aranee, dicit quod Stephanus de Jumellis extorsit ab ipso xxx solidos, quia petebat ab ipso servicia indebita.

---

1. Geoffroy de Chateaubriant, châtelain du château de Pouzauges pour le roi, en 1242. Voy. plus haut.

Willelmus Botavin, de Alba Petra, dicit quod Johannes Johannelli extorsit ab eo quemdam equam ad valorem L solidorum, quia petebat ab ipso servicia indebita.

Raginaudus Guiennou, miles, de Fontenai, dicit quod Petrus Garini, ballivus domini regis apud Fontenai [1], extorsit ab ipso x libras, quia imponebat ei quod non fecerat rachetum de terra sua, quod negat.

Lambertus Lagaité, parochianus de Pozaugiis, dicit quod Petrus Forsi et Petrus Desmer habuerunt de denariatis suis, scilicet in vino, ad valorem trium solidorum.

Petronilla Voiero, parochiana Sancte Cecilie, dicit quod Gastinellus, serviens Johannis Gigantis, cepit quamdam equam suam et equitavit eam et quum ipse reddidit eam tamcito obiit, unde dampnificatus est ad valorem LX solidorum.

Raginaudus Leger, de Champaonois, dicit quod Stephanus de Jumellis extorsit ab ipso VIII solidos, eo quod ceperat furem.

Johannes Hernaudi, de Champaonois, dicit quod Gastinellus fuit in domo sua ad victus ad valorem L solidorum.

Bertrandus de Alnisio dicit quod Stephanus de Jumellis habuit de denariatis suis ad valorem III solidorum et VIII denariorum, scilicet in pane.

Petronilla Bernarde, de Campo Aonnois, dicit quod Stephanus de Jumellis habuit de denariatis suis ad valorem V solidorum, scilicet in vino [2].

---

1. Fontenay fut conquis sur Geoffroi de Lusignan par Louis IX au mois de mai 1242. Mais il avait dû être confisqué dès 1233 comme faisant partie de l'héritage de Savary de Mauléon.
2. Le feuillet 142 est en blanc. Le feuillet 143 contient une liste de paiements faits par Mathieu de Saint-Venant et Philippe Coraut, châtelain de Tours : « Solutiones facte a Matheo de S. Ven. — Solutiones facte a Philippo Coraut, castell. Turon. »

JOURNAL

DE

PIERRE DE SAYVRE

JUGE AU BAILLIAGE DE LA CHATAIGNERAIE

(1523-1589)

INTRODUCTION

I

La famille Desayvre [1] paraît s'être fixée assez anciennement à l'ouest de la Gâtine. M. Florentin Puichaud signale un certain Guillaume Desayvre, possesseur d'une pièce de terre en Moncoutant dès 1398. Il est fort douteux que Pierre de Sayvre, auteur du Journal que nous publions aujourd'hui, se rattache à Jean Desayvre, valet, s^r de la Morinière, de la Foresterie et de la Blanchardière en Moncoutant en 1420, à noble homme Gilles Desaivre, éc., natif de la Braudière, aussi en Moncoutant, demeurant à la Coussaye de Terves en 1467 [2], ou à Guillaume de Sayvre, sgr de la Chauderoyère en Moncoutant en 1425 [3].

---

1. Pour l'orthographe de ce nom patronymique que M. Lièvre (*Hist. des prot. du P.*, III, 15 note, 277, 325, 358, 359) écrit constamment en deux mots et B. Fillon, de l'une et l'autre façon (*Hist. de Fontenay*, t. II, 63, 176, 254 et 296), pour lequel enfin les divers documents offrent des variations incessantes, nous nous sommes constamment conformé aux titres que nous avions sous les yeux.
2. Communication de M. Fl. Puichaud.
3. B. Ledain, *Hist. de la ville de Bressuire*, p. 414 ; Mém. de la Soc. des antiq. de l'O., 1re s^{ie}, XXX.
   On trouve encore André de Soyvre, fils de feu Jehan de Soyvre, en son vivant s^r de Lesglaudière en Moncoutant, qui, par acte du 6 juillet 468, cède à Jehan Buignon, éc^{er}, sgr de la Fouconnière, un quarteron de terre hébergé appelé les Nohes, relevant de la seigneurie de la Pleigne. (Arch. de la Vienne, E*, fonds de Piolan, seigneurie de Lesglaudière.)

Le Journal nous apprend que le grand-père dudit Pierre de Sayvre laissa au moins trois enfants :

A. — Philippe, qui paraît avoir été l'aîné, mort au Breuil-Barret en 1549, époux de Michelle Alléaume [1], dame de Ligounière, morte au même lieu en 1569, dont il eut sept fils :

1° Loys, aîné, époux de Louise Micheau [2], destinée inconnue.

2° Pierre, auteur du Journal, né le 5 juin 1523 au Breuil-Barret, reçu licencié en droit à Poitiers le 26 mars 1543, marié le 6 janvier 1550 à Françoise Caillonneau, morte le 20 décembre 1563, et en secondes noces, en mars 1567, à Françoise Boynard ou Baynard, morte (après lui) le 26 avril 1601, dans leur maison du Breuil-Barret [3].

Le 28 février 1562, François de Villiers, prieur et sgr de Saint-Paul en Gâtine, prit Pierre de Sayvre pour sénéchal ; le 25 mai 1571, il était nommé juge au bailliage de la Châtaigneraie ; enfin le 31 mai 1573, il devenait encore sénéchal de la baronnie de Loge-Fougereuse et de toutes les autres seigneu-

---

1. Les Alléaume ou Aléaume sortaient des environs de la Châtaigneraie. C'étaient des fabricants d'étoffes. L'une des branches de cette famille se fixa à Fontenay à la fin du XVI⁰ siècle et donna plusieurs membres à la magistrature du Bas-Poitou.
Catherine Alléaume épousa Louis Martineau, sr du Port — ledit Martineau de la branche des Sables — qui fut lieutenant particulier à Fontenay. Denis leur fils, d'abord prieur et prêtre de St-Constant, au diocèse de Saintes, et ensuite calviniste réfugié en Hollande, a publié dans ce dernier lieu une géographie fort estimée. (Benj. Fillon, Notes généalogiques et renseignements divers sur la famille Bailly du Pont et sur celles qui lui sont alliées, 1854. Manuscrit inédit communiqué par l'auteur.)

2. Peut-être était-elle parente de Pierre Micheau, sr de la Guybaudière, qui vendit à Pierre de Sayvre deux petites maisons à la Basse-Fourraire le 5 janvier 1582.

3. Cette maison, touchant à celle de la Boueterie que Pierre de Sayvre avait achetée en 1579, paraît avoir été habitée, après le décès de Françoise Boynard, par son fils Pierre, sgr de la Berjardière ; sa situation nous est indiquée dans une déclaration rendue à Léon Darrot, sgr de la Popelinière et de la Roche du Breuil-Barret le 5 novembre 1591, par Philippe de Sayvre, demeurant à Fontenay-le-Comte, et Elléonore de Sayvre, sa sœur, demeurant au Breuil-Barret.

« Premièrement la maison où moy le dit Philippe faisois ma demourance, size on dit bourg de Bruil Barret, avecque les granges, *taintures*, fourny, cour et jardryn et une petite maison, le tout joignant et contigu ensemble, tenant d'une part aux maisons, caireux et jardryn des *hoirs* M⁰ *Pierre de Sayvre*, d'aultre au chemin par lequel l'on va de vostre hostel noble dudict lieu de la Roche au cimetière du dict Bruil Barret, d'aultre à l'eau qui décourt de vostre estang dudict lieu de la Roche au Coursereau... » (Original donné par M. l'abbé B. Drochon.)

Cette déclaration qu'il serait intéressant de publier, mentionne une curieuse redevance à la reine de la bachelerie du Breuil-Barret. Il y est aussi question de la halle de ce lieu que rappelle seule aujourd'hui la dénomination de *terrier des halles* donnée au champ de foire, situé au milieu du bourg.

Nous possédons un acte passé sous lesdites halles le 12 octobre 1686. On ne connaît pas le degré de parenté de Philippe et Elléonore de Sayvre avec l'auteur du Journal.

ries de François d'Appelvoisin en Bas-Poitou, dont celle d'Appelvoisin. Il mourut au château d'Appelvoisin, p^{sse} de Saint-Paul en Gâtine, « où il s'étoit réfugié à l'occasion des guerres civiles », le 9 juin 1589, à l'âge de 66 ans et 4 jours, et fut enterré au cimetière du Breuil-Barret. Sa double union lui avait donné neuf enfants, dont il sera parlé ci-après.

3° Isaac, époux de Mathurine Voultegon, mort le 28 octobre 1579, destinée inconnue [1].

4° Philippe, époux de Jehanne Binet, destinée inconnue.

5° Mathieu, marchand au Breuil-Barret, époux de Claude de Sallenove [2], dame de la Touche du Breuil-Barret, sœur de Henry de Sallenove, traducteur de Tite-Live, et grand'tante de Robert de Sallenove, auteur de la *Vénerie royale*, dont (a) Jacquette de Sayvre, mariée en 1599 à Julien II Collardeau (le jurisconsulte) [3], M° des requêtes de l'hôtel de la reine, qui la rendit mère de Julien III Collardeau, s^r de la Touche, et de la Mongie (le poète), et de plusieurs autres enfants,

(b) Et peut-être Claude de Sayvre, qui était femme de François Desmé, s^r de la Boucherie et de la Jordonnière en 1634 [4].

6° Christophe, destinée inconnue.

7° Jehan, destinée inconnue.

B. — Messire Guillaume de Sayvre, prêtre.

C. — N... de Sayvre, mariée à N... Ogis, dont Yvon Ogis, cousin germain de l'auteur du Journal, qui fut parrain de Jacquette de Sayvre, sa fille, en juin 1558, et Françoise Ogis qui s'unit à Guillaume Payrou, notaire royal à Bordeaux, mère de Nicolas Payrou, aussi notaire à Bordeaux, d'autre Nicolas Payrou, mar-

---

1. Un autre Isaac de Sayvre, s^r de la Chaboissière, des environs de la Châtaigneraie, émigra en Essex et mourut en 1685 à Thorp, où s'était déjà formée, avant la Révocation, une petite colonie de réfugiés composée en partie de Poitevins. (Lièvre, *Hist. des prot. du Poitou*, III, 359.) On ignore le degré de parenté de cet Isaac avec l'auteur du Journal ; peut-être la Chaboissière était-il le petit-fils d'Isaac et de Marie Voultegon. Un acte du 4 juillet 1680 nous apprend qu'il avait encore des biens dans la paroisse du Breuil-Barret à cette époque.

2. Le 15 août 1556, Jacques Moreau, éc., sgr du Puy, p^{sse} des Moustiers-sous-Chantemerle, reçoit Mathieu de Sayvre, marchand demeurant au Breuil-Barret, à l'offre de retrait lignager, à cause de Claude de Sallenove sa femme, des choses acquises par lui dit éc., de M° François Brisson, assesseur pour le roi à Fontenay-le-Comte, et dame Marie Fouscher, sa femme, pour la somme de 425 livres, par contrat signé M. Marchand et P. Grignon, not. roy. aud. Fontenay, le 30 avril 1556, à la Châtaigneraie, par-devant les notaires des cours de Chantemerle et d'Ardelay.

(Pièce orig., cab. Bonsergent à Poitiers.)

3. B. Fillon, *Hist. de Fontenay*, t. II, 63 (Généalogie de la famille de Sallenove.)

4. Communiqué par M. Alfred Richard.

chand au même lieu, et de Marie Payrou, femme de Jean Segaray [1].

Il est peu de journaux aussi pauvres en renseignements de famille que le *Brief recuil* [2] de Pierre de Sayvre. Les quatre belles-sœurs ci-dessus mentionnées ne nous sont connues que parce qu'elles furent marraines de ses enfants ; de même il a fallu des raisons particulières pour qu'il nous entretînt de deux de ses neveux ; encore nous laisse-t-il ignorer pour chacun d'eux duquel de ses frères il était issu.

L'un de ces neveux, Hilaire, était devenu son beau-frère en épousant Christine Boynard, sœur de sa seconde femme. Hilaire était décédé ne laissant qu'une fille, morte elle-même après sa mère en 1571 et dont Pierre de Sayvre recueillit la succession avec ses deux beaux-frères, René Aubusson, époux de Claude Boynard [3], et Pierre Denfer [4], qui s'était uni à Marie Boynard.

Pour l'autre neveu, René, il s'agit du règlement d'un différend dont il se garde bien d'indiquer la nature, le 10 décembre 1580. Sire René de Sayvre, sr de de' la Coussay, marchand, natif du Breuil-Barret, seigneur de son droit, épousa Marie Goguet, veuve de Me Jehan Clabart, dont elle avait eu des enfants, par contrat passé à Poitiers le 2 nov. 156. [5].

On leur connaît quatre enfants : 1° Philippe Desayvre, sr de

---

1. Françoise Ogis, épouse de Guillaume Payrou, avait laissé à Guillaume de Sayvre, prêtre, son oncle, l'usufruit de ses biens situés à la Berjardière et aux environs du Breuil-Barret. En 1559, ses enfants vendirent ces domaines à Loys de Sayvre, frère aîné de l'auteur du Journal, et Loys les transmit à son tour à Pierre de Sayvre le 9 juillet 1562.

2. Tel est le nom donné par Pierre de Sayvre à son Journal.

3. Ils n'eurent qu'un fils, André Aubusson, qui épousa Anne Gaymau et mourut sans enfants en 1583.

4. Pierre Denfer fut l'un des premiers adeptes du protestantisme au Breuil-Barret. « Au mois de septembre 1548, le curé de cette paroisse adresse une plainte à la justice de Fontenay contre le nommé Pierre Denfer, fils d'un marchand du Breuil-Barret, qui se permet de prêcher la Réforme. (A. Lièvre, *Hist. des prot. du P.*, t. I, p. 57.) Plusieurs membres de cette famille arrivèrent à la fortune, entre autres Julien Denfer, sr de la Merlatière, époux de Marie Bourdet, dont la fille, appelée aussi Marie, épousa, par contrat du 15 février 1661, Antoine de la Porte, chev., sr de la Rivière, fils cadet de René de la Porte, sr de la Rambourgère, et de Catherine Paré, petite-fille d'Ambroise Paré, le père de la chirurgie française. Antoine de la Porte était le neveu breton du maréchal de la Meilleraie et du cardinal de Richelieu. (B. Fillon, Notes gén., etc., sur la fam. Bailly du P.)

5. Par Jehan Berchel et Loys Brethel, notaires et tabellions royaux. Plusieurs branches de la famille Goguet arrivèrent aux plus hauts emplois et s'allièrent aux plus nobles familles de France. D'elle est issu un secrétaire intime d'Artus de Richemond, duc de Bretagne, connétable de France. Une branche qui habite aujourd'hui Fontenay a la même origine, mais est toujours restée dans une humble condition. (B. Fillon. Notes gén. sur la famille Bailly du P.)

la Coussay, époux de Marie Jaulmier, Jaumier ou Jousmier, habitant tous les deux le Breuil-Barret (1630-1633).

2° Isaac Desayvre, veuf de Suzanne Jaumier et demeurant à la Mothe, psse de Saint-Sulpice, en 1630.

3° Judith Desayvre, vve de Jacques Jaumier, demeurant à Vouvent en 1631.

4° Jeanne Desayvre, mariée à Pierre Perreau, fermier, morts tous les deux avant 1636, laissant des enfants sous la tutelle de Me André du Vergier en 1636, et de Jacques Baillif ou Bailly, sr de la Grossière ou Groussière, marchand et fermier de la terre d'Appelvoisin, en 1643. Jacques Bailly avait épousé Anne Perreau, fille de Pierre, en 1631 [1].

Philippe Desayvre, sr de la Coussay, n'eut pas moins de six enfants. Deux d'entre eux, Hélie, sr de Grand'Maison, et Guy, sr de la Desmardière, achetaient des laines à la Rochelle, ce qui nous montre qu'ils furent tisseurs de draps comme la plupart des habitants du Breuil-Barret et comme plusieurs autres membres de leur famille. Guy était en outre notaire de la baronnie du Breuil-Barret et Loge-Fougereuse. Il mourut avant 1680. Magdelaine Pellisson sa femme, fille de Josias Pellisson, sr de Taresse, lui avait donné trois enfants.

L'un d'eux, Guy, sr de la Marjonnière, épousa en 1686 Marie Bruchaire, fille d'Antoine, sr de Rochebrune, et de feu Marie de la Fontaine, et mourut avant 1692. Il paraît être le dernier représentant de sa famille qui ait habité le Breuil-Barret.

Marie Bruchaire, sa veuve, vint résider dès 1692 à Chambron, psse d'Ardin, où elle était née ; elle se remaria bientôt après à François Babin, sr des Ouches, maréchal des logis de la compagnie de Séréville, capitaine au régiment de Bourbon-Cavalerie. Elle avait eu deux enfants de son premier mari, Jean-Baptiste et Isaac, encore mineurs en 1701. Isaac s'unit à Françoise Chauvin, fille de François, receveur de la châtellenie de Saint-Pompain, et de Claude Masson. Il fut fermier de la Roussière [2] et prit quelque temps le titre de noble homme, sans doute pour s'être mêlé des affaires de la *dîme royale* après 1718. Ses descendants furent fermiers de plusieurs terres des environs de Coulonges (Pouzay, Saint-Goard, Chambron, Saint-Remi, etc.)

---

1. B. Fillon. Notes gén. sur la fam. B. du P.
2. L'une des plus grosses terres de la contrée, psse de Saint-Maixent de Beugné.

et ne s'éloignèrent guère de cette contrée ; cette branche est toujours représentée.

L'auteur du Journal eut six enfants de sa première femme. Nous pensons que l'aînée de tous, Léonore, née le 21 nov. 1551, et le troisième, François, né le 29 juin 1555, moururent en bas âge, car il n'est parlé d'eux dans le *Brief recuil* qu'à l'occasion de leur naissance. Deux autres filles, Jacquette, née le 17 juin 1558, et Ester, née le 24 août 1562, morte le 12 mai 1616 au Breuil-Barret, se marièrent, la première avec Jean Morisset aîné et principal héritier de la Fenêtre-Gautron et de la Maisonneuve, l'autre avec Pierre Proust, s^{gr} de la Bourdinière, mort le 10 mai 1583, dont elles eurent des enfants. Hélie de Sayvre, né le 15 février 1553, mourut le 27 septembre 1569 d'une caquesangue gagnée au camp de Coligny devant Poitiers ; enfin, Elisée de Sayvre, né le 3 février 1559, conduit avec d'autres prisonniers de guerre au château d'Ardelay, au commencement de la Ligue, fut tué dans une tentative malheureuse desdits prisonniers pour surprendre ce château.

Des trois enfants du second lit, l'aîné, Pierre de Sayvre, né en octobre 1568, s^{gr} de la Berjardière (p^{sse} de Puy-de-Cère), et licencié en droit [1], ajouta quelques notes au *Brief recuil* et mourut vers 1636, probablement au Breuil-Barret, où il habitait tout au moins encore en 1616. Le nom de sa femme ne nous est pas parvenu ; il paraît n'avoir eu qu'une fille, Louise, dont le mari n'a laissé que ses initiales (P. C.) sur le livre de famille commencé par le premier Pierre de Sayvre, dont il fut le dernier annotateur. L'époux de Louise de Sayvre eut de son beau-père une importante bibliothèque sur laquelle nous aurons à revenir.

Hélie ou Elie de Sayvre, puîné de Pierre, né le 3 mars 1572, mort avant 1635, fut s^{gr} de la Vergne et épousa le 25 avril 1594 Jeanne Viette, fille de Jacques, s^{gr} de la Motte d'Ardin, et de Marie Reneillon, nièce bretonne de François Viète, le mathématicien. Bien que B. Fillon lui donne le titre d'avocat à Fontenay [2], il se qualifie simplement de marchand demeurant au Breuil-Barret, dans une déclaration au prieuré de Foussays du 12 mars 1624 [3]. Il laissa deux fils : 1° Pierre Desayvre, s^r de la

---

1. Reçu licencié vers 1589.
2. *Hist. de Fontenay*, t. II, 176 (généalogie de la famille Viète).
3. Elie Desaivre, marchand, demeurant au bourg de Breil-Barret, fait une déclaration le 12 mars 1624, au prieuré de Foussaye, à cause de Jeanne Viette, sa femme, pour le petit clos Viette au fief Champfort, tenant d'une part aux terres du sgr de la Barenière, d'autre à la grande laize du fief Chamfort qui

Crestinière, procureur fiscal à la Châtaigneraie, mort avant 1668, époux de Marie Maleure, qui paraît avoir été l'aîné, car nous retrouvons entre ses mains le partage des biens de Philippe de Sayvre, père de l'auteur du Journal, et de Guillaume de Sayvre, prêtre, oncle dudit auteur.

2° Hélie Desayvre, s^r de la Mothe, époux de Marie Fortin, mort vers 1645 au Breuil-Barret.

La donation de tous ses meubles et acquêts à Pierre et Elie de Sayvre, enfants du second lit, par le premier Pierre de Sayvre, le 15 juillet 1581, rend fort probable l'extinction dès cette époque de toute la lignée masculine issue de Françoise Caillonneau, sa première femme ; elle devient certaine le 18 août 1589, en présence de l'accord intervenu entre Françoise Boynard sa veuve, Jean Morisset, s^r de la Maisonneuve, époux de Jacquette de Sayvre, et Ester de Sayvre, seuls enfants du premier lit dont il soit parlé dans l'acte.

Anne de Sayvre, troisième et dernière enfant de Pierre de Sayvre et de Françoise Boynard, naquit en juillet 1578 et épousa N... Cornuau, s^r de la Térinière, dont elle eut deux filles ; l'une s'unit à Charles Bernard, s^r du Chasgnet, demeurant à Pierrefitte, l'autre à M. du Pont gentilhomme de vers Saint-Maixent (sic).

Nous n'hésitons pas à considérer comme un descendant de Pierre Desayvre, s^r de la Crestinière, procureur fiscal à la Châtaigneraie et fils d'Elie, s^{gr} de la Vergne, Antoine de Saivre, s^r de la Craistinière, noble homme, marié le 22 mai 1690 à d^{lle} Marie Dubois, fille de Jehan Dubois, éc.[1], et de d^{lle} Jeanne Blouin, morte le 28 août 1696, âgée de 20 ans environ, dont :

1° Jacques de Saivre, né le 15 mars 1693, qui eut pour parrain Jacques Lévesque, éc., s^r de la Guérinière, et pour marraine d^{lle} Marie Dubois.

2° Jean de Saivre, né le 23 avril 1694.

3° Julien de Saivre, né le 23 août 1696.

---

est pour aller de Foussaye à Puy-de-Cère à main droite, d'autre à la vigne des heritiers Jacques Jousseaume, sujet envers le prieur au sixte et à 1 denier par journal. (Extrait des Déclarations du prieuré de Foussaye, n° 235. Communiqué par le Dr Arthur Pineau.)

1. La famille Dubois est l'une des plus anciennes de la bourgeoisie de Fontenay. Elle commença à figurer au XVe s^e. Sous François Ier, l'une de ses branches fut anoblie et alla habiter vers Saint-Maixent et Poitiers. Une autre branche occupa au XVIe s^e les premières charges de la magistrature du Bas-Poitou et s'allia avec les familles les plus distinguées de la province. Une cinquantaine d'années plus tard, elle commença à déchoir et se réfugia à la campagne, d'où elle ne sortit plus. Son rôle fut nul jusqu'à son extinction à dater de ce moment. (B. Fillon, Notes sur la fam. B. du P.)

L'état civil de Saint-Cyr-des-Gâts mentionne encore une autre personne de cette famille : Marie de Saivre, qui épousa le 23 février 1705 Pierre Hay, de la paroisse de Saint-Hermand [1].

Cette branche de la famille de Sayvre est éteinte ou a tout au moins quitté le pays [2].

Hélie Desayvre, s^r de la Mothe, fils d'Elie de Sayvre, s^{gr} de la Vergne, laissa cinq enfants mineurs sous la tutelle de Marie Fortin, sa veuve, qu'il avait épousée en 1634. L'un d'eux, Jacques Desayvre, mourut avant le 1er juin 1668, probablement sans avoir été marié.

Nous trouvons enfin un autre enfant, Suzanne, alors émancipée, à Saint-Hilaire-sur-l'Autise, chez Jacques Fortin, s^r du Fief-Groussin, évidemment son très proche parent, le 7 août 1659. Nous ne savons si elle resta célibataire. Suzanne vivait encore en 1668, ainsi que ses deux sœurs Jeanne Desayvre, épouse de Louis Draud, s^r de la Croisinière, p^{sse} de Saint-Hilaire-de-Voux, y demeurant, et Marie Desayvre, épouse de Charles Savonnet, s^r de Villeneuve, demeurant à Mouilleron ; enfin Hélie Desayvre, leur frère, prenait alors comme son père le titre de s^r de la Mothe, et il s'agit évidemment toujours de la Mothe d'Ardin, venant de Jeanne Viette leur grand'mère. Nous ignorons si cet autre Hélie Desayvre, s^r de la Mothe, se maria.

Les papiers de cette branche de la famille Desayvre retrouvés par M. l'abbé Drochon au château d'Appelvoisin [3] où était mort l'auteur du Journal et où ses descendants semblent lui avoir succédé pendant plusieurs générations dans l'office de sénéchal, nous apportent quelques renseignements qui ne sont pas sans intérêt [4].

En avril 1645, après la mort d'Hélie Desayvre s^r de la Mothe, inventaire fut fait dans deux maisons, l'une à la Châtaigneraie et l'autre au Breuil-Barret, où le défunt avait exercé, comme plusieurs autres membres de sa famille, la profession de teinturier ou plus exactement de tisseur de draps. Ces fabriques devaient être

---

1. Etat civil de Saint-Cyr-des-Gâts (Vendée). Note communiquée par feu M. G. de Pontlevoy, ancien magistrat.
2. Une famille de Saivre qui habite Paris, se croit d'origine poitevine ; elle fit faire des recherches dont j'ignore le résultat, au temps où M. Gouget était archiviste des Deux-Sèvres.
C'est sans doute l'un des membres de cette branche qui signa, comme contrôleur des finances, des *bons au porteur* créés en vertu de la loi du 28 vendémiaire et de l'arrêté du Directoire exécutif du 5 frimaire an VII. L'un de ces bons (série A), portant aussi la signature du caissier général Roche, nous est récemment parvenu.
3. P^{sse} de Saint-Paul en Gâtine.
4. Ces papiers sont aujourd'hui aux archives de la Vienne.

prospères, si l'on en juge d'après l'importance du mobilier. On y voit figurer un chaslit de bois de noier *fait à vaze*, ayant les quenouilles tournées, une garniture estant audit chaslit, de tapisserie à haulte lisse ayant deux pantes avec trois rideaux et le doucier de sergette jaune garnie de passements en frange.

Item un ciel de lit de tapisserie à haulte lisse n'ayant que deux pantes avec ses franges et rideaux de sergette jaulne garny de passementeries et frange noire et jaulne.

Item un coffre de boys de pinier fait *à vaze* fermant à clef dans lequel s'est trouvé un petit baheu rond fermant à clef dans lequel s'est trouvé un diamand, une aymeraude, un collier de perles en ayant au nombre de six vingts et une autre bague sans pierre.

Item un baheu de Flandre avec des bandes de fer blancq cloué, fermant à clef, avec son soubassement de bois de noier.

Item un autre grand baheu de Flandre fermant à deux clefs avec son soubassement.

Item un tapis de Frize grise avec de petites franges autour.

Item une montre sonnant avec son étui.

Bibliothèque : Le Bouclier de la foi, la Semaine de du Bartas, le Reveil-matin des apostas, Observations de J. Clémenceau, Contredictz aux prétendues marques de l'église (J. Clémenceau), les Mistères d'iniquités de M. du Plessis, plus 14 autres livrets dans une petite caisse, pour la plupart vieux et mal reliés.

La succession d'Hélie Desayvre, s^r de la Mothe, donna lieu à de longs démêlés entre Marie Fortin, sa veuve, et leurs enfants. Ce ne fut que le 1er juin 1668 qu'un accord intervint sous l'effort de Lois Rocal, chev., s^r de la Barinière, Pierre Boucques, s^r de la Chevalerie, advocat en Parlement, sénéchal des baronnies de Mareuil et la Vieillecour, Louis Bernardeau et Augustin Baccus, amis communs des parties. L'acte fut passé à la Châtaigneraie, en la demeure dudit s^r de la Barinière. Il mentionne des faits étranges même pour l'époque où le calme renaissait lentement après les troubles de la Fronde, tels que l'envahissement de la maison maternelle au Breuil-Barret, tant de jour que de nuit, par force et par violence, avec fusils et espées et enlèvement de meubles et papiers.

II

Le *Brief recuil* de Pierre de Sayvre, continué par son fils Pierre et par le gendre de ce dernier, n'occupe qu'une partie d'un registre petit in-folio de 28 c. de hauteur sur 195 mm. de largeur, contenant en tout 104 feuillets, relié en parchemin et portant aujourd'hui le n° 3 dans la série des manuscrits de la Société des Antiquaires de l'Ouest. Ce registre qui a pour titre général : *Mémoire des Desayvres*, a recueilli successivement plusieurs pièces de nature fort variée et servit même en 1713 de livre de compte à la famille Genays du Chail, dont l'un des membres a laissé sa signature sur les premières feuilles [1].

La première page présente la mention du don du manuscrit fait à la Société des Antiquaires de l'Ouest par le conseiller Garran de Balzan le 18 juin 1835, la seconde une série de sentences des sages de la Grèce, la troisième une sorte de table générale, la quatrième de nouvelles sentences. La pagination commençait ensuite avec le *Brief recuil* qui suit ; elle se continuait au v° de chaque feuillet jusqu'à la fin du volume où l'on trouve le chiffre 101 ; la dent des rats a emporté l'angle supérieur droit des premières feuilles avec les chiffres qui y étaient inscrits, de sorte qu'ils ne se montrent plus qu'à partir du feuillet 32, pour se poursuivre dès lors sans interruption. Le manuscrit est donc absolument complet, à part l'accident.

Le *Brief recuil* et ses deux additions (1523-1650) occupent les feuillets 1-45. L'écriture, quoi qu'en ait dit Jouyneau-Desloges, en est fort lisible ; l'auteur a jeté entre les divers articles beaucoup de blancs qu'il comblait sans doute lorsque sa mémoire était moins infidèle. La plupart des annotations plus récentes sont de la main de son fils Pierre, les autres de P. C., gendre dudit fils.

Le catalogue de la bibliothèque du second Pierre occupe les feuillets 46-53 ; il a pour titre : *Catalogue de mes livres faict le XIIIIe aoust 1601*, et porte 371 volumes avec le prix en regard [2].

---

1. La famillle Genays ou Genais, originaire de la Châtaigneraie ou des environs, était tout entière calviniste au XVIe s^e. Une de ses branches, enrichie dans le commerce et dans les fermes, s'établit à Fontenay et fut anoblie. Elle fut connue sous le nom de Genays du Chail. Les derniers représentants du nom habitent encore la Châtaigneraie (1854). (B. Fillon, Notes sur la fam. B. du P. Voy. aussi Lièvre, t. III, 342.)

2. Il est fort probable que ces livres provenaient pour la majeure partie de l'auteur du Journal.

Le verso de la feuille 54 offre de nouveaux aphorismes, le recto est blanc. Le feuillet 55 est consacré à une longue prière huguenote. Le feuillet 56 est absolument blanc.

Un deuxième inventaire qu'il faut attribuer à P. C., époux de Louise de Sayvre et gendre du second Pierre, a pour titre : *Catalogue de mes livres fait le 25 aoust 1657, en ce non compris les bibles, nouveaux testaments et pseaumes.* Il s'étend du feuillet 57 au feuillet 63, et comprend 342 articles ; le prix des livres n'est plus indiqué.

P. C. refit bientôt après un autre catalogue, cette fois alphabétique (ff. 66-69), dressé sur deux colonnes, ainsi désigné : *Reveu de mon estude faite le 10 décembre 1662, avec le prix ou valeur d'un chescun livre et sont ceux qui contienent plusieurs libelles liez ensemble marquez au dos d'une lettre de l'alphabet.*

L'estimation des 434 articles formant 330 volumes est de 395 livres[1]. Cette curieuse bibliothèque protestante mériterait une étude qui ne saurait trouver ici sa place[2].

Les feuillets 70-71 ont servi de livre de comptes à la famille Genays du Chail. Le feuillet 72 n'offre que le titre de l'*Histoire admirable de la maladie prodigieuse de Pierre Creusé en la ville de Niort,* survenue en 1628. Le récit qui suit n'est que la copie de l'édition de 1630 [3]; il est compris dans les feuillets 73-92 [4].

On trouve sur le verso du feuillet 92 l'*Histoire de Théophille Magicien* [5] ; le recto du feuillet suivant est blanc ; on trouve au

---

1. La bibliothèque du second Pierre de Sayvre, qui dut passer tout entière à son gendre, paraît avoir été amoindrie à la suite de prêts dont on trouve la mention eu marge du catalogue dudit Pierre.

2. M. Lièvre signale dans le catalogue de 1601, § Autres livres de théologie, le *Vindex veritatis adversus J. Lipsium per Georgium Thomsonum Scotum,* peut-être resté manuscrit. Anne, fille de G. Thomson, pasteur de la Châtaigneraie en 1605, était en 1637 veuve de de Sayvre, s‍r de la Gourbillère, p‍sse de Coëx, sans doute de la famille de Pierre de Sayvre. (*Hist. des prot. du P.*, III, 277.)

3. Pet. in-8°, Niort, Jean Bureau. Il existe une seconde édition, de 1631, reproduite par M. L. Favre en 1881. Ces deux éditions sont absolument identiques de tous points. Il n'y a, en un mot, d'autre variante que le changement de date et la mention (*Niort*) dans l'édition de 1631.
Notons cependant, dans le seul exemplaire de 1631 que nous connaissions, l'absence, *sans doute par suite d'accident,* du certificat de J. de Coignac, ministre de la parole de Dieu en l'église de Niort, placé à la fin de l'édition de 1630.

4. Le docteur X... (Guillemeau jeune) a donné une réédition assez inexacte de l'*Histoire admirable* de P. Creuzé, suivie de réflexions, Niort, Morisset, 1846, qui a reparu dans l'Almanach de Morisset de 1847, avec des gravures de P. Gellé.

5. Il s'agit du célèbre poète Théophile de Viau, né en 1590, mort en 1625, brûlé en effigie et banni. Cette simple note a trait aux séjours qu'il fit à l'Académie protestante de Saumur et près des Jésuites de la Flèche, avant son entrée à la Cour (1610). Plusieurs détails, et notamment l'accusation de magie, sont absolument inédits.

verso un nouveau titre de l'*Histoire admirable de Pierre Creuzé* écrit en retournant le registre.

Le *Dialogue de Polidor et de Clarine le soir de leurs nopces* et plusieurs mazarinades : les Visages qui se desmontent, Vers à la louange du président Molé, les Qu'en dira on, etc., terminent le volume (feuillets 94-101), et l'on retrouve la signature de Genays, *London*, sur le verso de la dernière page.

Il semble donc que ce manuscrit ait suivi la famille Genays en Angleterre. On en perd la trace de 1713 à 1777. A cette époque, un ancien habitant de Fontenay, dont le nom est resté inconnu, le donna à Jouyneau-Desloges.

Ce fait passé inaperçu résulte clairement de la *XIXe lettre au rédacteur*, insérée par Jouyneau-Desloges dans le *Journal des Deux-Sèvres*, n° 6 de l'an XIII [1], p. 46, que nous sommes obligé de reproduire intégralement, car les collections de cette feuille sont devenues rares.

« J'ai parlé, il y a quelque temps [2], Monsieur, dans votre journal, de ces registres de familles, ou mémoires manuscrits, dans lesquels autrefois des hommes curieux inscrivoient, avec plus ou moins de soin et de vérité, pour leur propre amusement ou pour celui de ceux qui les trouveroient après eux, les événements plus ou moins remarquables qui arrivoient de leur temps, soit près d'eux, soit loin d'eux. Les rédacteurs de plusieurs de ces registres, par une bizarrerie qui paroit inconcevable aujourd'hui, mais que l'on pourroit peut-être expliquer, y plaçoient ou en marge, ou même entre des articles historiques les plus sérieux, de simples notes, quelquefois de simples souvenirs sur leurs affaires domestiques, du plus mince intérêt.

« *Il m'a été donné, en 1777, par un ancien habitant de Fontenay (Vendée)*, un registre de ce genre tenu successivement, mais avec peu d'ordre et beaucoup de lacunes, par des individus d'une famille de la même ville de Fontenay, *où je crois qu'elle existe encore* [3].

---

1. Niort, P.-A. Elies.
2. *Journal des Deux-Sèvres*, an XI, n° 72, p. 565.
 « Il y a eu de tout temps des curieux qui, pour leur propre satisfaction, et quelquefois pour l'instruction des générations futures, se sont occupés à recueillir et à écrire, chaque jour, tout ce qui arrivait d'important autour d'eux. Ces mémoires ou journaux particuliers, encore manuscrits, ont été souvent très utiles à l'histoire, qui, sans ce secours, auroit été incomplète, et très incertaine. On en trouve dans les bibliothèques publiques, dans les cabinets des savants et même dans les familles de ceux qui en furent les auteurs..... » Ce qui suit a trait au Journal des Le Riche.
3. Cette famille était alors représentée à Fontenay notamment par Jacques de Sayvre, docteur-médecin, sans doute le futur médecin des épidémies

« Ce registre qui est de *deux ou trois écritures*, s'étend *depuis 1523 jusqu'en* 1650. L'écriture du rédacteur des premières époques est en partie presque illisible, du moins pour moi [1]. On y voit encore au milieu de choses curieuses ou insignifiantes, et même de quelques *pièces de vers* que je ne crois pas des rédacteurs, un *catalogue assez nombreux*, répété en partie jusqu'à *trois fois, des livres* qu'avoient les uns ou les autres de ses rédacteurs, parmi lesquels livres il en est que l'on estime encore, et d'autres que l'on a justement oubliés. Quelques-uns de ces livres, des deux sortes, sont d'auteurs poitevins connus.

« Je cite ces catalogues, *et c'est là le seul motif de ma lettre*, parce que je trouve sur celui *qui est daté de* 1601 le titre d'un ouvrage composé par un Niortois, qui paroît avoir été inconnu à Dreux du Radier. Voilà le titre de ce livre : *La vie de Jésus Christ, par Jean de la Blachière, Niortois* [2]. Cette indication peut faire plaisir aux descendants de la Blachière, s'il en existe. A la suite du titre et sur la même ligne, on trouve cinq lettres majuscules séparées par des points : F. D. L. D. L., qui sont sans

---

(voy. Gallot, *Mém. sur l'épidémie qui a régné en 1784 et 1785 dans la subdélégation de la Châtaigneraie*, p. 60; ; — par Louis-Marie de Sayvre des Guierches, conseiller du roi, lieutenant particulier au siège, assesseur civil (V. Alman. prov. du Poitou); — par leurs quatre sœurs : Françoise de Sayvre, veuve Scimars ; Susanne de Sayvre de Bauhéan ; Louise de Sayvre de la Guimbertière et Marie-Anne de Sayvre, veuve Arnault de la Foucherie, qui habitait Denans. En 1723, Philippe de Sayvre des Guierches, leur auteur, était fermier général de la 88ᵉ⁻ⁱᵉ de Saint-Hilaire sur-l'Autise.

La branche des Guierches ou plutôt des Guerches, autrefois protestante, se rattachait à celle de Pierre de Sayvre. Elle fut fermière pendant tout le XVIIᵉ sᵉ des prieurés de Loge-Fougereuse et des Moutiers-sous-Chantemerle. (Voy. abbé B. Drochon, *L'ancien archiprêtré de Parthenay*, p. 131-145.) Cette branche est aujourd'hui éteinte.

Enfin en 1777, François Desaivre, ancien garde du corps de Louis XV, quittait le château de Culdebray, pˢˢᵉ de Mervent, appartenant à Renaud-César-Louis Vᵗᵉ de Choiseul, maréchal des camps et armées du roi, ci-devant son ambassadeur à Naples, dont il était le fermier, pour aller habiter sa maison de Saint-Maixent de Beugné, pˢˢᵉ dont il devint le syndic. François avait pour auteurs Isaac Desaivre et Françoise Chauvin (voy. p. 345) ; c'est mon trisaïeul.

1. Cela ne fait pas honneur aux connaissances paléographiques de Jouyneau-Desloges.

2. Jean de la Blachière était fils de Louis de la Blachière, pasteur de Niort. On le trouve tout d'abord ministre du Cheylar en Vivarais en 1601 ; il fut nommé pasteur de Mougon en 1603 et desservit longtemps cette paroisse. *La Vie de Jésus-Christ par Jean de la Blachière Niortois*, 1601, est citée par Hilaire Briquet, *Hist. de Niort*, biogr. p. 50 (biogr. de Louis de la Blachière). M. Lièvre, *Hist. des prot. du Poit.*, t. III, 38 (biogr. de Loys de la Blachière), cite une autre édition : *Histoire très véritable et très sacrée de la vie de Jésus Christ Nostre Seigneur.. tirée de mot à mot des quatre saincts évangélistes.* Niort, 1605, pet. in-4º. Cette seconde édition est seule décrite par M. Henri Clouzot dans les *Notes pour servir à l'histoire de l'imprimerie à Niort* (Livres imprimés par Troismailles, nº 5). (*Mém. Soc. de statistique des Deux-Sèvres*, 2ᵉ sⁱᵉ, t. VII.)

doute les lettres initiales des mots qui désignaient la profession ou la qualité, ou les surnoms de l'auteur. Explique les lettres qui pourra l'entreprendre, s'il croit que l'objet vaut la peine d'une pareille recherche [1].

« Je me propose de communiquer ce registre à quelque déchiffreur, pour voir s'il n'y auroit pas moyen d'en tirer parti. Cependant, je lis assez bien le très long récit d'un *événement extraordinaire* et qui eut beaucoup d'éclat, *arrivé à Niort* en 1628, lequel n'étonne pas jusqu'à un certain point, de ce temps-là, parce qu'il se rattache à d'autres faits semblables arrivés, à peu près à la même époque, dans d'autres parties du Poitou. Peut-être vous donnerai-je, quelque jour, une courte notice de ce récit [2].

« JOUYNEAU-DESLOGES. »

Comme on le voit, il n'est rien dans cette lettre qui autorise l'attribution à Jean de la Blachière du manuscrit donné à Jouyneau-Desloges en 1777, ni d'un manuscrit quelconque ; le nom du ministre de Mougon n'apparaît qu'à l'occasion d'un livre figurant dans celui des trois catalogues de la bibliothèque qui est daté de 1601. Loin de parler du *Niortois* de la Blachière, Jouyneau-Desloges dit au contraire que son registre a été tenu *par des individus d'une famille de Fontenay* qu'il croit encore représentée dans cette ville.

Jean de la Blachière écarté, rien de plus facile que d'identifier le *registre* donné à Jouyneau-Desloges en 1777 avec les *Mémoires des Desayvres*. Ce qui nous frappe tout d'abord, c'est l'indication des deux dates extrêmes du Journal : 1523-1650 ; les trois rédactions successives et les trois catalogues de la bibliothèque, *notamment celui de* 1601, ne sont pas moins significatifs. Inutile de rappeler que nous retrouvons dans ce dernier catalogue la mention de l'œuvre de Jehan de la Blachière [3] avec la disposition caractéristique des majuscules qui suivent le nom de l'auteur. Pour ce qui est de l'événement extraordinaire *arrivé à Niort* en

---

1. Les lettres qui suivent le nom de l'auteur sur le titre de l'imprimé de 1605 sont les suivantes : M. D. S. E E. L. R. D. C. E. V. (ministre du saint Evangile en la religion du Cheylar en Vivarais) ; le livre est dédié à M. de la Blachière, F. M. D. S. E. E L. R. de Niort (fidèle ministre du saint Evangile en la religion de Niort), père de l'auteur.
2. Cela n'a pas été fait.
3. Voici la mention exacte du catalogue de 1601 : VI sols. *La vie de Jésus-Christ*, par Jean de la Blachière Niortois, F. D. L. D. L.

1628, c'est l'*histoire admirable de la maladie prodigieuse de Pierre Creuzé* en la ville de Niort, qui débute le 28 *janvier* 1628. Enfin le dialogue et les mazarinades fournissent les *quelques pièces de vers*. Notre description n'est guère plus complète ; Jouyneau-Desloges n'a omis que *l'histoire du Théophile* et *les sentences*.

On jugera que ces détails n'étaient point inutiles ; Jouyneau-Desloges a laissé un relevé général de ses articles dressé vers la fin de sa vie ; celui qu'il publia dans le n° 6 de l'an XIII du *Journal des Deux-Sèvres* (30 vendémiaire), y est indiqué d'une façon assez peu précise ; il est bien difficile d'y reconnaître les *Mémoires des Desayvres*. Cette mention est ainsi conçue : « *Sur un ancien registre manuscrit que j'ai et dans lequel je trouve, avec le titre de son ouvrage, le nom d'un écrivain poitevin (Jean de la Blachière Niortais) qui n'a pas été connu de Dreux du Radier.* » M. Alfred Richard, dans sa *Notice biographique et bibliographique sur Jouyneau-Desloges*, reproduit à son tour ce titre en l'abrégeant et en vient ainsi à attribuer à Jean de la Blachière la paternité du manuscrit tout entier : Bibliographie, n° 32, « *Sur un manuscrit de Jean de la Blachière Niortais, possédé par Jouyneau-Desloges* [1]. »

Les *Mémoires des Desayvres* subirent le sort des notes et papiers divers laissés par Jouyneau-Desloges qui passèrent au conseiller Garran de Balzan [2] ; le don du manuscrit qui fut fait par lui à la Société des Antiquaires de l'Ouest en 1835, est rapporté à la page 89 du 1er vol. du Bulletin de cette compagnie ; mais là encore, il est impossible de deviner ce dont il s'agit [3].

III

Il est rare qu'un journal écrit par un rural puisse être mis en parallèle avec ceux que l'on doit aux habitants des villes. A la campagne, on est, d'ordinaire, plus mal ou plus tardivement informé, la vie n'est pas aussi sédentaire, de longues journées se passent en voyages, on ne saurait exiger autant d'exactitude dans la relation des événements. Le *Brief recuil* n'échappe point à ce défaut. On reconnaît sans peine que pendant les premières

---

1. Bull. de la Soc. des Antiq. de l'O., 4 trim. 1870, p. 437.
2. Alfred Richard, *l. c.* 426, 441, note.
3. « Don par M. Garran de Balzan de deux grands volumes manuscrits, l'un du XVIe, l'autre du XVIIe s[iècles], contenant nombre de pièces diverses. »

années, il n'était point tenu à jour ; la mémoire ne se montre plus très fidèle lors d'une rédaction trop souvent retardée. Plus tard l'âge vient, amenant des loisirs forcés, les mentions se multiplient et les faits s'inscrivent régulièrement à leur date véritable. L'auteur, qui tout d'abord ne nous a guère entretenus que de ses affaires, en vient à songer quelquefois « *aux choses plus remarquables* » qu'il nous a promises ; on le voit enfin, sur le déclin de sa vie, ne plus omettre aucun détail essentiel dans son récit.

Comme la plupart des auteurs de journaux *protestants* de cette époque, Pierre de Sayvre ne se sent point assez libre pour traiter longuement de ce qui tient à la religion nouvelle ; son récit laisse de ce fait une certaine déception. Nous aurions voulu assister avec lui à la naissance de la Réforme dans ce petit bourg commerçant du Breuil-Barret où les relations d'affaires l'avaient bientôt amenée.

Pierre Denfer, son beau-frère, figure au nombre des premiers prédicateurs dès 1548. Tout près de là, à la Châtaigneraie, Elie de Sayvre, maître d'école, natif du Breuil-Barret, un autre proche sans doute, est chassé comme fauteur d'hérésie en 1559[1]. Pierre de Sayvre lui-même fait baptiser par des ministres, indice certain de conversion, tous les enfants de sa seconde femme Françoise Boynard ; nul doute qu'il n'eût eu beaucoup à nous apprendre sur cette conversion tardive et sur l'histoire du protestantisme local.

Dans bien d'autres circonstances, son silence n'est pas moins regrettable. Il nous laisse ignorer les causes de son voyage à Paris en 1558, à l'époque du mariage du Dauphin François et de Marie Stuart. Deux fois il est en butte à des accusations graves sans que nous sachions bien ce dont il s'agit. C'est ainsi qu'en 1548 Pierre et Hilaire Becelleu l'appellent avec son frère aîné Loys devant le lieutenant général à Poitiers. Sur la condamnation qui incombe aux Becelleu, l'un d'eux, Hilaire, tente, à quelques jours de là, de l'assassiner et le blesse grièvement.

L'affaire dans laquelle il fut impliqué en 1573 est fort singulière. Sur la dénonciation d'un meunier de Saint-Maurice-le-Girard, le juge de la Châtaigneraie est cité devant le prévôt du

---

1. Lièvre, *Hist. du prot. du P.*, III, 15.
Elie de Sayvre avait épousé Catherine Ballon, très proche parente de Nicolas Ballon, né au Breuil-Barret d'une famille de fabricants de droguets, colporteur hérétique brûlé à Paris en 1559. (Crespin, *Hist. des Martyrs*.)

camp du duc d'Anjou. On l'accuse d'avoir prévenu les Rochellois de la levée prochaine du siège. Le meunier Devau n'échappe à la corde qu'en s'évadant et Pierre de Sayvre est renvoyé absous. Il semblerait que, là encore, quelques mots d'explication n'eussent point été inutiles. Que pouvaient signifier toutes ces *envies* qu'on lui portait? serait-ce encore affaires de religion?

Le robin se reconnaît dans le soin qu'il prend de relever toutes les condamnations capitales, alors fort nombreuses dans le pays de la Châtaigneraie; lui-même fait pendre, le 20 septembre 1583, une pauvre femme qui a tué son enfant nouveau-né.

Beaucoup de faits historiques relatés dans le Journal sont trop connus pour les mentionner de nouveau. Nous citerons parmi ceux dont il est parlé la révolte de la gabelle en Saintonge en 1548, qui dura trois mois et fut cruellement réprimée par le connétable de Montmorency, et la tentative des ligueurs pour s'emparer de Poitiers dans la nuit de la veille de Pâques en 1583.

Les événements locaux ne sont pas aussi nombreux qu'on serait en droit de l'espérer. Notons cependant le pillage de la maison de Pierre de Sayvre par le capitaine Guytonnière [1] le premier jour de carême en 1562 et la vente des biens du prieuré de Breuil-Barret par les princes en mai 1569.

Le second Pierre Desayvre n'a fait qu'enregistrer à la suite du *Brief recuil* les décès de son père et de sa mère. On lui doit encore plusieurs annotations dans le texte du journal paternel, presque toutes relatives à sa famille.

La chronique s'interrompt de 1601 à 1648, en cette année elle est reprise une dernière fois par P. C. [2], gendre du premier continuateur, qui la poursuit fort brièvement jusqu'en 1650.

Il est permis de se demander si le second Pierre Desayvre n'avait point rédigé une véritable histoire du protestantisme depuis les Etats de la Ligue jusque vers la fin de ceux de 1614. Dans le catalogue des livres de son gendre du 25 août 1657

---

1. C'est sans doute celui que Généroux appelle dans son *Journal* Guitinière (p. 71, *in incipio*). Nous y voyons que les compagnies de La Loue, Vendômois, maréchal de camp de l'amiral, et de Guitinière furent défaites le 1ᵉʳ avril 1570, et La Loue tué en dormant, à Lucras près Montpellier, par le gouverneur de Narbonne. C'était, dit encore Généroux, sa compagnie qui nous avait chargé en la forêt de Chasseport où j'eus une pistollade. Peut-être faut-il attribuer cette dernière rencontre, dont la date est inconnue, à l'année 1562 où la maison de Pierre de Sayvre fut pillée.

2. Sous ces initiales, il faut peut-être chercher le nom de Cailler, sʳ de la Marcardière, procureur du roi en l'Election de Fontenay.

figure un « Recueil de plusieurs pièces *manuscrites* concernant l'estat de l'Église de France depuis le règne de Henri IV à Louis XIII ». Nous ne le retrouvons plus dans la table alphabétique dressée par ledit P. C. le 10 décembre 1662, à moins qu'il ne soit ainsi désigné : « Recueil manuscrit des affaires de l'Église depuis 1592 jusqu'en 1615, *trouvé en l'estude de Pierre Desayvre* », titre qui n'est pas mentionné dans le catalogue de 1657. Il est difficile de savoir s'il n'y eut en réalité qu'un seul et unique recueil de pièces manuscrites où s'il s'est agi en 1662 d'un travail d'ensemble.

Dans cette dernière circonstance, on s'expliquerait mieux la différence des désignations. Remarquons encore que ce titre de « recueil » est celui que le premier Pierre de Sayvre avait donné à son Journal [1]. Serions-nous en présence d'une simple collection de documents manuscrits, formée par le fils de notre chroniqueur ? le fait serait assez rare en Poitou, à cette époque, pour être à signaler.

Léo Desaivre.

---

[1]. Nous avons vu que le second Pierre Desayvre habitait le Breuil-Barret. On ne sait quelles y furent ses fonctions. Son titre de licencié en droit autorise à croire qu'il fut comme son père sénéchal de plusieurs seigneuries. C'est à ce titre sans doute qu'il occupait le clerc André Rainart, tué lors du massacre de la Brossardière le 13 août 1595. (Lièvre, *Hist. des prot. du P.*, III, 325.)

BRIEF RECUIL

DES

CHOSES FAICTES ET ADVENUES

PENDANT MON TEMPS

QUI SONT LES PLUS REMARQUABLES

Le Sgr mon Dieu et père me veille assister par son sainct Esprit et par icellui me gouverner et conduire en mon entreprinse des choses remarquables advenues depuys que suys au monde et par moy faictes et consenties tellement que tout ce qui sera par moy escript cy après soit à son honneur et à sa gloire, au nom de son Filz Jésus Cryst nre Seigneur. Amen.

J'ay trouvé en un papier escript et marché de la main de deffunct messire Guillaume de Sayvre mon oncle que je vins au monde et fut baptisé en l'église de ce lieu du Breuil Barret le cinquiesme jour du mois de juyn l'an mil cinq cens vingt trois et que mes perrains furent Loys de la Coussay, sgr de la Jarrye et Philippe Mosnereau et marroine dame Perretté Laydet, dame de la Roche de ce dit lieu du Breuil Barret.

..... Jour de mars l'an 153. Messire Godefroy d'Estissac

évesque de Maillezay..... bailla tonsure cléricalle en l'église de ce lieu du Breuil Barret où le dict évesque estoit venu pour la visite qu'il fasoit de son diocèze [1].

L'an 1539, l'empereur Charles le Quinct passa par France pour s'en aller en Flandres et entra en la ville de Poictiers le dernier jour d'octobre dudit an accompagné de Mgrs les Dauphin et d'Orléans enffans de France et le roy Françoys leur père l'atendoit à Chatelleraud.

La dite année fut faicte et publiée l'ordonnance du *feu* roy François premier du nom pour l'expédition et abréviation des procès [2].

Le 26e jour de mars l'an 1543, je fus receu et passé licencié en droitz par messieurs Yrland, Porteau, Le Sage, Mayault, Laisné et Lefebvre, tous docteurs de l'université de Poictiers, après avoir répété en leurs présences la loix *Si insulam*, § *De verbo obliga*.

Le dernier du mois de mars 1547, moureut le roy Françoys premier..... l'an de son règne trente et troys... royaulme Henry son filz second de ce nom et par le dit roy Françoys les lectres hébraïques, grèces et latines prindrent acroysement voires naisance, car il envoya en tous les pays estranges pour avoir les plus doctes qui se pourroient trouver en toutes les dites langues et fit amener en France avec bons gaiges.

En ladite année ledit roy Henry fut coroné roy en la ville de Reims combien que la coustume anciene les roys de France soient couronés à Saint Denys en France [3].

Le 6e jour du mois de may 1548, mon frère Loys de Sayvre et moy fusmes envoyéz absoulz d'une faulze et calomnieuse accusation que contre nous avoient suscitéz maistres Pierre et Hillaire Becelleuz frères pour une envye

---

1. Cest évesque fit bastir le chasteau de Coulonge comme on le voit à présent et fit semer le bois et fère le parc. (Note du second Pierre de Sayvre.)
2. On voit que le Journal n'était pas encore tenu à jour.
3. On ne connait aucun couronnement de roi fait à Saint-Denis.

qu'ils avoient à l'encontre de moy. Et furent envers nous par sentence de monsgr Doyneau lieutenant général de Poictou à Poictiers condamnez en tous nos despens, dommages et intéretz.

Le 21e jour d'aougst 1548, on païs de Xaintonge et d'Angoulmoys s'esleva la commune en tel et si grand nombre qu'on ne pourroit nombrer pour la gabelle du seel que le roy avoit de nouveau érigée et tuhèrent plusieurs recepveurs et officiers du roy sur le faict de ladite gabelle. Et dura cette commotion populaire l'espace de trois mois : et enfin elle fut réprimée par monsgr de Monmorensy connestable de France qui en fit punition.

. . . . . Octobre dudit an le roy estant à Moullins fut en grande magnificence cellébré le mariage d'entre hault et puysant prince Antoine de Bourbon et très haulte et vertueuse dame, dame Jehanne d'Albret, fille unique et présumptive héritière de monsieur Henry d'Albret, roy de Navarre et de madame Marguerite de Vallois, seur unicque de Françoys deffunct roy de France.

Le pénultime jour dudit moys d'octobre dudit an allant à Maillezais pour quelques affaires, maistre Hillaire Becelleu me guestant me insidia avec aultres de telle façon qu'ils me couppèrent la main senestre dont depuys ne me suys peu ayder.

Pour raison duquel excès le premier jour de novembre dud. an obtins contre ledit maistre Hillaire Becelleu du sénéschal de Fontenay le Conte déclaration de prinse de corps.

Le roy Henry fit son entrée à Paris..... juyn 1549.

Le 14e jour de décembre dud. an décedda Marguerite de Valloys, royne de Navarre de laquelle est et sera à perpétuité la mémoire en tous lieux pour les vertus héroïques dont elle estoit enrichie sur toutes les aultres princesses.

Le dernier jour de décembre dud. an 1549, décedda Philippe de Sayvre mon père en sa maison de ce lieu du

Breuilbarret et fut enterré le lendemain au grand regret de tout le peuple [1].

Le 6° jour de janvier 1550, je fus fiancé avec Françoise Caillonneau, fille de Guillaume Caillonneau et de feu Catherine Guérineau [2], comme en appert par contract sur ce faict, signé Guérineau et Thibault, et fusmes espouzés le Luyndi gras par après prochain en suyvant.

On mois d'apvril et la. . . . . an (1551) fut pendu et estranglé Jaques Oger à une potence qui pour ce faire fut droissée jouxte la mayson de Jacques Bault et Pierre Vergier, pour les volleries qu'il avoit faict avec d'aultres à Jehan Paquet demeurant au moullyn du Boys, aultrement au Moullyn Veillet.

Et le lendemain pour mesme faict et volleries fut pendu au mesme lieu et potence que ledit Oger un nommé Pougnet cellier demeurant pour lors à la Chastaigneraye.

On dit mois d'apvril furent créés et érigés les présidiaulx en chascune province de ce royaulme en ladite année 1551.

Le 21° jour de novembre dud. an 1551 lad. Caillonneau ma femme du mariage de nous deux eut une fille nommée Léonore par Yzaac de Sayvre mon frère et Jehan Binet et Claude de Sallenove [3] ses parains et mayroine.

Le 23° jour dud. moys et an fut publiée en la court de Parlement à Paris l'ordonnance du roy Henry sur le fait des criées.

---

1. Voy. l'introduction pour les enfants de Philippe de Sayvre et de Michelle Alleaume.
2. Ledit Guill. Caillonneau, qui semble avoir été un assez triste administrateur, avait des biens vers Thouars (métairie de Tessonnière par moitié) et sa femme près Argenton (maison de Bourg-Giroire, pré des Guyonnères, etc.).
Le 29 nov. 1557, Pierre de Sayvre et Françoise Caillonneau sa femme vendirent à *René de Tusseau, éc., sgr de la Millanchère*, la moitié du fief et sgrie de Tessonnière qu'ils avaient eue par échange dudit Guill. Caillonneau.
3. Dame de la Touche du Breuil-Barret, femme de Mathieu de Sayvre, frère de Pierre de Sayvre.

Le 15ᵉ jour du moys de febvrier 1552 du mariage de ladite Caillonneau et de moy vint au monde Hélie notre filz et fut baptizé en l'église de ce lieu du Breuilbarret et furent ses parrains Philippe et Mathieu de Sayvre [1] et sa mairine damoiselle Philippes Martinet, dame du Tail.

Le 19ᵉ jour du moys d'octobre dud. an (1553) ma mère et mon oncle messire Guillaume de Sayvre firent partage à mes frères et à moy de leurs biens et de ce qui nous estoit escheu par le décès de feu Philippes de Sayvre notre père, comme appert par le contrat de partage [2].

Le 15ᵉ jour du mois de novembre dud. an 1553, je prins à rente ma grand'vigne et celle de mes frères de maistre Yves de Janoillac prieur de Breuilbarret, à la 9ᵉ part des fruits, comme en appert par contract à Poitiers led. jour.

En ceste année la ville de Thérouenne fut prinse d'assaut et furent tuhés plusieurs de ceux de dedans par les Allemans, Bourguignons et Flamans tenant le parti de l'Empereur et tout après assiégèrent la ville et chasteau de Hesdin qu'ils prindrent d'assaut et y furent tuhés le duc Horace qui avoit espousé la fille bastarde du roy [3] et y fut prins mestre Robert de la Marche, maréchal de France.

On mois d'apvril 1554 et la vigile de Pasques Fleuries [4] moreut maistre André Tarquaix de Niord avec d'aultres, pour avoir faict homicider l'esleu Tarquaix, son père, et

---

1. Frères de Pierre de Sayvre. Hélie, dont un enfant du second lit reprit le nom, mourut le 27 septembre 1569. Il faut évidemment reporter à 1553 la naissance du premier Hélie qui ne peut être venu au monde 3 mois après sa sœur Léonore. Cette date, fautive en apparence, provient de ce que l'année ne commençait pas encore au 1ᵉʳ janvier.
2. M. Pierre Desayvre, sʳ de la Crestinière, procureur fiscal de la Chastagneray, a la minute du partage entre les mains, l'ayent eu de défûnt M. de la Vergne son père (Elie de Sayvre, sieur de la Vergne, né le 3 mars 1572, époux de Jeanne Viette, fils de l'auteur du *Journal*, et de Françoise Boynard). (Note du second Pierre de Sayvre.)
3. Horace Farnèse, époux de Diane de France, duchesse d'Angoulême, fille naturelle de Henri II et de Diane de Poitiers.
4. Dimanche des Rameaux.

pour pugnition fut tenaillé tout vif de tenailles chaudes et après encores rompu vif sur la rouhe [1].

Le pénultime jour du moys de juyn l'an 1555, vint au monde Françoys, mon filz et de ladite Caillonneau et fut baptizé en l'église de Breuilbarret et furent ses perrains maistre Françoys Voultegon, assesseur de Vouvent, et Hillaire Nau.

Le 8e jour du moys de septembre 1557, le fleuve du Tibre de Rome s'enfla de telle sorte qu'il causa un terrible et espouvantable déluge d'eau au habitans de Rome.

Le 9e jour de septembre dud. an, en la cité de Nismes, païs de Languedoc, entre une et deux heures après midy vint ung si terrible (ravage) d'eau de l'aer accompagné de grosse gresle avec esclairs flamboïants tellement que si le déluge eut encore duré deux heures, la dite ville estoit en danger d'estre du tout ruinée.

Et le mardy 14e jour desdicts moys et an, environ deux heures et demye de nuict advint en la cité de Florence ung déluge d'eau encore plus merveilleux que celluy de Rome et de Nismes, par le fleuve Arno lequel ruina la moictié de ladite cité de manière que les maisons estoient percées comme cribles.

Le 15e jour du mois d'octobre dudict an, mon frère Jean de Sayvre me vendit la moictié de la mestairie de Ligounière qui lui estoit demeurée par son partage, comme en appert par le contrat d'acquisition.

Le 19e jour du mois d'apvril 1558 furent faictes les fiançailles de monsgr Françoys dauphin de France et premier filz du roy Henry avec très illustre dame Marie Estuart royne et héritière d'Escoce et furent faites les dites effian-

---

1. Voy. la *Pratique judiciaire* de Jehan Imbert, lieutenant criminel de Fontenay-le-Comte, édition de 1602, p. f° 291 v° (Note de B. Fillon), et Abel Bardonnet, *Le crime des Tarquex* (Bull. de la Soc. de statistique des Deux-Sèvres, 1882, 4-6, 7-9).

çailles en la grande salle de chasteau du Louvre à Paris, *où estois pour lors.*

Et le dimanche 24ᵉ jour des dits moys et an, furent faictes les espouzailles de mesdits sgr et dame le dauphyn et royne d'Escoce en l'église de Nostre Dame de Paris par le cardinal de Bourbon.

Le 17ᵉ jour du mois de juyn dud. an 1558, vinst au monde Jacquette fille de lad. Caillonneau et de moy et fut baptizée en l'église de ce lieu de Breuilbarret et fut son perrain Yvon Ogys [1] et ses marrines Louyse Micheau ma belle seur et femme de Loys de Sayvre mon frère aisné et demoiselle Jacquete Suyrot.

Et led. jour fut pendu et estranglé [Ivon] Giraudon à une potence qui fut plantée de la Chastaigneraye à Lagefogerouse près les boys de Bastard [2].

Le 5ᵉ jour de feubvrier 1559, les espouzailles furent faictes en la grande église de Nostre Dame de Paris d'entre messire Charles de Lorraine avec madame Claude, seconde fille du roy Henry. Le roy et la royne présents avec plusieurs princes et grands seigneurs.

L'an 1559, on mois de juyn furent célébrées les nopces du roy catholique par monseigʳ d'Albe, procureur dudit sgr, avec très noble princesse Madame Elizabet fille aisnée du roy Henry en l'église Nostre Dame de Paris et durèrent lesdites nopces jusques à la fin dudit moys que le roy Henry fut blessé.

Ceste mesme année et le dernier jour dudit mois de juyn le roy Henry courant en lice on tournois qui se fasoit en resjouissance dudit mariage fut frappé et blécé

---

1. Yvon Ogis était le cousin germain de Pierre de Sayvre, père de Jacquette de Sayvre.
2. Un engagement est pris par Guill. Caillonneau le 18 juin 1558, en présence d'*Olivier de la Coussaye*, sgr de la *Jarrye*, et de *Jacques de la Coussaye*, sgr de *Villenefve*, *son frère*. Olivier de la Coussaye mourut avant le 20 janvier 1571.

d'un coup de lance en la teste duquel coup il tomba malade.

Le 9ᵉ jour du moys de juillet dudit an et durant la malladie du roy Henry furent faictes les nopces et espouzailles du duc de Savoye avec Madame Marguerite seur unique dudit roy Henry et fille de Françoys de Valloys premier de ce nom.

Et le lendemain 10ᵉ (jour du moys de juillet) dudit an le dit roy Henry alla de (vie à trépas).

Françoys dauphin son premier filz   est appelé Françoys second de ce nom.

Le 3ᵉ jour de febvrier dudit an 1559 Hélizée filz de la dite Caillonneau et de moy [1], vint au monde et furent ses perrains Joseph Saulnier et Cristofle de Sayvre, mon frère, et sa marinne Jehanne Binet ma belle-seur et femme de Philippe de Sayvre, mon frère.

L'an 1560 environ le moys de mars, le roy estant à Amboise s'eslevèrent quelques gens en armes pour envahir le roy ainsi qu'on disoit et furent prins plusieurs qui furent penduz et estranglez au créneaux du chasteau dudit lieu et les autres décapitéz entre aultres ung nommé La Renaudie autheur dudit tumulte.

. . . . . juillet 1560 fut faicte l'ordonnance. . . . . . prescrivant aux femmes de non pouvoir advan-

---

1. Le dit Elisée prins pendant la Ligue avec aultres par les sgrs de la Chastagneray furent menés prisonniers à Ardelay où ayant un jour voulu se saisir du chasteau et ayent manqué leur desein, ledit Elisée fut asasiné et tuhé par une fenestre en les fossés et ainsi mourut ; les aultres furent fort blessés et depuis furent libres. (Note du second Pierre Desayvre.)

Ardelay parait avoir été approvisionné de munitions et mis en état de défense dès la prise d'armes de 1562.

Le 8 mai 1562, moins de 40 jours après le massacre de Vassy, un agent de Jean, cadet de Bourdeille, sgr d'Ardelay en Bas-Poitou, frère du célèbre abbé de Brantôme, et tenant pour le roi, achète 50 arquebuses à Nychollas Bourgnon, marchand à Champdeniers. Toutes réserves sont faites par le vendeur à cause du peu de sécurité des chemins. (Bull. de la Soc. de statistique des Deux-Sèvres, 4-6, 1881, p. 469, 70.)

tager le [second mari] ne ses enffans au préjudice des enffans du premier mary [enregistrée] en la court de parlement à Paris le 5ᵉ jour d'aougst ensuyvant.

Le jeudy 5ᵉ jour décembre ensuyvant dudit an, le roy Françoys second décedda en la ville d'Orléans, délaissant son frère Charles roy parce qu'il moureut sans héritiers et fut son corps porté à Sᵗ Denys en France où il gist avec le roy Henry son père.

Le 8ᵉ jour de may 1561 messire Anthoine Boisleau, curé d'Argenton, obtint sentence à l'encontre de moy par laquelle fut l'accord fait [1] entre Jehan et mʳᵉ Françoys Guérineau, mʳᵉ Jacques Jachereau et moy touchant les prés près de Votivy et du bourg, cassé et adnullé et perdis lesdits prés dont les dits Guérineau et Jachereau sont tenus garantir ma femme *leur niepce*.

Le 18ᵉ jour dudit moys de may dudit an ledit roy Charles fut sacré et oinct pour roy à Rheims en grande sollenité.

Au mois de septembre ensuyvant fut assemblé un colloque à Poessy qui estoit national des prélatz de France pour oyr et examiner les opinions de ceulx de la religion réformée où se trouva plusieurs ministres avec lesquels ne fut rien conclud.

Et on moys de janvier ensuyvant *que nous comptons à Paris* 1562 le roy fit ung edict par lequel estoit permis à ceux de la dite religion réformée de faire presches et aultres exercices de leur religion hors les villes seullement et ce par provision sans aprobation de deux religions en France.

Le dernier jour dudit moys ensuyvant frère Françoys de Villiers prieur et sgr de Sᵗ Paoul en Gastine me donna l'estat de sénéchal dudit Sᵗ Paoul, comme en appert par ses lettres de luy marchées.

On mois de febvrier et le premier jour de caresme du

---

1. Le 6 octobre 1554.

dit an 1562, le capitaine Gutonnière [1] envahit et pilla ma maison et saccagea et emporta tous mes meubles jusques au robes de ma femme et petis enffants.

. . . . . . Jour du moys de mars dudit an le roy Charles neufiesme [donna] déclaration sur la paciffication des troubles de ce royaulme ou entre [aultres choses] il permet les presches à tous barons, chastelleins, hault justiciers [tenant] fief de haubert.

Le 9ᵉ jour de juillet dudit an mes frères et moy acquismes de Loys de Sayvre notre frère aisné ce qu'il avoit acquis de nos oncles et cousins de Bourdeaulx comme appert par le contract sur ce faict.

Le 24ᵉ jour du mois d'aougst dudit an vint au monde Ester ma fille et de la dite Caillonneau et fut ledit jour baptizée en l'église de ce lieu et son perrain fut Jacques Bault et sa maroinne Michelle Alleaume, ma mère, et Mathurine Voultegon, ma belle seur, femme de Yzaac de Sayvre mon frère.

Le 20ᵉ jour de décembre 1563 décéda ladite Caillonneau ma femme d'une mort subite et inopinée estant grosse d'enfant et sur son terme d'enfanter.

Le 14ᵉ jour du moys de mars 1564 Anthoine Chastyn ? sgr de Réaulmeur (et moi) fismes accord par lequel il me transportoit cinq boiceaux seille de rente qu'il avoit sur la mestairie de Ligounière [2] et aultres choses désignées par le dit contract.

---

1. Ou Guytonnière. (Note du second Pierre de Sayvre.)
Le *Journal* de Généroux (Mém. de la Soc. de statistique des Deux-Sèvres, 2ᵉ série, t. II, 70, 71) parle d'un certain Guitinière qu'il faut peut-être identifier encore avec le capitaine huguenot qui détroussa Pierre de Sayvre :

« La nuit du samedy 1ᵉʳ jour d'avril [1570] les compagnies de La Loue, Vendômois, maréchal de camp de l'amiral et Guitinière, furent défaites et ledit La Loue tué en dormant, à Lucras, près Montpellier, par le gouverneur de Narbonne. C'était sa compagnie qui nous avoit chargé en la forêt de Chasseport où je eus une pistollade. »

2. Michelle Alleaume, mère de Pierre de Sayvre, était dame de Ligounière.

On dit an 1564 le roy pour tenir ses subiects en paix fut visiter son royaulme et passant à Lyon ordonne d'y bastir et construire une citadelle.

En l'an 1565, le roy continua son voiage et fut jusques à Baionne trouver et recepvoir Madame Elizabeth sa seur, royne d'Espagne.

Le 5e jour de feubvrier [1566] Me Guillaume de la Coussaye et moy fismes accord.

L'an 1567 les seconds troubles s'eslevèrent et ainsi que le roy voulloit aller à Meaulx faire sa feste St Michel avec les chevalliers de son ordre, ceulx de la nouvelle religion le viennent trouver en armes disans lui voulloir présenter certaines requestes et se retirant à Paris est par eulx assailly sur les chemins, ils saisissent la ville St Denis, prennent Laygni [1] et Charenton et tiennent les advenues de Saine, Marne et Yonne, bruslent les moullins pensant affamer Paris, la vigille St Martin livrèrent une bataille aux Parisiens où fut tué Monsg. de Monmorensy connestable de France et de là s'en allèrent en Lorraine se joindre à leurs forces d'Allemaigne.

Le premier jour de mars 1567 suyvant l'ordonnance, furent faictes les promesses de mariage d'entre Françoyse Boynard et de moy et espouzay ladite Boynard trois sepmaines après ensuyvant en l'église réformée au lieu de Fontenay et fit monsgr des Moullins [2] pour lors ministre nos espouzailles [3].

Le 7e jour de juyn dudit an Françoys Doyneau éc., sgr

---

1. Lagny.
2. Claude du Moulin, ministre de Fontenay depuis 1560, pendu après la prise de Fontenay par le duc de Montpensier en 1574.
3. La dite Boynard estoit fille de Nicholas Boynard et de Françoise Bouchereau, ledit Nicolas fut filz de Boynard et de Renée Micheau, laquelle par testament du 3 novembre 1557 veut que Renée Bouchereau, fille de Cristine Boynard, sœur de Nicolas Boynard et qui fut mariée à Jean Boureau, partage par moytié avec Françoise, Marie, Claude et Cristine Boynard, filles dudit Nicolas son filz et de la dite Françoise Bouchereau. (Note du second Pierre de Sayvre.)

de Tourvenin [1], et moy nous accordasmes de plusieurs procès tant civils que criminels qu'avions ensemble et me cedda 6 livres de rente et aultres droictz qu'il pouvoit prétendre à Puycharrier [2], moienant la somme de 80 livres heu recours audit accord signé Mesmyn et Delousche.

Le 9e jour de mars 1568 René Aubusson et Me Pierre Denfer mes beaux frères et Hillaire de Sayvre, mon nepveu et aussi mon beau frère et moy fismes partage des successions advenues à nos femmes par les décès de Collas Boynard [3] et Françoyse Bouchereau leurs père et mère, comme en appert par le partage.

On dit mois de mars dudit an les huguenotz estant devant Chartres la paix fut traictée et le tout remys à l'édict de paciffication premier. Ceste paix fut de peu de durée car à peine les estrangiers estoient retirez que les huguenotz se

---

1. Près Menonblet.

2. Psse de Montnoblet (Menonblet). Pierre de Sayvre acquit cette seigneurie et métairie à diverses fois, savoir : de Hubert Fouchier, principal héritier de Philippe Fouchier, pour un tiers avec arrentement du fief Facon en avril 1562 ; de Marchandeau et Gouppil pour les droits qu'ils prétendoient aux terres des Tyzonnières dépendant de ladite ferme, le 25 dudit an ;

De Pierre Guérineau se faisant fort pour Jehanne Rousseau sa femme les 2/3 en 1/3 du roturier et 1/3 en 1/6 au noble. La dite Jehanne Rousseau étoit en outre aux droits de Colas Poquin son frère maternel, tous les deux étant issus de Trenete Fouscher, cousine germaine de Philippe Fouchier (voy. ci-dessus) et épouse de Louis Herbert, le 24 novembre 1563,

Pour le 7e de 1/3 du roturier et le 7e du 1/6 du noble de Mathieu Juillerie, au nom de Mathurine Bécelleu, sa femme, le 9 janv. 1563.

Mêmes droits d'André Bécelleu frère de Mathurine, le 2 janvier 1564,

Mêmes droits encore de mre Gilles et de Jehanne Bécelleu, frère et seur des susdits, le 9 janv. 1564 ;

Mêmes droits toujours de Jacques et Charles Bécelleu frères des susdits, le 15 juillet 1567. Mre Gilles Bécelleu attaqua toutes les ventes faites par lui et sa famille et finit par transiger avec l'acquéreur le 5 juin 1568, etc., etc.

3. Colas (Nicolas) Baynard ou Boynard était sans doute très proche parent de Jehan Boynard, marchand sergetier au Breuilbarret, époux de Liette Gallet dont Jacquette Boynard qui épousa Jehan Baillif, issu lui-même d'une famille de fabricants d'étoffes au Breuilbarret, devant le ministre Gorré, à Fontenay, le 10 mars 1583. (B. F., Not. gén. et rens. div. sur la fam. B. du P.)

deffians de leurs vies se retirent à la Rochelle et en passant prindrent Angoulesme.

. . . . Jour du moys d'octobre dudit an 1568 vinst au monde Pierre premier filz de ladite Boynard et de moy [1].

Le 3ᵉ jour de mars 1569 Monsieur frère du roy aiant passé la rivière de Charante livra une bataille aux huguenotz à Jarnac et y fut tuhé monsieur le prince de Condé et plusieurs aultres grands seigneurs d'une part et d'autre.

Le 27ᵉ jour du moys de may dudit an j'acquis de messgrs les princes pour la somme de 300 livres le pré de la Levée du prieuré de ce lieu du Breuilbarret et le [2] appelé de Ligounière.

Sur la fin du moys de juillet dudit an l'amiral ayant rassemblé ses forces assiège et fit bactre la ville de Poictiers où monsieur de Guyse estoit et fut vaillamment deffendue.

Le 29ᵉ jour du moys. . . . . dudit an decéda Michelle Alleaume ma mère en sa maison de ce lieu du Breuilbarret. Et le 27ᵉ jour du moys de septembre dudit an décedda Helie de Sayvre fils aisné de ladite feue Caillonneau et de moy et moreut d'une caquesangue qu'il apporta du camp de devant Poictiers.

Le 3ᵉ jour d'octobre dudit an près Moncontour Monsieur frère du roy et ceulz de la religion se livrèrent une bataille autant furieuse qu'on eust veu il y a long temps en laquelle l'infenterie de ceulz de ladite religion fut toute taillée en pièces et leur cavallerie mise en fuite.

Lé 10ᵉ de novembre 1570 fut fait accord entre Jachin Ferret et moy par lequel il me transportoit la moictié du don que lui avoit faict Jeanne Ogis sa femme moienant qu'il

---

1. Ledit Pierre parait n'avoir eu qu'une fille, Louise, qui se maria, mais dont l'époux n'a laissé que ses initiales P. C. sur le *Journal* du grand-père de sa femme. On y voit deux catalogues de sa propre bibliothèque, à la suite du catalogue de la bibliothèque de son beau-père.

2. Mot omis.

demouroit quicte envers moy de la somme de 300 livres qu'il me debvoit.

Le 26ᵉ jour dudit moys de novembre dudit an furent célébrées en la ville de Mezières les noces d'entre le roy Charles à présent régnant avec dame Ysabel d'Autriche, fille de l'Empereur Maximilien.

Le dernier jour de janvier 1571 maistre Pierre Denfer, mon beau frère, René Aubusson [1] et moy fismes partage ensemblement des biens de Marie fille de Hillaire de Sayvre et de Cristine Baynard [2].

Le 22ᵉ dudit moys et an je eu acquit de monseigʳ de Thyors de ce qu'avois receu pour luy à la Rochelle, recours à l'acquict marché Françoys d'Appelvoisin [3].

Le dernier jour du moys de janvier dudit an fut faict entre René Aubusson, maistre Pierre Denfer mes beaux frères et moy ung accord concernant le bien et partage de noz femmes.

Le 6ᵉ jour du moys de mars dudit an le roy Charles fit son entrée en sa ville de Paris autant magnifiquement et avec telle triomphe qu'on ait jamais veu.

Le dimanche enprès desdits moys et an Madame Elizabeth royne de France fut coronnée royne en l'église de Sainct Denis.

L'unziesme jour du moys de may dudit an mon frère Mathieu de Sayvre et moy partismes et divisasmes la mestairie de Ligounière.

Le 25ᵉ jour desdicts moys et an je fus receu juge de la la Chastaigneraie et mis en possession de la judicature par

---

1. Aussi son beau-frère.
2. Cette lignée se trouva éteinte. Le Journal ne dit pas de quel frère de Pierre de Sayvre, Hilaire était issu.
3. Sgr d'Appelvoisin, de Thiors, de Loge-Fougereuse et de Boischapleau, lieutenant de la compagnie de Charles de Tiercelin de la Roche-du-Maine et chambellan de François II, époux de la fille unique de Charles de Tiercelin, fils d'Antoine d'Appelvoisin et de Renée Girard.

monseigneur du dict lieu estant pour lors présent et séant en jugement.

Le 3ᵉ jour de mars 1572 vinst au monde mon fils Helye et de ladite Baynard et fut baptizé au lieu de la Brossardière, présenté par Claude Goullard, éc^{er}, sg^r de la Roche d'Appellevoisin, le 7ᵉ avril ensuyvant dudit an et baptizé par monsieur Moreau, ministre de la parole de Dieu qui prescha et fit l'exortation ledit jour au lieu de mons^r Guillemot, ministre de la Chastaigneraye.

Le 10ᵉ jour de juyn dudit an trespassa et mourent à Paris Jehane d'Albret royne de Navarre.

Le 18ᵉ jour d'aougst fut célébré en l'église Nostre Dame à Paris le mariage du roy de Navarre et de Madame Marguerite seur du roy Charles à présent régnant et fille du feu roy Henry.

Le 24ᵉ jour du moys d'aougst feste Sainct Barthélemy ainsy les nopces du roy et royne de Navarre à Paris on dit an vc soixante et douze esquelles nopces assistèrent monsieur de Colligny admiral de France, monseig^r de la Rochefouquault et plusieurs aultres grands seigneurs de la religion furent lesdits sieurs et infinité d'aultres de la dite religion proditoirement et inhumainement tuhés et occis et y eut en la dite ville de Paris massacre général qui dura deux ou trois jours sur ceulx de la dite religion et en fut tué en si grand nombre que la rivière de Sene rougit du sang des pauvres innocents et fut le semblable par après à Rouhen, Lyon et plusieurs autres villes ; les aucteurs de tel massacre périront malheureusement quoi qu'il tarde, car Dieu est juste juge qui en sçaura faire la vengence.

Au commencement de l'an 1573, Monsieur le duc d'Anjou, frère du roy Charles, alla au camp de devant la Rochelle.

Le 17ᵉ jour du moys de may le camp du roy estant devant la ville de la Rochelle où avois esté adjourné à trois briefs jours à comparoir devant le prévost du camp parce qu'on me supposoit qu'avois adverty les Rochelloys que ledit camp se levoit de devant leur ville et pour ce faire matriltèrent ung nommé Jacques Devau demourant en un moullyn qui estoit à mademoiselle de la Place, mère de monseig^r du Tail, en la paroisse de St Morice le Gérard, lequel estant en la gêne dist que ung nommé Tiraqueau sgr de la Chappelle [1] et le sieur du Tail [2] l'avoient suborné pour déposer contre moy. Néantmoigns en fus envoyé absoult et fut mon dictum prononcé en présence de mond. sgr frère du roy et son lieutenant général et ledit Devau condampné à estre pendu et estranglé ce qui toutes foys ne fut exécuté parce que ledit Devau évada la nuict ensuyvant.

Le dernier jour des dictz moys et an monsieur de Thyors [3] me donna l'office de séneschal de sa baronnie de Laugefougereuse et de *toutes ses terres et seigneuries de ce bas païs de Poictou* [4].

Le 22e jour du moys de septembre dudit an maistre Jehan Guillemot ministre de la parole de Dieu à la Chastaigneraye et moy fismes ung eschange de partie de noz terres qu'avions à la Moussière, comme en appert par contract.

Le 30e de may 1574, jour et feste de Pantecouste, le

---

1. Mathurin Tiraqueau, éc., sgr de la Chapelle, fils d'André, sgr de l'Aubier et de la Jacotière, juge prévôtal et lieutenant du sénéchal de Poitou à Fontenay, puis conseiller en la grand'chambre à Paris, mort le 23 déc. 1558 (le grand Tiraqueau), et de Marie Cailler, fille d'Arthur Cailler, lieutenant particulier au siège de Fontenay, mari de Anne Rabasteau, fille de Jehan Rabasteau, éc., sgr de la Rabatelière et de Veluire, qui épousa en secondes noces Charles de Mouillebert, éc., sgr de l'Estang, frère de Michel Tiraqueau, éc., sgr de l'Aubier, sénéchal de robe longue du Bas-Poitou, mort en 1565, et d'André Tiraqueau, conseiller au Parlement de Paris. Mathurin laissa une fille unique, Jehanne, mariée le 6 février 1609 à Jacob de Marnef, éc., sgr de la Chaulme, avocat à Poitiers. — (B. Fillon. *Les Tiraqueau, Hist. de Fontenay*, t. II, 20, 21.)
2. René de Puyguyon, éc., sgr du Tail, mort le 11 déc. 1583.
3. François d'Appelvoisin, sgr d'Appelvoisin, baron de Loge-Fougereuse et de Thiors, mort en son château de Chistré, le 8 mai 1584.
4. C'est-à-dire notamment d'Appelvoisin.

roy Charles rendit l'esprit et décedda au chasteau du bois de Vincenne environ l'hure de trois hures après mydi, en la 14ᵉ année de son règne.

Le 3ᵉ jour du moys d'octobre 1575 je receu Bertrand d'Appellevoysin, écᵉʳ sgr de la Bodinatière,[1] à l'offre de retraict lignaiger du fief du Plexis et aultres qu'avais acquis du sgr de Brébaudet son frère.

Le 6ᵉ jour des dictz moys et an, ma fille Jacquette et de feue Françoise Caillonneau ma première femme fut effiancée avec Jehan Morisset filz aisné et principal héritier de la Fenestre Gaulteron et de la Maison Neufve[2].

Le 17ᵉ jour du moys de novembre du dict an je paiay aud. Morisset après qu'il eust espouzé ma dite fille la somme de 600 livres et ce que luy avoys promis en faveur du mariage.

Le 22ᵉ jour de juyn 1576 ma fille Esther et de la dicte feue Caillonneau fut effiancée avec Mᵉ Pierre Proust, sgr de la Bourdinière[3], outre ma volonté, comme en appert par le contract sur ce faict.

L'unzième jour de novembre du dict an je paiay au dict maistre Pierre Proust, après avoir espouzé la dite Ester ma fille, la somme de 800 livres que luy avois promys en faveur de mariage.

On mois de septembre 1577 nostre roy Henry fit ung

---

1. Fils de Charles Tiercelin d'Appelvoin et de Claude de Chastillon et père de Françoise, épouse de Paul de Vendée.
2. De ce mariage naquirent Claude Morisset, mariée à Christophe Tabarit, fils de Mathurin Tabarit et de Marie Clémenceau, par contrat du 8 oct. 1596, et Pierre Morisset, sʳ de la Fisaudière, dont une fille, mariée à M. de la Guerlière, sʳ de Marillet. (Note du second Pierre de Sayvre.)
3. Fils de Louis Proust, sgr de la Rochebourdin, et de Jeanne Herbert.
Esther, née le 24 août 1562, n'avait pas 14 ans lors de son mariage. Elle n'eut qu'un fils qui ne laissa que des filles ; elle mourut chez le second Pierre de Sayvre, dans sa maison du Breuilbarret, le 12 may 1616. L'une de ses filles épousa un sergent royal de vers St Mesmin. (Note du second Pierre de Sayvre.) Pierre Proust dit Bourdinière mourut le 10 mai 1583.

edict par lequel on ne compteroit plus pour livres ains en escu par soixante solz pièce, lequel edict fut publié en la court du Parlement à Paris le 18ᵉ jour de novembre et en la court des monnoyes le 20ᵉ desdictz moys et an.

Le (*en blanc*) jour de juillet 1578 Anne fille de la dicte Baynard et de moy vinst au monde et fut baptizée à la Brossardière par monsieur Moreau, ministre le (*en blanc*) jour des dictz moys et an [1].

Le premier jour du moys d'aougst 1579 Jean du Vergier tant pour lui que pour Marie Mynault sa femme m'arrenta pour le prix et somme de 15 livres une maison et jardin [2] *estant jouxte la myene en ce lieu et bourg* du Breuilbarret.

Le 28ᵉ jour du moys d'octobre du dict an décedda de mort subite Ysaac de Sayvre mon frère [3].

Le 10ᵉ jour de décembre 1580 fut faict accord entre mon nepveu René de Sayvre et moy de tous nos différans et de tout ce qu'avions affaire ensemble dont demourions quictes.

On moys de juign 1581 le roy estant à Bloys fit ung édict contenant création d'ung conterolleur des tiltres en chaiscun siège royal pour enregistrer dedans le temps et sur les peinnes portées par icelluy les contractz excédans cincq escuz en sort principal ou 30 solz de rente foncière, testamentz, décretz, ou aultres dispositions entre vifz ou de dernière volonté et du sallaire du dit contrerolleur, qui fut publié à Paris le 4ᵉ de juillet ensuyvant et depuis a esté révoqué.

Le 15ᵉ jour du mois de juillet du dit an je fis donation à

---

1. Anne de Sayvre épousa... Cornuau, sʳ de la Térinière, dont elle eut deux filles, l'une mariée à Charles Bernard, sʳ du Chasgnet, demeurant à Pierrefuite, et l'autre à Mʳ du Pon, gentilhomme de vers St Maixent. (Note du second Pierre de Sayvre.)

2. On l'appelait maison de la Boueterie. (Note du second Pierre de Sayvre.)

3. Epoux de Mathurine Voultegon. Le *Journal* ne parle pas de leur descendance.

mes enffans du second lict[1] de tous mes meubles et acquetz, comme appert par le dit don faict et insinué le dit jour à Poictiers.

On mois de febvrier 1582 fut faict ung édict par lequel le roy veult prendre ung solz pour livre sur toute la drapperie qui se fera en France.

Le 20ᵉ jour desditz moys et an un nommé Jehan Pithieu dit la Chaux, nepveu du secretain de Cheuffaie (Cheffois), fut décapité pour ses démérites en la ville de Chastelleraud oultre le gré du sgr de la Chastaigneraye au service duquel il estoit et le fit exécuter mademoiselle de la Maynardière, sa partie civile.

Le 14ᵉ de juillet dudit an le roy fit ung aultre édict sur la drapperie portant reglement sur l'édict de douze deniers tournois pour livre qui se lève sur la drapperie et toutes aultres manufactures de laisne.

Le 8ᵉ jour de novembre dudit an les pluyes furent si grandes et fit telle inondation d'eaue que de mémoire d'home on ne les avoit veu si grandes, car elles emmenèrent tous les moullins estans entre le moullyn Baguenard près Vovent et la ville de Fontenay et n'en demeura aulcun qui estoient dix huict en nombre, mesmes emmena des maisons, le pont des Loges dudit Fontenay et fit grand dommage aux faulxbourgs des Loges dudit Fontenay et en beaucoup d'aultres endroictz[2].

On mois de décembre dudit an furent érigéz en chaiscune parroisse des collecteurs des tailles qui prenent ung

---

1. Une note du second Pierre de Sayvre semble indiquer que cette donation ne s'applique qu'aux deux seuls garçons du second lit. Il est à croire que tous les fils du premier lit étaient décédés, à l'exception d'Elisée, dont la conduite était déplorable.
2. Ces lieux sont indiqués dans un double de cette note porté par erreur à la date du 8 oct. Ce sont Parthenay, St-Loup et Ayrevault, enfin les ponts de Sepz près Angiers furent aussi emportés. La *chronique du Langon* mentionne deux inondations antérieures en juin 1574 et en 1579 ; celle de 1574 envahit le faubourg des Loges. On y voit aussi qu'il y avait encore des maisons sur le pont des Loges en 1586.

solz pour livre et n'y aura ès dictes parroisses plus d'autres collecteurs des dites tailles.

Les dictz estatz de recepveurs furent venduz au plus offrant et dernier enchérisseur à Poictiers par l'advocat des monnoyes de Paris le 27ᵉ jour des dits mois et an.

En ladite année 1582, le pape Grégoire treiziesme fit ung callendrier ecclésiastique qui fut envoyé au roy et à tous les aultres potentatz de la chrestienté, par lequel il retranchoit dix jours de ladite année 1582 et se fit ledit retranchement en France on dit moys de décembre et le 9ᵉ jour d'icelluy après lequel on comptera le 20ᵉ jour et fut la feste de Noel le 15ᵉ qui aultrement eust esté le 25ᵉ, et le 7ᵉ jour après la cellébration de ladite feste commencera le premier jour de l'an, lequel an et aultres subséquans auront leurs cours comme ilz ont accoustumé.

Le pénultime jour de mars 1583 décedda Claude Goullard, écᵉʳ, sgr de la Roche d'Appellevoisin et fut ledit jour enterré et inhumé en l'église des Moustiers.

La vigille de Pasques et de nuict la ville de Poictiers faillit à estre prinse et fut la trahison descouverte par un lacquays qui menoit par les ruhes deux lévriers et fut ledit lacquays prins par supçon et accusa ung serrurier demourant à la Tranchée qui en l'instant fut prins et constitué prisonnier [1].

L'unziesme jour de may 1583 fut enterré Mᵉ Pierre Proust mon gendre qui avoit décédé le jour auparavant en sa maison du Vignault près Sᵗ Mesmyn.

Le 13ᵉ jour du moys de juyn dudit an décéda et fut en-

---

1. Cette tentative est racontée avec plus de précision dans le Journal de Michel Le Riche, pp. 376, 377. On y voit que la conversation du laquais et du maréchal, tous deux du complot, fut entendue et rapportée au maire. De la Fontenelle, qui accuse La Haye, oubliait qu'il avait péri à la Bégaudière, en 1575.

terré André Aubusson fils de feu René Obusson et nepveu de ma femme [1].

Le 20e jour de septembre 1583, je condampnay et fis exécuter à mort une nommée Olive Oger, native de la Chastaigneraye, à une potence qui pour ce faire fut droissée devant la halle de ce lieu et ce pour avoir la dite Oger tuhé son enffant dont elle avoit novellement accouché [2].

René de Puyguyon, éc[er], s[gr] du Tail, décéda l'unziesme jour de décembre 1583, environ deux heures ou troys avant jour.

Messire François d'Apellevoisin, chevallier de l'ordre du roy [3], décéda en son chastel de Chistré le 8e jour de may 1584 et fut son corps porté et ensepvely en l'église de l'Absie en Gastine le 16e jour desdits moys et an.

Le 2e jour de juyn dudit an Anne Gaymau, vefve de feu René (pour André) Aubusson et moy nous accordasmes touchant la succession dudit feu André et d'ung offre de retraict que luy avois faict au nom des enffans de Francoyse Baynard ma femme et de moy.

Le 5e jour de juillet l'an 1584 mon beau frère Denfer et moy fismes partage de la succession de feu André Aubusson, nepveu de nos femmes.

Le luyndi 3e jour de septembre dudit an 1584 Mathurin Godereau dict Gascherie fut décapité pour ses démérites en la ville de Poictiers.

Le 12e jour de janvier 1585 Jehan de Jan, ma femme et moy fismes ung eschange de la maison de la Charderie à nous apartenant avec une aultre maison appellée la *Gallère* et les 3|5 partyes dont le cinq font le tout d'une aultre

---

1. Ici finit la ligne de Aubusson. (Note du second Pierre de Sayvre.)
2. Pierre de Sayvre était donc encore à cette époque jugé à la Châtaigneraie.
3. S[gr] d'Appelvoisin, baron de Loge-Fougereuse et de Thiors, sgr du Bois-Chapeleau depuis 1581. (Abbé Drochon, *Journal de Paul de Vendée*. Notice sur le Bois-Chapeleau, p. 9.)

maison y joignant, sises lesdites maisons on bourg de la Chastagneraye.

Le 12° jour de febvrier dudit an, moreut sur les unze heures de nuict maistre Loys David s' de Léraudière et fut enterré le 13° desdits moys et an en l'église S¹ Pierre du Chemyn.

Entre la nuict des jeudy et vendredy des 4 et 5° jour d'apvril dudit an 1585 décéda maistre Pierre Denfer mon beau frère et fut enterré on simetière de Bourneau ledit jour de vendredy 5° jour des dits mois et an.

FIN DU JOURNAL DE PIERRE DE SAYVRE, JUGE A LA CHATAIGNERAIE.

Reprise du Journal par Pierre de Sayvre, sgr de la Berjardière, licencié en droit, fils du juge de la Châtaigneraie.

Le 9° jour de juin 1589 M. Pierre de Sayvre, mon père, qui a escrit le contenu au présent papier, mourut au chasteau d'Appelvoisin où il s'estoit refugié pour l'injure des guerres [1] estant aâgé de LXVII ans [2] et fut ensevely au coemetière de ce lieu du Breuil Barret, moy estant pour lors escholier estudiant en l'université de Poictiers, et pris mes licences de droict environ ledit temps.

Le 18 août 1589 fut fait acord entre Françoise Boynard vefve de Pierre de Sayvre, tutrice de Piere, Hélie et Anne de Sayvre ses enfens et du dit Pierre, avec Jean Morisset, s' de la Maison Neufve et de la Fenestre Gautron, mary de Jaquette de Sayvre et Ester Desayvre, filles et héritières dudit

---

1. La terre d'Appelvoisin figure parmi les nombreuses seigneuries dont Pierre de Sayvre était sénéchal.
2. Ou plutôt dans sa 67° année, étant né le 5 juin 1523.

Piere de Sayvre et Fransoise Caillonneau sa première femme, par lequel la mesterie de Puycharier en la paroisse de Menonblet demeura audit Morisset et Ester de Sayvre[1].

Le jeudi 26 apvril 1601 environ sur les unze heures du matin décéda en ce lieu et maison du Breuil Barret d'une pleuraisie Francoyse Boynard, ma mère, le 7ᵉ jour de sa malladie, estant aagée de 55 ans ou environ, et fut enterrée on cœmetière de ce lieu en la mesme fosse de deffunt mon père.

FIN DE LA PREMIÈRE REPRISE.

Seconde reprise par P. C., petit-fils par sa femme Louise de Sayvre de l'auteur du BRIEF RECUIL.

1648

En cette année 1648 les parlements d'Engleterre pour réprimer les impotz et levée que faisoit sur les peuples Charles Stuard, leur roy, prenent les armes contre luy et après plusieurs rencontres est deffaict et luy pris prisonnier, sa femme se sauve en France pour avoir secours, fait ce qu'elle peult mais trouvent la Franse fort empeschée des guerres tant d'Almagne, Flandre, Catelogne et autres, ses efforts sont vains ; cependant on fait le procès au roy son mary qui l'année suivant 1649 est décapité publiquement à Londre, Farfax et Cromvel général de leur armée.

Gassion, grand capitaine natif de Pau en Béard qui de simple soldat est venu mareschal de France, blessé au siège de Lens en Flandres, meurt à Arras, son corps aporté à Charenton.

---

1. Cet accord est la preuve évidente du décès de tous les mâles du premier lit.

1649

En cette mesme année le Parlement de Paris s'opose aux nouveaux édit à màtôte que on veut imposer sur eux et sur le peuple, prent les armes contre le roy qui sort de Paris avec la reine et le cardinal Mazarin et s'en vont à Saint Germain où Mr le prince se rent, mais peu après sont contraintz de fere la paix.

Mr de Beaufort est général de l'armée du Parlement, Mr de la Boulaye a la charge des convoys et y aquier grand honneur, sa femme fait soulever le peuple à Fontenay qui chasse Mr Desroches lieutenant du roy hors la ville et secourue de la noblesse sous la conduite du comte de Laval le prennent prisonnier et par la paix est délivré.

Le marquis de la Boulaye ayant plusieurs troupes de cavallerie en le pays du Maine est commendé les remettre ès mains du marquis de Gerzé pour le service du roy qui les désarma en sa présence dont ledit sieur par après le fit apeler en duel, le baîtit et désarma et lui donna la vie.

Cette même année, les Bourdelois lasés des vezations que leur faisoit Mr Dépernon, leur gouverneur, prennent les armes contre lui, le chassent hors la ville, assiègent, battent, prennent et ruinent le chateau Trompete sous la conduite du marquis de Sauvebœuf, de celui de Lessignen, Trobon Allemand, général de leur cavalerie.

En l'an 1650 leur paix fut accordée selon leur demande, à la même année furent arrêtés prisonniers le prince de Condé et le prince de Conty son frère et Mr de Longueville, son beau frère, accusés d'avoir attenté à la royaulté.

Plusieurs lettres et écrits en campagne, imprimés de part et d'autre.

FIN DE LA DEUXIÈME ET DERNIÈRE REPRISE.

JOURNAL

DE

SIMON ROBERT

NOTAIRE A GERMOND

....1621-1654

INTRODUCTION

Simon Robert, auteur du *Journal* si heureusement retrouvé par M. Alfred Richard parmi les papiers de Mme de Bray née Chauvin, donnés à la Société des Archives historiques du Poitou en 1888 par M. Ed. Parenteau-Dubeugnon, l'un de ses membres, était fils d'autre Simon Robert, mort à Drugné[1], paroisse de Champeau, le 4 janvier 1628, et enterré le lendemain au cimetière de Saint-Denis, dans la sépulture de son père et de sa mère. Le défunt était veuf d'Ozanne Suirat et d'Antoinette Gallier. Il laissait trois autres fils dont le plus jeune, Laurent, paraît être seul issu d'Antoinette Gallier. Ledit Laurent habita Germond et épousa Renée Goya et Julienne Roullet.

Louis mourut à la Brelandière d'Allonne en 1627,

François alla s'établir à Cintray.

Durgné était un moulin; on trouve des Robert, sans doute de la même famille, au moulin de la Plège, paroisse de Germond, de 1575 à 1645, au moulin de Rochard, même paroisse, en 1624. Antoine Robert, meunier lui-même, paroisse de Fe-

---

1. Aujourd'hui Durgné.

nioux, mourut le 8 septembre 1645. Enfin Simon Robert, sergent en 1640, était fils de Thomas Robert.

L'auteur du *Journal* naquit à Estripoiseaux[1], paroisse de Germond, dans une maison que son grand-père, Médard Suirat, avait fait bâtir, à une époque que la perte des premières pages du *Journal* ne permet pas de préciser. Nous ignorons, pour la même raison, la date de son premier mariage avec Andrée Boudreau, fille de Simon Boudreau et de Michelle Quinault, morte à Germond en 1625, dont il eut François Robert, né avant 1621, qui fut sergent royal et épousa Louise Cerceau, fille de *sire* François Cerceau et de Perrette Guynefolleau, le 5 juin 1649, et Marie Robert, née le 16 août 1623, qui s'unit à François Godeau le 27 avril 1648.

Le second mariage de Simon Robert avec Françoise Texier (d'Augé), fille de feu Louis Texier et de Marie Rouhault, est du 31 janvier 1633. De leurs six enfants, quatre seulement vivaient encore en 1654 : Michel, né le 16 mai 1634 ; Simon, né le 1er septembre 1636[2], régent chez M. de Corgniou en 1653 ; Médard, né le 7 juillet 1642, et Jacques, né le 22 juin 1648.

Simon Robert suivit son grand-père maternel dans ses diverses résidences. On le trouve avec lui en 1606, dans une maison qu'il avait encore fait bâtir, située près de l'église de Germond, puis, en 1621, dans une autre maison voisine de l'église, dite *des Imberts*, toujours édifiée par Médard Suirat. Ce fut sans doute vers cette époque qu'il devint notaire à Germond.

Le 22 septembre 1622, commence une curieuse odyssée de la famille cherchant un refuge dans les maisons fortes du voisinage, par crainte des pilleries des gens d'armes ; elle ne finit que le 10 février 1633, temps où l'on voit Simon Robert revenir dans sa maison *des Imberts* pour ne plus la quitter.

Le Journal se termine brusquement au commencement de janvier 1654, alors que l'auteur semble encore dans toute la force de l'âge, nous laissant sans renseignements sur ses dernières années.

Il s'arrête au contact d'un recueil de recettes médicales écrit en sens inverse et faisant suite à un traité d'arithmétique. Ce volumineux formulaire, dont le commencement nous fait défaut, ne donnerait pourtant, si l'on en croit Simon Robert, qu'un

---

1. Aujourd'hui Tripoiseau.
2. Un individu de ce nom habitait à Champdeniers, vers le bas de la Grand'-Rue, en 1663. Nous ne savons s'il s'agit dudit Simon Robert.

choix par lui fait *dans un livre tout à la main, d'ancienne écriture*, à lui prêté par Abraham Desfrans, éc{er}, sr de Repérou, le 23 février 1648 [1]. On y trouvait, dit-il, ces deux mentions : « Louys, par la grace de Dieu roy de France, trespassa aux Plaissis les Tours, comme l'on dit le sabmedi pénultiesme d'aougst l'an mil IIII{c} IIII{xx} et trois. *Cujus anima requiescat in pace.* »

« Le dimanche XIV jour de septembre mil IIII{c} IIII{xx} IX Simon Boucard, procureur de l'abaye d'Oy{au} (*sic*) [2] trespassa. *Anima cujus requiescat in pace.* »

Ce qui fait voir, ajoute-t-il avec raison, que le dit livre *peult être escript d'environ ce temps* [3].

Le cahier couvert en parchemin contenant le Journal, le traité et le formulaire, a 20 centimètres de hauteur sur 15. Le 1er article du Journal est du 2 septembre 1621, le dernier du 5 janvier 1654. La pagination, indiquée seulement sur le v°, ne se poursuit que jusqu'au feuillet 65. Les quatre premiers feuillets sont perdus, de même que les feuillets 27-30, autre lacune dans la partie non paginée, de la mi-juillet 1652 au 6 octobre de la même année. Il ne reste plus en tout que 94 pages. L'écriture est correcte et fort lisible.

Considéré dans son ensemble, ce Journal n'est pas sans analogie avec les registres de l'état civil de cette époque. Simon Robert note avec une scrupuleuse exactitude les *baptêmes, mariages et sépultures* de ses parents, amis et voisins, et même des gentils-

---

1. Simon Robert tira une seconde copie identique et la remit avec le manuscrit original au sr de Repérou, le 25 avril 1649.
2. Sans doute l'abbaye d'Airvault.
3. Une analyse du vieux formulaire ne saurait trouver ici sa place. Il ne paraît guère différer de certains traités *de virtutibus herbarum*, très connus.

On lit à propos du fenouil :

« .... Et sçachez de certain la serpent est combattu à crapault; il va tant entre deux terre... qu'il trouve la racine du fenoil et si frotte tant qu'elle y laisse tout son venin et s'en va toute saine.

« Item à celuy qui est ireux et courrouciez prenez du fenoil et luy liez sur le nombril et il sera très joyeux. »

De la verveine :

« Item pour sçavoir si ung homme ou une femme mourra ou non de cette maladie : portez la vervaine en vostre main devant le malade et gardez qu'il ne la voye et luy demandez : Comment te va beau amy ? S'il répond bien, sçachez qu'il guérira et s'il répond : mal, sachez qu'il en mourra.

De la rue :

« Sçachez que si vous en usez 5 ou 6 feuilles tous les jours jusques à 6 ans, vous verrez si clair que vous verrez les estoiles au ciel en plein midy. »

Pour éprouver une personne suspecte à meselerie :

« Prenez celui ou celle qui est suspect, le menez à la lune avec un autre qui ne le soit pas, faire tant qu'elle luise sur eux deux au visage et regardez bien l'un et l'autre. Celuy qui sera tout sain aura la couleur pasle et si l'autre est mesel, vous apparaîtra de couleur marbre et diverse. » Etc., etc.

hommes ou notables des environs de sa résidence. Aucun détail n'est épargné ; il mentionne jusqu'aux maladies auxquelles les défunts ont succombé. Pour donner plus d'authenticité aux divers actes qui concernent sa famille, le notaire y met sa signature et fait même apposer celles du curé de Germond et autres assistants. Ces précautions ne lui semblaient sans doute pas inutiles ; nous le voyons témoigner quelque inquiétude relativement à la présence de certains actes sur le registre paroissial.

Les enterrements ont souvent lieu à la date même du décès. On s'étonne qu'il en soit ainsi pour Charles Sentier, curé de Champdeniers, et autres personnages de marque.

Ces renseignements individuels permettent de compléter quelques généalogies, mais en cela n'est pas tout l'intérêt du Journal. Au temps où il débute, le protestantisme n'est point encore vaincu, les passions sont toujours vives entre les gentilshommes des deux confessions, des bandes huguenotes se montrent souvent dans les campagnes. Le calme renaît vers 1633, la Fronde ramène les gens d'armes dès 1648 et les violences continuent jusqu'en 1653.

La Fontenelle de Vaudoré n'a fait qu'esquisser l'histoire de *la Fronde en Poitou*, Simon Robert nous apporte quelques détails sur les premières tentatives du comte du Daugnon. Un fait plus intéressant est la révolte des Niortais contre les agents du fisc le 22 avril 1633, restée inconnue aux historiens de cette ville. Bien d'autres détails montreront encore que cet humble Journal n'a pas seulement un intérêt local et qu'il méritait à bien des égards d'être tiré de l'oubli.

Il serait facile de suivre jusqu'à nos jours la famille de l'auteur du Journal. Les Robert furent de père en fils notaires à Germond ; le dernier exerçait encore en 1814 et il n'y a guère plus de 30 ans que la maison de Simon Robert, toujours possédée par des descendants, n'est plus habitée par les héritiers du nom.

En 1717, Charles Robert, huissier royal, dépose une plainte contre Mre François Goguet, éc^{er}, s^r de la Gord de Xaintray, qui, sur le reçu d'une assignation devant le sénéchal de Puychenin, l'avait pris par les cheveux, menacé de son épée et roué de coups de pied.

En 1734, Charles et Michel Robert assistent à une assemblée générale des habitants de la paroisse de Germond.

On trouve de 1761 à 1781 Louis-Charles-Henri Robert de la Grange, bourgeois, Charlotte Robert, épouse d'Abraham Citoys, notaire royal, et Marie Métayer, v^ve de Charles Robert de la Mothe, notaire et procureur de la cour de Champdeniers, épouse d'André Chevalier de la Franaudière ; en 1776, ladite Métayer est dite tutrice de Charles Robert, son fils.

Les derniers représentants de la famille Robert résident aujourd'hui à Poitiers. Ils ont ajouté à leur nom patronymique celui de la Mothe, domaine situé à Breuilbon, acheté par les auteurs d'Andrée Boudreau, première femme de l'auteur du Journal, en 1604 [1].

Léo Desaivre.

---

[1]. Le 25 juillet 1598, eut lieu entre Jehan Jouslard, éc., sgr de Pranzac et de Montaillon, Etienne Jouslard de la Reigle, président en l'Election de Niort, Abel Jouslard, éc., sgr des Granges-Guiteau, René Jouslard, éc., et Jehanne Jouslard, le partage des biens de Françoise d'Elbène, leur mère. La maison noble et seigneurie de la Mothe de Breuilbon échut à Abel Jouslard, sgr des Granges-Guiteau, mort sans doute bientôt après sans enfants, car les fief, seigneurie, maison et métairie de la Mothe de Breuilbon ne tardèrent pas à être vendus par Jean Jouslard, éc., sr de Pranzac, Nicolas Gallet, éc., sr de la Roche, époux de Jeanne Jouslard, et Etienne Jouslard, éc., sr de la Reigle, ses frères et beau-frère, à Jean Berland éc., sr d'Oriou, paroisse de Saint-Maxire. Jean Berland vendit à son tour la Mothe de Breuilbon, le 3 juillet 1604, à Lucas et Simon Boudreau frères et Hilairet Partenay, leur beau-frère, laboureurs à charrue, demeurant ensemble et de même communauté au village d'Estripoizeau, paroisse de Germond. (Titres du prieuré de Germond, Arch. des D.-S.) Dudit Simon Boudreau était issue Andrée Boudreau, première femme de Simon Robert, qui paraît avoir transmis la Mothe à François Robert leur fils.

JOURNAL

DE

SIMON ROBERT

NOTAIRE A GERMOND, EN BAS-POITOU

...1621-1654

Nota. Par contrat de mariage de Lucas et Simon Boudreaux avec Françoise et Michelle Quinaultz sous la cour de Champdenier le 1ᵉʳ janvier 1572, il se void que le père desd. Boudreaux avoit nom Antoine Boudreau et leur mère Lauranse Chedrelle qui demeuroient à la Gasconnière, parroisse de Champdenier, et le père desdictes Quinaultz Jacques Quinault et leur mère feu Magdelaine Dexmère et Toussaine Bonodette femme lors dud. Jacques Quinault demourant lesdictes Quinaultz à Estriposeau, parroisse de Germond. Ledict contract fait en présence de messire Pierre Guilbot prebtre, demourant à Champdenier et Colas Delafoy et Toussainctz Bouchet, oncles maternels desdicts Boudreaux à cause de lad. Chedrelle mère desd. Boudreaux demeurants à Saint-Denis et Pierre Boudreau oncle paternel, demeurant à la Gasconnière, parroisse dud. Champdenier, et Jean Charron demeurant à la Bastie, aussi parroisse de Champdenier, et passé aud. lieu d'Estriposeau et tous déclarèrent ne savoir signer fors led. Guilbot prebtre qui signa la minute. Suivant led.

contract de mariage trouvé avec autres papiers chez Marguerite Suyrat vefve de Médard Boudreau, filz dud. Lucas Boudreau et de Françoise Quinault mariés ensemble ensuitte dud. contract de leur mariage.

Le 17 janvier 1623, Andrée Boudreau fut malade [1]... Marie Sabourault femme de Médard Suirat, mon grand père, tomba malade le dimanche au soir 19 mars 1623..... elle rendit l'esprit le dimanche au matin 2 apvril 1623. Elle fut enterrée led. jour, 2 apvril après midy après avoir esté ensevelie et encoffrée..... Elle décedda à la Moussière en une maison appartenant au sgr de Barges paroisse de Béceleuf où nous estions transportéz de la Saint Maurice 1622 à cause des guerres et fut enterrée en le cimetière de Germond... Lad. Sabourault estoit aagée de 70 ans ou environ, ayant esté mariée trois fois et n'ayant jamais heu d'enfans.

Le 16e aoust 1623, environ les 7 heures du matin, nasquit une fille à Simon Robert et à Andrée Boudreau laquelle fut baptisée led. jour par messire Mellaine Brousseau prestre vicaire de Germond et nommée Marie. Elle nasquit en le fourniou de devant la porte de la maison à Médard Suirat de l'housche des Imbertz située on fief de Breilbon, tenant au chemin tendant de l'église parrochialle de Germond au pont de la Brémaudière, à main droite.

Le mardi au soir 7 febvrier 1624, damoiselle Jacquette Aymer [2], fille de M. de Corgniou, fut espousée par M. du Grand Velours [3] à Corgniou, à un presche qui y fut faict

---

1. Première femme de S. Robert. Son décès n'est pas indiqué dans le *Journal*, il faut le reporter à 1625, avant le 8 nov. L'absence des premières pages dudit Journal nous laisse aussi ignorer l'époque de son mariage et celle de la naissance de François Robert son fils ainé, qui épousa le 5 juillet 1649 Louise Cerceau et fut sergent royal. S. Robert eut encore de sa première femme une fille, Marie Robert, née le 16 août 1623, qui s'unit à François Godeau le 27 avril 1648.
2. Fille de Louis Aymer, sgr de Corniou, etc., et de Léa de Saint-Martin.
3. René Aymar, d'après le manuscrit.

et les nopces. Les fiançailles furent faictes à Nyort trois sepmaines auparavant.

Le lundi au soir de devant le dimanche des Rogations, 6 mars 1624, décedda Simon Robert musnier de Rochard et fut encoffré et enterré le mardy mattin 7 may on cimetière de Germond [1].

Le mercredi 18 sept. 1624 sur les 11 h. du matin, décedda Françoise Godeau, femme d'Antoine Boudreau, mon beau-frère, à Breilbon, en la maison de Simon Boudreau, fut encoffrée et enterrée en le grand cimetière dudit Germond. Elle avoit maladé trois sepmaines du mal de vérolle qu'elle avoit si espoisse qu'elle se touchoit toute. D'ailleurs, elle accoucha d'un filz le 10e dud. mois de sept. qui fut baptisé led. jour... et fut nommé Jean. Et dès le mardy 17 sept., Louys et François Boudreaux, enfans dud. Antoine et de la dite feue Françoise Godeau, se trouvèrent aussi mal qui leur continua dont ilz eurent la vérolle. Le dict Jean Boudreau filz dud. Anthoine et de la dicte feue Françoise Godeau, décedda le 23 septembre 1624 [2].

Le mardi 6 may 1625, René Cerceau avec plusieurs autres fut tué à Secondigné par des gens d'armes desquelz aussi en fut tué [3].

Le 7 août 1625, François Robert mon filz commença à avoir la fiebvre..... et le 11e aoust 1625, Marie Robert [4] fut aussi grandement malade, ce que voyant son voyage

---

1. Sans doute un parent de l'auteur du Journal.
2. Tous les détails relatifs aux épidémies nous ont paru bons à noter.
3. L'affaire de Secondigny nous paraît une rencontre entre catholiques et protestants. On voit le 24 avril 1625 le sieur de Beaulieu-Dampierre et plusieurs autres « soy disant tenir le parti du sieur de Soubize » enlever 30700 l. 4 s. 4 d. provenant des deniers de la recette d'Aigre et Jarnac dans la basse cour de la maison noble de la Guéronnière (aujourd'hui commune d'Usson, Vienne), et emmener prisonnier Simon de Mairé, receveur particulier de l'élection de Niort, qui escortait le convoi. (*Mém. de la Soc. de Stat. des D.-S*, 2e série, t. III, p. xi.)
4. Sa fille.

fut voué d'estre faict à la Lande á saint Antoine [1] et moy je vouay dire tous les jours de ma vie par chacun d'iceux pour elle un *Pater noster* et *Ave Maria* [2].

(Lacune de la fin d'oct. 1625 au 23 oct. 1626.)

Le 9 juin 1627, Andrée Robert, fille de Mathurine Partenay, décéda et fut enterrée, le service dudit enterrage fut faict en l'église de Germond où assistèrent messire Joseph Meaulme, prestre vicaire de Germond, Mellaine Brousseau prebtre vicaire de Champeau et Pierre Nyvault vicaire de Saint-Denis... donnèrent à chaque pauvre un sol en aumône.

Le jour de Noel 25 déc. 1627, décedda Louys Robert mon frère et fut enterré le lendemain on cimetière de Fenioux et décedda à la Brelandière, parroisse d'Aslonne, fut despancé à son enterrage 4 l. 16 s. ; le service fut fait le 3 janvier 1628 en l'église dud. Fenioux.

Le 4 janvier 1628 après midy je sceus nouvelle que Simon Robert mon père estoit décedé à Drugné où il demeuroit. Et le 5 janvier 1628 après midi fut aussi enterré on cimetière de Saint-Denis à la sépulture de ses feus ses père et mère et autres ses parans, le service fut faict par frère Zacharie Gondalier curé de Saint-Denis et messire Mellaine Brousseau prebtre vicaire de Champeau où y assistèrent Julien, Thomas, François, Jacques, Hugues et Gilles Robert et plusieurs autres et moy. Il avoit décedé en la paroisse dudict Champeau où il demeuroit. Et le 19 dud. mois de janvier fut faict le service par lesd. Gondalier et Brousseau en lad. église. Et payay 4 l. 16 s. sçavoir aud. Gondalier 3 l. audict Brousseau 20 s. et au segretain 16 s.

---

1. Saint-Antoine de la Lande, p^{sse} de Saint-Mars, commanderie de l'ordre de Saint-Antoine, dont la remarquable chapelle bâtie à la fin du xve siècle est encore debout.
2. S. Robert avait fait un vœu semblable pour son fils le 20 août. Il fit des vœux presque chaque année.

Pierre Normend musnier décedda le 13 décembre [1628] après midy et fut enterré on cimetière de l'église parrochiale de Saint-Médard de Germond le 14 dud. mois. Il estoit de la religion prétendue réformée[1].

En janvier 1629, décedda à Saint Maixant, Jean Desfrans, éc^r s^r de Repérou et fut enterré on cimetière de ceux de la religion audict Saint-Maixant, environ le tout le 11e janvier.

Abraham Desfrans éc^{er} s^r de Pouillé[2] et mademoiselle sa femme furent en Bas-Poitou sur la fin de l'année 1628 voir leurs parans et le dimanche 28 janvier la dicte damoiselle alla à Saint Maixant pour y demeurer et y mena Jeanne[3] sa servante et M. de Pouillé y alla, mademoiselle Anne Desfrans, sa fille et mademoiselle Jeanne Desfrans, sa cousine, tous pour y demeurer, led. sieur de Pouillé venoit icy à Repérou les sabmedy et s'en retournoit audict Saint Maixant tous les lundi ou mardi.

---

1. S. Robert, quoique très attaché à sa religion, parait avoir vécu en excellents termes avec les protestants, alors nombreux à Germond. Il ne témoigne jamais aucun sentiment défavorable à leur endroit et note leurs décès avec la même exactitude que lorsqu'il s'agit des catholiques.
On voit que les protestants étaient encore enterrés dans le cimetière de la paroisse en 1628. Une ordonnance des Grands Jours de Poitiers, du 2 novembre 1634, leur en interdit l'usage et leur assigna comme lieu de sépulture une pièce de terre de 30 pas au carré, *fermée de buissons*, au fief du sgr de Corgniou, tenant d'une part à l'ouche dudit sieur, un fossé et haye entre deux, d'autre part à la terre du s^r de Puyguyon, le chemin pour aller de Germond à la Rochebirault entre deux, d'un côté à la terre de la dame Clémenceau de Niort, un chemin et haye entre deux, et par l'autre bout encore à la terre de ladite dame. Ladite pièce de terre appartenait à la dame Clémenceau, qui devait être contrainte à la vente par toutes les voies dues et raisonnables. Le prix de l'acquisition était à *régaler* entre tous les habitants de la paroisse de la R. P. R. ou autres de ladite religion. (Titres du prieuré de Germond. Archives des Deux-Sèvres). Il est évident que le terrain alors assigné, déjà clos, ne fut pas acheté par les protestants de Germond, car le *Journal* nous apprend que leur cimetière ne fut entouré de fossés qu'en 1644 (29 décembre).
Les catholiques avaient deux cimetières désignés sous les noms de grand et de petit cimetières. Le petit cimetière parait avoir été peu pratiqué au XVIIe siècle.
2. Paroisse de Vasles.
3. Un blanc.

En febvrier 1629, mourut Jean Bourdeau de la religion prétendue réformée, ancien de l'église prétendue de Champdenier, à la Saulnerie, et fut enterré à Saint Ouenne.

Au commencement de febvrier 1629, fut fiancé René Aymer, filz de Louys Aymer, éc[er] s[r] de Corgnou, avec une damoiselle de Mortagne, à la Rochelle, qui a nom Julie Dangliers [1].

Le 7 juin 1631, au matin, Abraham Desfrans, éc[r] s[r] de Repérou, estant avec damoiselle Crispe Chabot, sa femme, voir et assister Magdelaine de Rion leur mère et belle-mère, vefve de Jean Desfrans éc[er], mendèrent icy à Repérou que Dieu l'avoit appelé de ce monde tellement qu'elle mourut le 6 juin au soir ou la nuit suivante à Saint Maixant.

A Saint Maixant et à Parthenay tout le monde est malade et se meurt au printemps de 1631. Audict Saint Maixant y a plus de 500 malades au dire de M. de Repérou, leur mal est pourpre [2].

---

1. Par échange en date du 14 nov. 1598, Jean Desfrans, éc., et Magdeleine de Ryon, son épouse, s[r] et dame de Repérou, demeurant au lieu noble de Pouillé, p[sse] de Vasles, et Elisabeth Desfrans, leur sœur et belle-sœur, abandonnèrent la maison noble, terre et seigneurie de Germond et Breilbon, le four à ban appelé le four de Rennes, *aliàs* Raynes, avec le *patronage et la fondation de l'église paroissiale de Germond*, le tout mouvant de la seigneurie de Saint-Mars appartenant au commandeur de la grande Lande de Saint-Mars, et ainsi qu'en avait joui Charles Desfrans père dudit Jean, à Louis Aymer, éc., s[r] de Corgniou, et Léa de Saint-Martin, son épouse, demeurant à Corgniou, p[sse] de Germond, contre la maison noble, terre et seigneurie de Sezay, paroisse de Sezay. (Titres du prieuré de Germond.)

Quoique les droits de la famille Aymer soient nettement définis par cet acte, nous n'en verrons pas moins bientôt une grave contestation survenir dans l'église de Germond entre René Aymer, petit-fils dudit Louys Aymer, et Jacques Pastureau, éc., s[r] de Trelan et Germond, au sujet du pain bénit.

Les Desfrans laissèrent leur nom à la Grange Desfrans, p[sse] de Germond. (Journal de S. R. 7 juillet 1646.)

En 1645 (mars), Marguerite et Suzanne Aymer, filles de René, allaient à *l'école à Germond*. Louis Aymer, leur grand-père, avait alors environ 75 ans.

2. Aucune épidémie n'est signalée par le *Journal* à Champdeniers en 1629, bien que des précautions aient été prises à Saint-Maixent contre la contagion de Champdeniers, Fontenay, la Rochelle, etc.,

Le mercredy de devant la Saint-Luc 1632, mademoiselle de Bois Imbert accoucha à Repérou. M. de Bois Imbert et elle avec leur train y faisoient leur demeure et payoient pension à monsieur de Repérou [1].

Le dernier janvier 1633, moy Simon Robert et Françoise Texier, fille de deffunct Louys Texier et Marie Rouhault fusmes espousez en l'église d'Augé par messire Delacroix prestre curé d'Augé et avons esté fiancéz le jour de Saint Hillaire au lieu noble du Pin en la dicte paroisse par led. Delacroix. Le contract de nostre mariage est reçu par A. Duryvault notaire d'Aubigné et Faye qui a la minute, le tout aud. an 1633.

La demeure de Médard Suyrat mon grand père et de moy Simon Robert, notaire.

Dès le mariage de Médard Suyrat et Marie Sabourault qui fut environ l'an 1606 et avant, Médard Suirat s'est tenu en une maison qu'il fit faire en 1605, on bourg de Germond près l'église tenant au chemin tendant de lad. église au pont de la Brémaudière à senestre et d'autre au chemin tendant de l'aire du prieuré à la Briaude. Auparavant led. Suirat s'estoit tenu à Estriposeau en une maison qu'il avoit aussi faict faire qui touche au chemin tendant

---

vers le 5 octobre de ladite année. (Alfred Richard, Inventaire des arch. communales de Saint-Maixent, B⁵.) Cette épidémie de 1629 nous paraît être encore le *pourpre*. Les troupes royales furent très éprouvée par les fièvres pourprées (scarlatine) pendant le siège de la Rochelle. Il est bon de rappeler que la paix ne fut signée que le 27 juin 1629.

1. La terre de Repérou, seigneurie relevant de la châtellenie de Champdenier, paraît avoir été acquise par Marin Auvray, éc., époux de Jeanne Desfrancs. Celle-ci, alors veuve, faisait sa résidence à Repérou le 29 août 1551. D'elle le domaine passa à Charles Desfrancs, éc., sgr de Repérou, de la Grenoillère et du fief de Breuilbon, qui déclara le 2 janvier 1571 au sénéchal de Poitiers vouloir faire tenir l'exercice de la religion prétendue réformée dans sa maison noble de Repérou, en droit de haute justice à cause du fief de Breuilbon. Il était marié avec Françoise de la Dyve, dont il eut Jean, Salomon et Elisabeth. Jean épousa Madeleine de Ryon, dont

de Germond à Cherveux à senestre en laquelle moy Simon Robert nasquit. Et autresfois qu'il Médard Suirat estoit petit garçon demeuroit à la Papotière en ce bourg de Germond.

De lad. maison près l'église dudict Germond s'est ledict Suyrat, ladicte Sabourault sa femme, moy Simon Robert et Andrée Boudreau ma femme et François Robert nostre filz allé demeurer en une maison neufve aussi par icelluy dict Médard Suirat faicte faire en l'an 1619, assise proche ladicte maison près l'église et joignant audict chemin tendant de l'église au pont de la Brémaudière à main droite on fief de Breilbon et ce en l'année 1621.

De la dicte maison où nous estions allez demeurer en l'an 1621, nous deslogeasmes le jour de Saint Maurice 1622 [1] à cause des gens d'armes et guerres et allasmes demeurer au lieu de la Moussière en une maison qui est en la paroisse de Béceleuf apartenant au sieur de Barges [2] qu'exploictent Jean et Jean Brunetz, Louys Bérault et autres à tiltre de ferme avec la mestairie dudict Barges qui est assise audict lieu de la Moussière ou plus tost Bretinière et en laquelle maison, paroisse de Béceleuf, où nous demeurions, décedda lad. Marie Sabourault le 2 apvril 1623 et y demeurasme jusqu'au 26e jour de may 1623 [3].

Abraham, marié par contrat du 23 juillet 1615 à Crispe Chabot. Le moulin de Repérou, qui formait un fief dépendant de l'abbaye des Châtelliers, a appartenu au XVIe siècle à des membres de la famille Lapostolle, de Champdenier, qui prenaient le titre de seigneurs de Repérou. (Communication de mon cousin M. Alfred Richard.)

1. 22 septembre.

2. Barge et la Moussière étaient situées dans une section de la paroisse de Béceleuf complètement séparée de la portion principale par tout le territoire de Surin et enclavée entre les paroisses de Surin, Sainte-Ouenne, Germond et Cours. Cette section isolée s'est maintenue jusqu'après la Révolution; nous ne connaissons pas l'origine de ce singulier état de choses. On trouve en 1607 Françoise Eschallard, veuve de Jacques Eschallard, éc., sgr de Châtillon, Barge et la Grange-Clerbaud, autrement la Grange-Dazelle, en 1700 Antoine Eschallard, sgr de Barge, fils de Frédéric Eschallard, sgr de Barge, et de Henriette de Rechignevoisin. Un mariage fit ensuite passer cette sgrie aux Crugy-Marsillac.

3. Ce long séjour dit assez combien était précaire la paix signée en octobre 1622.

Le dict jour 26 de may 1623, nous transportasmes savoir ledict Suirat, moy, Andrée Boudreau et François Robert nostre dict filz au lieu d'où nous estions party led. jour de Saint Maurice 1622 qui est en la maison faicte faire en 1619 au bourg de Germond.

Auquel dict lieu demeurasmes jusqu'au 8 nov. 1625[1] que nous alasmes ledict jour, fors la dicte Boudreau qui est décedée, au Maignou. D'où le mercredy 12 nov. dud. an 1625 allasmes au lieu noble de la Roche de Jaulnay ou demeurasmes jusqu'au 23 may 1626 avec Marie Robert ma fille et de lad. feue Boudreau fort jeune et Jeanne Broussard, nostre chambrière.

Dudict lieu de la Roche de Jaulnay, vinsmes encore tous en nostre dicte maison neufve de Germond faicte en l'an 1619 d'où nous avions party les jours de Saint Maurice 1622 et 8 nov. 1625 et ce le tout à cause des gens d'armes, le dict 23 may 1626.

Auquel lieu décedda led. Médard Suyrat et y demeurasmes, sçavoir led. Suirat jusqu'à son décès[2] et mes enfans et moy et la chambrière Jeanne Broussard jusqu'au 30 déc. 1628[3].

Lequel jour de 30 décembre 1628, moy, mes dictz enfans et chambrière, fusmes demeurer à Repérou *paroisse de Saint Denys*[4] et y ay demeuré avec mesd. enfans jus-

---

1. Les bandes huguenotes tenaient toujours la campagne. Voir ci-dessus le vol de la recette d'Aigre et Jarnac, 24 avril 1625, et l'affaire de Secondigny, 6 mai 1625.

2. 23 oct. 1626 ? Sa première femme, grand'mère de S. Robert, se nommait Sébastienne Partenay.

3. La Rochelle avait été prise cependant à la fin d'octobre 1628. L'ordre fut long à renaître, si l'on en juge par la longue durée de la dernière absence de S. Robert.

4. Aujourd'hui commune de Germond. Dans une enquête du 31 juillet 1629, Abraham Desfrans, éc., sr de Repérou, déclare que la maison ancienne de Repérou « estoit bastie en la psse de St Denis et que son grand père (Charles Desfrans) voyant la dite maison ruynée l'auroit fait bastir au lieu ou elle est de présent » ; qu'il a ouy dire à son père (Jean Desfrans) décédé à l'âge de 76 ans, et autres an-

qu'au mariage de moy avec Françoise Texier et nos nopces furent en la salle dud. Repérou et demeurasmes deux ou trois jours après les nopces aud. Repérou. Duquel lieu vinsmes en nostre dicte maison neufve de Germond faicte en l'an 1619, et y avons toujours demeuré despuis et espère y demeurer toute ma vie, Dieu m'en face la grace, s'il lui plaist. Le jour que du dict Repérou vinsmes demeurer à Germond, fut le jeudy 10 febvrier 1633, comme appert par escript véritable par moy faict au mesme temps *au papier que je portois en ma poche.*

Le vendredy 22 avril 1633 y eut tumulte à Nyort et se tua du monde de la ville par gens qui se retirèrent au chasteau et les jours suivants, comme j'ay le tout ouy assurer à gens qui disent l'avoir veu.

Je sceus le mardy 26 avril 1633 au soir par Jacques Perret filz de Moricette qui venoit de Nyort que M. de Puyguyon [1] y avoit envoyé que ceux du chasteau et ceux de la ville estoient d'accord et que les barricades qui estoient à tous les cantons de la ville de Nyort se deffaisoient et les retranchementz. Les bateries cessèrent dès dimanche dernier environ midy que monsieur le comman-

---

ciens de la paroisse de Germond, que la grange, partie du jardin et champ à présent planté en vigne estoient en la paroisse de St Denis, qu'y ayant eu dispute entre les paroisses de St Denis et Germond pour les confins d'icelles, on avoit limité et borné lesd. p^{sses} et que depuis ceux de St Denis avoient été processionnellement auxd. bornes et avoient passé par le jardin du déposant auquel il y a deux portes, qu'il a ouy dire être le passage des processions et se fait ledit passage entre la maison noble de Repérou et ladite grange ;.

Que lad. maison, la moitié du jardin et ce qui est entouré de fossés joignant icelle est tenue du sgr de Champdenier, et l'autre partie du courtillage en laquelle est située lad. grange, l'autre partie du jardin et plante y joignant avec d'autres appartenances sont tenus du sgr de Corgniou.

Jean Doreil, marchand, demeurant en la ville de Niort, âgé de 48 ans environ, déclare dans la même enquête que la grange est éloignée de la maison noble de Repérou et fait un côté du jardin dud. lieu, et que dans l'année 1603, il se retira en la maison noble de Repérou au subget de la contagion qui estoit en la ville de Niort. (Enquête communiquée par M. Alfred Richard.)

1. Philippe de Granges, sgr de Puyguyon et de Germond.

deur de la Porte arriva à Nyort [1]. Selon que m'a dict M. de Puyguyon, il se tua plusieurs personnes de Nyort par ceux qui estoient dans le château. Ceux qui estoient on chasteau vouloient mettre impotz, à quoy ceux de la ville s'oposoient, qui estoit le subject de la baterie scelon que l'on tenoit tout certain. On disoit que ceux qui estoient au chasteau tiroient avec coups de mousquetz et arquebus tous ceux qu'ils pouvoient de la ville [2].

Damoiselle Chrispe Chabot, femme d'Abraham Desfrans

---

1. Amador de la Porte, chevalier de Malte, commandeur de Bracque, grand prieur de France, fut l'oncle du maréchal de la Meilleraie. Le roi venait de lui donner le gouvernement de la Rochelle, pays d'Aunis, Brouage et îles adjacentes. Il est bien évident qu'il venait en toute hâte avec des soldats, se rendant à l'appel de Charles de Baudéan-Parabère, comte de Neuillan, gouverneur de Niort.

2. Cette échauffourée était peu connue. Le duc de Navailles, dans une lettre à Colbert, datée de la Rochelle le 22 février 1666, dit cependant qu'il y eut deux sièges du château au temps où le comte de Neuillan, son beau-père, était gouverneur de Niort et sous le ministère de Richelieu. Le comte de Neuillan fut promu au gouvernement de Niort en 1631 et Richelieu mourut le 4 déc. 1642. C'est donc dans cet intervalle qu'il faudrait placer ces deux sièges. On ne voit point pourquoi S. Robert en aurait passé un sous silence. Il serait possible que le duc de Navailles, qui ne savait rien que par ouï dire, eût signalé à tort une seconde révolte des Niortais ; on peut aussi trouver dans les deux jours de lutte (vendredi 23 et samedi 24 avril 1633) les deux sièges dont il parle. L'histoire de Niort au XVIIe siècle étant fort mal connue, il nous a paru utile de rapprocher son récit de celui de S. Robert.

« ...J'adjouteray, M[r], que le chasteau de Niort est dans le plus mauvais estat où il puisse estre, et que c'est la seulle place que vous avez dans le Poictou qui puisse tenir la province dans l'obéissance du roy en cas qu'elle eust quelqu'autre pensée ; que sa scituation est très advantageuse, estant sur la rivière de Sèvre qui va dans la mer ; qu'il se débite toutes les années pour deux millions ou de sel ou de bled dans le port de la ditte ville ; qu'il y a beaucoup d'huguenots dans la province ; que c'est un lieu fort peuplé, où il y a 7 à 8,000 habitans ; que les peuples en sont fort séditieux et arrogans ; *qu'ils ont assiégé deux fois mon beau-père dans le château*, parce qu'il avoit retiré les gens qui levoient les droits du roy, qu'ils avoient dessein de jetter dans la rivière. Tout cela s'est fait durant *l'administration de M. le card. de Richelieu*, longtemps aprez la prise de la Rochelle. Vous ne doutez pas que l'authorité du roy ne fust bien establie en ce temps-là. Il n'y a ny portes, ny ponts-levis, ny couverture pour mettre les soldats à couvert, ny canons montez, ny pas une munition. J'ay creu estre obligé de vous rendre compte de ce destail qui n'a autre fin et intérest que le service du roy.... »

(Doc. inéd. sur l'hist. de France. Correspondance administr. sous Louis XIV, IV, 691, lettres diverses, n° 20.)

éc^{er} s^r de Repérou, me demanda d'heure à autre, le 26 déc. 1635, mais j'estois led. jour à Saint Maixant, mais aussi tost que je fus de retour qui fut environ les 3 heures du soir dud. jour, je fus la voir, elle me vouloit faire escrire, et comme elle peult me disoit ce qu'elle vouloit et après ne sceult et sur les 11 heures et demie ou 11 heures 3/4, elle rendit l'esprit fort paisiblement, M. Peyrault médecin, demeurant à Nyort, M. Pierre Ferruyau apoticaire demeurant à Champdenier, y estoient.

Le jeudi 4e jour d'oct. 1640 sur le point du jour, décedda à la Pelège, Michel Robert qui estoit parain à Michel, mon fils, et fut enterré led. jour après ressie [1] on grand cimetière de Germond, le service dud. enterrement fut faict par vénérable messire Jacques Goupil prestre vicaire dud. Germond assisté de messire Charles Sentier prebtre curé de Champdenier et de messire Tranchant prestre soubzprieur dudict Champdenier. M. René Girard greffier de Champdenier et son filz, Me Simon Robert sergent, mon filleul, Thomas Robert son père, y estoient. Moy j'y estois et ma femme, Me Hiérosme Nicoleau notaire et Me Pierre Mestayer sergent et plusieurs autres y estoient.

Led. Michel Robert filz de Julien Robert [2] et de deffuncte Renée Tisson. Le service fut faict à la huictaine.

Le sabmedy sur le soir 29 décembre 1640, Me Nicolas Duryvauld, sergent royal et notaire d'Aubigné et Faye, demourant à Saint-Christophle, s'en retournant du marché de Champdenier fut fort battu et outragé au grand pont de Champdenier ou fort proche d'iceluy.

---

1. Repas de l'après-midi.
2. Issu sans doute d'Hilaire Robert, meunier et propriétaire du moulin de la Pellège, qui vers 1575 avait acheté de la fabrique de l'église de Champdeniers une rente de 20 boiss. de blé due sur son moulin, ladite vente faite pour payer une partie de la dépense faite pour remettre l'église en état après les troubles.
(Déclaration de la fabrique de Champdeniers pour les francs-fiefs, 24 février 1610. Titres de la fabrique.)

Le sabmedy 23 mars 1641, décedda à Saint-Remy en plaine, messire Joseph Meaulme prestre curé dud. lieu. Il estoit bien le jeudy précédent à Nyort. C'est luy qui avoit esté vicaire à Germond.

Le lundy au matin 25 mars 1641, décedda à Saint Maxire Mᵉ Bonnaventure Chappelain nottaire des chastelanies de Villiers en plaine et beau frère de Mᵉ René Girard greffier et nottaire de Champdenier [1].

Le dimanche 18 may 1642, fut en l'église de Nostre-Dame de Champdenier institué ou estably le rosaire de Nostre-Dame par un prédicateur de l'ordre des Frères Prescheurs establis par saint Dominique, mais je ne sçay pas quel nom il s'apelle ny comment s'apelle son ordre. Il est vestu d'une robe ou froc blanc tout du lon de la teste qui en estoit couverte jusqu'aux pieds et avoit un capuchon non pointu noir et un petit mantelet aussy noir. Je ne prins point garde comme sesd. habitz estoient faitz. Luy et ceux de son ordre sont obligez à dire led. rosaire. Il prescha en l'église à la grand messe et establit M. le curé et pasteur de Champdenier qui est messire Charles Sentier en son lieu, en son absence, pour recevoir à la confrairie dud. rosaire tous ceux qui si voudroient mettre qui auroit le mesme pouvoir que luy, et dist que ceux qui se mettroient de lad. confrairie confessez de leurs peschez et communiez à l'entrée d'icelle confrairie, estoient comme lorsqu'ilz n'ont que receu le baptesme. Après la messe chascun s'en alla disner, après allèrent à vespres, après vespres fut faict la profession génerale où assistèrent les processions de Mazière, la Boixière, Cours, Sainct Mars, Sainct Denis, Germond et Champeau, je ne scay s'il n'y en avoit point d'autres qui avoient esté aud. Champdenier

---

1. Ma maison de campagne de Saint-Maxire, appelée autrefois la Bobinière, maintenant le Logis, fut bâtie en 1622 par Mᵉ Bonaventure Chapelain, comme on le voit par diverses inscriptions des lucarnes.

led. jour à ce subject dud. rosaire et passa lad. procession générale à la halle où led. prédicateur prescha, ne parla point de ceux de la religion prétendue ou fort peu. Après lad. procession généralle monta led. prédicateur en chaire en l'église et déclara au peuple les particularitéz dud. rosaire duquel il avoit bien parlé en ses deux [premières] prédications, lesquelles particularitéz et debvoir sont telles que ceux qui se mettent dans la confrairie dud. rosaire doibvent dire toutes les sepmaines trois fois led. rosaire en trois jours ou tout en un jour ou bien le dimanche si on ne le dit la sepmaine, doibvent se confesser et communier tous les premiers dimanches du mois et les jours de Nostre-Dame et le jour de Sainct Dominique qui est le 4 d'aoust, qui a ordonné led. rosaire y a 400 ans, et faisant lesd. confession et communion participeront à toutes les prières et bienfaitz qui se feront par tout le monde par tous les confrères dud. rosaire autant que ceux qui les font, et les obmettant, ilz perdent cette participation seullement et ne font pour lad. obmission pas aucun pesché, non pas mesme véniel, n'y a aussi de pesché pour obmetre à dire led. rosaire. Le prédicateur commit M⁰ François Boujeu et M⁰ Maboul dud. Champdenier pour receveurs de ce qui seroit donné et furent establies quatre filles dont y en a deux qui ont nom Boujeu, une autre Girard et l'autre ne sçay comme elle a nom, ne me souvient comme led. prédicateur les[1] nomma estant en chaire, comme pour officiers qui amassoient par l'église pour led. rosaire, dist que lesd. officiers tant receveurs que filles se changeroient tous les ans, le premier dimanche d'octobre.

Il y avoit des bulles des indulgences pour led. rosaire attachées dans l'église et à la porte de l'église de Champdenier. Il faudroit en avoir une ou la copie pour voir et sçavoir plus amplement les particularitéz et les indulgences

---

1. Sans doute pour la.

dud. rosaire et après que led. prédicateur eut déclaré ce qui estoit dud. rosaire, fit tenir en la main de ceux qui avoient des chapeletz ou rosaires leurs dits chapeletz et les bénit luy estant en la chaire ayant à ceste fin un livre et après dessendu de la chesre, alla par l'église getter de l'eau béniste. Après dist que ceux qui se voudront mettre en lad. confrairie fussent escritz en un livre.

Messire Jacques Goupil prebtre, vicaire de Germond, étant avec moy nous en vinsmes et ne nous y fismes point au moings moy escrire, attendu que l'on ce fera escrire quand l'on voudra, joinct que pour mon regard, je ne suis encore instruict aud. rosaire.

Ledict prédicateur avoit avec luy un disciple ou compaignon de mesme ordre que luy, comme y avoit aussi 2 capucins, lesquelz capucins ne preschèrent point et n'y eut que led. establisseur de rosaire qui prescha[1].

[Le subject de ses prédications furent du paradis et de l'enfer, des prédestinéz et réprouvez et que led. rosaire estoit un moyen bien efficace pour parvenir en paradis ; le texte de sa première prédication fut que la Vierge Marie disoit ou que d'elle estoit dit, il ne me souvient pas bien, qui me trouvera, trouvera son salut. Toutesfois, il ne cita pas où estoit escrit led. texte ou passage, au moings que j'entendisse, ce qui eust, me semble, esté nécessaire. Je ne peux bien affirmer pour n'avoir en chose si haulte la remarque assez bonne m'en remettant à ce qui en est, et subissant entièrement à l'ordonnance de Dieu et de l'église.

Moy et Françoise Texier, ma femme, fusmes présans à ce que dessus.

Le lendemain de la Saint Jean Baptiste, 25 juin 1642, décedda Louys Robert fils de Simon Robert qui estoit musnier à Rochard et décedda led. Louys à Cintray où il

---

1. Ce qui suit est effacé.

estoit allé demeurer despuis un ou deux ans en çà.....
Ledict Louys n'a délaissé aucuns enfans.

La nuict à minuict d'entre le 7ᵉ jour de juillet 1642 et le mardi 8ᵉ, nasquit un filz à Simon Robert notaire et Françoise Texier conjointz en la maison où moy dict Robert, lad. Texier et nos enfans faisons nostre demeure appelée *les Imbertz*, assise on bourg de Germond on fief de Breilbon et y chargée en ayde à payer avec autres un denier de cens par chacun an pour tous debvoirs et charges. Et led. jour 8ᵉ juillet au matin environ sur les 8 à 9 heures fut led. filz baptisé en l'église parochialle dud. Germond par messire Jacques Goupil prestre vicaire dud. Germond et nommé Médard.

Le 9 sept. 1642 qu'il se faisoit service général en les églises des paroisses pour la deffuncte royne Marie de Médicis, mère du roy, fut environ les 7 heures du matin entendu un bruit en l'air comme si c'eust esté à Saint Maixant ou vers Poitiers, à ceux qui estoient icy à Germond. Au commencement on eust dit que c'estoient quatre ou cinq coups de canon l'un après l'autre, et après comme un tonnerre qui dura fort longtemps et tout le ciel estoit fort au beau et ne faisoit point de vent et venoit l'air de vers la bise, le temps ferme, ny ayant aucune nuhée quelconque en pas un endroit du ciel, le soleil luysant et montrant sa face, fort beau. On ne sçait que c'est.

Beaucoup de gens d'icy croyoient que ce fussent des feux de pipe qui dessendissent à la cueille de Saint Jasmes venant de Champdenier pour aller à Nyort.

Nota. Partout à plus de dix ou douze lieues, fut entendu le mesme bruit et aussi fort en un lieu comme en l'autre. Auparavant le temps estoit fort pluvieux et dès lors il a tousjours esté au beau, toutesfois les 14 et 15 septembre, il a fait de grandz ventz[1].

---

1. V. *Arch. hist. du Poitou*, XV, 109, note « coup en l'air » du 9 septembre 1642.

Noble Pierre Huet sr du Plessis Gaudussière, lieutenant général en l'élection de Nyort, mourut le 14 oct. 1643 [1] et fut enterré le 15 au cimetière de la religion prétendue, à la porte de Saint Gelais, comme il m'a esté raporté.

Le sabmedi environ les 11 heures du soir, 27 febvrier 1644, nasquit une fille à M. Simon Robert notaire et Françoise Texier conjoinctz en la maison où nous demeurons aux Imbertz, joignant à la ruhe tendant de l'église au pré de la Place. C'estoit le 20e jour de la lune suivant l'almanach de Pierre Delarivey grand astrologue imprimé à Nyort par François Maté [2].

Le jeudi jour de l'Assension [14 mai] 1643 mourut le roi Louys 13.

Le lundi 8 juin 1643, fut enterré honneste personne Pierre Guillemin, sieur de la Vouste [3], après avoir maladé cinq ou six jours, de la religion prétendue.

---

1. Pierre Huet occupait déjà ces fonctions en 1625.
2. S. Robert, d'un naturel superstitieux qui le porte à croire aux influences sidérales, note l'âge de la lune le jour de la naissance de ses enfants, quand il les met en robe, etc., et a bien soin de ne pas planter dans le décours de cet astre. Cela nous vaut une autre citation de l'almanach de Me Pierre Delarivey, imprimé à Niort chez François Mathé, l'année suivante (1645).
Pierre Delarivey (le jeune) est l'auteur des *Six centuries de prédictions*, etc., imprimées à Lyon, chez Claude Chastelard, dès 1623, et des *Prédictions et pronostications générales pour 19 ans*, etc. [de 1625 à 1643], à Troyes, chez Jean Oudot, s. d. C'est assez dire que son titre de « grand astrologue » n'est pas usurpé.
L'almanach sorti des presses de Fr. Mathé en 1644 et 1645 est jusqu'ici le premier almanach poitevin sur lequel on ait des données certaines. Il serait curieux de savoir s'il s'agit d'une brochure ou d'un simple almanach de cabinet (placard). Nostradamus a publié des almanachs-brochures de 1550 à 1567 (Lyon et Avignon); il se peut donc bien que l'almanach de Fr. Mathé soit aussi un almanach-brochure.
3. Curieux château, en partie du xve siècle, avec loggia à l'italienne, commune de Sainte-Ouenne, sur le bord de l'Egray et du chemin Chevaleret, ce qui lui valut de devenir plus tard une auberge. C'est aujourd'hui le centre d'une petite ferme. Son histoire est mal connue.
1664. Jacques Guillemin, sr de la Groix, demeurant à la Voûte de Ste-Ouenne. (B. Ledain, *La Gâtine*, 325.)
Le 24 janvier 1709, André le Tellier, sr de Bois-David, fils de René le Tellier, sr de Bois-David, et de Madeleine Gohier, épousa Marthe Bourdet, demeurant à la Vouste, psse de Ste-Ouenne, dont autre André le Tellier, sr de Bois-David. (Ap. Briquet, notes.)

Le 23 aoust 1643, sur les 8 à 10 heures du matin arriva et fut déclaré au public à Nyort que les doubles ne se mettroient que pour deniers. Ceux qui despuis en ont pris et qui ont voulu les faire reprendre à ceux qui les avoient baillé les y ont fait condempner par les juges consulz des marchandz de Nyort.

Avant que les prés fussent fauchéz l'année 1644 fut un grand desbordement d'eaux qui raboira grandement les préz et emmena les terres.

Damoiselle Françoise Jau, femme de Claude Jousseaulme éc^{er} s^r de la Chaslonnière, qui est au delà de Saint Maixant, fut enterrée le mercredy 6 juillet 1644. Elle avoit décedé au Pin p^{sse} d'Augé, elle estoit marenne de Michel mon filz.

Ceux de la Combe me dirent le sabmedy matin 24 sept. 1644 que damoiselle Louyse Tutauld, dame de la Jouslinière, leur maistresse estoit décedée ou enterrée dès le lundi d'auparavant qui estoit le 19 sept. 1644.

Le mercredy 28 décembre 1644, fut enterré on cimetière ou plustost champ ou ceux de la religion prétendue s'enterrent, Peletier mestayer et père des mestayers de la Moussandière et le lendemain, 29 décembre, ceux de la religion en grand nombre de Germond et Breilbon firent des fossez autour de lad. terre ou cimetière [1].

Le dimanche devant Noël que je croy au presche à Champdenier qui estoit huit jours avant Noël fut baptisée Marguerite fille à Josué Adam, éc^{er} s^r de Saint-Denis [2]

En 1754-1756, François Vergier, s^r de la Voûte, avocat en Parl., veuf de Catherine Chartron, administrateur de leurs enfants, demeurait en sa maison de la Voûte, p^{sse} de Sainte-Ouenne. (Titres du château de Rouvre.)

1779. François Girault de Lingrimière, fermier des terres et seigneuries de St-Maxire et de la Voûte, demeurant au château de la Voûte. (Arch. des Deux-Sèvres, E. 685.)

On lit au-dessus du portail : 1627 *Jacque Monmy.*

La Voûte est aujourd'hui une petite métairie appartenant à la marquise de Sainte-Hermine.

1. Voy. note 1, p. 392.

2. Josué Adam, sgr de Saint-Denis, mourut avant le 23 juin 1655,

et de Marguerite Aymer son épouse qui avoient estez espouzez à Corgniou en la salle que je croy le 2 febvrier 1644 où Louys Aymer éc[er] s[r] de Corgniou l'avoit menée par la main et duquel lieu elle fut retournée par Hercules Adam éc[er] s[r] de Puyraveau, et furent les nopces aud. Corgniou.

La nuict d'entre le sabmedi 28 et le dimanche 29 janvier 1645 fit un tel vent et orage qu'il renversa tant d'arbres par terre et couvertures de maisons haultes, qu'il ne s'en est veu de semblable si véhément de mémoire d'homme et commença led. vent led. jour de sabmedy au soir.

L'on a remarqué que l'évangile de dimanche qui estoit le 3e d'après l'octave des Rois que grande esmotion arriva en la mer, est que « Jésus dormoit en la nasselle, etc. », il s'est faict plusieurs naufrages en la mer et sur le bord d'icelle.

La sepmaine de la Septuagésime en venant à la Sexagésime 1645, mourut Nicolas de Sainte Marthe, lieutenant général de Poictou à Poictiers [1] et fut enterré le mercredy de lad. sepmaine 8 febvrier ou vendredy 10 febvrier.

Le lundy 13 febvrier 1645 au soir décedda Julien Robert à la Pelège et fut enterré le lendemain ou grand cimetière de Germond. Il fut baillé aux pauvres 8 grands pains pour aumosne.

Le mardy 23 may 1645, a esté enterré à Champdenier, la femme à Me Laurans Gelineau s[r] des Ratières, notaire de Champdenier et sergent royal.

Le vendredi 14 juillet 1645 fut enterré à Champdenier Me Pierre Mestayer, sergent de Partenay, demeurant de son vivant au dict Champdenier [2].

Le vendredy 8 sept. 1645, mourut au moulin de [3]

---

1. Le 6 février.
2. Si l'on joint au sergent royal et au sergent de Parthenay les sergents de la châtellenie, cela fait trois catégories de sergents audit lieu.
3. En blanc.

p^sse de Feniou, Antoine Robert et fut enterré à Sintray le lendemain.

Le 6 mars 1646 avant midy, après le service de Guill. Macauld, mary de Renée Partenay, fut baptisé en l'église de Germond, Françoise fille de Simon Guitton et Gendronneau... *et ne fut rien escrit à l'église dud. baptesme* à ce que m'a rapporté ma femme qui fut marenne.

Le mercredy 20 juin 1646 sur les 9 heures ou environ du matin en l'église Saint Médard de Germond fut baptisé par messire Pierre La Micque d'Arthois, prestre vicaire de Germoud, Pierre fils de Jacques Pastureau éc^er s^r de Trelan et Germond et de damoiselle Marie Devilliers, son épouse, parain et marenne monsieur de Bouteville [1] et madamoiselle la présidente, tous deux de Nyort. Lad. damoiselle de Tre-lan [2] est accouchée dès lundi matin 18 des présants mois et an et estoit malade dès le sabmedy 16 juin [3].

Le mercredy 10e oct. 1646, Mgr l'Evesque de Poictiers qui est très révérend Henry Louis Chastaigner de la Rocheposay, estant à Champdenier prescha et exhorta dans l'église et administra le sacrement de confirmation ; ma femme Françoise Texier et mes enfans François et Simon

---

1. Pierre Pastureau, éc., s^r de Bouteville.
2. S. Robert écrit presque toujours ainsi le nom de cette seigneurie située p^sse de Gript, où se trouve encore la Cour de Trelan.
3. Jacques Pastureau, éc., tant en son nom que comme ayant charge spéciale de Marie de Villiers sa femme, avait eu la maison noble, terre et sgrie de Germond avec ses appartenances et dépendances, de Marie de Granges, par échange contre une rente de 335 l. 15 s. 3 d. à prendre sur Pierre Rousseau, éc., sgr du Plessis, et Catherine Leblanc sa femme, Philippe Rousseau, éc., s^r de Beauregard, Magdeleine Rousseau et François Laurens, éc., s^r de Beaulieu, conseiller du roi, président et lieutenant général de Niort, du 28 février 1644. (Dom Fonteneau, t. XLII, p. 609. Original château de Puiguyon.) Les terres de Germond, la Vergne, etc., étaient parvenues aux de Granges par le mariage d'Ambroise de Granges avec Renée de Puiguyon, antérieur à 1581. Philippe de Granges leur fils, sgr de Puiguyon et de Germond mort avant le 20 janvier 1645, fut père de Marie de Granges qui vendit Germond à Jacques Pastureau. (Vialart, 138, 142, 144.)

les receurent, mon fils Michel bien qu'il y fust allé s'en vint sans le recevoir auparavant les autres, se trouvant mal.

Le peuple y estoit à la foule venu des environs en procession suivant les mandements et ordonnances qu'en avoit faict mon dict seigneur Evesque. Il venoit de Saint Maixant où il avoit le dimanche auparavant, selon le raport qui m'en a esté faict, faict les mesmes choses, et alla à Nyort où le vendredi fit aussy les mesmes choses et paroissiens abordoient de tous les environs suivant l'ordre qu'il avoit donné [1].

Le sabmedi 20 avril 1647 mourut messire Charles Sentier prestre curé de Champdenier et fut enterré led. jour en l'église. Je fus à son enterrement et trois de mes enfans, François, Michel et Simon. Il n'estoit point couvert la face, avoit en la teste son bonnet carré, des gans blancs en les mains et un livre et en ses pieds une chaussure blanche comme seroient escarpins, avoit son acoustrement sacerdotal à l'exception de la chasuble, comme il me semble et comme je le croy et je l'ay veu et estoit en un coffre ; après qu'il fut mis en la fosse, ils mirent des aisses sur le coffre ; le service fut faict par messire Coralleau prebtre curé de Cours.

Le 13 juillet 1647 avant midi damoiselle Marie Devilliers femme de Jacques Pastureau éc[er] s[r] de Trelan et de Germond accoucha d'une fille au lieu noble dud. Germond. Et le 15e dud. mois, elle fut baptisée par messire Pierre La Micque d'Arthois, prebtre vicaire de Germond et fut nommée lad. fille Jeanne.

La sepmaine d'après le dimanche 4 aoust 1647 y eut querelle entre [René] Aymar éc[er] s[r] de Grand Velours, petit fils de Louys Aymer, éc[er] s[r] de Corgniou, Germond et Breilbon et Jacques Pastureau éc[er] s[r] de Treslan et de Ger-

---

1. Le Journal de Simon Robert (1621-1654) ne mentionne pas d'autre visite pastorale à Champdeniers.

mond[1] pour le pain bénist qui avoit esté en l'église de Germond, led. jour dimanche 4 aoust 1647, présenté aud. s^r Trelan qui l'auroit renvoyé aud. s^r du Grand Velours qui l'auroit pris le premier et ensuitte raporté aud. s^r Trelan qui l'auroit refusé de prendre, le tout à ce que j'ay ouy dire et c'est bien chose véritable. Et le dimanche 11 aoust 1647 ne furent à la messe ny l'un ny l'autre et aussi leur différend, qu'ils ont accordé estre jugé par arbitres, n'est encore décidé.

Ilz se vouloient combattre entre la Combe et Belle Veuhe dans un prez et la nuit venant du lundi 5 aoust au 6 led. s^r Trelan coucha chez La Verdure aud. lieu de Belle Veuhe et led. s^r de Grand Velours vers la Combe ou vers les Morinettes. Abraham Desfrans éc^{er} s^r de Reperou, si employa et ayda avec autres à les faire condessendre à juger led. différend par arbitres qui sont à ce que j'ay le tout ouy-dire deux advocatz à Poictiers, mais pour le sçavoir au vray, je ne n'en sçay rien que par ouy-dire mais je croy bien que c'est vray [2].

Le dimanche 18 aougst 1647 *jour d'assemblée ou préveil icy à Germond*, fut enterré à Champdenier Me René Girard greffier dudit Champdenier.

Le dimanche au soir 3 nov. 1647, M. de Champdenier [3] fit son entrée aud. Champdenier qui venoit de son lieu de la Mote, partis à ce que j'ay ouy dire le jeudi pour aller à son autre lieu de Javarzay.

Le sabmedi dernier novembre 1647 mourut monsieur le *commendeur* qui demeuroit au Pin paroisse d'Augé chez

---

1. Jacques Pastureau, éc., sgr de Trelan et de Germond, habitait à la Vergne près le Pinier de Germond ; il était aussi propriétaire du Pinier.
En 1699, le fief et sgrie du Pinier était passé à Jean Pastureau son fils.
Les Pastureau étaient encore sgrs de Germond et Trelan en 1716.
2. Sous cette question de préséance se cache peut-être une affaire religieuse entre les Pastureau catholiques et les Aymer protestants.
3. François de Rochechouart, marquis de Chandenier, célèbre par sa vertueuse opiniâtreté, ses intrigues et ses malheurs.

M. de Mauvergne [1] aud. Pin à ce qui m'a esté raporté et acertainé par les collecteurs d'Augé qui m'ont ces jours faict getter la taille d'Augé et par autres.

Marie Robert ma fille et de deffuncte Andrée Boudreau, ma première femme, fut fiancée avec François Godeau icy à Germond le lundi 23 décembre 1647. Le lundi 27 janvier 1648, ils receurent la bénédiction nuptiale de messire Pierre de La Micque d'Arthois prêtre vicaire de Germond et firent leurs nopces [2].

Le dimanche 26 janv. 1648 après vespres décedda Françoise Robert ma fille qui avoit esté baptisée le 28 febvrier 1644.

La nuict avant minuict d'entre le 22 et le 23 juin 1648 Françoise Texier femme de moy Simon Robert accoucha d'un fils (baptisé le lendemain et nommé Jacques).

Le jeudi 17 septembre 1648 vint loger six compagnies de gens d'armes à Germond de M. le compte Doignon [3]. Un capitaine estoit logé chez Juillet et un autre chez moy Simon Robert et deslogèrent le lendemain.

Et après qu'il furent deslogez vint aud. Germond loger deux autres compagnies de gens de pied du mesme M. le compte Doignon. J'eus un capitaine qui s'appeloit Treslebois et Juillet autre qui s'appeloit Malassis et deslogèrent le lendemain 19 septembre 1648 [4].

---

1. Hercule Adam, éc., était sr de Mauvergne en 1645. (S. Robert.) Nous ne savons quel était le commandeur.
2. Au repas assistèrent Abraham Desfrans, éc., sr de Repérou, Jacques Pastureau, éc., sr de Trelan et de Germond, et Jeanne Pastureau, sa sœur. Louys Aymer, éc., sr de Corgniou, Germond et Breilbon, octogénaire, n'y vint pas à cause de son grand âge et de son indisposition contre M. de Grand Velours, lequel n'y fut aussi, ny Julie Aymer fille de René, éc., sr de Germond. Led. René Aymer étoit absent. (S. Robert.)
3. Louis Foucault, comte du Daugnon, lieutenant général au gouvernement de Brouage, la Rochelle, pays d'Aulnix et Isles adjacentes. Il prit parti pour le Parlement pendant la Fronde, fut amnistié par le roi en 1653 et reçut alors le bâton de maréchal en échange de son gouvernement.
4. La Fontenelle de Vaudoré ne dit rien dans la *Fronde en Poitou*

Le 16ᵉ juin 1649 ont estez fiancés François Robert mon fils et de deffuncte Andrée Boudreau avec Louyse Cerceau fille de sire François Cerceau et Perrette Guynefolleau. Le lundi 5ᵉ juillet 1649 ont estez les nopces [1].

Le lundi 13 septembre 1649 fut enterré en l'église de Champdenier Mᵉ François Boujeu, notaire du dit Champdenier, qui avoit déceddé la nuict précédente, auquel enterrement, y avoit six prestres. Mon fils Simon m'a rapporté que ledict enterrement fut faict fort honorablement y ayant quantité de cierge et du luminaire et personnes qui avoient le dueil en noir et y avoit deux hommes habillés en pélerins [2].

Le 13 janvier 1650 décedda damoiselle   femme de   Chalmot, écᵉʳ sʳ de Boisrecept, à sa demeure au bourg de Saint Ouenne [3], et fut enterrée le lendemain aud. Saint Ouenne.

---

des mouvements qui précédèrent dans cette province la prise d'armes de Henri de la Trémouille, nommé généralissime des troupes du Parlement de Paris dans l'Ouest, par arrêt du 11 mars 1649.

Il est fort probable que le passage à Germond des huit compagnies du comte du Daugnon, en septembre 1648, se rattache aux premiers événements de la Fronde en Poitou.

1. A ce mariage assistent René Aymer, éc., sgr de Corgniou, Germond et Breilbon, sa femme et ses filles, Jacques Pastureau, sgr de Trelan et Germond, et Jeanne Pastureau, sa sœur, et deux des enfants de M. de Repérou. (S. Robert.)

Par contrat reçu par Mestayer et Escotière, notaires à Champdeniers, le 13 juillet 1667, Jacquette Aymer, fille de René Aymer, éc., sʳ de Corgniou, Germond et Breilbon, et de Julie Dangliers, demeurant tous à Corgniou, épousa Samuel Duchesne, éc., sʳ de Saint-Léger, demeurant à Saint-Léger, pˢˢᵉ de Saint-Mandé, fils de feu Isaac Duchesne, éc., sʳ de Saint-Léger, et de Renée Goltier, représentée par Nicolas Chaigneau, pasteur, demeurant à Aulnay.

Le futur assisté de François de la Blachière, éc., sʳ de l'Isle, David Duchesne, éc., sʳ de Chanain, Jean Duchesne, éc., sʳ de Vauvert, ses parents qui signent avec Jacquette Aymer, Renée Aymer, Julie Dangliers, Louis Aymer, Marguerite Aymer, Marie Aymer, Jeanne Aymer, René Aymer, Claude Dangliers, Pierre de Ranques, Charles le Mareschal, Pierre le Mareschal, Charles-Jacques le Mareschal, Hercules Adam, Josué Adam.

2. François Boujeu avait fait lui-même le pèlerinage de Saint-Jacques en Galice.

3. C'est-à-dire à la Brémaudire.

M. Desfrans, filz de M. de Repérou qui avoit nom Philippes, mourut à Repérou le dimanche 3 apvril 1650. Il a esté deux ou trois ans en grande traisnerie. Il estoit de la religion prétendue réformée.

Le sabmedi 13 janvier 1652, damoiselle Jeanne Pastureau, sœur de Jacques Pastureau, éc^{er} s^r de Trelan et de Germond, fut à la messe en l'église parrochiale de ce lieu de Germond et au retour de la messe s'en alla à des cousturières qui travailloyent chez sond. frère audict Germond et leur dist qu'elle alloit faire faire à disner qu'il estoit temps et s'en alla s'apuyer sur le lict de madamoiselle Trelan où elle mourut sans parler à personne et fut enterrée en l'église parrochiale de Germond le lendemain 14 janvier 1652 après midy ; furent à son enterrement les sieurs curez de Champdenier, de Cours, de Champeau, de Saint Denys et de Rouvre et le sieur vicaire dud. Germond, M. et madamoiselle Trelan et autres et grand nombre de la parroisse. J'y estois.

(Lacune de la fin de juillet 1652 au 6 octobre 1652.)

Le sabmedi 12 apvril 1653 mourut Renée Goya femme de mon frère Laurant Robert et fut portée à l'église le lendemain jour de Pasques et enterrée après vespres au grand cimetière de Germond.

Le mercredi au soir 3e septembre 1653, a esté baptisée à Maigné Simonne fille de M. Jean Texier et sont parain Simon Robert mon fils ci-devant escolier et à présent régent chez M. de Corgniou[1], Germond et Breilbon aud. Corgniou pour monstrer et instruire les enfans et fille desd. sieur et damoiselle de Corgniou et mareine Simonne Petit.

Jacques Aymer, éc^{er} sgr de Breilbon, fils aisné de messire René Aymer, chev^{er} s^{gr} de Corgniou, Germond et Breilbon, fut enterré le 27 janvier 1653. Il fut trouvé en l'un des

---

1. Un Simon Robert habitait à Champdeniers au bas de la Grand'-Rue en 1663.

essais du moulin de Corgniou le plus proche dud. moulin, mort et le cherchèrent dès le sabmedi, car le sabmedy ayant disné s'en alla à la chasse vers led. moulin où il demeura; son corps fut levé par les officiers de justice dud. s^r de Corgniou.

Le sabmedy de l'Osanne 1653 fut pendu et estranglé à Champdenier un malfaiteur qu'ilz appeloient *Mille Diabl es*, mes enfans y furent voir.

Le mardi jour la petite Saint Jean de may, 6 may 1653, André de Marzac, éc^{er} s^r du Plet [2], fut pris à Saint Ouenne et emmené, je croy que c'est à ce que l'on dit à Fontenay le Comte. Le sieur de la Fraignée mary de la sœur dud. s^r du Plet fut par un coup de fuscil incommodé de balles qu'il eut en une cuisse dont il ne eraint rien, mais le plomb n'est encore tiré, ni sorti.

Il en fut pris six et un garçon qui servoit d'espion de ceux qui estoient venus prendre led. s^r du Plet, qui estoient en le logis de Saint Ouenne [3]. Les portes et portault estant fermez, fut faict mettre le feu par mons^r de Boisrecept [4], à ce que l'on dit, lequel portal brusla une partie et les prindrent, et la commune et bourg de Saint Ouenne s'esleva et assista pour en prendre et plusieurs gentilz-hommes ayant estéz mendés de la part du s^r de Boisre-

---

1. Les *Aducaturaires*, nommés aussi *Mille Diables*, ravagèrent le Poitou en 1523, et le Berry en 1524. Ils formaient de nombreuses compagnies ; on les appelait souvent les *six mille diables*. On dit longtemps *méchant comme un Mille Diables*. Un corps de fantassins appelés *Diables* existait dès 1521. On les envoya contenir les Rochelois et les Marengeois. Ce sont eux sans doute qui se firent routiers. Voy. Lacurne de Ste-Palaye, gloss. du comte Joubert, chron. du Langon, p. 35. Peut-être ce nom de *Mille Diables* désigne-t-il en 1653 un ancien soldat devenu coupeur de bourses.

2. Famille sortie de l'échevinage de Niort. André de Marzac était probablement issu de David de Marzac, éc., s^r du Pleut en 1598, et de Judith Follet son épouse, fille de Mathurin Follet, s^r de Sainte-Ouenne (métairie p^{sse} de Rouvre), et de Pernelle Bonnifait. (Titres du château de Rouvre.)

3. Le château.

4. Nous avons vu que Chalmot, éc., s^r de Boisrecept, habitait Sainte-Ouenne et qu'il perdit sa femme le 13 janvier 1650.

cept y allèrent, *mesme des gens de guerre qui estoient à Faye sur Ardin*. Les dits six furent mis en une cave et furent désarméz et led. garçon n'ayant esté mis avec les autres pensoit s'esvader, mais fut poursuivi et pris, après mené à Nyort par led. s^r de Boisrecept à ce qu'on disoit pour estre interrogé. Monsieur Picot et quelques autres de Poictiers estant à Gazeau[1] vindrent à Saint Ouenne à ce qu'on dit, entre lesquels y en a un qui est archer ou officier de la mareschaulcée de Poictou qui bailla la géhenne à ce qu'on dit à l'un, je ne sçay si c'est au dit garcon ou autre. Le lendemain se passa et retournèrent à ce que je croy de Nyort et l'autre lendemain qui estoit jeudi alla aud. Saint Ouenne sept ou huit à cheval. On disoit que c'estoit un prévost et ses archers et l'autre lendemain qui estoit vendredi mond. s^r de Boisrecept m'envoya quérir par Vrignault de Saint Ouenne qui m'aporta une lettre pour aller à Saint Ouenne sans dire que faire et j'y fus, y estant le sergent Aubrit dit la Cuillère y estoit. Et me donna led. sieur de Boisrecept à entendre que c'estoit pour faire des informations et qu'il vouloit faire ouïr lesd. prisouniers qui sont ceux qu'il avoit ainsi retenu pour s'enquérir d'eux qui les avoit ainsi fait venir et autres choses sur lesquelles il vouloit les faire interroger.

Je lui dis que j'estois officier de M. de la Rochebirault[2]

---

1. Curieux château du xve siècle, commune de Sainte-Ouenne, en partie conservé, bâti par les Aymeret et alors encore à cette famille.

2. Pierre Maroix, chevalier, sgr de la Rochebirault, habitant Brelouse, p^sse de Saint-Michel-le-Cloucq, vendit la Rochebirault à François Gairaud, s^r de Bois-Loudun, fermier général de Lallier, p^sse de Cours, y demeurant, le 6 mai 1715. En 1711, il avait donné la Jauduinière, près Breilbon, à Pierre Maroix, chevalier, sgr de la Mazourie son fils, à l'occasion de son mariage avec Marie Jeanne Sapineau. En 1715, Pierre Maroix, sgr de la Mazourie, habitant à Saint-Maurice des Nouhes, affermait la Jauduinière à François Gairaud, s^r de Bois-Loudun, fermier de Lallier.

Nous croyons que la Rochebirault appartenait déjà aux Maroix en 1653. Françoise Demondon (ou de Modon), probablement fille de Jacob de Modon, sgr de la Rochebiraud (de l'échevinage de Niort), lequel on croyoit avoir fait prendre led. s^r du Plet et venir ceux qui l'avoient pris et que je le priois que je ne travaillasse point à cela.

Il me fit voir une plainte dud. s^r de la Fraignée et de lui signée et de Hoissard notaire d'Aubigné et Faye. Il me dist qu'il n'avoit aucun mandement mais qu'il falloit laisser du blanc et qu'à Poictiers on [en] donneroit bien un.

Je lui remonstre d'abondant ce que dessus et me permit de m'en venir, ce que je fis. Alors que j'y fus y avoit un sergent de Fontenay qui avoit exécuté pour les décimes messire Martin Febvrier, prestre curé de Saint Ouenne et luy payèrent ses frais chez led. s^r Boisrecept qui bailla deux pièces d'or et led. sergent lui retourna deux louys d'argent. Il dit au dit sergent qu'il diroit à Fontenay qu'il estoit bien à Saint Ouenne.

M'a esté raporté que le dit jour de vendredi au soir vint un autre de Fontenay qui aporta une lettre qui fut retenue chez led. s^r de Boisrecept.

M'a esté aussi raporté que le dit s^r de Boisrecept eut [1] demeurant à Gazeau, notaire de Parthenay, pour faire avec led. sergent Aubrit ce qu'il vouloit que je fisse.

Le lendemain sabmedi à ce qui m'a esté dit, il envoya tous lesdits prisonniers ou gens par lui retenus et je ne sçay s'il ne les envoya point dès led. jour du vendredy après qu'il eut fait faire par led. Aubrit et ce qu'il vouloit faire [2].

---

est dite en 1672 veuve de Jean Maroix, éc^{er}, s^r de la Cleriette. François Maroix leur fils, éc^{er}, s^r de Mortagne, épousa Françoise Chastaigner, dont il eut Pierre Maroix, éc^{er}, s^r de la Rochebirault, qui épousa Marie-Anne Brunet le 21 janvier 1675.

1. En blanc.
2. Faut-il rattacher aux troubles de la Fronde l'enlèvement de Marzac ou n'y voir qu'un acte de vengeance d'un autre sgr ? La Fronde ne finit qu'en juillet 1653, et nous voyons à Faye-sur-Ardin, lors de cette affaire, des gens de guerre dont la présence serait peut-être assez difficile à expliquer en temps de paix.

Herculles Adam éc{es} sr de Puyraveau fut enterré le lundi 13 oct. 1653 après midy.

Le 5ᵉ janv. 1654 mon frère Laurant Robert, fils de deffunctz Simon Robert et d'Antoinette Gallier fut fiancé à Maigné avec Julienne Roullet, auxquelles fiançailles j'assistay et François Robert mon frère et le sien et François Robert mon fils, sergent royal.

TABLE

DES NOMS DE PERSONNES ET DE LIEUX [1].

A

Aaliz, 136, 162.
Abelini (Aimericus), 84.
Abroyn (Guillaume), 208.
Absia, 6, 7, 8, 9, 14, 15, 18, 19, 20, 25, 26, 29, 31, 32, 34, 37, 43, 46, 47, 48, 55, 59, 60, 75, 76, 77, 78, 79, 81, 82, 83, 84, 87, 98, 100, 101, 123, 132, 146, 148, 162, 180, 181, 182, 183, 185, 186, 187, 189, 190, 191, 193, 205, 207, 209, 211, 212, 213, 217, 218, 226, 229. *L'Absie, Deux-Sèvres.*
— (Giraudus de), 2, 9, 10, 11, 14, 18, 19, 21, 68.
Açai, 63.
— (Fulco d'), 65, 158, 159.
— (Gaiferius d'), 65.
— (Faidis d'), 71.
Voy. Achai et Azai.
Accelini (Garinus), 335.
— (Petrus), 339.
Achai (Aimericus et Fulco de), 57. *Assais, Deux-Sèvres.* Voy. Açai.
Achardi (Petrus), 339.
Achart (Raginaldus), 250.
Acs, 109. *Dax, Landes.*
Adam (Hercule), sr de Mauvergne, 410.
— (Hercule), écuyer, sr de Puyraveau, 406, 416.
Adam (Josué), éc., sr de Saint-Denis, 405.
— (Marguerite), 405.
Ademarus (Petrus), 55.
Adurret ou Adorreth (Beraudus), 3, 26.
— (Bernardus), 102.
Aenus ou Aen (Aimericus), 27.
— (Tebaudus), 108.
— (Goscelinus), 112.
Agerna ou Lagerne (Johannes de), 297, 310, 312, 349.
Agivre ou Aguireth (Raginaut), 9, 21.
Agnanes, 294.
Agnel (Johannes), 313.
Aguilluns (Giraudus), 123.
Aguirezs (Willelmus), 21.
Agut (Gaufridus), 127.
Ahuchart (Boninus), 290.
Aigoneis, 267. *Aigonnay, Deux-Sèvres.*
Aimarus abbas Allodiorum, 102.
Aimericus monachus, 1, 5, 59.
Aimericus filius Petri Meschini, 15.
Aimericus vicecomes Toarcii, 58, 75, 102, 178, 181, 183, 187, 304.
— de Toharcio, 323.
— abbas de Castellariis, 64.
— abbas Niolii, 136.

---

1. Les noms latins et les anciennes formes françaises ont été recueillis et placés à leur ordre alphabétique, avec renvois aux noms français modernes, sauf pour un petit nombre, qu'il a été impossible d'identifier.

Aimericus, prior de Mascigne, 140.
Ainçay (Garinus de), prepositus, 334.
Ainor, regina, 87.
Aiot (Pierre), 213, 214.
Airart, 108.
Airaudus (Goffridus), 9, 10, 13, 14, 15, 17, 18, 20, 51, 98, 101.
— (Aimericus), 10.
— (Petrus), 13, 15, 19, 26.
— (Normandus), 14, 18.
— archipresbiter, 28, 48.
Aire (Papinus), 11, 22.
Aitreium, 269, 292, 296, 309, 310, 315, 316, 318, 319. *Aitré, Charente-Inférieure.*
Alba Petra, 301, 322, 325, 326, 327, 328, 339, 340. *Le Boupère, Vendée.*
— (Aimericus de), 301.
Alba Spina (terra de), 122.
Albe (Fernand, Alvarez de Tolède duc d'), gouverneur des Pays-Bas, 365.
Albergavia, 19.
Albret (Jehanne d'), 361, 373.
Albigensis (Stephanus), 279.
Aldoino (Giraudus), 73.
— (Johannnes), 109.
Aleardi ou Aleardus (Petrus), 15.
— (Hugo), 17.
Alelmus ou Aleameus (Goffridus), 64, 69.
Alenchonio, 258.
Alfonsus, comes Pictavensis, 180.
Alienour, dame de Bersuyre, 213.
Alléaume (Catherine), femme de Louis Martineau, sʳ du Port, 342, note 1.
— (Michelle), dame de Ligounière, 342, 368 note 2, 371.
Allemania (Hugo de), miles, 318.
Allet (Petrus), 67.
Alliberti (Teobaudus), 18.
Allodi (Domus), 135.
Allodiis (Umbertus de), 54. *Les Alleuds, cⁿᵉ de Largeasse, Deux-Sèvres.*
Allodio, 321. *L'Aleu, Charente-Inférieure.*
Allodiorum (Boscus et domus), 79, 80, 91. *Les Alleuds, cⁿᵉ de Largeasse, Deux-Sèvres.*
Alnisio (Bertrandus de), 340.
Alona, 5.
— (Raginaudus de), 2, 88.

Alona (Morandus de), 25.
— (Radulphus de), 89. *Allonne, Deux-Sèvres.*
Alone, 308 (pour Castro Alone).
Alope (Umbertus), 140.
Amai (Giraudus), 15.
Ambere (Parrochia de), 253. *Amberre, Vienne.*
Amboise (*Indre-et-Loire*). Tumulte, 366.
Amenon (André), 207.
Aminus (Goscelinus), 93.
Andegavi (Willelmus), 22.
Anfor (Martinus de), forestarius, 320.
Anglea, 143, 146. Voy. Lengleia. *L'Anglée, Vendée.*
Anglis (Willelmus, prior de), 145. *Angles, Vendée.*
Anglers, 332, 333. *Angliers, Vienne.*
Angliæ 'Abbatia Sᵘ Johannis), 294. *Saint-Jean-d'Angles, Vendée.*
Angoulême (*Charente*), 371.
Antays (Matheus), 261.
Apaste (Tebaudus), 52.
Appelvoisin ; château et seigneurie, 343, 348, 380 note 1. *Cⁿᵉ de Saint-Paul-en-Gâtine, Deux-Sèvres*
— (Bertrand d'), écuyer, seigneur de la Bodinatière, 375 note 1.
— (François d'), seigneur de la baronnie de Loge-Fougereuse, d'Appelvoisin, de Thiors et de Boischapleau, 342, 343, 372 note 2, 374 note 3, 379.
Aracer (Normandus), 138.
Arbant ou Arbandus molendinus, 69.
— (Goffridus), 69.
Arbaudus (Hugo), miles, 315.
Arbestier (Foresta d'), 323. Voy. Orbiterium.
Arberti (Willelmus), 84.
Arbertus, decanus Fontaneti, 47-48, 78.
— (Aimericus), 209.
Areee (Gumbaudus de), miles, 314.
Archembaudus (Arnaudus), 61.
Archenbaut (Guillermus), 248, 249.
— (Gaufridus), 279, 290.
Archeno (Petrus), 23.
Archerius (Audebertus), 24.
— (Giraudus), 28.

Archiepiscopus (Willelmus), dominus Parteniaci, 2, 3, 5, 6, 18, 20, 23, 62, 64, 65, 66, 81, 82, 88, 96, 97, 100, 102, 108, 110, 111, 148, 149.
— (Ugo), 89, 139.
Ardelay (Château d'), 366 note 1. *Vendée.*
Ardenna, 170. *Ardenne près de Cherzay, Vendée.*
Arduino (Stephanus Villani de), 296.
Arduni (Petrus Bernardus, archipresbiter), 105, 126, 133, 134.
Ardunum, 210, *Ardin, Deux-Sèvres.*
Areis (Petrus de), 84.
Aremburgis, uxor Michaelis Benedictus, 43.
— abbatissa Sancti Andreæ de Toarcio, 78, 92.
— uxor Thomas Pillaut, 149.
Argentonii (Gaufridus dominus), 147.
— (Aimericus), 156, 261.
— (G.), 156-157. Voy. Argentum. *Argenton-Château, Deux-Sèvres.*
Argentum (Udelinus d'), 13.
— (Willelmus d'), 58. 94.
Arnaudi (Stephanus), 289.
Arnaudus, archidiaconus Briosensis, 86, 91.
— prior, 6.
— (Willelmus), 67, 76.
Arno, fleuve, 364.
Arnolère (l'), 225. *Les Arnollières, cne d'Amailloux, Deux-Sèvres.*
Arpinus, decanus Toarcii, 30.
— (magister), 3.
Arrablae (Estevenon de), 256.
Arsendis, 1, 48, 62, 124.
— uxor Petri Gisleberti, 107.
— uxor Aimerici Audeer, 55, 66, 97.
Arsendis uxor Petri de Fontanils, 69, 71.
Arveius (Tebaudus), 55, 99.
Arveus, archidiaconus, 7, 114.
Ascelinus (Petrus), 58, 87, 109, 131.
— (Aimericus), 87.
— (Goffridus), 118.
Asner (Raginaudus), 17.
Aspero monte (Guillelmus, Aimericus et Petrus de), 109, 142.
Aspero monte (Radulfus de), 302, 303, 307. *Apremont, Vendée.*
Asperus Mons, 324. *Apremont, Vendée.*

Astera (Hilarius de), 209.
Astia (Johannes), prior Absiæ, 209.
Atendu (Johannes), 6.
Ato, 2.
Aubannea (Bernardus), 9.
Aubertus, decanus Talemundi, 129.
Aubespin (l'), 67, 76.
Aubigne (Gaufridus d'), 147.
Aubineio (Guillelmus de), 324.
Aubrit dit *la Cuillère*, sergent, 414, 415.
Aubusson (André), 344 note 3, 379 note 1.
— (René), 344, 370, 371, 379 note 1.
Audeardis, filia Petri Mirguet, 45.
Audebranderia, 19.
Audebert (Gauterius), 74.
— (Garnerius), 95, 97.
Audeberti (Gaufridus), 336.
Audeer (Petrus), 42, 45, 47, 50.
— (Aimericus), 55, 66, 97, 117.
— (Willelmus), 62, 97.
Augrino (Andreas), 93.
Aujauri (terra d'), 93. *Anjaurand, cne de Tessonnières, Deux-Sèvres.*
Aula (J. de), 152.
Aunai (Mauritius d'), 73.
Aupareis (Petrus d'), 80, 98.
— (Gaufridus d'), 80. *Pareds, cne de la Jaudonnière, Vendée.*
Aureavallis, 55, 59, 65, 68, 69, 74, 78, 102, 111, 113, 114, 183, 184, 187, 188, 212, 227. *Airvault, Deux-Sèvres.*
Aureævallis (Guischardus), 70.
Auri (Constantinus), 9.
Austeria (Hugo de), 125.
Auvray (Marin), écuyer, 394.
Auzai (Ugo d'), 79, 116, 118, 119. *Auzais, Vendée.* Voy. Ozai.
Availle, 015.
Avalie (parrochia de), 250. *Availle, Vienne.*
Avigne (parrochia d'), 244. *Envigné, cne d'Ouzilly, Vienne.*
Aymar (René), seigneur du Grand-Velours, 389 note 2, 390, 408, 409.
Aymer (Louis), seigneur de Corgniou et de Germond, 390, 393 note 1, 410 note 2.

Aymer (Jacques), fils ainé de René Aymer, 412.
— (Jacquette), fille de René Aymer, 411 note 2.
— (Julie), fille de René, 410 note 2.
— (Marguerite), fille de Louis Aymer, 405.
— (René), fils de Louis, 393 note 1, 410 note 2, 411 note 2.
Aymer (Renée), fille de Louis, 389 notes 2-3, 390.
Ayre (André), 221.
Azai, 62.
Azai ou Açai (Fulco de), 57.
— (Willelmus de), 58, 65, 94, 113. *Assais, Deux-Sèvres.* Voy. Açai.

B

Baalart (Johannes), 138.
Baalon (Petrus), miles, 239, 240, 241, 242, 243, 244, 245, 246, 247, 248, 249, 255, 260, 289.
Babin (Raginaudus), 28.
Babin (François), sr des Ouches, 345.
Baboin (Raginaudus), 13.
Baccus (Augustin), 349.
Baceriis (Johannes de), 248.
Bacinator ou Le Baciners (Guillelmus), 298, 299, 300, 301, 302.
Baillif ou Bailly (Jacques), sr de la Grossière, 345. Cne *de Cours, Deux-Sèvres.*
Baillif (Jehan), 370 note 3.
Bajoneria, 97.
Baldoin (Giraldus), 15, 51.
Ballon (Catherine), épouse d'Elie de Sayvre, 356 note 1.
Banaere (Stephanus de la), 23.
Bancherea (Willelmus), 136.
Baonia ou Bayonia, 295, 306. *Bayonne.*
Baquelot (Johannes), 120.
Barbatre (Aimericus), 304.
Barbe (Petrus), 244.
— (Raginaudus), miles, 262.
— (Gaufridus), 274.
Barbe d'Ajace (molendinum de), 75, 93.
Barbetorte (prior de), 301.
Barbitunsor (Johannes), 284.
— (Michael), 316.
Barbotera (Raginaudus de la), 63.
Barbotins (Guillelmus), 318.
Bardie (Galterius), 165, 168.
Bardin (Raginaudus), 5.
Bardo (Petrus), 39.
Bardone (Johanna de), 253.
Barenière (La), seigneurie, 346 note 3. *Foussays, Vendée.*
Barges (Petrus Clareti de), 31, 40.
— (Claretus de), 34, 37.
— seigneurie, 389, 395. Cne *de Surin, Deux-Sèvres.*
Bargis (Aimericus de), 6, 32, 50, 106.
— (Willelmus de), 31, 32, 104.
— (Raginaudus de), 31, 43, 105.
— (Giraudus de), 66.
Baroni (Petrus), 247. 255.
Baronis (Johannes). 333.
Barra (Americus François de), 285.
— (Petrus de), 287.
— (Guillelmus de), archipresbyter Partiniacensis, 193.
— (Bernardus de), 33.
— (terra de), 98, 197.
— d'Azire, 116.
— Marian, 29, 79, 92, 101, 201. *La Barre,* cne *de la Chapelle-Thireuil, Deux-Sèvres.*
— Audegent, 135.
Barret (Mainardus), 6.
— (Ugo), 11, 82.
— (Petrus), 74, 161.
— (Odo), 74, 76, 169.
Barretus, 19.
— (Willelmus), 24.
Barretère (la), 189.
Barro (Martinus de), 258.
Bartholomeus, rector scolarum Turonensium, 291.
Bastardus (Tebaudus), 38, 44.
Bastart (Petrus), de Chantannes, 307.
Bastuns ou Bastos (Aimericus), 27, 28, 29.

Bate (André de la), 220.
Bauberia (Petrus de), 72. *La Baubrie*, c*ne* *de Secondigny, Deux-Sèvres.*
Baudéan-Parabère (Charles de), comte de Neuillan, gouverneur de Niort, 398 notes 1-2.
Baudet (Ademarus), 34, 37.
— (Petrus), 105, 106.
Baudoin (Hugo), 204.
Baudin (Johannes), 328.
Baudrière (Gaufridus de la), 312.
Bavier ou Bavierus (Petrus), 14, 16, 17.
Baynard ou Boynard (Christine), épouse d'Hilaire de Sayvre, 344, 371.
Baynard ou Boynard (Claude), épouse de René Aubusson, 344.
— (Françoise), femme de Pierre Desayre 342 note 3, 347, 356, 369 note 3, 370, 371, 372, 373, 376, 379, 380, 381. — Famille, 370 note 3.
Baynard ou Boynard (Marie), épouse de Pierre Denfer, 344.
Bayonne, 369. *Basses-Pyrénées.*
Beamont ou Beaumont (Johannes de), 70. Voy. Bellomonte (Johannes de).
Beaufort (François de Vendôme duc de), 382.
Beauvaiz (Orsellus de), 314.
Beauveer ou Belloverio (Urso de), 30, 104, 117, 118, 120.
Becelo (Guillelmus de), 34.
— (Giraudus de), 36.
— (Aimericus de), 57, 101. *Béceleuf, Deux-Sèvres.*
Becelleu (Hilaire), 356, 360, 361. Voy. 370 note 2.
— (Pierre), 356, 360.
Bechetus (Airaudus), 49.
Bedoinus, 38.
Beleboche, 186. *Bellebouche*, c*ne* *de Gourgé, Deux-Sèvres.*
Beliart (Johannes), 334.
Belinus (Willelmus), 24.
Beljau (Goffridus), 61.
Bellafacie (Gosbertus), 117.
Bella Satis ou Belle-Assez, uxor Savarici de Maloleone, 142, 152, 153.
Bellavilla (Theophania de), 323, 324.
Bellifons, 129. *Bellefontaine*, c*ne* *de Bégrolle, Maine-et-Loire.*
Bellofonte (Guillelmus de), 246.
Belloloco (Parrochia de), 302, 303, 307, 324. *Beaulieu-sous-la-Roche, Vendée.*
— (Rainaudus de), 54.
Bellomonte (Johannes de), 15, 51, 96, 134.
— (Willelmus de), 58, 101. Voy. Belmunt.
— (Giraudus de), magister hospitalis Aquitaniæ, 85.
— (R. de), 134, 149.
— (Tebaudus, W. Aimericus de), 134.
Bellemonte (Philippus de), 242, 261.
— (Guillelmus de), 244. *Beaumont, Vienne.*
Belloti (Guillelmus), clericus, 283.
Belmunt (Willelmus de), 26. Voy. Bellomonte.
Beloire (Tebaudus), 28.
Belpam (Bordinus), 11.
Belveario, 169. *Beauvoir-sur-Mer, Vendée.*
Benaeria (Andreas de), 24.
Benaicum ou Bennacium, 50, 92, 107, 136, 137.
Benais, 35, 36, 38, 40, 50, 55, 104, 139, 140. *Benet, Vendée.*
— (Bertrandus de), 48.
— (Petrus de), 37.
— (Joscelinus de), 38.
— (Rufus de), 44.
— (Ursitus de), 44, 47, 48.
Benaum ou Benaon (parrochia de), 315, 316, 317, 320, 321, 322. *Benon, Charente-Inférieure.*
Benedictus (Goffridus), 12, 18, 19, 22, 33.
— (Giraudus), 36, 37, 38, 40, 42, 43, 44.
— (Willelmus), 36, 37, 38, 39, 40, 42, 44.
— (Radulphus), 36, 43, 44.
— (Michael), 43.
Beneiuns (Hylarius), 28.
Beneres (Vadum de), 161.
Bensevest (Raginaudus), 22.
Bessevest (Raginaldus), 14.
— (Clemens), 89, 90, 99.
Berart (Laurent), 213.
Berauderia, 10, 79, 100, 101. *La Braudière*, c*ne* *de Vernou en Gâtine, Deux-Sèvres.*
Berauderii (Terra), 98. *La Brau-*

diére, cⁿᵉ de *Vernou en Gâtine,*
Deux-Sèvres.
Beraudus (Girardus), 10.
Berauz (Petrus), 5.
— (Hugo), 26.
Berchepota (Terra de), 70, 92, 93,
112. *Bréchepote,* cⁿᵉ de *Faye-
l'Abbesse, Deux-Sèvres.*
Berco (Willelmus), 2, 20.
Bercorium, 46, 94, 134, 135, 136,
149, 174, 191. *Bressuire, Deux-
Sèvres.*
Bercorii (Willelmus), 51.
— (Tebaudus dominus), 135.
Bercorii (Henricus), 147.
Berengerius (Willelmus), 26.
— (Goffridus et Petrus), 28.
Berjardière (La), seigneurie. Cⁿᵉ de
Puy-de-Cère, Vendée.
Berlaius ou Berlais, 22.
— (Giraudus), 22, 27, 88.
Berlant (Herbert), 239, 241, 243,
244, 245, 261.
Berlo, 275. *Brelou, Deux-Sèvres.*
Bernard, 300, 306. *Le Bernard,
Vendée.*
Bernard (Charles), sʳ du Chasgnet,
347, 376 note 1.
Bernardeau (Louis), 349.
Bernart (Willelmus), 60, 63, 68,
103.
— (Petrus), 60, 61, 62, 66, 103, 105.
— (Aimericus), 98.
Bernerii (Johannes), clericus, 311.
Bernezaium, 331, 332, 334, 335, 338.
Bernezay (Willelmus de), 76.
Bernichet (Petrus), 72.
Bernier (Willelmus), 53.
Bernoleria, 30.
Berria (Goffridus de), 113.
Bersuyre, 213, 214, 215, 248, 249,
224. Voy. Bercorium.
Bertaudi (Philippus), miles, 302.
Bertaudière (La), 197.
Bertinus, de Rupella, 319.
Berton (Guillelmus), 97.
Bertonneau (Guilbertus), prepositus, 320.
Bertrant ou Bertrandus (Petrus),
13, 60, 103.
— (Ramnulfus), 118, 120, 122-123,
124, 125, 126.
Bertrandus de Montecontorio,
64.
Berzozii ou Berzorii (Johannes)
14, 52.

Berzozii ou Berzorii (Aimericus),
65.
Berzorium, 19. Voy. Bercorium.
Besuchet (Jehan), 232, 233.
Bessum (Goffridus), 120, 125, 127.
Beugnos (Capellanus de), 287. *Bignoux, Vienne.*
Bicoil (Aimericus), 138.
Bigot (Ugo), 104.
— (Andreas), 322.
Bilazai (Laurentius de), 71. *Bilazais, Deux-Sèvres.*
Bille (Petrus de), 13, 96, 108.
— (Ugo de), 50.
— (Aimericus de), 88, 96. *Billet,*
mⁱⁿ, cⁿᵉ de *Fenioux, Deux-Sèvres.*
Billete (Petrus), miles, 174.
Binet (Jehanne), épouse de Philippe de Sayvre, 343, 362, 366.
Biol (Parrochia de) prope Rupellam, 308.
Bionneau (Stephanus), 261.
Biraut (Guillelmus), 111.
Blachière (Jean de la), pasteur
du Cheylar en Vivarais, puis de
Mougon, 353 note 2, 354, notes
1, 3, 355.
— (Louis de la), pasteur à Niort,
353 note 2, 354 note 1.
— (François de la), écuyer, sʳ de
l'Isle, 411 note 2.
Blancaflors, 118.
Blanchardin (Jehan), châtelain de
Thouars, 226.
Blanchardus (Johannes), 35.
Blanchet (Goffridus), 27.
Blanchin (André), 228.
Blandins (Petrus), 299.
Blaoer, 1. *Bloué,* cⁿᵉ d'*Ardin,
Deux-Sèvres.*
Blazun (Theobaldus), ballivus,
263, 264, 265, 266, 267, 268, 269,
270, 273.
Bloio (Aimericus de), 338.
Blois (Stephanus), 12, 34.
Blouin (Raginaudus), 115.
Bobins (Gaufridus), 265.
Bobinus (Petrus), 12, 34, 55.
— (Hubelin), 133.
Bobum (Bernardus de), 33, 35, 36,
37, 38, 39, 40, 61.
Bocarel (Rollandus), 28.
Bocelli (Raginaldus), 307.
Bochagio de Thoarcio (ballia de),
180, 182, 183, 187.
Bochardi (Engelinus), 3.

Bochardus, 21, 24.
— (Willelmus), 21.
Bocher (Hugo), 305.
Boche (Petrus), 280, 286, 290, 303, 304.
Bochereas (Goffridus), 45.
Bochet, 332.
Bochet prope Forestam, 154. *Le Bouchet, cne de la Forêt-sur-Sèvre, Deux-Sèvres.*
Bodinatière (La), seigneurie 375. *St-Hilaire-de-Voust, Vendée.*
Bodin (Petrus), 17, 30, 50, 54.
Bodinus (Aimericus), 1, 38, 50.
— (Andreas), 138.
Bodins, 30.
Boerius, dominus Campilinarii, 5, 7.
— (Goffridus), 21.
Boet (Johannes), prepositus, 330.
Boeto ou Boet (Parrochia de), 310, 320, 321.
Boguoini (Willelmus), 274.
Boin (Petrus de), 24.
— (Raginaudus), 56.
— (Guillelmus), 129.
Bois-Imbert (M. et Mme), 394.
Boisrecept (le sr de).*Bois-Rousset, cne de Brelou, Deux-Sèvres.* Voy. Chalmot.
Boisera (Petrus de la), 53, 97.
Boisell (Willelmus), 55.
Boisme (Garinus de), 3, 30, 45, 53, 99, 117.
Boimeium ou Boismerium, 4, 151. *Boismé, Deux-Sèvres.*
— (Johannes de), 46, 95.
— (Goffridus de), 59.
Boisse (puteum de), 125. *Boisse près St-Médard-des-Prés, Vendée.*
Boisse (Petrus de), decanus Fontaneti, 119.
— (Ugo de), 124, 125.
— (Oliverius), 146.
Boitvin (Johannes), 249, 328, 329.
— (Willelmus), 340.
Bolie (Petrus de), 110.
Bonafilia (Aimericus), 24.
Bonafontana, 99. *Bonnefontaine, cne de Clessé, Deux-Sèvres.*
Bonaudi (Petrus), 295.
Bondigne (Stephanus de), miles, 252.
Bonel (Arnaudus), 1.
Bonol (Prata de), 37.

Bonet (Willelmus), 58, 65, 313.
Bonetus (Radulfus), 38, 87.
Bonio (Johannes), 11, 12.
— (Petrus), 274.
Bonis (Giraudus), 13.
Bonini (Robertus), 267, 272, 273.
Bonne (Andreas de), 56. *La Bonne, cne de Clessé, Deux-Sèvres.*
Bonnessay (Guillaume de), 230, 231, 232.
Bonolio ou Bonnel (parrochia de), 244, 289. *Bonneuil, Vienne.*
Bonozel (parrochia de), 246.
Bordeaux, 382. *Gironde.*
Borderais (Bertolomeus des), prepositus, 339.
Bordoil (Aimericus), 49.
Borea (Andreas), 75.
Borgals (P.), 297.
Borgaricus (Arbertus), 36.
Borgeris (Aimericus), 48.
Borgner (Stephanus), 199.
Borgnuns (Bernardus), 63.
Borlio (Petrus), 108.
Bormaut (Gaufridus), 72.
— (Guillelmus), 245.
Born (Paganus de), 59, 60.
Bornazels (Giraudus), 11, 12, 14, 18, 19, 20.
— (Terra de), 12.
— (Petrus et Johannes), 12.
Bornezea (Fons de), 98.
Bornes (Guarnerius), 27.
Bornetum, 8.
Borsar (Petrus), 54.
Borsart (Guillelmus), 46.
Borse (Guillelmus), 332, 333.
Bort (Aimericus), prepositus, 337.
Borz (Stephanus de), 138.
Bos (Petrus), 54, 97.
— (Willelmus), 56, 272.
— (Aimericus), 268.
Bosco (Goffridus de), 21.
— (Guillelmus de), 50.
— (Stephanus de), 55, 99.
— (Pratum de), 30.
— (Berengerius de), 56.
— (Petronilla de), 151.
— (Radulfus de), 193, 195.
— (Petrus de), 202.
Bosco-Rollant (Lobetus de), 72.
Boscum, 198.
Boscus Giraudi, 98.
Botechevrerii (Terra), 61, 66, 67, 88, 93, 103.

Botereau (Johannes), 289.
Boterius de Bennais, sacerdos, 55.
Botherius (Umbertus), 41, 50.
— (Petrus), 44.
Botun (Adelelmus), 84.
Boucard (Simon), procureur de l'abbaye d'Oyrvau, 385.
Bouce (Michael de), 330, 331.
Boucques (Pierre), sr de la Chevalerie, sénéchal des baronnies de Mareuil et de Vieillecour, 349.
Boudreau (Andrée), femme de Simon Robert, 384, 387 note 1, 388.
— Famille, 389, 396, 410, 411.
— (Antoine), époux de Françoise Godeau, 390.
Boujeu (François), notaire à Champdeniers, 401, 411 note 3.
Boulaye (Maximilien Eschallard, marquis de la), gouverneur de Fontenay-le-Comte, 382.
Bourbon (Antoine de), 361.
Bourdeau (Jean), ancien de l'église R. de Champdeniers, 393.
Bourdet (Marie), épouse de Julien Denfer, sr de la Merlatière, 344 note 4.
Bourgnon (Nychollas), arquebusier, 366 note 2.
Bourniseas (Pierre de), prêtre, 226.
Bouto (Pierre et Guillaume), 215, 216.
Bove (Baudoinus de), 304.
Bovereas (Pierre), 219.
Boynard. Voy. Baynard.
Boys (Guillot du), sergent du roi, 218.
Boyselli (Gaufridus), 201.
Bozardus (Barbotinus), 20.
Bracet (Raginaudus), 29.
Brandis (Amorosus de), 313.
Brantome (Petrus de), 292.
Brantôme (Jean, cadet de), seigneur d'Ardelay, 366 note 2.
Brart (Ugo), 116.
Brauzun (Petrus de), 31.
— (Willelmus de), 31.
Bray (Madame du), née Chauvin, 383.
Breigneria, 101.
Brémaudière (La), seigneurie, 394. Cne de Ste-Ouenne, Deux-Sèvres, Voy. Chalmot.

Bretanola ou Britanola (Raginaudus de), 9, 33, 54, 72, 73. *Bretignolles, cne du Busseau, Deux-Sèvres.*
— (Rainaudus de), 18, 33.
— (Giraudus de), 72.
— (Petrus de), 72.
— (Bernardus de), 72. 73.
Breuil-Barret (Le), 342 **note 3**, 343 note 2, 344 note 1, 4, 346, 348, 349, 356 note 1, 359, 360, 361, 363, 364, 365, 370 note 3, 371, 376, 380, 381. Cimetière, 342 note 3. Halles, 342 note 3. Bachelerie, 342 note 3. Prieuré, 357, 363, 371, *Vendée*.
Breuilbon village, 405. *Deux-Sèvres*.
— Fief au bourg de Germond, 389.
— (La Mothe de), seigneurie, cne de Germond, 387 note 1, 394 note 1.
Brézé (Pierre de), sénéchal de Poitou, 229.
Briande (Ballia de), 336, 337.
Briderius, miles, 140, 144, 172.
— (Petrus), 15, 53.
Brient ou Brianz (Goffridus), 4, 128.
— (Normandus), 31.
— (Aimericus et Johannes), 58.
Brient (Giraudus), 50.
Brifaut (Johannes), 329.
Brignium ou Brignon, 75, 88, 104, 127, 169. Voy. Brinonensis abbatia.
Brilloet (Guillelmus de), 203.
Brinonensis abbatia, 27. Abbaye de l'Absie en Brignon. Cne de St-Macaire-du-Bois, *Maine-et-Loire*.
Briosensis archidiaconus, 86, 161, 172-173, 175, 177.
Briquet (Hilaire), cité, 353 note 2.
Brisebarra (Willelmus), 25.
Brisson (François), assesseur à Fontenay, 343 note 2.
Britaniolæ (Terra), 73. Voy. Bretanola.
Brito (Petrus), 2.
— (Guillelmus), 4.
— (Graalendus), 48.
Britonis (Reginaldus), 276.
Britonis (Erveus), 334.
Broilgollandium, 77. *Boisgrol-*

land, c^ne du Poiroux, Vendée.
Broiso (Willelmus de), 42. Les Broises, c^ne du Busseau, Deux-Sèvres.
Brolio (Petrus de), 273.
— (Homines de), 278.
— de Ruperforti (Hilaria), 293, 297.
— (Hugo de), 2, 55.
— (Constantius de), 18, 33.
— (Martinus de), 28.
— (Garnerius de), 55.
Brosars (Guillelmus), 307.
Brossardière (La), 358 note 1, 373, 376. Près la Châtaigneraie, Vendée.
Broter (Giraudus), 49.
Broters (Aprilis li), 145.
Brouces (Les), 224, 225. Les Brosses, c^ne de Clessé, Deux-Sèvres.
Brousseau (Mellaine), vicaire de Germond et de Champeau, 389, 391.
Bruchaire (Marie), femme de Guy Desayvre, 345.
Bruera (Bernart de la), 49.
— (Petrus de la), 61.
Bruera (Guillelmus de la), 71.
Brulun (Aimericus), 116, 136.
Brunateria, 85. La Brunetière, c^ne de Fenioux, Deux-Sèvres.
Brunelli (Petrus), ballivus, 333.
Brunet (Gauterius et Giraudus), 12.
Brunetus (Aimericus), 20.
Brunisendis d'Açai, 63.
Bruno, abbas de Insula Calvet, 46, 94.
— abbas Bellifontis, 129.
Brunus, sacerdos, 4.
Brunus, prior, 17.

Brunus (Paganus), 52.
Brunmantel (Willelmus), 49, 95.
Bucel (Othgerius de), 12.
Buceu (Raginaudus de), 28.
Buccellum, 79, 141. Le Busseau, Deux-Sèvres.
Bucol (Jordanus, prior de), 27.
Bugno (Le), 24, 72, 88.
Bugno ou Bugnum (Ugo de), 22, 23, 24, 27, 28.
— (Helias de), 23, 24, 25, 26, 27, 28, 29.
— (Simo de), 108. Le Beugnon, Deux-Sèvres.
Bugnon (Feodum de), 326.
Buignon (Jehan), seigneur de la Fouconnière, 341 note.
Bulle (G. de), ballivus, 319, 320.
Buncor (Petrus), 21.
Bureau (Jean), imprimeur à Niort, 351 note 3.
Burgaudi (Goffridus), 25, 28.
Burgum novum prope Rupellam, 309, 348.
Burgum novum, 210. Bourgneuf, c^ne de St-Paul-en-Gâtine, Deux-Sèvres.
Burgun (Robertus), 43.
Burgundia, uxor Hugonis Lesiniaci, 130, 132.
Burgunna, uxor Ugoni de Lezinan, 29.
Burguns (Bernardus), 33, 110.
Burnesio (Capellanus de), 255.
Burno (Giraut de), 52.
Bursart (Willelmus), 95.
Bussolio (Parrochia de), 241, 255, 260. Buxeuil, Vienne.
Butet (Goffridus), 16.
Buxeria (Johannes de), 108.
Buxeriis (Hugo de), 153.

C

Cabirandus (Ato), 10.
Caceos (Laurencius), 148.
Cachuns (David), 71.
Cadols (Ugo), 28.
Cadunium (Cadouin, abbaye en Périgord), 8.
Caerin (Molendinum de), 84.
Caifart (Raginaldus et Petrus), 126.
Caillea (Helya), 296.

Caillonneau (Françoise), fille de Guillaume, 342, 347, 362 note 2, 363, 364, 365 note 2, 368, 371, 375, 384.
Calceia (Gauterius de), 68.
Calo ou Chalo, episcopus Pictavensis, 62, 90, 103, 131.
Calveria, 79, 96. La Chauvière, c^ne du Busseau, Deux-Sèvres.

Calvinus (Giraudus), 20.
Callea (Petrus), 109.
Callelli ou Caillea (R.), 160, 16⁷.
Calleria (Tentorius de la), 19, 20.
— (Terra de), 99. *La Caillerie, cⁿᵉ de Secondigny, Deux-Sèvres.*
Campilinarium ou Campolinarium, 5, 6, 7. *Champdeniers, Deux-Sèvres.*
Campis (Stephanus de), 252.
— Le Bret (Stephanus de), 241.
Campo Umelli (Terra de), 116.
Campum Bonum, 184. *Chambon, cⁿᵉ de Mauzé-Thouarçais, Deux-Sèvres.*
Canavinus (Petrus), 14, 15.
— (Hugo), 51, 94, 100.
Caner (Petrus), 11, 12.
Cantalupo (Gerardus de), 19.
— (Arnaldus de), 52.
Cantamerle (Aimericus de), 12.
Cantamerula, 80, 82, 110, 142.
Cantamerula (Aimericus de), 16, 98, 109.
— (Buteo de), 93.
Cantamerulæ (Willelmus), 79, 80, 110. *Chantemerle, cⁿᵉ des Moutiers-sous-Chantemerle, Deux-Sèvres.*
Capella, 79.
Capella ou Chapella (Andreas de la), 11, 12, 14, 54, 89.
— (Aimericus de), 21, 24, 27, 72, 103.
— (Willelmus de la), 27, 61, 70, 71, 73, 103.
— (Petrus et Simon de la), 28.
— (Rollandus de la), 28, 72.
— (Raginaudus de), 66, 72.
Capella Achardi, 323. *La Chapelle-Achard, Vendée.*
Capella Lilii, 185. *Chapelle-au-Lys, Vendée.*
Capella ou Chapella (Tirols de la), 40, 25, 28.
— (Willelmus de la), 10, 25, 26, 141. *La Chapelle-Thireuil, Deux-Sèvres.*
— Seguini, 7, 161, 191. *La Chapelle-Séguin, cⁿᵉ de l'Absie, Deux-Sèvres.*
— Tirolii, 92, 198.
Capella Tiroil (Willelmus de), 141. *La Chapelle-Thireuil, Deux-Sèvres.*
Caponeria, 88.
Caputajus (Paganus), 10.

Carbonellus, 44, 45.
Carcereia (Bernardus), 9.
Carnerius (Guillelmus), 45.
Carpentarius (Nicolas), 272.
Carperia (Goscelinus de), 28.
— (Johannes de la), 28. *La Charrie, cⁿᵉ de Vernou-en-Gâtine, Deux-Sèvres.*
Carofii (Petrus), 10, 15, 20, 21, 25, 33, 43, 51, 55, 57, 64.
Casaut (Bernardus), 124.
Castaneria, 46. *La Châtaigneraie, Vendée.*
Castaner (Bobinus de), 55.
Castellariis (Abbas de), 64, 85, 273. *Les Châtelliers, cⁿᵉˢ de Chantecorps et Fontperron, Deux-Sèvres.*
Castellimurum, 59.
Castelmur (Petrus de), 27. *Châteaumur, Vendée.*
Castello (Aimericus de), 5.
Castis ou Caffit (Johannes), 311, 312.
Castrobriencii (dominus de), 322.
Castri Airaudi (vicecomes), 89, 155, 162, 239, 240, 241, 242, 243, 244, 245, 246, 247, 250, 251, 252, 253, 254, 255, 256, 257, 260, 261, 262. *Châtellerault, Vienne.*
— (Vicecomitissa), 163, 165, 168.
Castrum Julii, 291, 292, 297, 308, 309, 310, 314, 317. *Châtelaillon, Charente-Inférieure.*
Cavalerius (Willelmus), 37.
Cayno, 328. *Chinon, Indre-et-Loire.*
Celaz (Johannes), 267.
Cerceau (Louise), épouse François Robert, 384, 411.
Ceresariis (Agnes priorissa de), 86.
Chaaeo (La), 138.
Chaalun (Petrus), 23.
Chabirandus (Benedictus), 2, 54, 55.
Chabirant, molendinus, 16.
— (Nemus de), 161.
— (Ato), 38, 51, 53, 54, 55, 97.
— (Petrus), 53.
— (Rollandus), 97.
Chaboceau (Willelmus), 338.
Chaboceria, 135.
Chabot (Crispe), femme d'Abraham Desfrans, seigneur de Repérou, 394 note 1 398, 399.
Chabot, 37, 38, 48, 124, 126.
— (Petrus), 3, 56, 62, 65.
— (Rocha), 35, 37, 38, 42, 44.
— (Siebrandus), 31, 35, 37, 38, 40,

42, 52, 80, 84, 98, 109, 121, 135, 147.
Chabot (Teobaudus), 19, 34, 35, 40, 42, 67, 80, 82, 84, 109, 121, 124, 129, 175. 131, 132, 135, 147,
— (Briendus), 56, 64, 65, 87, 110, 170.
— (Ugo), 64.
— (Willelmus), 94, 148.
— de Fontanei, 48, 95.
Chacaio (prior de), 301.
Chagneio (H. de), 141.
Chaissegne, 317.
Chalandraio (J. de), monachus Sancti Jovini, 152.
Challeium ou Challe, 141, 143, 145, 146. *Chaillé-les-Marais, Vendée.*
Challes (Johannes), 250.
Chalmot (Pierre), éc., s⁰ de Bois-recept, *aliàs* Bois-Rousset, 411, 413, 414.
Chalois, 333, 334, 336, 337, 339.
Chaloseria, 99.
Chamaillardi (Terra), 110.
Chamailleria (La), 177.
Chamayllère (La), 197.
Chamberlenc (Simon), 57.
Chambors ou Chamborius, 55, 91, 97, 107, 133. *Chambord, cⁿᵉ de Secondigny, Deux-Sèvres.*
Chamborzi (Johannes de), 133.
Chambron, baronnie dépendant de l'abbaye de Saint-Liguaire, 345. *Cⁿᵉ d'Ardin, Deux-Sèvres.*
Chambrunt ou Chambro, 51, 91.
Chames (Goffridus), 124.
Champaones (Parrochia de), 339, 340.
Champdeniers, 386, 394 note 1, 399 note 1, 406, 407, 408, 409, 413, 393 note 2, 400, 401. *Deux-Sèvres.*
Voy. Campilinarium, Chande-ner, Chandinier, Chandenier.
Champegnie (Rollandus de), 151. *Champigny, cⁿᵉ d'Argenton-l'E-glise, Deux-Sèvres.*
Chandener, 270.
Chandenier (François de Roche-chouart, marquis de), 409 n. 2.
Chandinier (Jaquelinus de), 1. Voy. Campilinarium.
Chaner (Petrus), 34.
Changeor (Andreas le), 260.
Chanolet apud Rupellam, 313.

Chantamerle (Aimericus de), 13, 16.
— (Petrus et Guido de), 16.
Chantamissa (Willelmus), 51.
Chantemerle, 175, 217. Voy. Cantamerula.
Chantepie (Guido de), 250, 251, 252, 253.
Chaorces (Girardus de), 28, 88.
Chapea (Assali), 138.
Chapelea (Guillelmus), 198.
Chapella (Bernardus et Raginaudus), 24.
Chappelain (Bonaventure), notaire des châtellenies de Villiers-en-Plaine, 400 note 1.
Chapelle-Bertrand, 215, 216. *Deux-Sèvres.*
Chaponus (Gilbertus), 41.
Charac (Johannes de), 102.
Charbonellus, 39.
— (W.), 268, 269.
Chardunchan, 289.
Charles Iᵉʳ, roi d'Angleterre, 381.
Charles IX, roi de France, 367, 368, 372, 373, 375.
Charles-Quint, empereur, 360.
Charner (Johannes), 329.
— (Petrus), 10.
Charracec, 287.
Charrer (Girardus), 31.
Charre (Willelmus de), 48, 49.
Charruelus (Stephanus), 34.
Charriea (Hugo), 289.
Charruias (Stephanus), 298.
Chartres, 370. *Eure-et-Loir.*
Charuns, 160, 167.
Charveos, 276. *Cherveux, Deux-Sèvres.*
Chastaigner de la Rocheposay (Henri-Louis), évêque de Poitiers, 407.
Chastaner ou Castagners (Siebrandus et Tebaudus), 1, 16.
— (Thebaudus), 46, 94.
— (Petrus), 29, 46, 94.
— (Mauricius), 29.
— (Willelmus), 43, 46, 94, 143, 146, 172.
— (Joannes), 46, 94, 172.
— (Gillebertus), 46, 94, 172.
Chasteaubriand (Philippe), seigneur des Roches-Baritaud, lieutenant-général en Bas-Poitou, 382.

Chastyn (Antoine), seigneur de Réaulmur, Vendée, 368.
Chassaluns (Petrus de), 48, 95.
Chassangnes (Aimericus de), 107.
Chasseigne (Gaufridus de), miles, ballivus, 318, 319.
Chassenon (Brunellus de), 124.
— (Johannes de), 128. *Chassenon, Vendée.*
Châtaigneraie (La), 342 note 1, 343 note 2-3, 348, 349, 350, 351 note 2, 352 note 3, 356, 357, 362, 366 note 1, 372, 373, 377, 379, 380. *Vendée.*
Chatelars (Gaufridus de), 145.
Châtelliers (Les), abbaye, 394 note 1. Voy. Castellariis.
Chatiau-Brient (Johan de), chevalier, 202, 203, 204.
Chauceia ou Calceia (Guibertus de la), 60, 62.
— (Thomas de la), 60.
— (Willelmus de la), 64. *La Chaussée, c^{ne} de Gourgé, Deux-Sèvres.*
Chauceroia, 77.
Chauceroie (Gofridus de), 6, 7, 111.
Chauceroie (Paganus de), 69, 71.
— (Jodoinus de), 74. *Chausseraye, c^{ne} de Chiché, Deux-Sèvres.*
Chauciarera (Arnulfus), 21.
Chaucié (La), 333. *La Chaussée, Vienne.*
Chauderoyère en Moncoutant (La), seigneurie, 341.
Chauderun (Johannes), 34.
Chaus (Willelmus), 50.
— (Johannes), 50.
Chaussée (Gauffridus, Willelmus et Aimericus de la), 69. *La Chaussée, c^{ne} de Gourgé, Deux-Sèvres.* Voy. Chauceia.
Chauvalel (Arnaudus), 72.
Chauvenc ou Chauvenes (Giraudus), 53, 73.
Chauvins (Guillelmus), 111.
— (Petrus), 111.
Chauvin (Françoise), femme d'Isaac Desaivre, 345, 352 note 3.
Chauvière (La), 197. *La Chauvière, c^{ne} de Vernou en Gâtine, Deux-Sèvres.*
Chavalers (Willelmus et Bernardus), 73.
Chavengnes, 338.
Chayo (Guillermus de), 308.

Chaphart (Willelmus), 302.
Chebrions (Johannes), 295.
Chechavila ou Chichevilla (Petrus de), 23, 30. *Chicheville, c^{ne} du Beugnon, Deux-Sèvres.*
Chervis (Monasterium de), 63.
— (Goffridus de), 62, 63, 90, 115.
— (Petrus de), 63, 115. *Cherves, Vienne.*
Chevalers (J.), 266.
Chevotona (Johannes de), 32, 41. *Chef-Boutonne, Deux-Sèvres.*
Chicheacus, 110.
Chiché (Sanctus Martinus de), 93, 213. *Chiché, Deux-Sèvres.*
Chillo (Meschinus du), 72. *Le Chillou, Deux-Sèvres.*
Chinun (Goslenus de), 74, 111.
Chistre (Turris de), 246.
— (Hugo de), miles, 255. *Chitré, c^{ne} de Vouneuil-sur-Vienne, Vienne.*
Chobrous (Gofredus de), 86-87.
Choiseul (Renaud-César-Louis vicomte de), ambassadeur à Naples, maréchal de camp des armées, 352 note 3.
Cholet (Petrus), 126.
Chorner (Johannes), 76.
Chotard (Radulfus), 4, 21, 29.
— (Giraudus et Teobaudus), 23.
Christianeria (Giraudus de), 72. *La Crétinière, c^{ne} de Scillé ou de St-Paul-en-Gâtine, Deux-Sèvres.*
Christianus (Petrus), 32.
— (Benedictus et Giraudus), 72.
— Clericus, 41.
— Capella, 48.
Ciconia (Ugo de), 5. *La Cigogne, c^{ne} de St-Pardoux, Deux-Sèvres.*
Cille (Willelmus de), 52, 55, 99. *Scillé, Deux-Sèvres.*
Cintrai, 5.
— (Arnaudus de), 22, 57.
— (Petrus de), 30.
— (Tebaudus de), 107. *Xaintray, Deux-Sèvres.*
Clabart (Jehan), 344.
Clarebaudus (Willelmus), 34, 52, 107.
Clerebaut (Goffridus), 50, 51, 162.
— (Petrus), 88.
— (Radulfus), 107. Voy. Clerbauz.
Claretus (Petrus), 31, 37, 40.
— (Raginaudus), 43, 61.

Clarevallis (Guillelmus de), 130.
Clarevallis, 279. *Clairvault, Vienne.*
Claroil ou Clairens (Raimundus), 24, 29, 87, 102, 133.
— (Petrus), 93.
Clemencia, 162.
Clemens, decanus de Montagu, 75.
Clenum, 285. *Le Clain, rivière.*
Clerbauz, chevalier (Hugues), 182. Voy. Clarebaudus.
Clessé, 224.
Clissun (Goffridus de), 118.
Clodis (Arbertus des), 120.
Closeaus, 300, 303, 305, 308. *Les Clouzeaux, Vendée.*
Clouzot (Henri), cité, 353 note 2.
Coaut (Paganus), 49.
Cocaium, 141.
Cocayo (Parrochia de), 244, 247. *Coussay, Vienne.*
Coctambraia, 84.
Coer (Aimericus), 66.
Cofferea (Johannes), 205.
Cognac, 227.
Cogos (Johannes de), 43.
Coignac (J de), ministre à Niort, 351 note 3.
Coile (Parrochia de), 240.
Colet (Petrus de), 17.
Colifet (Andreas), 72.
Collardeau (Julien II), M° des requêtes de la reine, 343.
— (Julien III), sʳ de la Touche et de la Mongie, 343.
Colongias (Bocardus de), 3. *Coulonges-sur-l'Autize ou les Royaux, Deux-Sèvres.*
Colunges (Favius de), 26, 69.
— (Fauco de), 106.
— (Toma le Broter de), 42.
Colum (Arnaut), 48.
Columbariis (Parrochia de), 251. *Colombiers, Vienne.*
Columbels ou Columbras (Johannes), 70, 96.
— (Pepinus), 70, 71, 96.
Coluns (Raginaudus, sacerdos de), 50.
— (Parrochia de), 321. *Coulon, Deux-Sèvres.*
Composteria (Aimericus de), 24.
Compniis de Rupella (parrochia de), 310, 311, 312, 313, 344, 315. *La Rochelle, Charente-Inf.*

Condaas (Raginaudus de), 135.
Condaes ou Condasio (feodum de), 13, 14, 17, 51, 92, 94.
— (Radulfus de), 14, 21, 40, 51, 96.
Condais (Bernardus de), 12, 19.
— (Willelmus et Odebertus de), 17, 40.
— (Goffridus de), 73.
Condé (Louis de), 371.
— (Louis II le grand), 382.
Confort, 140.
Constantini (Guillermus), 319.
— (Johannes), 322.
Constantinus, prior de la Mairé, 77.
— abbas Insulæ Calvet, 105.
Conti (Armand prince de), 382.
Contorius ou Cantor (Radulfus), 62.
Copacheneria, 324. *La Copchenière, Vendée.*
Coquina (J hannes de), 205.
Corle (Willelmus de), 2, 4, 55, 56. *Courlay, Deux-Sèvres.*
Corgniou, seigneurie. Cⁿᵉ de Germon, *Deux-Sèvres.* Voy. Aymer.
Cornu (Willelmus), 66.
— (Bérenger), 76.
Cornuau, sʳ de la Térinière, 347, 376 note 1.
Corrau (Petrus de), 117.
Corriau (Andreas), 327.
Cort (Andreas de), capellanus, 6, 7.
Cortillum Bertrandi, 177.
Cosdra (Willelmus de la), 48.
Cosseria, 88.
Cossin (Petrus), 105.
Coterius (Radulfus), 103.
Cotin (Raginaudus), 54.
Coulonge-les-Royaux, aujourd'hui Coulonge-sur-l'Autize, *Deux-Sèvres,* 360.
Coussaye (Guillaume de), 369.
— (Jacques de la), seigneur de Villenefve, 365 note 2.
— (Loys de la), seigneur de la Jarrye, 359.
— (Olivier de la), seigneur de la Jarrye, 365.
Coutanciis (Clos de), 152.
Coutart (Nicolas), 219, 221.
Couturer (Johannes Le), 259, 260.
Crazai ou Crachaï (Raginaudus de), 13, 101, 121. Voy. Traçai.

Credonia (Mathieu de), 339.
Cressun (Johannes), 106.
Creuzé (Pierre), 351 note 3, 4, 352, 355.
Crochet (Molendinum de), 127.
Croec, 140.
Crop (Parrochia de), 302.
Cruce (Guillelmus de), canonicus, 281.
Cruisvinus (Willelmus), 14.

Culdebray, seigneurie, 352 note 3. C^{ne} de Mervent, Vendée.
Cumba (Goffridus de la). 12. La Combe, c^{ne} du Beugnon ou celle du Busseau, Deux-Sèvres.
Curçay (Drogo de), 102.
— (Goffridus de), 114.
Curcaium, 331. Curçay, Vienne.
Curset (Guingandus de), 55.
Cursun, 299. Curzon, Vendée.
Curton (Aynordis de), 310.

D

Dameta, 148, 149.
Daniels (Rainaudus), 24.
Daniel, abbas, 110.
— Prior Absiæ, 116.
Danielis (Aimericus), 335.
Danjo (Gauterius), 18, 21, 22, 27, 30, 31, 34, 54, 73, 74, 111.
Dardenne (Thomas), 334.
Darrot (Léon), seigneur de la Popelinière et de la Roche du Breuil-Barret, 342 note 3.
Daugnon (Louis Foucault, comte du), lieutenant-général de Brouage, La Rochelle, Aunis et îles adjacentes, maréchal de France, 386, 410 note 3, 411 note 1.
David (Willelmus), 37.
— (J.), capellanus S^{ti} Medardi de Thoarcio, 151.
Delarivey (Pierre) le jeune, *grand astrologue*, 404 note 2.
Denans (feodum de), 296.
Denfer (Julien), s^r de la Merlatière, 344 note 4.
— (Marie), épouse d'Antoine de la Porte, seigneur de la Rivière, 344 note 4.
— (Pierre), 344 note 4.
— Famille, 356, 370, 371, 379, 380.
Derceio (Stephanus de), 330, 332. *Dercé, Vienne.*
Derrame (Aimericus), 304.
Desaivre (François), ancien garde du corps de Louis XV, fermier de Culdebray, 352 note 3.
— (Gilles), éc., 341.
Desaivre (Isaac), fils de Guy, s^r de la Marjonnière, 345, 352 note 3.
— (Jean-Baptiste), fils de Guy, s^r de la Marjonnière, 345.
— (Antoine), s^r de la Craistinière, n. h., 347.
— (Jacques), fils d'Antoine, 347.
— (Jean), fils d'Antoine, 347.
— (Julien), fils d'Antoine, 347.
— (Marie), épouse de Pierre Hay, 348.
Desayvre, contrôleur des finances à Paris, 348 note 2.
— (Guillaume), 341.
— (Guy), s^r de la Desmardière, notaire de la baronnie du Breuil-Barret et Loge-Fougereuse, 345.
— (Guy), s^r de la Marjonnière, au Breuil-Barret, 345.
— (Hélie), s^r de Grand'Maison, tisseur de draps, 345.
— (Hélie), s^r de la Motte d'Ardin, 347, 348, 349.
— (Hélie), s^r de la Motte, 348.
— (Isaac), fils de René, 345.
— (Jacques), fils d'Hélie, s^r de la Motte, 348.
— (Jean), valet, s^r de la Morinière, de la Foresterie et de la Blanchardière en Moncoutant, 341.
— (Jeanne), femme de Pierre Perreau, 345.
— (Jeanne, épouse de Louis Draud, s^r de la Croisinière, 348.
— (Judith), femme de Jacques Jaumier, 345.
— (Marie), femme de Charles Savonnei, s^r de Villeneuve, 348.

Desayvre (Philippe), sr de la Coussay, 344, 345.
— (Pierre), sr de la Crestinière, procureur fiscal à la Châtaigneraie, 346, 347, 363 note 2.
— (Suzanne), fille d'Hélie, sr de la Motte, 348.
— femme Ogis, 343.
— (Anne), femme de Cornuau, sr de la Térinière, 347, 376 note 1, 380.
— (Christophe), frère de Pierre Desayvre, 343, 366.
— (Claude), femme de François Desmé, sr de la Boucherie et de la Jordonnière, 343.
— (Elie), maître d'école, 356 note 1.
— (Elisée), fils de Pierre Desayvre 346, 366 note 1, 377 note 1.
— (Eléonore), au Breuil-Barret, 342 note 3.
— (Ester), épouse de Pierre Proust, seigneur de la Bourdinière, 346, 347, 375 note 3, 380, 381.
— (François), fils de Pierre Desayvre, 346, 364.
— (Françoise), veuve Scimars, 352 note 3.
— sr de la Gourbillière, 351 note 2.
— (Guillaume), seigneur de la Chauderoyère en Moncoutant, 341.
— (Guillaume), prêtre, 343, 344 note 1, 347, 359, 363.
— (Hélie), fils de Pierre Desayvre, 346, 363, 371, 373.
— (Hélie ou Elie), seigneur de la Vergne, 346 note 3, 347, 348, 373, 380.
— (Hilaire), neveu et beau-frère de Pierre Desayvre, 344, 370, 371.
— (Isaac), sr de la Chaboissière, 343 note 1.
— (Isaac), frère de Pierre Desayvre, 343 note 1, 362, 368, 376.
— (Jacques), docteur en médecine, 352 note 3.
— (Jacquette), épouse de Jean Morisset, 346, 347, 365, 375 n. 2, 380.
— (Jacquette), épouse de Julien II Collardeau, 343.

Desayvre (Jehan), frère de Pierre Desayvre, 343, 364.
— (Léonore), fille de Pierre Desayvre, 346, 362.
— des Guierches (Louis-Marie), conseiller du roi, assesseur civil à Fontenay, 352 n. 3.
— (Louise), épouse de P. C., 346, 351, 381.
— de la Guimbertière (Louise), 352 n. 3.
— (Loys), frère de Pierre Desayvre, 342, 344 n. 1, 356, 360, 365, 368.
— (Marie), fille d'Hilaire de Sayvre, 372 n. 2.
— (Marie-Anne), veuve Arnault de la Foucherie, 352, n. 3.
— (Mathieu), marchand au Breuil-Barret, 343 n. 2, 363, 372.
— (Philippe), père de Pierre Desayvre, 342, 347, 361, 363.
— (Philippe), frère de Pierre Desayvre, 343, 363, 366.
— (Philippe), à Fontenay-le-Comte, 342 n. 3.
— des Guierches (Philippe), fermier de la terre de Saint-Hilaire-sur-l'Autise, 352 n. 3.
— (Pierre), auteur du Journal, 341, 342 n. 2, 3, 344 n. 1, 347, 350, 356, 357, 358, 360, 361 n. 2, 368, 369, 371, 380, 367, 373, 375, 376 n. 2, 379 n. 2, 381, 372, 374.
— (Pierre), seigneur de la Berjardière, 342 n. 3, 346, 347.
— (René), sr de la Coussay, 344, 376.
— de Bauchéan (Suzanne), 352 n. 3.
Desfrans (Abraham), seigneur de Pouillé, 385, 392, 393, 394, 396 n. 4, 398, 409, 410 n. 2.
— (Charles), seigneur de Repérou, 393 n. 1, 394 n. 1, 396 n. 4.
— Elisabeth, 394 n. 1.
— (Jean), seigneur de Repérou, 392, 393 n. 1, 394 n. 1, 396 n. 4.
— Jeanne, femme de Marin Auvray, 394 n. 1.
— (Philippe), 412.
— Salomon, 394 n. 1.
Desmé (François), sr de la Boucherie et de la Jordonnière, 343.

Desmereus (Laidetus), 120.
Desmers (Andreas), 68.
— (Petrus), 340.
De Soyvre (André), fils de Jehan, 341 n. 3.
— (Jehan), sr de Lesglaudière, 341 n. 3.
Despennes (Prior), 330, 339.
Desyre (Oliverius), 26, 29, 122, 123, 124.
— (Alardus), 93.
Desiseras (Petrus), 12.
Deta, 61, 62.
Devau (Jacques), meunier, 357.
Diables (Mille), 413 n. 1.
Diaconus (Petrus), 1.
Dislai, 1. *Dilay, cne d'Ardin, Deux-Sèvres.*
Doe (Willelmus de), 5.
c — (Oddo de), 51, 95.
— (Mons), 107.
Doemolini (Molendini), 69, 96, 112, 138.
Doe Molinæ (Willelmus), 68.
— (Stannum), 85, 111. *Desmoulines, cne des Jumeaux, Deux-Sèvres.*
Doerons (Willelmus), 148.
Dolfurs ou d'Ofurs (Molnarium) 34,

Domni Petri in Aunis, 313. *Dompierre, Char.-Inf.*
Dorbe (Jehan), chevalier, 207.
Doreil (Jean), marchand à Niort, 396 n. 4.
Doyneau (François), seigneur de Tourvenier, 369.
— (François), lieutenant général du Poitou, 361.
Draconnes (Willelmus), 108.
Draud (Louis), sr de la Croisinière, 348.
Dreux du Radier, cité, 353, 355.
Drochon (Benoni), ancien curé de l'Absie, 342 n. 3, 348, 352 n. 3, 379 n. 3.
Droet (Aimericus), 12.
— (Bernardus), 12.
Dubois (Marie), 347 n. 1.
— Note sur la famille.
Duchesne (David), écuyer, sr de Chairain, 411 n. 2.
— (Jean), écuyer, sr de Vauvert.
Durable, 301.
Durandi (Petrus), 245.
Dure (Theobaldus), ballivus, 337.
Durnes (Willelmus), 39.
— (Petrus), 40.
Duryvauld, sergent royal et notaire d'Aubigné et Faye, 399.

E

Ebo, dominus Parteniaci, 19.
Egidius (Magister), machinator regis, 337.
Elbène (Françoise), dame de la Mothe de Breuilbon, 387.
Eleceria, 22. *L'Elusière, cne de la Chapelle-Saint-Etienne, Deux-Sèvres.*
Elisabeth de France, épouse de Philippe II, 365, 369.
Enenda, 293, 294, 295. *Esnande, Charente-Inférieure.*
Engelbertus (Willelmus), 42.
Engelerii (J.), 148.
Engers (Vivianus), 130.
Engibaudi (Johannes), 329.
Enjoberti (Willelmus), 136.
Engolins, 270, 292, 300, 313, 314. *Angoulins, Charente-Inférieure.*

Enossii (Aimericus), 76.
Enricus, armiger, 52, 97.
Enternau ou Enfernau, 126, 127.
Epernon (Bernard Nogaret de Foix et de la Valette duc d'), gouverneur de la Guyenne, 382.
Ericium, 93, 157. Voy. Hériçon. *Hérisson, cne de Pougnes-Hérisson, Deux-Sèvres.*
Ermenart ou Emenardus (Papot), 42, 46, 93, 95, 105, 106.
Ermennum (Johannes), 11.
Ermenaudo, 300. *L'Hermenault, Vendée.*
Ermengardis, 125.
Ermengart (Petrus), 72.
Eschalart (Willelmus), 67, 76.
— (Radulphus), 67, 76.

Escocai ou Escossai (Willelmus d'), 50, 69.
— (Terra de), 57, 58, 59, 61, 63, 69, 86, 91, 94, 101, 103, 112, 114, 120, 138.
— (Stephanus de), 61. *Ecoussais, cne d'Assais, Deux-Sèvres.*
Escot, 75, 76.
Eschot ou Escoth (Ogerius), 19.
Esgare (Gauterius et Giraudus), 16.
Eslet (Aimericus), 22.
Espal (Petrus de l'), 94.
Espiers (Parrochia de), 333.
Essars (Radulfus de), 325.

Estissac (Godefroy d'), évêque de Maillezay, 359 n. 1.
Estore (Johannes et Giraudus), 11.
Estorins (Stephanus), 314.
Estrepaut (Goffridus), 100.
Esvoilechien (Hugo), 331.
Etampes (Hélies d'), 210, 211.
Eustachia, uxor Goffridi de Lezignem, 139, 162.
— Filia Radulphi de Maloleone, 163, 164, 167, 168.
Exiriolium, 272. *Exireuil, Deux-Sèvres.*

F

Fabre (Gauterius), 43.
Fabri (Petrus), 337.
Fabro (Clavellus), 22.
Faia (Pepinus de), 54, 98.
— (Raginaudus de), 69, 82, 108, 111. *Faix, cne de Largeasse, ou Faix, cne de Neuvy-Bouin, Deux-Sèvres*
Faiau (Molendinum dau), 175.
Faifart (Willelmus), 83.
Faimora (Goffridus de), 4, 30, 120.
— (Willelmus de), 43.
Faimorel (Achardus de), 19.
Falgere (Petrus de), 62.
Falors, prior Sancti Jacobi de Thoarcio, 151.
Farnèse (Horace), 363 note 3.
Fauconniers (Milo le), 282.
Faverie (Johannes de la), clericus, 210. *La Favrie, cne de Sait-Paul-en-Gâtine, Deux-Sèvres.*
Favrelli (Johannes), 321.
Faya, 261, 330.
— (Radulphus de), 284.
Faye-sur-Ardin, Deux-Sèvres, 414, 415 n. 2.
Febrers (Teobaudus et Fulcherius), 23, 25.
— (Audebertus), 28.
Februarii (Gaufridus), 335.
Febvrier (Martin), curé de Ste-Ouenne, 415.
Fenis (Remondus de), 258.

Fenios ou Fenils (Radulfus de), 4, 26, 49.
Fenios (Guillelmus de), 63.
— (Aimericus de), 72. *Fenioux, Deux-Sèvres.*
Ferco (Raginaudus), 12.
Fergnex ou Freignex (le Grand), prope Absiam, 204, 205. Voy. Frenneis et Frenesium.
Ferrandi (Radulfus), 304.
Ferreria (Bernardus de), 61, 82, 103, 112. *La Ferriere, Deux-Sèvres.*
Ferret (Jachin), 371.
Ferron (Aimericus), 303.
Ferrugau (Pierre), apothicaire à Champdeniers.
Fillol (Bernardus), 24, 34, 35, 41.
Fillon (Benj.), cité, 341 n. 1, 342 n. 1, 343 n. 3, 344 n. 4, 5, 346, 347, 350 n. 1, 364 n. 1, 370, n 3, 374 n. 1.
Flaizes (Johannes de), 13.
Flandre (Baheu de), 349.
Floceleria (David de), 4. *La Flocellière, Vendée.*
Florence (Italie), 364.
Fogere, 3. *Fougère, cne de Béceleuf, Deux-Sèvres.*
Foillos (Le), 77. Voy. Follosium.
Folet (Pratum), 25.
— (Molendinum de), 84.
Follosium, 61, 66, 67, 68, 91, 111, 114. *Le Fouilloux, cne de Pressigny, Deux-Sèvres.*

Follos ou Foillos (Johannes de), 65.
— (Arnaudus de), 66.
— Rossos, 64.
— 69, 138. Voy. Follosium. *Le Fouilloux-Rousseau, cne de Pressigny, Deux-Sèvres.*
Fontana (Willelmus de la), 3, 9, 19, 22, 53, 54, 66, 97, 98.
— (Petrus de la), 97.
Fontanarum (Capellanus), 129.
Fontanei (Goffridus de), 21, 58.
— (Chabot de), 48.
Fontanetum, 78, 79, 83, 94, 119, 120, 122, 124, 126, 127. Voy. Fontiniacum. *Fontenay-le-Comte, Vendée.*
Fontanils ou Fontanis (Petrus de), 4, 66, 69, 71, 120.
Fontanioso (Simon de), 85. Voy. Fontanils. *Le Fonteniou, cne de Vernou en Gâtine, Deux-Sèvres.*
Fontenai, 203, 340.
— (Goffridus de), 52. Voy. Fontanei et Fontenello.
Fontenelle de Vaudoré (La), 386, 411 n. 1.
Fontenello (Goffridus de), 27.
Fontenay, 152, 216, 217, 218. Voy. Fontanetum et Fontiniacum.
Fontenay-le-Comte, 342 n. 1-3, 343 n. 2, 344 n. 4, 346, 352, 361, 364 n. 1, 369, 370 n. 3, 374 n. 1, 377 n. 2, 382, 413, 415. *Vendée.* Voy. Fontiniacum.
Fontiniaco (Gastinea de), 107, 125.
— (Sanctus Hilarius de), 128.
Fontiniacum ou Fontenacum, 127, 128, 129, 140, 150, 153, 183, 194, 196, 206, 210, 296. *Fontenay-le-Comte, Vendée.* Voy. Fontenay.
Fontis Ebraldi (Abbatissa), 38, 86, 87, 179. *Fontevraud, Maine-et-Loire.*
Foqueti (Petrus), 326.
Forchaut (Gauterius de), 37.
Foresta (Johannes de), 259.
Foresta, 3, 20, 154, 155, 173.
— (Siebrandus de), 4, 51, 67, 76, 96, 154.
— (Raginaudus de), 52, 67, 76.
— (Willelmus de), 67, 76, 154.
— (Stephanus, prior de), 52. *La Forêt-sur-Sèvre, Deux-Sèvres.*
Foresterius (Simon), 39, 130.

Foret (Arnaudus et Petrus), 16, 53, 114.
Forgis (Johannes de), 87.
— (Germundus de), 122, 123, 126.
Forgiis (Hugo de), miles, 256, 260.
— (Bona de), 283.
— (Philippus de), 288.
Formage (Guillelmus), clericus, 246.
Formaut ou Fromaut (Goffridus), 27, 29.
Forti (Gauterius), 82.
Fortis (Willelmus) de Xantonio prior, 145.
Fortinus (Guillelmus), 329.
Fortin, (Marie), femme d'Hélie Desayvre, 346, 348, 349.
— (Jacques), s^r du fief Groussin, 348.
Fossamort (Terra de), 65.
Fosseleria (Paganus de), 85. *La Fesselière, cne de St-Paul-en-Gâtine, Deux-Sèvres.*
Fossifia, 36, 43.
Fouconnière (La), seigneurie, 341 n. 3.
Foulquet ou Fulquetus (Gauterius), 102.
— (Johannes), 107.
Fouscher (Marie), femme de François Brisson, 343 n. 2.
— Famille Fouscher 370 n. 2.
Foussay (prieuré de), 346 n. 3. *Vendée.*
Fradun (Guillelmus), 47.
Fraignée (s^r de la), 413, 415.
Frainau (Mauricius de), ballivus, 324.
France (Claude de), fille de Henri II, 365.
— (Marguerite de), fille de François Ier, 366.
François Ier, roi de France, 366.
François (Dauphin de France), 356, 364, 365.
François II, roi de France, 366, 367.
Fregne ou Freignes (P. de), 141, 142.
Frenesium, 89, 90. Voy. Frenneis.
Frennes ou Frenneis (Arbertus de), 7, 14, 18.
— (Audoinus de), 20.

Frennes (David de), 9.
— (Gauterius de), 14.
— (Giraudus de), 11, 12, 14, 18.
— (Ugo de), 15, 18.
— (Willelmus de), 19, 72, 89, 142. Le Freigné, cne de l'Absie, Deux-Sèvres.
Frigida Fontana, 72. Froidfonds, cne du Beugnon, Deux-Sèvres.
Frize (Tapis de), 349.
Frontenaium, 248. Frontenay, Vienne.
Fronteneium, 321. Frontenay-l'Abattu, Deux-Sèvres.
Fronzdebo (Gaufridus), 57, 65, 67, 68.
Frossos, 100.

Frotgers ou Frogerius (Goffridus), 49.
— (Theobaudus), 84.
Frotmont (Raginaudus), 32, 33, 44, 45, 47, 48, 49, 177.
— (Hugo), 197, 202.
Froux (Les), 224, 225. Les Fraux, cne de Classé, Deux-Sèvres.
Fulcardus (Gaufridus), 2.
— (Paganus), 2.
Fulcharz (Goffridus), 5.
Fulcher (Giraudus), 71.
Fulcherius (Petrus), 37, 148.
Fulco, 75.
— Abbas Insulæ Chauvet, 101, 113.
Fulco (Chotardus), 25.
— Sacerdos, 29.
Fulgerius (Bernardus), 28.

G

Gaanner (Toselet), 11.
Gaanneria, 41, 43. La Gannerie, cne de Largeasse, Deux-Sèvres.
Gabaudi (Guillelmus), 269.
Gabrinus (Giraudus), 24.
Gairondea (Aimeri), 213.
Galandi (Petrus), 339.
Galardon (Eustachius de), 254, 255, 256, 257.
— (Guillelmus de), 257.
— (Johannes de), 277, 278, 279, 280, 281, 282, 283, 284, 285, 286, 287.
Galegues (Johannes), 309.
Galicher (Raginaudus), 48.
Galiena, 16.
Galles (Edouard prince de), 226.
Gallot (Jean-Gabriel), docteur en médecine, 352 n. 3.
Galterius, ballivus, 329, 330, 339.
Galterius, prepositus, 315, 316, 317.
Gambueria, 128, 129. La Gambuère, cne de Sérigné, Vendée.
Gamin (Petrus), 61, 62.
Ganalutis (Petrus), 2.
Gandaumers (Odo), 57.
Gangart (Petrus), 72.
Gant (Theobaldus de), 315.
Garatins (Simon), 33, 50.
— (Guillelmus et Petrus), 33, 50, 51.

Garatins (Stephanus), 33.
Garenger (Aimarus), 22, 69.
Garde (Guillelmus de la), 273.
Garini (Petrus), ballivus, 320, 340.
Garinus ou Garin (Gaufridus et Aimericus), 52, 76, 140.
— (Willelmus), 89, 90.
— Prior Absiæ, 108, 124.
— (Petrus), ballivus, 317.
Garnes (Bernardus), 79.
Garnerius, 133.
— (Willelmus) 32.
Garotins ou Garati (Simo), 104, 137.
Garran de Balzan, conseiller à la cour de Poitiers, 350, 355 n. 3, 394 n. 1.
Garrea (Raginaudus), 120.
Garsie (Petrus), 302, 304, 307, 308.
Garverii (Prior), 262.
Gas (les noues du), 225.
Gascherie (La), 6. La Gâcherie, cne de Vernou en Gâtine, Deux-Sèvres.
Gasconeria, 88. La Gaconnière, cne d'Ardin, Deux-Sèvres.
Gassion (Jean de), maréchal de France, 381.
Gastina (Paganus de), 59, 114.
Gastinel (Giraudus), 14, 21.
Gastinellus, armiger, 18.
— 22.

Gastinellus (Gauterius), 27.
— (Radulfus), 3.
— (Reginaldus), 296.
Gastinea (Willelmus), 5.
Gatet (Petrus), 11, 24, 27, 28.
— (Goscelinus), 22.
Gâtine (La), contrée du Poitou, 344, *Deux-Sèvres.*
Gauberteria, 328. *La Gaubertière,* Vendée.
Gaudinus, abbas Malleacensis, 93.
Gaufridus (Petrus), 2.
— archiepiscopus Burdegalensis, 96.
— vicecomes, 133.
— abbas Absiæ, 140, 145, 155.
— filius comitis Marchie, 322.
— de Lezignen, 329.
Gaulenus (Willelmus), 35.
Gauterius (Petrus), 38, 39, 40.
— (Umbertus), 42.
— (Paganus et Goffridus), 55.
Gauvaignus, 127.
Gauvenus, 49.
Gavraudus (Mingro), 30.
Gaymart (Guillermus), 150.
Gaymau (Anne), épouse d'André Aubusson, 344 n. 3, 379.
Gazeau (Le), château et seigneurie, *Sainte-Ouenne, Deux-Sèvres.* 414 n. 1, 415.
Gazeas (Constantinus), 271.
Gelineau (Laurent), sr des Ratières, notaire à Champdeniers, 406.
Gelos (Petrus), 41, 48, 49.
Genays du Chail, 350 n. 1. 351, 352.
Généroux (Journal de), cité, 357 n. 1.
Georgius, 289.
Germenios (Petrus), 40.
Germond, 383, 384, 386, 387 n. 1, 389, 390, 391, 392 n. 1, 393 n. 1, 394, 396, 400, 402, 403, 405, 406, 407, 412. *Deux-Sèvres.*
— (seigneurie de), 393 n. 1.
Germond Trelan, seigneurie. Voy. de Puyguyon, de Granges et Pastureau.
Gervasius, archidiaconus, 129.
Gerzé (marquis de Jarzé), 382.
Gestins ou Gestinus (Johannes), 6, 21, 26, 29. 93, 98, 101, 102, 126.
Geudoinus (Ugo), 56.
Giboin (Constantinus), 270, 271, 321.

Giffarz ou Giffardus (Benedictus), 32, 37, 38, 39, 41, 42, 43, 45.
Gigantis (Johannes), 323, 326, 340.
Gillaut (Andreas), 59.
Ginera (Fulcherius de), 82.
Ginpleire (Margarita la), 277.
Girard (René), greffier de Champdeniers, 399, 401, 409.
Girardellus, ballivus, 325, 326, 327, 328.
Girardin (Johannes), presbyter, 224.
Girardi ou Girardus (Simon), 5, 22.
— (Willelmus), 6, 22, 74, 82.
— (Fulco), 82, 108.
— (Maengotus), 87.
— (Petrus), 96, 338.
Girardus, abbas de Niolio, 77, 85, 105, 119-120, 128.
— (Willelmus), 4, 93.
— (Simon), 24, 25, 27.
— (Petrus), 93.
Girarz (Willelmus), 5, 25.
— (Goffridus), 52.
Girardus abbas de Broilgollandio, 77.
— Prior Sancti Ponpeiani, 137.
Giraudus (Benedictus), 40.
— Prior, 1, 74, 96.
— de Salles, 8.
— Sacerdos de Monte Constantio, 52.
— Abbas Fontis dulcis, 102.
— Prior de Mascigne, 105.
Girbaudus (Goffridus), 28, 88.
Giroire (Stephanus), 314-315.
Girore (Bartholomeus), 306, 307.
Gislebertus (Petrus), 44, 47, 107.
— (Aimericus), 50.
— (Goffridus), 64, 66.
— Episcopus Pictavorum, 78.
Glandes (Amelz), 136, 137.
Glennai (Ansterus de), 10.
— (Simo de), 15. *Glénay, Deux-Sèvres.*
Goaut ou Goos (Guillelmus de), 48, 49, 111.
Goaut (Masse), 215.
Gobaut (Johannes), 271, 272.
Gobot (Bernardus), 33.
Godeau (François), 384, 410.
Godellus (Savaricus), 66.
Goffridus (Audebertus), 29.
— (Petrus), 128.
— monachus, 32.

Goffridus Burdegalensis archiepiscopus, 51.
— Frater Willelmi vicecomitis Toarcii, 59.
— Abbas Lucionis, 99.
— Cantor, 114.
— Subprior, 137.
Goguet (Marie), veuve de Jehan Clabat, 344 n. 5.
— (François), seigneur de la Gord. C^{ne} de Xaintray, Deux-Sèvres. 386.
Goiteria, 94.
Gondalier (Zacharie), curé de Saint-Denis, 391.
Gondoinus (Willelmus), 58.
Gorfalla, 126. Les Gourfailles près de Fontenay-le-Comte, Vendée.
Gorge (Giraudus de), 10, 11, 12, 13, 14, 16, 18, 20, 21, 34, 52, 55, 64, 73, 74, 99.
— (Guillelmus de), 13, 34, 73, 74.
— (Petrus de), 56. Gourgé, Deux-Sèvres.
Gorgeio (Raginaudus de), 56, 64, 65.
Gormalant (Benedictus), 5.
Gorré ministre à Fontenay, 370 n. 3.
Gort prope Ruppellam, 296. Lagort, Charente-Inférieure.
Gosbertus, decanus Ecclesiæ Pictaviensis, 114.
Goscelinus, sacerdos, 9, 18.
— Abbas Absiæ, 50, 57, 67, 68, 69, 72, 76, 77, 78, 79, 80, 85, 88, 90, 93, 101, 104, 113, 133, 136, 137.
— Prior, 106, 107, 128, 129.
— (Giraudus), 153.
Goslenus, abbas Brignii, 75.
Gouget, archiviste des Deux-Sèvres, cité, 348 n. 2.
Goullard (Claude), seigneur de la Roche d'Appellevoisin, 373, 378.
Goupil (Jacques), 399, 402, 403.
Granateria, 59, 85, 129, 180, 181. La Grénetière, c^{ne} d'Ardelay, Vendée.
Grandgent (P. de), 151.
Granges (Ambroise de), 407 n. 3.
— (Marie de), 407 n. 3.
— (Philippe de), seigneur de Puyguyon et de Germond, 397 n. 1, 398, 407 n. 3.
Grassateria (la), 18, 33, 34.

Grassin (Petrus), 287.
Gratia Dei, 169. La Grâce-Dieu en Aunis.
Gravella (Gaufidus de), 319.
Graver (Johannes), 258, 259, 260.
Gravier (Johannes), 291.
Grifon (Johannes), 336.
Grimadi (Johannes), clericus, 244.
Grimaudère (la), 244.
Grimauz ou Grimaudus (Radulfus), 5.
— (Stephanus), 58.
— Angevinus), 60.
— (Willelmus), 107.
Grimoaldus, episcopus Pictavensis, 51, 96.
Grizai (Simon de), 57, 70, 112, 113.
— (Aimericus de), 65.
Groaldus (Engelbaldus), 59.
Gros (Guillelmus), 310.
Grosbois (Simon), 6.
Grosgren (Gislebertus), 10, 19.
— (Arveius), 10, 11.
— (Petrus), 12, 13, 34, 161.
— (Simon), 161.
— Fulco), 100.
Grosgrain (Simon), miles, 270.
Grossart (Raimunt), 42.
Grossinus, 37, 38.
Grotella (Oda et Christianus), 63.
Grundinus (Hilarius), 52.
Guastina ou Gastina, 78, 98. Pays de Gâtine, Deux-Sèvres.
Gue (Parrochia du), 316.
Gué de Velluire (le), 229. Vendée.
Guefrairos (Galterius de), 151.
Guenent (Arnaut), 27.
Guert (Fulcherius de), 5.
Guernolleaus (Johannes), 253.
Guerra (Stephanus de), 294.
Guerrichuns (H. et P.), 264, 266.
Guesguent (Petrus et Fulco), 97.
Gufrerea (Johannes), 128.
Gui ou Guido (Umbertus et Constantinus), 38, 39, 40, 44.
Guido, frater Willelmi vicecomitis Toarcii, 59, 102.
— Vicecomes Thouarcii, 190.
Guibaut (Simon), 313.
Guibers (Johannes), 68.
Guichardus (Magister), 32.
— (Savaricus), 71.
Guiennou (Raginaudus), miles, 340.
Guiers (Aimericus de), 329.

Guilbot (Pierre), prêtre, 388.
Guillaume, abbé de l'Absie, 228.
Guillelmus, vicecomes Toarcii, 113, 114.
— de Barra, archipresbyter Partiniacensis, 193.
Guillelmi (Petrus), 9.
Guillelmus II, episcopus Pictavorum, 83, 85 86.
— Prior Absiæ, 101, 106.
— Abbas Aureæ Vallis, 102.
Guillemeau jeune, cité, 351 n. 4.
Guillemin (Pierre), sʳ de la Voûte, 404.
Guillemot (Jehan), ministre à la Châtaigneraye, 373, 374.
Guillot (W.), 138.
Guilloti (Petrus), 329.
Guillotus (Gaufridus), archidiaconus Briocensis, 172-173, 175-177.
— Clericus, 335, 336.
Guinaeria, 4. *La Guinaire*, cne de *Courlay, Deux-Sèvres.*
Guinant (Guillelmus), 30.

Guinart (Petrus), 12, 29, 55.
Guinegaus (Petrus de), valetus, 192. *Guinegault,* cne *de Pressigny, Deux-Sèvres.*
Guiraeria, 11, 21, 22. *La Guiraire,* cne *de Boismé, Deux-Sèvres.*
Guischart (Raginaudus), 33, 45, 48, 49, 95.
— (Robertus), 45.
— (Petrus), 49.
Guischot (Paganus), 37.
Guise (Henri de), 371.
Guiton (Johannes), ballivus, 332, 337.
Gumdefores (Robertus de), 299.
Gundoinus (Willelmus), 94, 113.
Guntart (Galterius), 327.
Guolferii (Goffridus), 99.
Guorbellerius (Hubelinus), 55, 99.
Guorrun (Helyas), 242.
Gutonnière, Guytonnière ou Guitinière, capitaine huguenot, 357 n. 1.
Gyens (Raginaldus de), 317.

H

Haelina, uxor Willelmi Mausiaci, 166, 167.
Haudierne (Guillelmus), 249.
Hay (Pierre), 348.
Haya in Turonia, 242, 245, 254, 255, 256, 258, 260. *La Haye, Indre-et-Loire.*
Helia (Johannes), 63, 65, 66, 90, 103, 115.
— (Petrus), 91.
Henri II, roi de France, 360, 361, 362, 365, 366, 373.
Henri III, roi de France, 375, 376 377.
Henricus, rex Anglorum, 78, 79, 82, 83, 90, 92, 115, 117, 118, 122.
— Episcopus Xanctonensis, 144, 145.
Herberti (Petrus), archidiaconus Toarcensis, 154.
Herge (Raginaldus de), 71.

Hermenjo ou Armengeo (Willelmus), miles, 170, 171, 172, 181.
Hernaudi (Gaufridus), 331, 335, 338.
— (Johannes), 340.
Heriçon ou Hericun, 147, 193. Voy. Ericium.
Hierosolymitanum, 80.
Hilarius, cantor, 114.
Hispania (Petrus de), 106, 326.
— (Guido de), 321.
Hispanus (Johannes), 305.
Hoos (Willelmus de), 95.
Huberti (Willelmus), miles, 339.
Huet (Pierre), sʳ du Plessis-Gaudussière, 404 n.
Hugo, archidiaconus, 119.
— Lesiniaci ou de Lezinan, 129, 130.
Hugues de Thouars, sire de Pouzauges, 202, 203.

I

Imbaut (Uncbertus), 140.
Inardus (Giraudus), 42.
Ingrandai (Parrochia de), 250, 262. *Ingrandes - sur - Vienne, Vienne.*
Insula Calvet, 46, 83, 91, 94, 95, 104, 105, 113. 142, 169. *L'Ile Chauvet, c^{ne} de Châteauneuf, Vendée.*

Isabelle d'Autriche, femme de Charles IX, 372.
Isai (locus qui dicitur), 38, 140.
— (Oscha d'), 50.
Isdernus ou Hisdernus, 15, 50, 53.
— (Goffridus), 61.
Isore (Fulco), 65.

J

Jabrin (Giraudus), 27, 30.
Jacerii (Johannes), miles, 268.
Jacquelinus, 7.
Jaquelinus (Airaudus, 9.
Jadrais ou Jadris (locus de), 64, 110.
Jaifart ou Jaifardus (Pictavinus), 6, 100.
— (Aimericus), 14, 15, 16, 17, 50, 51, 53, 94, 97, 100.
— (Willelmus), 14, 15, 16, 17, 43, 53, 99, 100.
— (Elia), 17.
— (Petrus), 21.
— (Geraldus), 84, 100.
— (Alo), 97, 100.
Jalceria, 112.
Janoillac (Yves de), prieur du Breuil-Barret, 363.
Jaria, 295.
— (Petrus de), 314. *La Jarrie, Char.-Infér.*
Jarnac (bataille de), 371. *Charente.*
Jarroère (la), 170.
Jarundo (Nicolas de), 261.
Jaruzum (Willelmus), 22.
Jarzas, 115.
Jarzeis (Estele de), 58.
Jarzelio (Willelmus de), 82.
Jasenel, 283. *Jazeneuil, Vienne.*
Jau (Françoise), épouse de Claude Jousseaulme, 405.
Jaulmier, Jaumier ou Jousmier.
— Jacques, 345, — Marie, 345.
— Suzanne, 345.

Jaulnay (La Roche de), 396. *C^{ne} de Cherveux, Deux-Sèvres.*
Jaunai (Aimericus de), 66.
— (Willelmus de), 72. *Jaunay, c^{ne} de Gourgé, Deux-Sèvres.*
Jaunaium, 241, 243. *Jaunay, Vienne.*
Jazeras, 66.
Jehan, vicomte de Thoarz, 206, 212.
Jerosolimitanus (Geraudus), 17, 51.
Jherusalem, 35, 38, 42, 45, 53, 109.
Joannis (Willelmus), 117, 122.
Jobertus (Brandinus), 281.
Joceames (Perroques), 172.
— (Renault), 207.
Jocinlini (Johannes), miles, 310.
Jodoineria (Jodoinus de la), 42.
Johannelli (Johannes), 339, 340.
Johannes, prior Absiæ, 31, 39, 40, 51, 58, 59, 65, 66, 96, 140.
— (Aimericus), 44.
— Abbas de Orbiterio, 77.
— Bellas manus, episcopus Pictavorum, 82, 85, 120, 132.
— Dominus Berchorii, 94.
— Abbas de Brignum, 104, 127.
— Archidiaconus Briocensis, 161.
— Episcopus Pictavensis, 180.
— Vicecomes de Thoarcio, 210.
Joi (Aimericus de), 249.
Jolain (Gaufridus), miles, 311.
Jolani (Aimericus), 322.

Jomer (Gaufridus), 334, 338.
Jordani (Tebaudus), 54.
— (Hugo) de Curgeriis, miles, 270, 314.
Jordany (Henricus), 177.
Josberteria, 128.
Joscelinus, filius Willelmi Archiepiscopi, 82.
Joscelini (Willelmus), 33, 66, 67, 102.
Joscelinus, miles, 89.
— Canonicus B. M. M. Pictavensis, 282, 283.
Joslenus (Aimericus), 52.
Josnerus, abbas Castellariorum, 85.

Jouslard (Abel), sgr des Granges-Guiteau, 387 n. !.
— (Etienne), s^r de la Reigle, 387 n. 1.
— (Jehan), seigneur de Pranzac et de Montaillon, 387 n. 1.
— (Jehanne), épouse Nicolas Gallet, écuyer, s^r de La Roche, 387 n. 1.
— (René), 387 n. 1.
Jouyneau-Desloges, 350, 352, 353 n. 1, 354, 355.
Juerno (Airaudus), 16.
Jumellis (Stephanus de), ballivus, 339, 340.

K

Kattereau (Gilonus), 261. | Katurcio (Benedictus de), 309.

L

Laaie (Johannes de), 71.
Lachenau (Nicholaus), 145.
Lacrie (Aimericus), 326, 327.
Lagneia ou Legneia, 317.
Laida, 18, 19.
Laidet (Willelmus et Giraudus), 297, 298.
Laigne (Willelmus de), 63.
Lalande, 169.
Lalier (Fons de), 199.
Lalou (Parrochia de), 320. *Laleu, Charente-Inférieure.*
La Mairé, 77, 170, 186. *Lamairé, Deux-Sèvres.*
Lambert (Goffridus), 71.
Lambertus (Andreas), 52.
Lamberteria, 109. *La Lambertière, c^{ne} de la Chapelle-Saint-Etienne, Deux-Sèvres.*
Landa (Alaardus de la), 56. *La Lande, c^{ne} de Clessé, Deux-Sèvres.*
Lande (Saint-Antoine de la), commanderie de l'Ordre de Saint-Antoine, 391. *C^{ne} de Saint-Marc, Deux-Sèvres.*

Lanerie 177.
Langlée, 203. Voy. Anglea et Lengleia.
Langon, 143, 146, 202, 203, 204, 377 n. 2, *Le Langon, Vendée.*
Lapostolle, s^r de Repérou, 394 n. 1.
Late (Bérenger et Aimericus), 56.
Laudunum ou Lodunum, 84, 86, 114, 247, 261. Voy. Losdun. *Loudun, Vienne.*
Laurentii (Radulfus), 3.
Laurentius, episcopus Pictavensis, 30, 83.
— Archipresbyter Losdunensis, 114.
— Decanus Pictavensis, 117.
Laval (Louis-Maurice de la Trémoille, Cte de), 382.
Laydet (Perrette), dame de la Roche du Breuil-Barret, 359.
Le Ber (Petrus), ballivus, 240, 242, 245, 249, 254, 262, 282, 290.
Ledain (Bél.), cité, 341 n. 3, 404 n. 3.
Legerius, senescallus, 75.
Leigne (Parrochia de), 241. *Leigné-sur-Usseau, Vienne.*

Leithum (Petrus de), 44.
Lemozinus ou Lemovicinus (Stephanus), 4, 109.
— (Giraudus), 10.
— (Petrus), 39, 42, 43, 44, 57, 64, 73.
Lemozin (Giraudus), 11, 13, 43.
— (Berengerius), 109.
Lengleia ou Langlée, 140, 170, 172. Voy. Anglea. *L'Anglée, Vendée.*
Lengres (Willelmus), 133.
Lenznebos (Johannes), 111.
Lesglaudière, 341 n. 3. *Cne de Moncoutant, Deux-Sèvres.*
Lesiniaci ou Lizigniaci (Hugo), 129, 130, 132.
— (Gaufridus), 132, 155. Voy. Lezinan. *Lusignan, Vienne.*
Lespal (Simon de), 56, 112.
— (Petrus de), 58.
Letardi (Petrus), 86, 127, 311, 312.
— (Johannes), 307, 312, 313.
Lévesque (Catherine), femme de François Laurens, président au siège de Niort, 407.
Levrou (Radulphus de), ballivus, 323, 325.
Lezay (Simon de), 132.
— (Willelmus de), 133. *Lezay, Deux-Sèvres.*
Lezinan ou Lezignem (Ugo de), 29, 130, 269.
— (Goffridus de), 137, 329. Voy. Lesiniaci. *Lusignan, Vienne.*
Liant (Stephanus de), 37, 43, 44, 45.
— (Radulfus), 45.
Libers (Arnaudus), 31.
Lièvre (Auguste), bibl. de la ville de Poitiers, cité, 341 n. 1, 343 n. 1, 344 n. 4, 350 n. 1, 351 n. 2, 353 n. 2, 356 n. 1, 358 n. 1.
Ligolio (Parrochia de), 257.
— (Johannes de), 290. *Ligueil, Indre-et-Loire.*
Limozin (Audoinus), 279.
Lislel (Giraudus de), 40.
Lisnesolins (Chalo de), 104.
Lizigniacum, 132. *Lusignan, Vienne.*
Lobau (Hamericus), miles, 275.
Loberzai (Paganus de), 56. *Laubreçais, cne de Clessé, Deux-Sèvres.*
Lobet (Ugo), 30, 65.

Lobga-Faugerosa, 1, 73, 174. *Loge-Fougereuse, Vendée.* Voy. Lotge-Folgerosa et Logefaugerose.
Loche (Guillelmus de), 283.
Locum Dei, 324. *Lieu-Dieu-en-Jard, Vendée.*
— de Gardo (Andreas abbas de), 145.
Lodunum ou Loudunum, 328, 329, 330, 331, 332, 333, 334, 335, 336, 337, 338, 339. *Loudun, Vienne.*
Loge-Faugerose (Briendus de), 34, 74.
— (Giraudus de), 73, 74, 97.
— (Goffridus de), 35, 42, 74, 87. Voy. Lobga Faugerosa et Lotge Folgerosa.
Loge-Fougereuse, baronnie, 342, 374. *Vendée.*
— Prieuré, 352 n. 3.
Logefougerouse, 175, 185. Voy. Lobga-Faugerosa.
Lombars (Guillaume), 152, 153.
Longa Aqua (prior de), 250. *Longève, cne de Beaumont, Vienne.*
Longueville (Henri duc de), 382.
Looin (villa de), 71. *Louin, Deux-Sèvres.* Voy. Loon.
Loon ou Loun (Gaudinus et Aimericus de), 70.
— (Stephanus de), 71.
— (Willelmus de), 71. *Louin, Deux-Sèvres.*
Lore (Americus de), 280.
Loret (Goffredus), 135.
Lorraine (Charles de), 365.
Lortol (Pratum de), 25.
Losdun ou Losduno (Gauterius de), 19.
— (Radulfus de), 55.
— (Gislebertus de), 114.
Lotge-Folgerosa (Bernardus de), 3, 47, 64, 74, 102, 104, 120. Voy. Loge-Faugerose et Lobga-Faugerosa.
Loue (La), maréchal de camp de Coligny, 357 n. 1, 368 n. 1.
Louis XI, roi de France ; 385.
Louis XIII, roi de France, 404.
Louis, vicomte de Thouars, 224.
Loun (Colinus de), 338.
Luc (Le), 303, 304, 325. *Le Luc, Vendée.*
Luceriis, 31. *La Luctière, cne du*

Beugnon ou la Lussière, c^{ne} de Vernou en Gâtine, Deux-Sèvres.
Luchec ou Luché (Willelmus de). 57, 71, 114, 115.
— (Normandus et Paganus de), 71. Luché-Thouarsais, Deux-Sèvres.
Luçon, 144, 303, 305, 307, 308, 325, 327, Luçon, Vendée.

Ludovicus rex Francorum, 78, 82, 87, 91, 92, 272, 349.
Luinis ou Luviis (Aimericus de), canonicus Parteniacensis, 33, 69, 86.
Lunel (Petrus), 16, 121.
— (Airaudus), 59.
Lupa de Bosræ, 95.

M

Maboul (François), seigneur de la Gabauge, du Chapeau-Rouge et du Colombier, 401.
Machacre (Petrus), 41.
Macheco (Guillelmus), 113. *Machecoul, Loire-Inférieure.*
Macogne (G. de), 148.
Maconea (Johannes), 284, 290.
Mado (Goffridus), 70.
Madorres (Hugo), 275.
Magnarota (Molnarium de), 33.
Magnec ou Megnec (Parrochia de), 278, 280.
— (Petrus de), 285. *Migné, Vienne.*
Magnou (Le), 396. *C^{ne} de Cherveux, Deux-Sèvres.*
Magrini (Americus), 292.
Maignec (Parrochia de), 297, 309, 322.
Maigneti (Cappellanus), 297.
Maignez, 291. *Magné, Deux-Sèvres.*
Maigrasoris (Ugo et Andreas de), 73. *Maigre-Sourie, près Foussay, Vendée.*
Maillezais, 229.
Maillezay (Evêque de), 360, 361, *Vendée.*
Maillé (Hardouin de), ballivus, 271, 273, 291, 292, 293, 294, 295, 296, 297, 298, 299, 300, 305, 306, 307, 311, 323, 325.
Maingnen (Matheus), 337.
Maingo (Petrus), 10, 74, 77, 78, 93, 110, 112, 253.
— (Simon), 74, 78, 110, 112.
— (Willelmus), 92, 102, 270.
— (Arbertus), 136.
Mainardus (Helia), 19.
— (Goffridus), 51, 104, 128.
— (Petrus), archipresbiter, 30, 36.

Mairanderia, 9. *La Marandière, c^{ne} du Beugnon, Deux-Sèvres.*
Mairevent, ou Mareventum, 78, 87, 107, 127, 139, 155.
— (Petrus de), 117, 126. *Mervent, Vendée.*
Maisuns Iters (Raginaudus de), 68. *Maisontiers, Deux-Sèvres.*
Malafeys (Abbas de), 300.
Malaire (Petrus), 69.
Malardea (Petrus), 81.
Malassis, capitaine de gens d'armes du comte du Daugnion, 411.
Malclavel ou Mauclaveles (Radulfus), 1, 3, 57, 60, 61, 62, 64, 65, 86, 87, 101, 103, 112.
Maldot (Raginaudus), 16.
Maleure (Marie), femme de Pierre Desayvre, s^r de la Crestinière, 347.
Malicreis (Giraudus), 32, 45.
Malinais (Hilarius de), 339.
Malleacensis abbas, 143, 145, 146, 298.
— (Ecclesia), 155. *Maillezais, Vendée.*
Malleacio (Raginaudus de), 124.
Malleum, 16. Voy. Mauléon.
Mallo (Blandinus de), 99.
Mallocha (Willelmus), 61.
Malrepast ou Maurepast, 129, 132.
Malus clericus (Gaufridus), 291, 292, 293, 294, 295, 296, 297.
Manderos (Domina de), 270.
Mangecort (Guillelmus de), 265, 272, 273.
Mannayum, 198. *Maunay, c^{ne} de Saivre, Deux-Sèvres.*
Manseau (Petrus), 252.
Marant, 229.
Marceteaus (Hilarius), 302.

— 443 —

Marcha (Arnaudus), 49.
Marche (Robert de la), maréchal de France, 363.
Marcheant (Guillelmus), 328.
— (Vincens), 276.
Marchiæ (Comes), 270, 287, 320, 321, 322, 332, 336.
Marck (Louise de la), épouse de Max. Eschallard de la Boulaye, gouverneur de Fontenay-le-Comte, 382.
Mardeius (Aimericus), 34.
Mareantum ou Marahantum ou Maraant, 143, 144, 145, 146, 160, 166, 167, 320. *Marans, Char.-Infér.*
Marescalus (Michael), 335, 336, 338.
Marescot (Giraudus), 35.
Margarit (Stephanus), 11, 12.
Margeruns (Hugo), 263.
Maria, uxor Giraudi de Suster, 1.
— uxor Aimerici vice-comitis Toarcii, 58, 102, 113.
— uxor Clementis Bensevest, 90.
Marrien (Terra), 132.
Marière (Thomas de la), 189. *La Marière, c^ne de Saint-Aubin-le-Cloud, Deux-Sèvres.*
Marnes (Parrochia de), 253, 262. *Marnes, Deux-Sèvres.*
Marnis, 329. *Marnes, Deux-Sèvres.*
Maroix. Voy. Modon (Françoise de).
Marolio (Tebaudus de), 15, 51, 53.
— (Arveus de), 26.
— Audebertus de), 36.
— (Benedictus de), 73.
Marolium, 325. *Mareuil, Vendée.*
Marollet (Garnerius de), 73, 74.
— (Airaudus de), 74. *Marillet, Vendée.*
Marot (Arbertus), 112.
— (Johannes), 112.
Marquer (Guillelmus), 100, 110.
Marsac (David), s^r du Pleut, 413 n. 2.
Martineau (Denis), prieur de Saint-Constant, 342 n. 1.
— (Louis), s^r du Port, lieutenant particulier à Fontenay, 342 n. 1.
Martinellus (Willelmus), 58.
— (Laurencius), 185.
Martinet (Philippe), dame du Tail, 363.
Martinus (Stephanus), 34, 40, 41, 47.

Martinus (Goffridus), 35, 40, 41.
— (Petrus), 37, 41.
— (Willelmus), 38, 44.
— Elemosynarius, 84.
— (Hugo), miles, 246.
Martraium, 338.
Martreium, 29, 122, 123, 124. *Le Martray, près de Fontenay-le-Comte, Vendée.*
Marzac (André), s^r du Plet, 413, 414 n. 2.
Mascaudus ou Maschaut (Petrus), 41, 47, 50.
Mascignec ou Macinne, 31, 32, 33, 34, 35, 36, 37, 38, 39, 41, 42, 43, 44, 45, 47, 48, 89, 93, 104, 105, 106, 109, 140. *Massigny, c^ne de Saint-Pompain, Deux-Sèvres.*
— (Bernardus de), 32, 40, 45, 48.
— (Guillelmus de), 50, 51.
— (Petrus de), 136.
Masguanderie (la), 6.
Massigniacum, 80. Voy. Mascignec.
Mateus, miles, 12.
Mathé (François), imprimeur à Niort, 404 n. 2. Voy. Delarivey.
Matignont, ballivus, 338.
Maucontorii (Robertus, dominus), 57. *Moncontour, Vienne.*
Maulay (Aimericus de), miles, 243.
— (Hugo de), 252.
Mauleio (T. Rebotins de), 152. *Maulais, près Thouars, Deux-Sèvres.*
Mauléon (Savaricus de), 12, 84, 122, 123, 129, 142, 162, 165, 168.
— (Radulfus de), 84, 122, 123, 126, 127, 162, 163, 164, 165, 168, 169, 292. *Mauléon, aujourd'hui Châtillon-sur-Sèvre, Deux-Sèvres.*
— (Eblo de), 87, 118, 122, 123, 126, 129.
— (Aimericus de), 126.
— (Eustachia de), 167, 168.
Maupertuis (Terra de), 55.
Maupertuns (Petrus de), 57.
Maupetit (Bartholomeus), 245.
Mauricius, episcopus Pictavensis, 141.
Mauritania (Chotardus de), 50, 129.
— (Anterius de), 129. *Mortagne-sur-Sèvre, Vendée.*
Mause ou Mosé (Willelmus de), 145, 160, 166, 310-311.

Mauseacum ou Mozé, 143, 319. *Mauzé, Deux-Sèvres*.
Mazone (Goffridus), 15, 56, 73.
— (Grossinus), 15.
— (Gilebertus), 37, 38.
— (Aimericus), 73.
Meaulme (Joseph), prêtre, curé de Saint-Remi-en-Plaine, 391, 400.
Medicus (Paganus), 23, 59.
— Guillelmus), 78.
Megaudum (Arocus et Tebaudus de), 77, 112.
Meguaudo ou Megaudo (Arveius de), 55, 56, 112. *Migaudon*, c^ne *de Neuvy-Bouin, Deux-Sèvres*.
Megon, 240.
Meiteierie (la), 157.
Melianda, 30, 97, 120, 121, 122.
Melleis (Petrus), 50.
Melleroie (Prior de la), 301, 307. *La Meilleraye, Vendée*.
Menardi (Johanna), 240.
Mendiet (Raginaudus et Radulfus), 28.
Mengeicers (Gauterius le), 48.
Menoch (Guillelmus de), 47.
Menomblet (Willelmus de), monachus, 75, 76. *Menonblet, Vendée*.
Mercaio (Willelmus de), 334.
Mercator (Benedictus), 42.
— (Willelmus), 339.
Mercier (Johannes), 309.
Mereflor (Maria), 254.
Merpin (Petrus), 4, 73.
Merpinus, 11, 13, 14, 18, 19, 21, 31, 33, 48, 73, 74, 98, 100.
Meschinus (Petrus), 15, 16, 17, 53, 73.
— (Savaricus), 16.
— (Abbas de Morolia), 52, 97.
— (Bonus), 57, 143.
— (Goffridus), 73.
Meslejoe (Radulfus), 101.
Mestayer (Pierre), sergent, 399, 406.
Mestivarii (Johannes), 197.
Meterii (Petrus), 305.
Metoier (Johannes), 247.
Metullo (Morellus de), 141.
Michael (Umbertus), 2, 22, 52, 58, 140.
Michaelis (Stephanus), 198.
— (Guillelmus), 199.
Micheau (Louise), femme de Loys de Sayre, 342 n. 2, 365.

Micheau (Pierre), s^r de la Guybaudière, 342, n. 2.
Michoz (Pierre), 175.
Micque d'Arthois (Pierre La), prêtre, vicaire de Germond, 407, 408, 410.
Mignoti (Johannes), 223, 224.
Milesendis, uxor Goffridi Airaudus, 14.
— uxor Hugonis de Bugno, 23.
— femme de Pierre de Chicheville, 30.
— uxor Bedoini, 38.
— soror Chabirandi, 53.
— uxor Fulqueti de Veluche, 70.
Miletus, armiger, 16.
Millet (Johannes), 72.
Mirabilia, uxor Tebaudi Chabot, 109, 134.
Mirabilis, 123, 124.
Mirebellum, 63, 115. *Mirebeau, Vienne*.
Mirebel ou Mirebeu (Willelmus de), 57.
Mirembeu (Gano de), 57.
Mirepe (Bernardus de), 28.
Mirguet (Petrus), 32, 45.
Mirmet (Petrus), 25.
Modon ou Mondon (Françoise de), épouse de Jean Maroix, écuyer, s^r de Clériette, 414 n. 2.
— (Jacob de), sgr de la Rochebiraud, 414 n. 2.
Moisaci (Arnaudus de), 20.
Molé (président), 352.
Molendino (Gauterius de), 12.
Molerea ou Mollieres (Nemus de), 243, 287, 288, 289. *Forêt de Moulière, Vienne*.
Molins (Johannes dos), 89.
Mollerone (Stephanus Pegrini de), 17.
— (Prior de), 140. *Mouilleron-en-Pareds, Vendée*.
Molleton (Petrus de), 261.
Molner ou Molnerius (Petrus), 12, 24.
— (Bernardus de), 39.
— (Willelmus), 71.
Monasteriis (Petrus de), 333.
Monasteriis de Mausfez (Parrochia de), 299, 303, 324. *Les Moutiers-les-Mauxfais, Vendée*.
Monbruillois, 329. *St-Léger-de-Montbrillais, Vienne*.

Moncontour, 371, *Vienne*.
Mons Aranee (Parrochia de), 339. *Sans doute Monsirègne. Vendée*.
Monscantoris, 328, 329, 336. *Moncontour, Vienne*.
Montagu, 75. *Montaigu, Vendée*.
Monte Aureo (Parrochia Beati Petri de), 243, 255. *Montoiron, Vienne*.
Montechanini (Bernardus de), 3, 64.
Monteconstanti (Barbotinus de), 18.
Montecontantio (Geraudus de), 4.
Monte Constantio (Giraudus sacerdos de), 52. *Moncoutant, Deux-Sèvres*.
Montecontorium, 115, 137, 138, 247, 248, 249.
Montecontorio ou Monscantoris (Gervasius de), 57.
— (Robertus de), 58, 60, 64, 101, 103, 113, 121.
— (Bertrandus de), 64. *Moncontour, Vienne*.
Monte Falchonis (Johannes de), 269.
Monte Falconis (Johannes), 172.
Monteleardi (Monachus de), valetus, 247.
Monteliset (Johannes de), 145.
Monte Maurilii (Bricius de), 289.
Monterolio Bonini (Prior de), 275. *Montreuil-Bonnin, Vienne*.
Monte Rotundo (Raginaldus de), 248.
Monte Sorelli (Paganus de), 113.
Monte Tamiserii (Parrochia de), 280, 287, 288, 289. *Montamisé, Vienne*.
Montibus (Parrochia Beati Hilarii de), 241, 252, 254, 256.
Montis acuti (P.), 324.
Montmorency (connétable Anne de), 357, 361, 369.
Morans (Ugo), 33.
Moreau, ministre, 373, 376.
— (Jacques), écuyer, sgr du Puy, 343 n. 2.
Morelli (Petrus), 328.
Morineau (Guillelmus), 266.

Morinus (Willelmus), 25.
— (Aimericus), 65.
— (Johannes), 315, 316.
Morisset Jean, sʳ de la Maison-Neuve, 346, 347, 375 n. 2, 380, 381.
Morissonnect (Guillelmus), 150, 210.
Mornay (Radulphus), 317.
Morolia abbatia, 180, 181. *Moureilles, cne de Sainte-Radegonde-des-Marais, Vendée*.
— (Audebertus de), 19, 56.
— (Meschinus abbas de), 52, 97.
— (Petrus, abbas), 118.
Morpan (Boninus), 312, 320.
Mosnereau (Philippe), 359.
Mosnerio (Constantinus), 48, 49.
Mosolii (Monasterium), 120, 300. *Mouzeuil, Vendée*.
Mosterol ou Monsterol (Gastinellus de), 29.
— (Johannes de), 125.
— (Ugo de), 125.
— (Goffridus de), 126.
Mosuil ou Mosolium, 143, 146.
Mota (Petrus de la), 2, 51, 100.
— (Giraudus de la), 13, 67.
— (Siebrandus de la), 16.
— (Brientius de la), 38, 51.
— (Maingodus de), 84.
— (Willelmus de la), 100.
— (Aimericus de la), 100.
— (Tebaudus de), 174.
— (Gaufridus de), 184, 185.
— (Petrus de), 339.
Mota Acardi (Parrochia de), 306. *La Mothe-Achart, Vendée*.
Mote (Geoffroy de la), 175.
Mote Gauguerii (Michael de), 332.
Moteou (Petrus), ballivus, 320.
Motte d'Ardin (Seigneurie de la), 346, 347, 348.
Moulin (Claude du), ministre à Fontenay, 369 n. 2.
— (Johannes), 223.
Moutiers-sous-Chantemerle, prieuré, 352 n. 3. *Deux-Sèvres*.
Moyssarz (Petrus), 326.
Mozel (Raginaldus), 247.
Muns (H. de), miles, 265, 266.
Muscant (Arnaudus), 43.

— 446 —

N

Naal ou Naau (Audebertus), 72, 73.
Naau (Audebertus), 44.
Nantolium, 275. *Nanteuil, Deux-Sèvres.*
Nau (Hilaire), 364.
Navailles (Philippe de Montaut-Benac, duc de), gouverneur de Niort, 398 n. 2.
Navarra (Raimundus de), ballivus, 302, 303, 304, 305, 306.
— (Helyas de), 304.
— (Rex de), 306.
Navarria (Johannes de), 323.
Navarre (Henri de), 373.
Neirone (Petrus de), 36, 148. *Néron, cne de Coulonges-sur-l'Autize, Deux-Sèvres, et de St-Hilaire, Vendée.*
Nerbos (Aimericus), 84.
Netronio (Parrochia de), 257.
Neyraut (Jehan), 217.
Neyntré, 250, 251, 253, 261. *Naintré, Vienne.*
— (Raginaldus de), 239.
Nicholai (Ecclesia beati), 42, 109. *Saint-Nicolas de Fontenay-le-Comte, Vendée.*
Nicolas prior de Mascigné, 106.
Niger (Gaufridus), 11.
Nigre (Hersendis), 330.
Niolio (G. de), 338.
— (Jaquinus de), 19.
— (Bona de), 283.
— (Airaudus de), 26, 35, 38, 41, 43, 56, 62, 65, 66, 67, 82, 90.
— (Aimericus Denissum, canonicus de), 50.
Niolium, 77, 85, 100, 105, 128, 136, 137, 143, 146, 335, 338. *Nieuil-sur-l'Autize, Vendée.*

Niort, 351 n. 3, 4, 353 n. 2, 354, 355, 387 n. 1, 390, 405, 408, 414. Révolte en 1633, 386, 397.
— Château, 398, n. 1, 2. *Niort, Deux-Sèvres.* Voy. Niortum.
Niortelli (Prior), 93.
Niortum, 1, 39, 93, 105, 121, 268, 269, 270, 271, 274, 275, 291, 294, 295, 296. *Niort, Deux-Sèvres.* Voy. Niort.
— (Sanctus Stephanus de), 40.
Nismes, 361, *Gard.*
Nissum (Goffidus de), 67, 109, 117, 121.
Nivardus (Benedictus), 37.
— (Radulfus), 43.
Noailleo (Mauricius de), 141.
Noariis (P. Bati prior de), 141.
Noel (Giraudus), 36, 37.
Nois (riveria de), 71.
Normant (Goffridus), 30, 97, 100, 120-121, 122.
Normend (Pierre), 392.
Novo Burgo (Freminus de), 295.
Novyaco (Theobaldus de), senescallus Pictavensis, 186.
Nozilla (Villanus et Goffridus), 65, 71.
Nuaille (Hugo de), miles, 263.
Nualle (Beraudus de), 124.
— (Parrochia de), 315.
Nuceriis ou Nucariis (arbergamentum de), 76, 116, 119, 120, 121, 122, 171.
Nulleria (la), 20. *La Naulière, cne d'Allonne ou celle des Moutiers-sous-Chantemerle, Deux-Sèvres.*
Nuntrun (Johannes de), 64, 65.
Nyvault (Pierre), vicaire de St-Denis.

O

Obertus ou Otbertus (Radulfus et Stephanus), 19.
Oda, 92.

Odardus, serviens, 336.
Odelinus (Stephanus), 39.
Oete (Johannes), 323.

Odoier (Gaufridus), 332.
Ogis (Françoise), épouse de Guillaume Payrou, notaire à Bordeaux, 343, 344 n. 1.
— (Jeanne), femme de Joachim Ferret, 371.
— (Yvon), 343, 365 n. 1.
Oiardi (Willelmus), 148.
Oillun (Radulfus), 97.
Olerone, 295. *Ile d'Oléron, Charente-Inf.*
Oliverii (Guillelmus), 291.
Oliverius, miles, 17, 51, 60.
— (Rollandus), 23, 85.
Olivers (Petrus), 77.
Ollarius (Johannes), 125.
Olona, 298, 299, 325.
— (Capellanus de), 89. *Olonne, Vendée.*
Olricus (Raginaudus), 35, 40, 41, 41.
Orberia (Petrus d'), 48. *L'Orbrie, Vendée.*

Orbiterium, 77, 89, 100. *Orbetier, c^ne du Château-d'Olonne, Vendée.*
Orbus (Brunus), 7.
Orcle, 243.
Orris (Petrus), 70.
Ostenc (Willelmus), 6.
Otbert (Giraudus), 53.
Oteluni (Hugo), 90.
Ottarderia, 46. *La Tardière près de la Châtaigneraie, Vendée.*
Oyet (Parrochia de), 241.
Oyré (Parrochia de), 252. *Oiré, Vienne.*
Ozai (Ugo d'), 76, 120, 121, 140, 143, 146, 172. *Auzais, Vendée.*
— (Johannes d'), 77.
— (Ecclesia d'), 77, 120.
— (Aldeardis d'), 118.
— (Villa d'), 120, 141.
— (Hauda domina d'), 170, Voy. Auzai.
Ozile (Parrochia de), 245. *Ouzilly, Vienne.*

P

Paagers (Petrus), 89.
Pabot (Terra), 132.
Paganus (Aimericus), 13.
— (Guillelmus), 285.
Pageria (Guillelmus de la), 286. *La Pagerie, c^ne de Vasles, Deux-Sèvres.*
Pagole ou Poioles, ballivus, 287, 288.
Paillers (Willelmus), 173, 174.
Paire (Willelmus de), 105, 106, 148.
— (Thibaudus), 106.
Paireau (Geoffroy), 224, 225.
Paissellus (Jobertus), 278.
Paleone (Arnaudus), 71.
Palina (molendinum de), 71.
Paluel (Willelmus), 12.
Palluns (Garinus), 59.
Pampelia (Gauterius de), 31.
Panerius ou Panet (Willelmus), 36, 42, 48.
Panet (Goffridus), 69, 70, 71.
— (Gauterius), 111.
Panevelli (Willelmus), 330.
Panistarii (Adam), ballivus, 258, 259, 260, 291.

Panpelune (Petrus Andree de), 269.
— (Johannes de), 305.
— (Garsia de), 306.
Papefor (V.), 140.
Papelop, 78.
Papet (Geraudus), 63.
Papin (Johannes), 13.
— (Gaufridus), 55.
Papolo (Terra de), 112.
Paré (Catherine), femme de René de la Porte, s^r de la Rambourgère, 344 n. 4.
Parenteau-Dubeugnon (Edouard), professeur à l'école de droit de Poitiers, cité, 383.
Paris, 356, 365, 367, 382.
Parisius (Oddo), 322, 324.
— (Robinus), 338.
Partenay (Oliverius de), 20, 224.
Parteniacum, 2, 3, 9, 18, 19, 20, 23, 51, 53, 54, 56, 64, 65, 66, 69, 81, 85, 87, 88, 89, 96, 97, 98, 99, 100, 102, 110, 111, 112, 139, 148, 149, 185, 186, 223, 248. *Parthenay, Deux-Sèvres.*

Partiniaco (Radulfus de), 33.
— (Johannes de), 35.
— (Aimericus de), 277.
Parthenay, 415, 393. Voy. Parteniacum.
Passum Vetularum, 189. *Le Pavillon*, c^{ne} *de Thénezay, Deux-Sèvres.*
Pastureau (Jacques), sgr de Trelan et de Germond, 407 n. 2, 408, 409 n. 1, 410 n. 2, 411 n. 2.
— (Jeanne), sœur de Jacques, 410 n. 2, 411 n. 2.
— (Pierre), sr de Bouteville, 407 n. 1.
Patrocius (Petrus), 24, 34, 55.
Paumaeria, 3, 67, 76. *La Pomaire*, c^{ne} *de la Forêt-sur-Sèvre, Deux-Sèvres.*
Paumai (Araudus), 251.
Pautoner (Arnaudus), 297.
Pautonerius, decanus Fontaineti, 30, 73, 79, 83, 94, 104, 117, 122, 125, 126.
Pavia (Petrus de), 324.
Paviot (Willelmus), 252.
Paxello (Mons), 39.
Payrou (Guillaume), notaire royal à Bordeaux, 343, 344 n. 1.
— (Marie), femme de Jean Segaray, 344.
— (Nicolas), notaire à Bordeaux, 343.
— (Nicolas), marchand à Bordeaux, 343.
Pechinus (Petrus), 314.
Peigna (Gauterius), 67, 76.
Peirata (Johannes de la), 62. *La Pératte, Deux-Sèvres.*
Peires (Petrus de), 13, 14, 15, 50, 51, 52, 59, 95, 97. *Pareds, Vendée.* Voy. Aupareis.
— Robertus de), 41.
— (Mauricius de), 59.
Peiron (Ugo, prepositus de), 84, 123, 124.
Peirum (Johannes de), 5, 53, 62, 69, 97, 108, 111. *Le Perron*, c^{ne} *de la Chapelle-Thireuil, Deux-Sèvres.*
Peletanus (Gauterius), 24.
Peletarius (Radulfus), 40, 43, 44.
Peleters (Stephanus), 25.
— Goffridus, 52.
Pelissun (Stephanus), 113.
Pellicerius (Giraudus), 17, 51.

Pelleerius (Radulfus), 41.
Pelliparius (Gauterius), 11, 12.
— (Johannes), 245.
Pellisson (Magdeleine), fille de Josias Pellisson, sr de Taresse, 345.
Pelloella, 109, 110, 135. *Pellouaille*, c^{ne} *de Largeasse, Deux-Sèvres.*
Percy (Thomas de), sénéchal de Poitou, 226.
Perier (Ruffus Le), 337.
Pérignec, 315.
Perreau (Anne), fille de Pierre, 345.
— (Pierre), 345.
Peteio (Parrochia de), 307.
Petit (Fulquetus), 57, 62, 103, 138.
— (Guillelmus), 157, 158.
Petrus de Bunt, abbas, 2, 7, 9, 14, 15, 17, 18, 19, 20, 22, 23, 24, 33, 34, 35, 36, 50, 51, 54, 55, 57, 64, 65, 72, 95, 96, 98, 101, 114.
— Episcopus Pictaviensis, 7, 20, 78.
— Capellanus Fontanarum, 129.
— Cantor de Absia, 89, 90, 92.
— Abbas Absiæ, 197, 208.
— Abbas de Insula Chauvet, 91, 104.
— Prior, 116.
— Decanus Fontaneti, 120, 140.
— Prior Nucariorum, 120.
— Archidiaconus Toarcensis, 164, 166, 170, 173.
Peyrault, médecin à Niort, 399.
Philippe II, roi d'Espagne, 365.
Philippus, rex Francorum, 90, 135, 142.
Picamola (Gauterius), 40.
Picarz (Jacobus li), ballivus, 317.
Picaudi (Aimericus), 251.
Pichers (Stephanus), 32.
Pictavi, 78, 90, 132, 179. *Poitiers.*
— (Willelmus de), 49, 70.
— (Johannes de), 117.
Pictavis, 240, 241, 245, 246, 277, 278, 279, 280, 281, 282, 283, 284, 285, 286, 287, 288, 289, 290, 291, 337. Voy. *Poitiers.*
Pictavinus (Petrus), 31, 50, 52.
Pierre, abbé de l'Absie, 202.
Pillaut (Thomas), 149.
Pina (Gaufridus de), 306.
Pineau (Dr Arthur), 346 n. 3.
Pinçon (Aimericus), 316.
Pinels (Willelmus de), 55. *Le Pi-*

nier, cne de Scillé, ou celui de la cne de Secondigny, Deux-Sèvres.
Pindrae (Fulcherius de), 240.
Pinnea (Bartholomeus), 257, 258.
Pinu (Abbas de), 83, 295. Le Pin, cne de Béruges, Vienne.
Piolan (Fonds de), aux archives de la Vienne, 341 n. 3.
Pissot, 126, 127, 128. Pissotte, Vendée.
— (Peloquinus de), 127.
Pium (Bernardus), 1.
Place (Aimericus de la), 3, 74.
Placia (Johannes de la), 28. Les Places, cne du Breuil-Bernard, Deux-Sèvres.
Planea (Audebertus), 66, 67.
Planel (Goffridus), 52.
Planta (Bucardus de), 251.
Plaseit (Arnulfus de), 7.
Plasseis (Bocharda, domina de), 302.
Plastrer (Radulphus le), 242, 262.
Platea, 97.
— (Aimericus de), 108.
Pleigne (La), seigneurie, 341 n. 3.
Pleit (Willelmus de), 62, 63, 108, 115. Le Plet, cne de la Pératte, Deux-Sèvres.
Plesseiz (Robertus dau), 67, 76. Le Plessis, cne de la Forêt-sur-Sèvre, Deux-Sèvres.
— (Johannes de), 90.
Plevilanus (Hugo), canonicus, 287.
Plucaria, 79.
Plumbum prope Rupellam, 273. Le Plomb, Char.-Infér.
Poal (Aimericus de), 59.
Poi (Goffridus de), 28, 79.
— Willelmus de), 79.
Pochetuns (Gaufridus), 327.
Podio Alto (Radulphus, prior de), 146.
Podium Beliardi, 180, 327. Puy-Béliard, Vendée.
— Engelermi, 146. Voy. Poi Angelelme. Puy-Gelame, cne de Sérigné, Vendée.
Poessy, 367. Poissy, Seine-et-Oise.
Poi Angelelme, 128, 129. Voy. Podium Engelermi.
Poiarz (Goffridus), 10.
Poichanin (Rainol de), 25, 27, 61.
— (Bernardus de), 61, 103.

Poilarum (Benedictus de), 71.
Puyléron, cne de Gourgé, Deux-Sèvres.
Poipele ou Poibele (Willelmus de), 23, 25, 68.
Poire, 234.
— (Stephanus de), 339. Le Poiré, Vendée.
Poisegne (Garinus de), 76.
Poitiers, 227, 234, 342, 343, 344 n. 356, 357, 360, 361, 633, 371, 378 n. 1, 380. Voy. Pictavis.
Polesio (Ugo), 102.
Pomeree (Terra de), juxta Chandener, 270. La Pommeraye, cne de Cours, Deux-Sèvres.
Pomereia (Molendinum de), 72. La Pommeraye, cne de Saint-Loup, Deux-Sèvres.
Pons (Johannes de), 258.
— (Petrus de), 320.
Pont (du), 347, 376 n. 1.
Pontiuz (Comes de), 336-337.
Pontis (Ugo de), 32, 41.
Pontlevoy (Gustave de), cité, 348 n. 1.
Popardus (Petrus), 37, 45, 47, 49.
Popire (W.), 138.
Popinelli (Gaufridus), 331.
Popinot (Johannes), 337.
Pormillerio, 250.
Porta (Gaufridus de), 160, 167.
— (Lambertus de), 321.
Portau (fief du), 182.
Porte (Amador de la), grand prieur de France, gouverneur de la Rochelle, 398 n. 1.
— (Antoine de la), seigneur de la Rivière, 344 n. 4.
— (René de la), sr de la Rambourgère, 344 n. 4.
Porteclie, dominus Mauseaci, 143.
Porraeriæ (capella), 74. La Poraire, cne de Chiché, Deux-Sèvres.
Posdrellus (Goscelinus), 23.
Potardus, 35, 47.
— (Johannes), 38, 41.
Pouzauges, 152, 153, 202, 203, 228, 301, 325, 326, 328, 339, 340. Pouzauges, Vendée.
Pouzay, terre et château, 345. cne de Béceleuf, Deux-Sèvres.
Pozin (Gauterius), 76.
Praales (Goffridus de), 108.
Prætorio (Johannes de), 2.

Précigne, 61, 189. *Pressigny, Deux-Sèvres.*
Précinne (Goffridus de), 66, 72.
— (Elias de), 115. Voy. Précigne. *Pressigny, Deux-Sèvres.*
Prensirvet (Aimericus), 57.
Prepositi (Johannes), ballivus, 300, 327, 328.
Prepositus (Aimericus), 244.
Preveral (Andreas et Guillelmus), 9, 20, 21, 101.
Preveirau (Guillelmus), 4, 5.
— (Fons), 174.
Preveleral (Geraudus), 19.
— (Johannes), 23.
— (Radulfus), 37.
Proust (Pierre), seigneur de la Bourdinière, 346, 375 n. 3, 378.
Prouver (Thomas), 260.
Pruille (Petrus de la), 67, 76.
Pruliaco ou Prulleio (parrochia de), 254, 259, 260. *Preuilly, Indre-et-Loire.*

Prunedaria, 91.
Pugna (Petrus de), 55, 97, 108.
Pugne (Daniel de), 30.
— (Parrochia de), 51, 95. *Pougnes, Deux-Sèvres.*
Puichaud (Florentin), 341 n. 2.
Puirolant (Feodum de), 312.
Pulchra Vallis, 83, 127, 128.
— (Ramnulfus, prior de), 127. *Bellevaux, plus tard le Sauze, c^{ne} de Pissotte, Vendée.*
Pulverels (Hugo), 10.
— (Willelmus), 13.
Pulzinus (Bernardus), 58.
Puteo Sicco (Helia de), 141.
Puy (Le), seigneurie, 343 n. 2. *C^{ne} des Moutiers-sous-Chantemerle, Deux-Sèvres.*
Puycharrier, seigneurie, 370 n. 2, 381. *Près Menomblet, Vendée.*
Puyguyon (René de), sgr du Tail, 374, 379.

Q

Quaroi (Hugo de), 288.

Qui ne rit (Amiez), 125.

R

Rabaste, miles, 69, 70, 71.
Rabastea (Hugues), clerc, 216.
Rabateau (Stephanus), 331.
Raboandus (Girardus), 44.
— (Guillelmus), 44.
Rabotel (Aimericus), prepositus, 335.
Radegundis, 128.
Radulfi (Benedictus), 15, 17, 54.
Radulphus, prior, 2, 3, 5, 18, 64, 65, 108, 114.
— Canonicus, 28, 34.
— (Michael), 30.
— Subprior, 38.
— (Willelmus), 50, 62, 105.
— Subprior Absiæ, 87.
— Prior Pulchræ Vallis, 128.
— Prior du Sauze, 129.
— Decanus Pictavensis, 157, 161.
— Archipresbyter Sancti Maxencii, 172.

Raembaut (Aimericus), 55.
— (Paganus), 70.
Raenfreria (Molendinum de), 103. *La Ranfraire, c^{ne} de la Chapelle-Thireuil, Deux-Sèvres.*
Raengardus (Stephanus), 41.
Raer (Egidius), 338.
Raginaldus, vicecomes Thoarcii, 187.
Raginaudus, sacerdos, 3, 21.
— Canonicus, 44.
— (Guillelmus), 45, 62, 124.
— Prior Sancte Radegundis, 91.
Raimunderia, 11, 134. *La Raimondière, c^{ne} de Vernou-en-Gâtine, Deux-Sèvres.*
Raimundus (Raginaudus), 11, 28, 29, 73.
— (Rainadus), 11.
— (Paganus), 15.
Raimunt (Gauterius), 13.

Raimunt (Savaricus), 151.
— (G.), 152.
Rainart (André), clerc de Pierre de Sayvre, sr de la Berjardière, 358 n. 1.
Rainardeas (Johannes), 139, 140.
Rainos (Goffridus), 65.
Rainerius, abbas, 3, 4, 5, 6, 10, 11, 12, 13, 14, 15, 16, 17, 19, 21, 22, 24, 26, 27, 28, 29, 30, 31, 32, 33, 34, 41, 42, 44, 45, 46, 47, 48, 49, 52, 53, 54, 55, 56, 57, 58, 59, 60, 61, 62, 63, 65, 66, 67, 68, 69, 70, 71, 72, 73, 74, 76, 77, 78, 80, 81, 82, 83, 84, 85, 88, 89, 90, 92, 93, 94, 95, 96, 97, 98, 99, 100, 101, 102, 103, 104, 105, 107, 108, 109, 110, 111, 112, 113, 115, 116, 118, 119, 120, 121, 122, 123, 124, 125, 126, 127, 129, 131, 132, 136.
Rajacia, 2. *Largeasse, Deux-Sèvres.*
— (Simon de), 17, 51, 52, 54, 55, 98, 108.
— (Willelmus de), 52, 53, 55, 107, 108.
— (David de la), 54.
Rameia, 83.
Ranco (Goffridus de), 26, 29, 35, 43, 78, 101, 102.
— (Aimericus de), 26, 43.
— (Robertus), 36.
Rancun (Paganus de), 76.
Ranfredus, 72.
Ranulphus, prepositus, 77.
Rannulfus (Giraudus), 24, 25, 66.
— (Guillelmus), 116.
— Prior Pulchræ Vallis, 127.
Raolelli (Renaudetus), 198, 200, 201.
Raolere (la) in parrochia Olone, 298. *La Roulière, cne d'Olonne, Vendée.*
Rasors (Willelmus), 32, 34, 35, 36, 39, 40, 42, 43, 44, 45, 47, 49, 140.
Rataudi (Johannes), 82, 90.
Rataut (Ato), 102.
Raters (Arveus), 264, 265.
Rayteau (Petrus), 327.
Ré (abbas de Sancta Maria de), 164, 166, 196. *Abbaye de Notre-Dame, cne de Sainte-Marie-en-Ré, Charente-Inf.*
— (Insula de), 168, 210, 211, 212, 296, 297. *Ile de Ré, Charente-Inf.*

Reata (Petrus de la), 98.
Reaute (la), 22, 25, 26.
Réaumur, 368. *Vendée.*
Recia (Raymundus de), 268-269.
Reer (Gaufridus), 239, 244.
Rege (Paganus), 22, 23, 25.
— (Raginaudus), 44.
Reginaldus de Milite, archipresbyter Parteniacensis, 186.
Reginaudus, elemosinarius Reginæ, 112.
Regne (Hugo de), 117, 118, 124, 125, 126, 127.
Renaudie (Georges Barré de la), 366.
Renborgère (la), 177, 197. *La Rembourgère, cne du Beugnon, Deux-Sèvres.*
Reneillon (Marie), épouse de Jacques Viette, sgr de la Motte d'Ardin, 346.
Repérou, château, 394 n. 1, 396, n. 4, 397, 398. *Cne de Germond, Deux-Sèvres.* Voy. Lapostolle, Desfrancs, Bois-Imbert, Doreil.
— Moulin, 394 n. 1.
Resmont (Jehan), 219.
Ressi (Raginaudus de), 321.
Restex (Johannes), 157.
Rex (Gaufridus), 260.
Reyatère (la), 221. *Reax, cne de Saint-Porchaire, Deux-Sèvres.*
Riaumo (J. de), 141.
Ricardus, rex Angliæ, 80, 84, 85, 90, 135, 136.
— Decanus Fontiniacensis, 121, 129.
Ricart (Giraudus), 17.
Richard (Alfred), archiviste de la Vienne, cité, 343 n. 4, 355 n. 2, 383, 393 n. 2, 394 n. 1.
Richardelli (Petrus), 334.
Richardi (Jodonus et Theobaudus), 15.
— (Willelmus), 25.
Riche (Michel Le), cité, 378 n. 1, 394 n. 1.
Richefol (Johannes), 13.
Richers (Oliverius), 25.
Ridelli (Sanctius et Gaufridus), 335.
Rifeius (Guillelmus), 128.
Rispaudus, 23, 27, 30.
Riveria (Thomas de), 59, 60.
Roaut (Philippus), 292.
Robelineria, 14.

Robert (Antoine), meunier 384, 406, 407.
— de la Mothe (Charles), notaire et procureur de la cour de Champdeniers.
— (Charles), huissier royal, 386.
— (Charlotte), épouse d'Abraham Citoys, notaire royal, 386.
— (Hilaire) meunier, 399 n. 1.
— de la Grange (Louis-Charles-Henri), 386.
— (Julien), veuf de Marie Tisson-Pellège, 406.
— (Michel), meunier, 399.
— (Michel), 386.
— (Simon), 383, 391, 416.
— (Louis), 383, 391.
— (François), 383, 416.
— (Laurent), 383, 412, 416.
— (Simon), notaire à Germond, auteur du Journal.
dont :
— (François), sergent royal, 384, 390, 408, 411, 416.
— (Marie), femme de François Godeau, 384, 390, 419.
— (Michel), 408, 384, 399.
— (Simon), régent, 384 n. 2, 407, 408, 416.
— (Médard), 384.
— (Jacques), 364, 383, 384, 385 n. 1, 386, 387 n. 1, 389 n. 1, 390, 391 n. 1, 392, 393, 394, 395, 396, 397, 399, 402, 403 n. 2, 405, 408, 410, 411, 414, 415, 416.
— (Simon), sergent, 384.
— (Simon), meunier, 390. 402, 403.
Robertus, dominus Maucontorii, 57, 58, 62. *Moncontour, Vienne.*
— Abbas de Turpenay, 86.
Roea de Pozzay, 244. *La Roche-Pozay, Vienne.*
Roca ou Rupis super Eon, 300, 302, 303, 304, 305, 306, 307, 308, 324, 325. *La Roche-sur-Yon, Vendée.*
Rocal (Louis), sr de la Barinière, 349.
Rocaso, 337.
Rocha (Terra de), 34, 124.
— ou Roca (Bernardus de), 11, 12, 13, 16, 21, 22, 27, 28, 29, 31, 34, 48, 55, 62, 72, 73.
— (Aimericus de), 28.
— (Willelmus de), 57, 71.

Rocha (Drogo de), 70, 71.
— Gauterius de), 71.
Rocha d'Isar, 147.
Rocha-Nova, 140.
Rocha Themer (Aimericus de), 56.
Rochavinosa (Aimericus de), 53. *Rochevineuse, cne de Neuvy-Bouin, Deux-Sèvres.*
Roche (Rorgue de La), 69.
Rochebiraud (La), sgrie, 414 n. 2. *Cne de Champdeniers, Deux-Sèvres.*
Roche d'Appelvoisin (La), sgrie, 373. *Cne de Saint-Paul-en-Gâtine, Deux-Sèvres.*
Roche du Breuil-Barret (La), sgrie, 342 n. 3, 359. *Cne du Breuil-Barret, Vendée.*
Rochefort (Chalo de), 104.
Rochelle (La), 371, 372, 393 n. 2, 398 n. 1, 2, 373, 374. *Charente-Inférieure.*
Roche-sur-Yon, 228. Voy. Roca super Eon.
Rochiens (Raginaldus), 247.
Roer (Raginaudus), 136.
Roere (Guillelmus de la), 348.
Roillum (Andreas), 17.
Roilt (Bernardus), 133.
Rollanderia, 91, 98, 108.
Rollandi (Campum), 140.
— (Petrus), 329.
— (Aimericus), 338.
Rollant (Petrus), 89.
— (Guillelmus), 107.
— (Johannes), 136, 137.
Rome, 364.
Romeya (Nemus de), 156.
Roorta (Gauterius de), 4. *Rorthais, Deux-Sèvres.*
Roque (Petrus), 303.
Rosana, uxor Willelmi Archiepiscopi, 2, 9, 96.
Rosceames (Aimericus), 133.
Rosello (Gauterius de), 65.
Roscherio (Stagnum de), 102, 130.
Rosseo (Guido), miles, 258.
Rossin (Giraudus), 53.
Rufus (Simon), 4, 51, 52, 55, 62, 91, 108.
— (Oliverius), 4, 55, 108.
— (Rollandus), 6, 55.
— (Mainardus), 20.
— (Bernardus), 26.

Rufus (Ugo), 32, 33, 37, 38, 42, 44, 45.
— (Goffridus), 112.
— (Ranulfus), 115, 116.
— (Willelmus), 145, 181.
Rupe (Ardoinus de), miles, 322.
Rupeforti (Heble de), 293, 297.
— (Gaufredus de), 308.
— (Castellanus de), 322. *Rochefort, Charente-Inférieure.*

Rupella, 269, 270, 273, 274, 291, 292, 295, 296, 308, 309, 310, 311, 312, 313, 314, 319, 320, 321. *La Rochelle, Charente-Inférieure.*
Rupe Rabate, 331, 332, 334, 338.
Rupis super Eon, 322, 323, 333. Voy. Roca super Eon.
Ryon (Madeleine de), femme de Jean Desfrancs, 394 n. 1.

S

Saint-Aubin (Aimeri de), 217.
Saint-Barthélemy (La), 373.
Saint-Benest, 224. *Saint-Benoit, cne de Clessé, Deux-Sèvres.*
Saint-Denis (Seine), 369.
Saint-Goard, château, 345. *Cne d'Ardin, Deux-Sèvres.*
Saint-Jehan de Bonneval, 207. *Deux-Sèvres.*
Saint-Maixent, 392, 393 n. 2, 408. *Deux-Sèvres.*
— (l'abbé de), 231.
Sainte-Marthe (Nicolas de), lieutenant général du Poitou, 406.
Saint-Maurice-le-Girard, 356, 374. *Vendée.*
Sainte-Ouenne, 413 414, 415. *Deux-Sèvres.*
Saint-Paul-en-Gâtine, prieuré, 342, 367. *Deux-Sèvres.*
Saint-Pompaen, 182. Voy. Sanctus Pompeianus. *St-Pompain, Deux-Sèvres.*
Saint-Remi, sgrie, 345. *Deux-Sèvres.*
Saintonge, 357, 361.
Salamata (Goffridus), 22.
Salemunt (Johannes), 100.
Sales prope Rupellam, 294, 297, 311.
— (W. de), 271, 272. *Salles, Deux-Sèvres.*
Saligrière (Nicolas de la), 339.
Sallenove (Claude de), dame de la Touche du Breuil-Barret, 343 n. 2, 362 n. 3.
— (Henry de), 343.
— (Robert de), 343.
Salmora (Molendinum et domus de), 27, 28, 30, 31.

Salmora (terra de), 26, 29, 88, 92.
— (vadum de), 22, 24, 25, 28, 30.
— (Johannes de), 23, 27, 38.
— (Aimericus de), 25. *Saumore, cne de la Chapelle-Thireuil, Deux-Sèvres.*
Salmorels (Gannardus), 23.
Salmurum, 333. *Saumur, Maine-et-Loire.*
Sall de Brolio ou Sandebroil, 26, 40, 42, 87, 91, 102, 109, 113, 131.
— (Ugo), 92.
Samaudrine (Giraudus), 50.
Saminus (Petrus), 13, 15, 16, 53, 97.
— (Tebaudus), 15, 17.
— (Raginaldus), 14, 15, 21, 50.
— (Arbertus), 15, 16, 17, 53, 110.
Samsone ou Sanson (Willelmo), 2, 33.
— (Americus), 145.
Samuel (Willelmus), 37, 40.
Sancta Christina, 116. *Ste-Christine, annexe de St-Sigismond, Vendée.*
— Gemma, 116.
— Sabina, 104, 105, 137. *Ste-Sabine, cne de St-Pompain, Deux-Sèvres*
— Ugena (Alo de), 82. *Ste-Ouenne Deux-Sèvres.*
Sancte Eugenie (Alo dominus), 296.
— Cecilie (Parrochia), 340. *Ste Cécile, Vendée.*
— Fidei juxta Talemundum (parrochia), 323. *Ste-Foye, Vendée.*
— Flaivei (Rag.), miles, 303.
— (Parrochia), 305, 323. *Ste-Flaive, Vendée.*

Sanctæ Severæ (Raginaudus presbyter), 84.
Sancti Andreæ super Rocam (parrochia), 305. *St-André-d'Ornay, Vendée.*
— Cassiani (Johannes et Nicolas), 58,101. *St-Cassien, Vienne.*
— Cenerum (parrochia de), 247. *St-Sénery, cne de Pleumartin, Vienne.*
— Christophori (Willelmus capellanus), 46. *St-Christophe de la Châtaigneraye, Vendée.*
— Christophori (parrochia), 261.
— Cirici (parrochia), 252. *St-Cyr, Vienne.*
— Cypriani, abbas, 83.
— Jovini (Conventus), 249. *St-Jouin-les-Marnes, Deux-Sèvres.*
Sancti Jovini de Faya (prior), 335.
— Leodegarii de Paluz (parrochia), 280,286, 290. *St-Léger-la-Palud, Vienne.*
— Marcialis (Giraudus), 11, 56.
— (Goffridus), 48, 74, 82, 104.
— Michaelis de Berz (abbas), 315.
— Michaelis (parrochia), prope Pruliacum, 258.
— Pauli (parrochia), 302. *St-Paul-en-Pareds, Vendée.*
— Pauli (Martinus capellanus), 72.
— (Parrochia), 98, 100, 128, 209. *St-Paul-en-Gâtine, Deux-Sèvres.*
— (Giraudus), 11, 17, 74, 96.
— (Johannes), 13, 74, 87, 98.
— (Petrus), 111.
— (Willelmus), 61, 103, 114.
— (Airaudus, prior), 77.
— (Geraldus Jaifardus, prior), 84. *St-Paul-en-Gâtine, Deux-Sèvres.*
— (Michael), 210.
— Rogaciani (parrochia), 311, 312, 313, 320.
— Salvatoris prope Benaum (ecclesia), 316, 318.
— Savini, abbas, 83. *St-Savin, Vienne.*
— Thome (prior), 141.
— Thomæ (capella), 82. *St-Thomas, près Fontenay, Vendée.*
Sancto Albino (Willelmus de), 16, 17, 27, 54, 108. *St-Aubin-le-Cloud, Deux-Sèvres.*
— (Petrus de), 17, 108.

Sancto Albino (Goffridus et Airaudus de), 54, 108.
— (Johannes de), 325.
— Cassiano (Aimericus de), miles, 336.
— Celeriano (Guillelmus de), miles, 321.
— Dionisio (Willelmus de), 6. *St-Denis, Deux-Sèvres.*
— Generoso (Aimarus de), 47.
— Genoso (Gaufridus de), 249.
— Germano (Guillelmus de), 290.
— Gregorio (Prior de), 296.
— Herminio (Aimericus de), 97. *Ste-Hermine, Vendée.*
— Johanne (Gelome de), 26.
— Jovino (Petrus de), 60.
— (Raginaudus), 89, 90.
— Lauro (Petrus de), 26. *St-Laurs, Deux-Sèvres.*
— Maximo (Aimericus de), 17.
— Mauricio (Prior de), prope Rupellam, 311. *St-Maurice, Charente-Inférieure.*
— Persio (Bos de), 337.
— Pompeiano (Bonetus de), 35.
— (Guerris de), 48.
— Pompejani (Stephanns capellanus), 33, 45, 47, 50, 51.
— (ecclesia), 88, 107, 162.
— (Girardus, prior de), 137. *St-Pompain, Deux-Sèvres.*
— Porchario (Johannes de), 280.
— Supplicio (Gestinus de), 47. *St-Sulpice-en-Pareds, Vendée.*
— Venancio (Matheus de), 257.
— Vincencio (Guillelmus de), miles, 302.
Sanctus Gervasius, 169. *St-Gervais, Vendée.*
— Goarius. *St-Goard, cne d'Ardin, Deux-Sèvres.*
— Hermetus, 109, 131. *St-Hermand réuni à Ste-Hermine, Vendée.*
— Hilarius, 41, 87, 105. *St-Hilaire-sur-l'Autize, Vendée.*
— Jacobus, 81. *St-Jacques de Compostelle.*
— Jacobus de Thoarcio, 151, 152. *St-Jacques de Montauban, Deux-Sèvres.*
— Johannes de Bona Valle prope Thoarcium, 180. *St-Jean de Bonneval, Deux-Sèvres.*
— Jovinus de Marnis, 335. *St-*

Jouin-les-Marnes, Deux-Sèvres.
Sanctus Launus apud Toarcium, 75.
— Leodegarius, Abbatia, 168, 169. *St-Liguaire, Deux-Sèvres.*
— Martinus de Bran, 100. *St-Martin-de-Brem, Vendée.*
— Martinus de Ré. 163, 165. *Charente-Inférieure.*
— de Sancto Maxentio, 268, 271, 272, 274, 297. *St-Martin de St-Maixent, Deux-Sèvres.*
— Maxentius, 143, 146, 202, 223, 263, 264, 266, 267, 268, 270, 271, 272, 273, 274, 275, 276. *St-Maixent, Deux-Sèvres.*
Sancto Maxentio (Petrus de), 21, 95.
— (Johannes de), 48, 95.
— (Raterius de), 83.
— Sanctus Maximinus, 71. *St-Mesmin, Vendée.*
— Sancto Maximino (Stephanus de), 60.
Sanctus Medardus de Pratis, 119. *St-Médard-des-prés, Vendée.*
— Michael in Heremo, 143, 145-146, 169, 301, 306. *St-Michel-en-l'Herm, Vendée.*
Sancto Michaele (Guillelmus de), 123.
Sanctus Nicholaus de Thoarcio, 152.
— Remigius, 85. *St-Remy-en-Plaine, Deux-Sèvres.*
— Rogacianus, 297.
— Sergius, 75.
Sanum (Arbertus), 12.
Sarles (Willelmus de), 99.
Saragoce (Giraudus de), 292, 313.
Sarrea (Petrus), 133.
Satanaz (Andreas), 70.
Saurin (Arbertus), 100.
Saulnier (Joseph), 366.
Saumur, 351 n. 5. *Maine-et-Loire.*
Saumurio (Thomas de), 290.
Saunerii (Henricus), 248.
Sauvage (Johannes), 318.
Sauvagerye (la), 174.
Sauveboeuf (Marquis de), 382.
Sauvengerii (Reginaudus), 148.
Sauze, 129.
Sauzea (P.), 162.
Savaricus (Willelmus), 2, 9, 10, 19, 34, 54, 98.
— (Petrus), ballivus, 337.

Savaris (Johannes), 68.
— (Aimericus), 76.
— (Philippus), 240.
— (Garinus), valetus, 306.
Savary (Colinus), 223.
Savonnet (Charles), s^r de Villeneuve, 348.
Sazaio ou Lazaio (Jocelinus), 244, 246.
Sazaico (Stephanus de), 47.
Scorzai (Aimericus de), 14.
Scozaicus, 68. *Ecoussais*, c^{ne} *d'Assais, Deux-Sèvres.*
Scumboil (Andreas de), 147.
Secundiniacum, Secondigny, 2, 4, 5, 14, 25, 26, 31, 33, 81, 100, 390 n. 3. *Secondigny en Gâtine, Deux-Sèvres.*
Secundino, 3.
Seencaium prope Rupellam, 318.
Segaray (Jean), 344.
Segiller (Parrochia de), 252.
Segornai (Johannes de), 26, 29, 48. *Sigournay, Vendée.*
Seguins (Gauterius), 32.
Segundine, 22, 97, 139.
— (Johannes de), 72. Voy. Secundiniacum.
Segundiniacum, 23. Voy. Secundiniacum.
Seignoretus, frater hospitalis Jherusalem, 85, 89.
Seignouraut (Guillelmus), 223.
Senan (Parrochia de), 243. *Cenon, Vienne.*
Senans ou Sanans, 104. *Senan*, c^{ne} *de St-Pompain, Deux-Sèvres.*
Senane (Crux de), 39.
Senanz (Gauterius de), 37, 39.
Seneguotis (Guillelmus), 310.
Senegros (Guillelmus), 292.
Senille (Parrochia de), 245, 256. *Senillé, Vienne.*
Sentier (Charles), curé de Champdeniers, 386, 399, 400, 408.
Senzaio (Aimericus de), 147. *Sanzay, Deux-Sèvres.*
Separa ou Separis, 109, 161. *La Sèvre Nantaise.*
Serde (Stephanus), 12.
Sergnec, 83, 127.
— (Raimundus de), 127. *Sérigné, Vendée.*
Serneium, 141. Voy. Sergnec.
Serpentini (Petrus), 310.
Ses ou Sees, 329, 337.

Sevre (Garinus de), 54.
Sevria, 98. *La Sèvre Nantaise.*
Sie (Johannes de), 3.
Siebrandus (Girardus et Giraudus), 53.
Simon Parteniaci, 19, 20.
Siseras (Petrus de), 72.
Sobrancerius, miles, 41.
Soldan (Giraudus), 1, 2.
Solenere (Johannes de la), 305.
Sols ou Sos (Chavaucha de), 48.
Sorina, 3.
Sorini (Willelmus), ballivus, 338.
Sorreio (R. de), 148.
Sosters (Petrus de), 3.
Suster (Giraudus de), 1. *Soutiers, Deux-Sèvres.*

Sovignet (Parrochia de), 267, 268, 273. *Souvigné, Deux-Sèvres.*
Stuart (Marie), 356, 364, 365.
Suart (Johannes), 113.
Subaut (Goffridus), 138.
Sublel (Petrus de), 112.
Substel (Willelmus de), 90.
Sucho (Willelmus de), miles, 334.
Sueerals (Terra de), 18.
Suirat (Médard), 383, 384, 389, 394, 395, 396.
Surgeriis (Parrochia de), 314, 316. *Surgères, Charente-Inférieure.*
Surie (Guillelmus de), 288.
— (Guillelmus de), 246.
Surreaus (Giraudus), 305.
Suyrot (Jacquette), 365.

T

Tabart (Stephanus), 333, 334.
Tâche (Feodum de la), 158. Voy. Tascha.
Taconer (Johannes), 301.
Taforimea (Jehan), 225.
Taillepetit (Willelmus), 294.
Talebot (Johannes), 267.
— (Constantinus), 268.
Talemundum ou Talemunt, 77, 89, 129, 178, 181, 183, 298, 299, 300, 306, 323, 324, 325. *Talmont, Vendée.*
Tamisers (Engebertus), 54.
Tanaio (Henricus de) super Charante, 308. *Tonnay-Charente, Charente-Inférieure.*
Tarquex (André), 363, 364 n. 1.
— (Guillaume), élu à Niort, 363.
Tarva (Gauterius de), 15.
Tascha (Tebaudus de la), 60.
— Bernardus de la), 64.
Taschia, 61, 64. *La Tache*, cne *d'Assais, Deux-Sèvres.*
Tascher (Fulco), 138.
Taucoinest (Johannes), 223.
Taunai (Radulphus de), 31, 40, 64, 133.
Taupeleria, 4. *La Taupelière*, cne *de Secondigny, Deux-Sèvres.*
Teabastii (Girbertus), 23.
Tefaugias (Charruellus de), 59. *Tiffauges, Vendée.*

Tel ou Teil (Arbertus del), 2, 9, 10, 19, 22, 50, 51, 52, 53, 54, 56, 58, 64, 65, 90, 91, 96, 97, 132. *Le Teil*, cne *de St-Aubin-le-Cloud, Deux-Sèvres.*
— (Aimericus de), 54.
Tellio (Aimericus de), 52.
— (Geraldus ou Giraudus de), 52, 53, 90, 91, 131.
— (Petrus du), 206.
Templer (Tebaudus), 49.
Teo (Gaufridus), 12.
Terama (Odardus de), 322.
Ternaio, 331, 333, 335, 336.
— (Simo de), 336. *Ternay, Vienne.*
Tescelinus ou Técelins, 28, 31, 34.
— (Willelmus), 50, 68, 76.
— Goffridus), 76.
Tessoela, 163, 164, 165. *La Tessoualle, Maine-et-Loire.*
Tessonnière (seigneurie), 362 n. 2. *Deux-Sèvres.*
Texier (Françoise), 384, 394, 397, 402, 403, 404, 407, 410.
Textor (Stephanus), 280.
Theophania ou Tefania, 30, 31, 80, 110, 193, 194, 195.
Théophile de Viau, 354 n. 5, 355.
Thérouanne, 363. *Pas-de-Calais.*
Thoars (Aimericus de), 304. Voy. Toarcium.

Thoca (Feodum de), 174.
Thocayo (parrochia Sancti Martini de), 242.
Thomas, abbas Granateriæ, 59, 85, 129.
Thomson (Anne), femme de de Sayvre, s^r de la Gourbillière, 351 n. 2.
— (Georges), pasteur à la Châtaigneraye, 351 n. 2.
Thouars (vicomté de), 227.
Tilia (Johannes de), 157.
Tiraqueau (Mathurin), s^r de la Chapelle, 374 n. 1.
Tirol, 11, 24.
Tirolius, 10.
Tirols de la Capella, 10.
Tizo, miles, 13.
Toarcium, 30, 58, 59, 75, 78, 92, 94, 97, 101, 102, 113, 151, 157, 158, 178, 180, 181, 182, 183, 187, 190, 210, 306, 323, 338. *Thouars, Deux-Sèvres.*
Tochebos, 44.
Toharz, 337. Voy. Toarcium. *Thouars, Deux-Sèvres.*
Toil (Enjorrandus de), castellanus Xanctonensis, 325.
Torchun (Petrus), 22.
Torculari (Bartholomeus de), 314.
Torgne (Pierre de), 202, 203, 204.
Tornemina (Guillelmus), 4, 72.
— (Petrus), 6.
— (Arbertus), 30, 70.
— Giraudus), 73.
Tornum (parrochia de), 257. *Tournon, Indre-et-Loire.*
Toscha Rounda ou Rotunda, 99, 110.
Touches (Les), 221, 222. *La Touche-Chévrier, c^{ne} de Saint-Porchaire, Deux-Sèvres.*
Tourvenin, seigneurie, 370. *C^{ne} de Menomblet, Vendée.*
Tracai (Reginaudus de), 58. Voy. Crazai.
Traent ou Trahent (Petrus de), 32, 45, 116.
— (Goffridus et Andreas de), 33, 50.
— (Johannes de), 33.
— (Andreas de), 107.

Tranchant, sous-prieur de Champdeniers, 399.
Traolleria ou Trolleria, 16, 17, 46. *La Triollerie, c^{ne} de l'Absie, Deux-Sèvres.*
Trebat (Petrus de la), 102.
Treia (Pagnus de), 4. *Traye, Deux-Sèvres.*
— (Brienus sacerdos de), 51.
— (Goffridus de), 56.
Trenche (ecclesia Beati Nicholai de), 306. *La Tranche, Vendée.*
Treslebois, capitaine de gens d'armes, 410.
Tricherie (La), 239. *La Tricherie, c^{ne} de Beaumont, Vienne.*
Trio (Goffridus), 56.
Tristant (Petrus), 73.
Trobon, commandant la cavalerie des frondeurs de Bordeaux, 382.
Troismailles, imprimeur à Niort, 353 n. 2.
Trotet (Willelmus), 34.
Trua (Laurentius), 140.
Trumeau (Frère Pierre), cordelier.
Tucinio (Giraudus de), 14.
Tufer (Goffridus), 45.
Tuderto (Rainaldus de), archipresbiter Arduini, 210.
Tuebof (Johannes), presbyter, 191, 192.
Tulupins (Giraudus et Umbertus), 13.
Turco (Goffridus), 16.
Tursot (Guingandus de), 99.
Turre (Willelmus de), 32, 41, 43.
Ture (Parrochia de), 240.
— ou Tureium (Parrochia de), 244, 245, 251, 252, 261. *Thuré, Vienne.*
Turpiniaci (Willelmus, abbas), 63, 103.
Turpiniacum, 75, 86, 125. *Turpenay, Indre-et-Loire.*
Turpinière (La), 197.
Tusseau (René), seigneur de la Millanchère, 362 n. 2.
Tustart (Arnaudus), 61.
Tutauld (Louise), dame de la Jouslinière et de la Combe, 405.
Tuzo (Aimericus de), 87.

U

Uberti (Goslenus), 86.
Umberti (Goffridus), 107.
— (Radulfus), 108.
Ugo (Gilbertus), 108.
— (Willelmus), 108.
Ulmellis (Domus de), 76, 82-83, 84, 99, 135.
Ulmes, 80, 122, 147.
Ulmis (Papinus de), 35. *Oulmes, Vendée.*

Ulmus Umbaut (terra de), 41.
Ulricus, templarius, 5.
Umbaudus (Gauterius), 34, 35, 36, 37, 38, 39, 40, 41, 42, 44, 45, 103, 104.
— (Petrus), 105.
Umello (Terra de), 111.
Usellum, 246. *Usseau, Vienne.*
Usson, 390 n. 3. *Vienne.*

V

Vacherii (Tebaudus), 25.
Vadum Salicis, 21.
Vaille (Philippus de), 261.
Vaire (Willelmus de), 300.
Valanz (Johannes de), 315.
Valdener (Johannes), 68.
Valendeis, 68.
Valeri (Guillelmus de), 259, 260.
Valeti (Matheus), 338.
Valetis, 61, 86. *Valletes, cne de Thénezay, Deux-Sèvres.*
Valis (Parrochia de), 281, 286. *Vasles, Deux-Sèvres.*
Valle (Terra de), 91.
— Viridi, 105, 116, 122, 136.
— (Giraudus de), 50.
Vallis, 88. *Les Vaux, cne de la Chapelle-Thireuil, Deux-Sèvres.*
— Milvi, 189. *Vaulemie, cne de Thénezay, Deux-Sèvres.*
Valois (Marguerite de), reine de Navarre, 361, 373.
Vansaio (Parrochia de), 271, 272. *Vançais, Deux-Sèvres.*
Vareze (Parrochia de), 334.
Vassellus (Alelmus), 66.
— (Arnaudus), 67.
Vau (Johannes de la), 118, 124, 125.
Vauvert, 92, 116, 132.
Vearia (Goffridus de la), 99. *La Verrie, cne de Clessé, Deux-Sèvres.*
Veer (Theobaldus Le), miles, 287.
Veir (Willelmus), 6, 7.

Veirines ou Vérines, 32, 41. *Deux-Sèvres.*
— (Gaufridus Venders, prior de), 145.
Velden (Johannes de), 50.
Velmunt (Raginaudus de), 60.
— (Constantinus de), 60. Voy. Vellomontis.
Veluche, 69.
— (Johannes de), 68, 70.
— (Fulquetus, Goffridus, Paganus et Airaudus), 70. *Veluché, cne des Jumeaux, Deux-Sèvres.*
Vellat (Petrus), 49.
Vellomontis (Terra), 57, 62, 91, 103. Voy. Velmunt. *Vieilmont, cne de Craon, Vienne.*
Velloneria, 18, 19. *La Villenière, cne de Vernou, Deux-Sèvres.*
Venaceria, 10.
Venaerria, 12.
Vendea ou Vendeia, 29, 117, 119, 120, 122, 124.
— (Willelmus et Paganus de), 42, 49.
— (Guillelmus de), 47. *Vendée près de Pairé-sur-Vendée, Vendée.*
— (Petrus de), 106.
Venderius (Stephanus), 39.
Venders (Girbertus), 145.
Venit (Parrochia de), 260.
Verdon (Martinus), 303.
Verdun (Petrus), 134, 135.
Verger (Jehan du), 221.
Vergier (M. André du), 345.

Vergier (Jean du), 376 n. 2.
Verno (Willelmus de), 5, 6, 7, 14, 78, 164.
Vernol, 7, 11, 13, 20, 22. *Vernou en Gâtine, Deux-Sèvres.*
— (Simon de), 9, 10, 11, 13, 18, 19, 20, 33, 35, 54, 98, 100.
— (Savaricus de), 9, 10, 14, 18, 19, 33, 54.
— (Paganus de), 9.
— (Tescelinus de), 11; 21, 22.
— (Garnerius de), 18.
— (Benedictus de), 20.
— (Giraudus de), 66.
— (Stephanus de), 212.
Vernolio (Guillermus de), 278.
Vernolium, 78, 88. *Vernou en Gâtine, Deux-Sèvres.*
Vestoni (Johannes), clericus, 306.
Via (Dyonisius de), 334.
Vialeria, 52, 91. *La Vialière, cne de Largeasse, Deux-Sèvres.*
Viau (Arnaudus), 33.
— (Giraudus), 54.
Vicarius (Goffridus et Willelmus), 18, 19, 21.
Vieler (Guillelmus le), 291.
Viennai (Petrus de), 138. *Viennay, Deux-Sèvres.*
Viers (Petrus de), 113.
Viette (Jacques), seigneur de la Motte d'Ardin, 346.
— (Jeanne), épouse d'Hélie de Sayvre, 346 n. 3, 348.
Vigerii (Willelmus), 21.
Vignaus (Terra dau), 127.
Vilanneria (Rannulfus de), 3. *La Villenière, cne de Vernou en Gâtine, Deux-Sèvres.*
Vilanus (Bernardus), 38, 48.
Vilefange (Petrus), 33, 50.
Vilers, 33, 38, 87, 104, 276. *Villiers-en-Plaine, Deux-Sèvres.*
— (Petrus de), 48, 49.
— (Laurentius de), 49.
— (Stephanus de), ballivus, 334.
Villa (Laurencius de), 326.
Villacopere (Petrus de), 57, 58.
Villafagnosa ou Villefaignen (Petrus de), 47, 106, 133.
— (Aimericus de), 105.
Villaneria, 98. *La Villenière, cne de Vernou en Gâtine, Deux-Sèvres.*
Villanova (Hugo de), 316.
Villanova (Johannes de), 41.
— Willelmus de), 72, 103, 110.
— Goffridus de), 136.
— (Bernardus de), 60, 62, 68, 110, 111.
— (Terra de), 61, 62, 63, 64, 68, 90, 103, 110, 113, 115.
— (Aimericus de), 66.
— (Segnorsus de), 68. *Villeneuve, cne d'Assais, Deux-Sèvres.*
Villarae (Hugo de), 252.
Villicus (Simo), miles, 255, 260.
Villiers (François de), prieur de St-Paul en Gâtine, 342, 367.
Viron (Johannes de), 69.
Vis ou Vix (Teobaudus de), 32, 45. *Vix, Vendée.*
Vitalis (Guillelmus), 198.
Vitre (Simon de), 272.
Vivianus, 61.
Viviani (Willelmus), 4, 5.
Voe (G. de), 320.
Voillec, 143, 146. *Vouillé, Vendée.*
Volurio (Gislebertus de), 121.
— (Normandellus de), 100, 120, 121.
Volurium, 120, 121. *Velluire, Vendée.*
— (Petrus de), 145, 146.
Volvent (Galabru de), 14.
— (Mauricius de), 26.
Vulventum, 6, 29, 76, 79, 82, 92, 93, 102, 107, 120, 122, 129, 132, 133, 138, 155, 276. *Vouvent, Vendée.*
Volvent (Gobertus de), 50.
— (Radulfus de), 56.
Volvento ou Voventio (Giraudus de), 57.
— (Bochardus de), 67, 102.
Vonollum, 286. *Vouneuil, Vienne.*
Vossart (Goffridus), 47.
— (Theobaudus), 106, 141.
— (Aimericus), 106.
Voultegon (François), assesseur de Vouvent, 364.
— (Mathurine), épouse d'Isaac de Sayvre, 343 n. 1, 368.
Vuercium, 310.
Vult ou Vost ou Vust, 6. *St-Hilaire de Voust, Vendée.*
— (Petronius de), 98, 102.
— (Willelmus de), 52.
— (Petrus de), 126.
Vust, Audebert de), 6.

W

Wido Toarcii, 113.
Willelmus (Petrus), 2, 4, 10, 24, 31, 35, 36, 39, 50, 52.
— Vicecomes Castri Airaudi, 89.
— Archipresbyter Parteniaci, 112.
— abbas, 2, 3, 10, 11, 14, 15, 17, 18, 19, 20, 21, 23, 24, 25, 26, 27, 30, 31, 33, 36, 37, 38, 39, 40, 48, 51, 52, 55, 56, 57, 58, 59, 62, 64, 65, 69, 71, 86, 87, 92, 94, 95, 96, 97, 99, 102, 103, 112, 129, 158, 170, 175.
— Gislebertus, episcopus, 8, 22.
— Episcopus Pictavorum, 80, 85, 114, 136, 144, 145, 146.
— Temperius, episcopus Pictavorum, 93, 135.

Willelmus Archidiaconus, 7.
— Sacerdos, 1.
— Canonicus, 28.
— Capellanus Sancti Christophori, 46.
— Dominus Parteniaci, 53, 54, 56, 65, 69, 87, 88, 98.
— Vicecomes Toarcii, 58, 59, 94, 101.
— Archiepiscopus Parteniaci, 64, 81, 82, 96, 97, 108, 110.
— Abbas Turpiniaci, 64, 75.
— Abbas de Talemundo, 77, 89.
Wilelon (Petrus), 48.
Willot, 49.

X

Xanctonensis (Villa), 311, 325. | Xanctonis, 321. *Saintes, Char.-Inf.*

Y

Ygonis (Goffridus), 32.
Ysoretus, ballivus Alnisii, 294, 308, 309, 310, 311, 312, 313, 314, 315.
Yspania (R. de), 148.

Yvernus (Johannes), 53.
Yvo, ballivus, 335.
Yvona (Petrus de), 256, 257.
Yvonis (Effredus), 337.

TABLE DES MATIÈRES

CONTENUES DANS CE VOLUME

	Pages.
Liste des membres de la Société des Archives historiques du Poitou.	I
Extrait des procès-verbaux des séances de la Société pendant l'année 1893.	V
Cartulaires et chartes de l'abbaye de l'Absie	VII
Essai de restitution du cartulaire de l'abbaye de l'Absie (introduction).	IX
Premier cartulaire de l'abbaye de l'Absie.	1
Second cartulaire de l'abbaye de l'Absie.	75
Chartes de l'abbaye de l'Absie (XIIe-XVe siècles).	131
Enquête ordonnée par le roi S. Louis en 1247, en Poitou et en Saintonge (introduction).	235
Enquête de 1247.	239
Journal de Pierre de Sayvre, juge au bailliage de la Châtaigneraie, 1523-1589 (introduction).	341
Brief recueil des choses faictes et advenues pendant mon temps qui sont les plus remarquables.	359
Journal de Simon Robert, notaire à Germond, 1621-1654 (introduction).	383
Journal de Simon Robert, notaire à Germond, en Bas-Poitou,... 1621-1654.	388
Table des noms de personnes et de lieux.	417

Poitiers. — Typographie Oudin et Cie.

www.ingramcontent.com/pod-product-compliance
Lightning Source LLC
Chambersburg PA
CBHW051620230426
43669CB00013B/2124